Contraste insuffisant

NF Z 43-120-14

16
intr — Sam.

RÉPERTOIRE

DE LA

LITTÉRATURE

ANCIENNE ET MODERNE.

IMPRIMERIE DE E. POCHARD,
RUE DU POT-DE-FER, N° 14, A PARIS.

RÉPERTOIRE

DE LA

LITTÉRATURE

ANCIENNE ET MODERNE,

CONTENANT :

1° LE LYCÉE DE LA HARPE, LES ÉLÉMENS DE LITTÉRATURE DE MARMONTEL, UN CHOIX D'ARTICLES LITTÉRAIRES DE ROLLIN, VOLTAIRE, BATTEUX, etc ;

2° DES NOTICES BIOGRAPHIQUES SUR LES PRINCIPAUX AUTEURS ANCIENS ET MODERNES, AVEC DES JUGEMENS PAR NOS MEILLEURS CRITIQUES, TELS QUE :

D'Alembert, Batteux, Bernardin de Saint-Pierre, Blair, Boileau, Chénier, Delille, Diderot, Dussault, Fénelon, Fontanes, Ginguené, La Bruyère, La Fontaine, Marmontel, Maury, Montaigne, Montesquieu, Palissot, Rollin, J.-B. Rousseau, J.-J. Rousseau, Thomas, Vauvenargues, Voltaire, etc.;

Et MM. Amar, Andrieux, Auger, Burnouf, Buttura, Chateaubriand, Duviquet, Feletz, Gaillard, Le Clerc, Lemercier, Patin, Villemain, etc.;

3° DES MORCEAUX CHOISIS AVEC DES NOTES.

TOME SEIZIÈME.

A PARIS,

CHEZ CASTEL DE COURVAL, LIBRAIRE-ÉDITEUR,

RUE DE RICHELIEU, N° 87;

ET BOULLAND ET Cie, PALAIS ROYAL, GALERIES DE BOIS, N° 254.

M DCCC XXV.

RÉPERTOIRE

DE LA

LITTÉRATURE

ANCIENNE ET MODERNE.

INTRIGUE. Dans l'action d'un poème, on entend par l'intrigue une combinaison de circonstances et d'incidents, d'intérêts et de caractères, d'où résultent, dans l'attente de l'événement, l'incertitude, la curiosité, l'impatience, l'inquiétude, etc.

La marche d'un poème, quel qu'il soit, doit être celle de la nature, c'est-à-dire telle qu'il nous soit facile de croire que les choses se sont passées comme nous les voyons. Or dans la nature les évènements ont une suite, une liaison, un enchaînement; l'intrigue d'un poème doit donc être une chaîne dont chaque incident soit un anneau.

Dans la tragédie ancienne, l'intrigue était peu de chose. Aristote divise la fable en quatre parties de quantité: le prologue, ou l'exposition; l'épisode, ou les incidents; l'exorde ou la conclusion; et le chœur que nous avons supprimé; *otiosus curator rerum.*

Il parle du nœud et du dénouement; mais le nœud ne l'occupe guère. Il distingue les fables simples et les fables implexes. Il appelle simples les actions qui, étant continues et unies, finissent sans reconnaissance et sans révolution. Il appelle implexes celles qui ont la révolution ou la reconnaissance, ou mieux encore toutes les deux. Or la seule règle qu'il prescrive à l'une et à l'autre espèce de fable, c'est que la chaîne des incidents soit continue : qu'au lieu de venir l'un après l'autre, ils naissent naturellement les uns des autres, contre l'attente du spectateur, et qu'ils amènent le dénouement. Et en effet, dans ses principes il n'en fallait pas davantage, puisqu'il ne demandait qu'un évènement qui laissât le spectateur pénétré de terreur et de compassion. Ce n'est donc qu'au dénouement qu'il s'attache. Mais quel sera le pathétique intérieur de la fable? C'est ce qui l'intéresse peu.

On voit donc bien pourquoi sur le théâtre des Grecs, la fable n'ayant à produire qu'une catastrophe terrible et touchante, elle pouvait être si simple; mais cette simplicité qu'on nous vante n'était au fond que le vide d'une action stérile de sa nature. En effet, la cause des évènements étant indépendante des personnages, antérieure à l'action même, ou supposée au dehors, comment la fable aurait-elle pu donner lieu au contraste des caractères et au combat des passions ?

Dans l'*OEdipe*, tout est fait avant que l'action commence. Laïus est mort; OEdipe a épousé Jocaste : il n'a plus, pour être malheureux, qu'à se reconnaître incestueux et parricide. Peu à peu le voile tombe, les faits s'éclaircissent ; OEdipe est convaincu d'avoir accompli l'oracle, et il s'en punit. Voilà le chef-d'œuvre des Grecs. Heureusement il y a deux crimes à découvrir; et ces éclaircissements, qui font frémir la nature, occupent et remplissent la scène. Dans l'*Hécube*, dès que l'ombre d'Achille a demandé qu'on lui immole Polyxène, il n'y a pas même à délibérer; Hécube n'a plus qu'à se plaindre, et Polyxène n'a plus qu'à mourir. Aussi le poète, pour donner à sa pièce la durée prescrite, a-t-il été obligé de recourir à l'épisode de Polydore. Dans l'*Iphigénie en Tauride*, il est décidé qu'Oreste mourra, même avant qu'il arrive : sa qualité d'étranger fait son crime : mais comme la pièce est implexe, la reconnaissance prolongée remplit le vide et supplée à l'action.

Comment donc les Grecs, avec un évènement fatal, et dans lequel le plus souvent les personnages n'étaient que passifs, trouvaient-ils le moyen de fournir à cinq actes* ? Le voici : 1° L'on donnait sur leur théâtre plusieurs tragédies de suite dans le même jour; Dacier prétend qu'on en donnait jusqu'à seize. 2° Le chœur occupait une partie du

---

* Nous avons eu souvent occasion de nous élever contre cette *division par acte* inconnue des Grecs, et que nos critiques ne cessent de leur attribuer. *Voyez* t. I, p. 101, 109, 119; XII, 347, 484 et suivantes; XIII, 96 de notre *Répertoire*. Les Grecs n'avaient aucun besoin de *fournir* aux *cinq actes* auxquels ils ne prétendaient pas, et il n'y avait pas dans leurs bonnes pièces tout ce remplissage dont Marmontel fait le détail. L'exemple d'*Oreste* ne prouve rien; c'est un des moindres ouvrages d'Euripide et qui peut-être n'est pas de lui.   H. Patin.

temps, et ce qu'on appelle un acte n'avait besoin que d'une scène. 3° Des plaintes, des harangues, des descriptions, des cérémonies, des déclamations, des disputes philosophiques ou politiques achevaient de remplir les vides; et au lieu de ces incidents qui doivent naître les uns des autres et amener le dénoucment, l'on entremêlait l'action de détails épisodiques et superflus. L'*Oreste* d'Euripide va donner une idée de la construction de ces plans.

Oreste, meurtrier de sa mère et tourmenté par ses remords, paraît endormi sur la scène; Électre veille auprès de lui; survient Hélène qui gémit sur les malheurs de sa famille; Oreste, après un moment de repos, s'éveille et retombe dans son égarement; Électre tâche de le calmer; le chœur se joint à elle et conjure les furies d'épargner ce malheureux prince. Voilà le premier acte. Dans le second, Oreste implore la protection de Ménélas contre les Argiens, déterminés à le faire périr; arrive Tyndare, père de Clytemnestre, qui accable Oreste de reproches; Oreste se défend et presse de nouveau Ménélas de le protéger; mais celui-ci ne lui promet qu'une faible entremise auprès de Tyndare et du peuple. Pylade arrive, et, plus courageux ami, jure de le défendre et de le délivrer, ou de mourir avec lui. Cet acte est beau et bien rempli, mais c'est le seul[*]. Le troisième n'est que le récit fait à Électre du

---

[*] On lui préfère cependant assez généralement ce que Marmontel appelle le premier acte. C'est là que se trouve l'admirable peinture de l'abattement et du désespoir d'Oreste consolé par sa sœur. Voyez sur cette tragédie le t. XIII, p. 73 de notre *Répertoire*.   H. P.

jugement qui les condamne, elle et son frère, à se donner la mort. Que restait-il pour les deux derniers actes? La scène où Oreste, Électre et Pylade veulent mourir ensemble, et l'apparition d'Apollon pour les sauver et dénouer l'intrigue. Il a donc fallu y ajouter, et quoi? le projet insensé, atroce, inutile, étranger à l'action, d'assassiner Hélène, et s'ils manquaient leur coup, de mettre le feu au palais: épisode absolument hors d'œuvre, et plus vicieux encore en ce qu'il détruit l'intérêt et change en horreur la compassion qu'inspiraient ces malheureux devenus coupables.

La grande ressource des poètes grecs était la reconnaissance, moyen fécond en mouvements tragiques, singulièrement favorable au génie de leur théâtre, et sans lequel leurs plus beaux sujets, comme l'*OEdipe*, l'*Iphigénie en Tauride*, l'*Électre*, le *Cresphonte*, le *Philoctète*, se seraient presque réduits à rien. (*Voyez* RECONNAISSANCE.)

Nos premiers poètes, comme le Sénèque des Latins, ne savaient rien de mieux que de défigurer les poèmes des Grecs en les imitant; lorsqu'il parut un génie créateur, qui, rejetant comme pernicieux tous les moyens étrangers à l'homme, les oracles, la destinée, la fatalité, fit de la scène française le théâtre des passions actives et fécondes, et de la nature livrée à elle-même l'agent de ses propres malheurs. Dès lors le grand intérêt du théâtre dépendit du jeu des passions: leurs progrès, leurs combats, leurs ravages, tous les maux qu'elles ont causés, les vertus qu'elles ont étouffées comme dans leurs germes, les crimes qu'elles ont fait éclore du sein même de l'innocence, du fond d'un naturel heureux : tels furent, dis-je, les tableaux que présenta la tragédie. On vit sur le théâtre les plus grands intérêts du cœur humain combinés et mis en balance; les caractères opposés et développés l'un par l'autre; les penchants divers combattus et s'irritant contre les obstacles ; l'homme aux prises avec la fortune ; la vertu couronnée au bord du tombeau, et le crime précipité du faîte du bonheur dans un abîme de calamité. Il n'est donc pas étonnant qu'une telle machine soit plus vaste et plus compliquée que les fables du théâtre ancien.

Pour exciter la terreur et la pitié dans le système ancien, que fallait-il ? On vient de le voir : une simple combinaison de circonstances, d'où résultât un évènement pathétique. Pour peu que le personnage mis en péril allât au-devant du malheur, c'était assez : souvent même le malheur le cherchait, le poursuivait, s'attachait à lui, sans que son âme y donnât prise; et plus la cause du malheur était étrangère au malheureux, plus il était intéressant. Ainsi, dès la naissance d'OEdipe, un oracle avait prédit qu'il serait parricide et incestueux; et en fuyant le crime il y était tombé. Ainsi Hercule, aveuglé par la haine de Junon, avait égorgé sa femme et ses enfants; ainsi Oreste avait été condamné par un dieu à tuer sa mère pour venger son père. Rien de tout cela ne supposait ni vice, ni vertu, ni caractère décidé dans l'homme, jouet de la destinée ; et Aristote avait raison de dire que la tragédie ancienne pouvait se passer de mœurs*. Mais ce moyen, qui n'était qu'accessoire, est devenu le ressort principal. L'amour, la haine, la vengeance, l'ambition, la jalousie, ont pris la place des dieux et du sort : les gradations du sentiment, le flux et le reflux des passions, leurs révolutions, leurs contrastes ont compliqué le nœud de l'action, et répandu sur la scène des mouvements inconnus aux anciens**. La nécessité était un agent despotique, dont les décrets absolus n'avaient pas besoin d'être motivés : la nature au contraire a ses principes et ses lois; dans le désordre même des passions, règne un ordre caché, mais sensible, et qu'on ne peut renverser sans que la nature, qui se juge elle-même, ne s'aperçoive qu'on lui fait violence, et ne murmure au fond de nos cœurs.

On sent combien la précision, la délicatesse et la liaison des ressorts visibles de la nature les rend plus difficiles à manier que les ressorts cachés de la

---

* Aristote ne dit pas cela. Après avoir donné à la *fable* plus d'importance qu'aux *mœurs*, il ajoute qu'une tragédie réussirait plutôt sans *mœurs* que sans *action*. Ce passage, du reste, dont Marmontel altère le sens, est en contradiction avec la pratique des poètes grecs qui s'attachaient sur-tout à la peinture des *mœurs*, et s'occupaient assez peu de l'*action*. Marmontel en convenait tout à l'heure, comment dit-il maintenant tout le contraire?

H. P.

** Cela n'est vrai qu'en partie. La peinture des mœurs et des passions, et les effets qui en résultent, n'étaient certainement pas des choses inconnues aux anciens. Seulement c'était chez eux le ressort secondaire de l'action, soumise principalement à l'influence de la fatalité. Ni le sort ni la volonté de Dieu n'ont plus grande part chez nous au développement de la fable, et c'est dans le caractère des personnages que nous plaçons les premiers ou plutôt les seuls mobiles de la machine tragique.

H. P.

destinée. Mais de ce changement de mobile naît encore une plus grande difficulté, celle de graduer l'intérêt par une succession continuelle de mouvements, de situations et de tableaux de plus en plus terribles et touchants. Voyez dans les modèles anciens, voyez même dans les règles d'Aristote, en quoi consistait le tissu de la fable : l'état des choses dans l'avant-scène, un ou deux incidents qui amenaient la révolution et la catastrophe, ou la catastrophe sans révolution, voilà tout. Aujourd'hui, quel édifice à construire qu'un plan de tragédie, où l'on passe sans interruption d'un état pénible à un état plus pénible encore ; où l'action, renfermée dans les bornes de la nature, ne forme qu'une chaîne ; où tous les évènements, amenés l'un par l'autre, soient tirés du fond du sujet et du caractère des personnages ! Or telle est l'idée que nous avons de la tragédie à l'égard de l'intrigue. Une fable tissue comme celle de *Polyeucte*, d'*Héraclius* et d'*Alzire*, aurait, je crois, étonné Aristote : il eût reconnu qu'il y a un art au-dessus de celui d'Euripide et de Sophocle ; et cet art consiste à trouver dans les mœurs le principe de l'action.

Dans la tragédie moderne, l'intrigue résulte non seulement du choc des incidents, mais du combat des passions ; et c'est par là que, dans l'attente de l'évènement décisif, l'espérance et la crainte se succèdent et se balancent dans l'âme des spectateurs.

Ce n'est pas qu'il ne puisse y avoir absolument de l'intérêt sans cette alternative continuelle d'espérance et de crainte : la seule incertitude et l'attente inquiète, prolongées avec art dans une action d'une grande importance, peuvent nous émouvoir assez : OEdipe va-t-il être reconnu pour le meurtrier de son père, pour le mari de sa mère, pour le frère de ses enfants, pour le fléau de sa patrie ? Ce doute suffit pour remuer fortement l'âme des spectateurs. Ainsi, tous les grands sujets du théâtre ancien se sont passés d'intrigue. Mais lorsqu'il n'y a eu rien à attendre du dehors, et qu'il a fallu soutenir par le jeu des passions, et des caractères une action de cinq actes, l'intrigue, plus simple et mieux combinée, a demandé infiniment plus d'art. (Voyez TRAGÉDIE).

La comédie grecque, dans ses deux premiers âges, n'était pas mieux intriguée que la tragédie : l'on en va juger par l'esquisse de l'une des pièces d'Aristophane, et de l'une des plus célèbres ; elle a pour titre : *Les Chevaliers*.

Cléon, trésorier et général d'armée, fils de corroyeur et corroyeur lui-même, arrivé par la brigue au gouvernement de l'État, actuellement en place et en pleine puissance, fut l'objet de cette satire, dans laquelle il était nommé et représenté en personne.

Démosthène et Nicias (ce Démosthène n'est pas l'orateur), esclaves dans la maison où Cléon s'est introduit, ouvrent la scène : « Nous avons, disent-ils, un maître dur, homme colère et emporté, vieillard difficile et sourd (ce personnage c'est le peuple); il y a quelque temps qu'il s'est avisé d'acheter un esclave corroyeur, intrigant, délateur fieffé. Ce fripon, connaissait bien son vieillard, s'est étudié à le flatter, à le gagner, à le séduire ! *Peuple d'Athènes, lui dit-il, reposez-vous après vos assemblées, buvez, mangez*, etc. Il s'est insinué dans les bonnes graces du vieillard ; il nous pille tous, et il a toujours le fouet de cuir en main pour nous empêcher de nous plaindre. » Ils veulent donc s'enfuir chez les Lacédémoniens ; mais trouvant Cléon endormi et dans l'ivresse, ils lui volent ses oracles, c'est-à-dire les réponses que lui ont faites les oracles qu'il a consultés. Dans ces réponses, il est dit qu'un vendeur de boudin et d'andouilles succédera au vendeur de cuir. Nicias et Démosthène cherchent ce libérateur : Agatocrite (c'est le charcutier), fort étonné du sort qu'on lui annonce, ne sait comment s'y prendre pour gouverner l'état. « Pauvre homme ! lui dit Démosthène, rien n'est plus facile ; tu n'auras qu'à faire ton métier, tout brouiller, allécher le peuple, et le duper ; voilà ce que tu fais. N'as-tu pas d'ailleurs la voix forte, l'éloquence impudente, le génie malin et la charlatanerie du marché ? C'est plus qu'il n'en faut, crois-moi, pour le gouvernement d'Athènes. » Ils l'opposent donc à Cléon, sous la protection des chevaliers ; et voilà un général d'armée et un marchand de saucisses qui se disputent le prix de l'impudence et de la force des poumons. Il n'est point de crimes infâmes qu'ils ne s'imputent l'un à l'autre ; et pour finir l'acte, ils s'appellent réciproquement devant le sénat, où ils vont s'accuser.

Dans le second acte, Agatocrite raconte ce qui

s'est passé au tribunal des juges, où Cléon a été vaincu. Celui-ci arrive : nouveau combat d'impudence ; et Cléon en appelle au peuple. Le peuple paraît en personne : « Venez, lui dit Cléon, mon « cher petit peuple ; venez, mon père. » Le vieillard gronde, et paraît imbécile ; les deux concurrents le caressent. Le peuple incline pour le vendeur de chair. Cléon a recours à ses oracles ; Agatocrite lui oppose les siens. Le peuple consent à les entendre.

La lecture de ces oracles fait le sujet du troisième acte. Le peuple paraît indécis. Cléon, pour dernière ressource, invite le peuple à un festin ; Agatocrite lui en offre autant. Ce régal, où chacun présente au peuple ses mets favoris, remplit le quatrième acte. Agatocrite propose au peuple de fouiller dans les deux mannes où étaient les viandes : la sienne se trouve vide, il a donné au peuple tout ce qu'il avait ; celle de Cléon est encore pleine. Le peuple, indigné contre Cléon, veut lui ôter la couronne pour la donner à son rival ; mais Cléon allègue un oracle de Delphes qui désigne son successeur. Il récite l'oracle, et à chaque trait de ressemblance, il reconnaît qu'il s'accomplit : car, selon l'oracle, le digne successeur de Cléon doit être un homme vil, un vendeur de chair, un voleur, un parjure, un imposteur, etc. Alors Cléon s'écrie : « Adieu, « chère couronne, je te quitte à regret ; un autre « te portera, sinon plus grand voleur, du moins « plus fortuné. »

Dans le cinquième acte, Agatocrite a rajeuni le

peuple : « Il est, dit-il, redevenu tel qu'il était du « temps des Miltiade et des Aristide. » Le peuple rajeuni paraît. Il a perdu la mémoire, il demande qu'on l'instruise des sottises qu'il a faites du temps de Cléon : Agatocrite les lui raconte; le peuple en rougit. Agatocrite l'interroge sur la façon dont il se comportera à l'avenir. Il répond : *En personne sage*. Agatocrite produit deux femmes, qui sont les anciennes alliances de Lacédémone et d'Athènes, que Cléon retenait captives; et on leur rend la liberté.

Indépendamment de la grossièreté, de la bassesse et de l'âcreté satirique de cette farce, très utile d'ailleurs sans doute dans un état républicain, on voit combien l'intrigue en est bizarrement tissue : c'est la manière d'Aristophane *.

La comédie du troisième âge, celle de Ménandre, était mieux composée. Il fallait que l'intrigue en fût bien simple, puisque Térence, dont les pièces ne sont pas elles-mêmes fort intriguées, était obligé, en l'imitant, de réunir deux de ses fables pour en faire une, et pour cela ses critiques l'appellent un demi-Ménandre.

Plaute, si inférieur à Térence du côté de l'élégance, du naturel et de la vérité des mœurs, est supérieur à lui du côté de l'intrigue : son action est plus vive, plus animée, et plus féconde en incidents comiques.

C'est le genre de Plaute que les Espagnols semblent avoir pris, mais avec un fond de mœurs dif-

* On peut rapprocher cette analyse de celle de La Harpe. Voyez dans notre *Répertoire*, t. II, art. ARISTOPHANE.

férentes. Les Italiens, à l'exemple des Espagnols, et les Anglais, à l'exemple des uns et des autres, ont chargé d'incidents l'intrigue de leurs comédies. Comme eux, nous avons été long-temps plus occupés du comique d'incidents que du comique de mœurs : des fourberies, des méprises, des rencontres embarrassantes pour les fripons ou pour les dupes, voilà ce qui occupait la scène; et Molière lui-même, dans ses premières pièces, semblait n'avoir connu encore que ces sources du ridicule.

Mais lorsqu'une fois il eut reconnu que c'était aux mœurs qu'il fallait s'attacher; que la vanité, l'amour propre, les prétentions manquées, et les maladresses des sots, leurs faiblesses, leurs duperies, leurs méprises et leurs travers, les maladies de l'esprit et les vices du caractère, j'entends les vices méprisables, plus importuns que dangereux, étaient les vrais objets d'un comique à la fois plaisant et salutaire, ce fut à la peinture et à la correction des mœurs qu'il s'attacha sérieusement, subordonnant l'intrigue aux caractères, et n'employant les situations qu'à mettre en évidence le ridicule humiliant qu'il voulait livrer au mépris. Dès lors l'intrigue comique ne fut que le tissu de ces situations risibles où l'on s'engage par faiblesse, par imprudence, par erreur, ou par quelqu'un de ces travers d'esprit ou de ces vices d'âme, qui sont assez punis par leurs propres bévues et par l'insulte qui les suit. C'est dans cet esprit et avec ce grand art que fut tissue l'intrigue de l'*Avare*, de *l'École des Femmes*, de *l'École des Maris*, de *George Dandin*, du *Tar-*

tufe, modèles effrayants, même pour le génie, et dont l'esprit et le talent médiocres n'approcheront jamais.

MARMONTEL, *Éléments de Littérature.*

INVENTION POÉTIQUE. Pour concevoir l'objet de la poésie dans toute son étendue, il faut oser considérer la nature comme présente à l'intelligence suprême. Alors tout ce qui, dans le jeu des éléments, dans l'organisation des êtres vivants, animés, sensibles, a pu concourir, soit au physique, soit au moral, à varier le spectacle mobile et successif de l'univers, est réuni dans le même tableau. Ce n'est pas tout : à l'ordre présent, aux viscissitudes passées, se joint la chaîne infinie des possibles, d'après l'essence même des êtres; et non seulement ce qui est, mais ce qui serait dans l'immensité du temps et de l'espace, si la nature développait jamais le trésor inépuisable des germes renfermés dans son sein. C'est ainsi que Dieu voit la nature; c'est ainsi que, selon sa faiblesse, le poète doit la contempler. S'emparer des causes secondes, les faire agir, dans sa pensée, selon les lois de leur harmonie; réaliser ainsi les possibles; rassembler les débris du passé, hâter la fécondité de l'avenir; donner une existence apparente et sensible à ce qui n'est encore et ne sera peut-être jamais que dans l'essence idéale des choses : c'est ce qu'on appelle inventer. Il ne faut donc pas être surpris si l'on a regardé le génie poétique comme une émanation de la Divinité même, *ingenium cui sit, cui mens divinior ;* et si l'on a dit de la poésie qu'elle semblait disposer les choses avec le plein pouvoir d'un Dieu : *Videtur sanè res ipsa veluti alter Deus condere.* On voit par là combien le champ de la fiction doit être vaste, et combien l'inventeur, qui s'élance dans la carrière des possibles, laisse loin de lui l'imitateur fidèle et timide, qui peint ce qu'il a sous les yeux.

Ramenons cependant à la vérité pratique ces spéculations transcendantes: Tout ce qui est possible n'est pas vraisemblable; tout ce qui est vraisemblable n'est pas intéressant. La vraisemblance consiste à n'attribuer à la nature que des procédés conformes à ses lois et à ses facultés connues : or cette prescience des possibles ne s'étend guère au-delà des faits. Notre imagination devancera bien la nature à quelques pas de la réalité; mais à une certaine distance, elle s'égare et ne reconnaît plus le chemin qu'on lui fait tenir. D'un autre côté, rien ne nous touche que ce qui nous approche; et l'intérêt tient aux rapports que les objets ont avec nous-mêmes : or des possibles trop éloignés n'ont plus avec nous aucun rapport, ni de ressemblance, ni d'influence. Ainsi, le génie poétique ne fût-il pas limité par sa propre faiblesse et par le cercle étroit de ses moyens, il le serait par notre manière de concevoir et de sentir. Le spectacle qu'il donne est fait pour nous : il doit donc, pour nous plaire, se mesurer à la portée de notre vue. On reproche à Homère d'avoir fait des hommes de ses dieux; pouvait-il en faire autre chose [*]? Ovide, pour nous ren-

---

[*] Marmontel répond ici lui-même aux critiques qu'il fait souvent dans

dre sensible le palais du dieu de la lumière, n'a-t-il pas été obligé de le bâtir avec des grains de notre sable, les plus luisants qu'il a pu choisir? Inventer, ce n'est donc pas se jeter dans des possibles auxquels nos sens ne peuvent atteindre; c'est combiner diversement nos perceptions, nos affections, ce qui se passe au milieu de nous, autour de nous, en nous-mêmes.

Le froid copiste, je l'avoue, ne mérite pas le nom d'inventeur; mais celui qui découvre, saisit, développe dans les objets ce que n'y voit pas le commun des hommes, celui qui compose un tout idéal, intéressant et nouveau, d'un assemblage de choses connues, ou qui donne à un tout existant une vie, une grace, une beauté nouvelle; celui-là, dis-je, est poète, ou Corneille et Homère, ne le sont pas.

L'histoire, la scène du monde, donne quelquefois les causes sans les effets, quelquefois les effets sans les causes, quelquefois les causes et les effets sans les moyens, plus rarement le tout ensemble. Il est certain que plus elle donne, moins elle laisse de gloire au génie. Mais en supposant même que le tissu des évènements soit tel que la vérité dérobe à la fiction le mérite de l'ordonnance, pourvu que le poète s'applique à donner aux mœurs, aux descriptions, aux tableaux qu'il imite, cette vérité intéressante, qui persuade, touche, captive et saisit l'âme des lecteurs; ce talent de reproduire la nature, de la rendre présente aux yeux

---

ses *Éléments de Littérature* de l'*Iliade* et du merveilleux de l'*Odyssée*. Voy. dans notre *Répertoire*, t. I, p. 894; XII, 396, 405; XIII, 442. H. P.

de l'esprit, sur-tout de l'agrandir, ne suffit-il pas pour élever l'imitateur au-dessus de l'historien, du philosophe et de tout ce qui n'est pas poète?

« Si la matière de la poésie était la même que « celle de l'histoire, dit Castelvetro, elle ne serait « plus une ressemblance, mais la réalité même; » et c'est d'après ce sophisme qu'il refuse le nom de poète à celui qui, comme Lucain, s'attache à la vérité historique.

Assurément si le poète ne faisait dire et penser à ses personnages que ce qu'ils ont dit et pensé réellement ou selon l'histoire; par exemple, si l'auteur de *Rome sauvée* avait mis dans la bouche de Catilina les harangues même de Salluste, et dans la bouche du consul des morceaux pris de ses oraisons, il ne serait poète que par le style. Mais si, d'après un caractère connu dans l'histoire ou dans la société, l'auteur invente les idées, les sentiments, le langage qu'il lui attribue, plus il persuade qu'il ne feint pas, et plus il excelle dans l'art de feindre. Nous croyons tous avoir entendu ce que disent les acteurs de Molière, nous croyons les avoir connus: c'est le prestige de sa composition, et c'est à force d'être poète qu'il fait croire qu'il ne l'est pas. Montaigne donne le même éloge à Térence. « Je le trouve « admirable, dit-il, à représenter au vif les mou- « vements de l'âme et la condition de nos mœurs. « A toute heure, nos actions me rejettent à lui. Je « ne puis le lire si souvent, que je n'y trouve quel- « que beauté et grace nouvelle. »

Ainsi les sujets les plus favorables, comme les

plus critiques, sont quelquefois ceux que la nature a placés le plus près de nous, mais que nous voyons, comme on dit, sans les voir, et dont l'imitation réveille en nous le souvenir, par l'attention qu'elle attire. Je dis *les plus favorables*, parce que la ressemblance en étant plus sensible, et le rapport avec nous mêmes plus immédiat, plus touchant, nous nous y intéressons davantage : je dis aussi *les plus critiques*, parce que la comparaison de l'objet avec l'image étant plus facile, nous sommes des juges plus éclairés et plus sévères de la vérité de l'imitation.

Ce qu'appréhendent les spéculateurs, c'est que la gloire de l'invention ne manque au génie du poète; et afin qu'il ne soit pas dit qu'il n'a rien mis du sien dans sa composition, ils l'ont obligé à ne prendre des historiens et des anciens poètes que les faits, et à changer les circonstances des temps, des lieux et des personnes. C'est à ce déguisement facile et vain qu'on attache le mérite de l'invention, le triomphe de la poésie; et tandis qu'on attribue à un plagiaire adroit toute la gloire du poète, on refuse le titre de poème aux *Géorgiques* de Virgile, et à tout ce qui ne traite que des sciences et des arts : « N'y ayant « rien, dans ces compositions, dit Castelvetro, par « où l'auteur se puisse vanter d'être poète, quand « même il serait inventeur, ajoute-t-il, car alors il « n'aurait fait que découvrir la vérité qui était dans « la nature des choses. Il serait artiste, philosophe « excellent; mais il ne serait pas poète. » Voilà où conduit une équivoque de mots, quand les idées n'ont pour appui qu'une théorie vague et confuse. « La poésie est une ressemblance ; donc tout ce qui « a son modèle dans l'histoire ou dans la nature « n'est pas de la poésie. » Ainsi raisonne Castelvetro. Quintilien avait le même préjugé, quand il croyait devoir placer Lucain au nombre des rhéteurs, plutôt qu'au nombre des poètes. Scaliger s'y est mépris d'une autre façon, en n'accordant la qualité de poète à Lucain que parce qu'il a écrit en vers, et en faveur de quelques incidents merveilleux dont il a orné son poème. Ces critiques auraient dû voir que la difficulté n'est pas de déplacer et de combiner diversement des faits arrivés mille fois, comme un massacre, une tempête, un incendie, une bataille, et tous ces évènements si communs dans les annales de la malheureuse humanité; mais de les rendre présents à la pensée par une peinture fidèle et vivante. C'est là le vrai talent du poète, et le mérite de Lucain. Il ne fallait pas beaucoup de génie pour imaginer que la femme de Caton, qui l'avait cédée à Hortensius, vînt, après la mort de celui-ci, supplier Caton de la reprendre; mais que l'on me cite dans l'antiquité un tableau d'une ordonnance plus belle et plus simple, d'un ton de couleur plus rare et plus vrai, d'une expression plus naturelle et plus singulière en même temps, que ce triste et pieux hyménée.

C'est aussi le talent de peindre qui caractérise le poème didactique, et qui le distingue de tout ce qui ne fait que décrire sans imiter.

Le Tasse, se laissant aller au préjugé que je viens

de combattre, définit la poésie « l'imitation des « choses humaines, » et se trouve par là obligé d'en exclure un des plus beaux morceaux de Virgile : « Ne poeta Virgilio descrivendoci i costumi, e le « leggi, e le guerre dell' api. » Mais bientôt il franchit les limites qu'il vient de prescrire à la poésie, et il lui donne pour objet la nature entière. Voilà donc les *Géorgiques* de Virgile rétablies au rang des poèmes. Et le moyen de leur refuser ce titre, quand même elles seraient réduites aux préceptes les plus communs, et n'y eût-il que la manière dont ces préceptes y sont tracés? Que Virgile prescrive de laisser sécher au soleil les herbes que le soc déracine,

Pulverulenta coquat maturis solibus æstas;

d'enlever le chaume après la moisson,

Sustuleris fragiles calamos silvamque sonantem.

de le brûler dans le champ même,

Atque levem stipulam crepitantibus urere flammis;

de faire paître les blés en herbe, s'ils poussent avec trop de vigueur,

Luxuriem segetum tenerâ depascit in herbâ.

Quel coloris! quelle harmonie! Voilà cette poésie de style, cette invention de détail, qui seule mériterait aux Géorgiques ce nom de *poème inimitable* * :

* Heyne, dans une excellente dissertation, placée en tête de son commentaire des *Géorgiques*, distingue aussi cette invention de détail, qui

et si Castelvetro demande à quel titre, je répondrai : parce que tout s'y peint ; et si ce n'est point assez des images détachées, je lui rappellerai ces descriptions si belles du printemps, de la vie rustique, des amours des animaux, etc., tableaux, peints d'après la nature. Toutefois n'allons pas jusqu'à prétendre que la poésie de style, qui fait le mérite essentiel du poème didactique, l'élève seule au rang des poèmes, ou l'invention domine. Il y a plus de génie poétique dans l'épisode d'Orphée que dans tout le reste du poème des *Géorgiques;* plus de génie dans une scène de *Britannicus*, du *Misanthrope*, ou de *Rodogune*, que dans tout l'*Art poétique* de Boileau.

Les divers sens qu'on attache au mot d'invention sont quelquefois si opposés, que ce qui mérite à peine le nom de poème aux yeux de l'un est un poème par excellence au gré de l'autre. D'un côté, l'on refuse à la comédie le génie poétique, parce qu'elle imite des choses familières et qui se passent au milieu de nous. De l'autre, on lui attribue la gloire d'être plus inventive que l'épopée elle-même : « Tantùm « abest ut comedia poema non sit, ut penè omnium « et primum et verum existimem. In eo enim ficta om- « nia et materia quæsita tota » (scal.). Ainsi chacun donne dans l'excès. Je suis bien persuadé qu'il n'y a pas moins de mérite à former dans sa pensée les caractères du Misanthrope et du Tartufe, qu'à imaginer ceux d'Ulysse, d'Achille et de Nestor ; mais

selon lui est celle de Virgile, d'une invention plus forte et plus haute, dont Homère offre le modèle.
H. P.

pour cela Molière est-il plus vraiment poète qu'Homère?

Que le sujet soit pris dans l'ordre des faits ou des possibles, près de nous ou loin de nous, cela est égal quant à l'invention; mais ce qui ne l'est pas, c'est que le fond en soit heureux et riche : de là dépend la facilité, l'agrément du travail, le courage et l'émulation du poète, et souvent le succès du poème.

Il est possible que l'histoire, la fable, la société vous présentent un tableau disposé à souhait; mais les exemples en sont bien rares. Le sujet le plus favorable est toujours faible et défectueux par quelque endroit. Il ne faut pas se laisser décourager aisément par la difficulté de suppléer à ce qui lui manque; mais aussi ne faut-il pas se livrer avec trop de confiance à la séduction d'un côté brillant.

Un poème est une machine dans laquelle tout doit être combiné pour produire un mouvement commun. Le morceau le mieux travaillé n'a de valeur qu'autant qu'il est une pièce essentielle de la machine, et qu'il y remplit exactement sa place et sa destination. Ce n'est donc jamais la beauté de telle ou telle partie qui doit déterminer le choix du sujet. Dans l'épopée, dans la tragédie, le mouvement que l'on veut produire, c'est une action intéressante, et qui dans son cours répande l'illusion, l'inquiétude, la surprise, la terreur et la pitié. Les premiers mobiles de l'action, chez les Grecs, ce sont communément les dieux et les destins; chez nous, les passions humaines : les roues de la machine, ce sont les caractères; l'intrigue en est l'enchaînement, et l'effet qui résulte de leur jeu combiné, c'est l'illusion, le pathétique, le plaisir et l'utilité. On dira la même chose de la comédie, en mettant le ridicule à la place du pathétique. Il en est ainsi de tous les genres de poésie, relativement à leur caractère et à la fin qu'ils se proposent. On n'a donc pas inventé un sujet lorsqu'on a trouvé quelques pièces de cette machine, mais lorsqu'on a le système complet de sa composition et de ses mouvements.

Il faut avoir éprouvé soi-même les difficultés de cette première disposition, pour sentir combien sont frivoles et puérilement importunes ces règles dont on étourdit les poètes, d'inventer la fable avant les personnages, et de généraliser d'abord son action avant d'y attacher les circonstances particulières des temps, des lieux et des personnes.

Il est certain que, s'il se présente aux yeux du poète une fable anonyme qui soit intéressante, il cherchera dans l'histoire une place qui lui convienne, et des noms auxquels l'adapter; mais fallait-il abandonner le sujet de Cinna, de Brutus, de la mort de César, parce qu'il n'y avait à changer ni les noms, ni l'époque, ni le lieu de la scène? Il est tout simple que les sujets comiques se présentent sans aucune circonstance particulière de lieu, de temps et de personnes; mais combien de sujets héroïques ne viennent dans l'esprit du poète qu'à la lecture de l'histoire? Faut-il, pour les rendre dignes de la poésie, les dépouiller des circonstances dont on les trouve accompagnés? Je veux croire possible, avec

Le Bossu, qu'Homère, comme La Fontaine, commença par inventer la moralité de ses poèmes, et puis l'action, et puis les personnages *. Mais supposons que, de son temps, on sut par tradition qu'au siège de Troie les héros de la Grèce s'étaient disputé un esclave, qu'un sujet si vain les avait divisés, que l'armée en avait souffert, et que leur réconciliation avait seule empêché leur ruine; supposons qu'Homère se fût dit à lui-même : « Voilà « comme les peuples sont punis des folies des rois ; « il faut faire de cet exemple une leçon qui les « étonne. » Si c'était ainsi que lui fût venu le dessein de l'*Iliade*, Homère en serait-il moins poète ? l'*Iliade* en serait-elle moins un poème, parce que le sujet n'aurait pas été conçu par abstraction et dénué de ces circonstances ? En vérité les arts de génie ont assez de difficultés réelles, sans qu'on leur en fasse de chimériques. Il faut prendre un sujet comme il se présente, et ne regarder qu'à l'effet qu'il est capable de produire. Intéresser, plaire, instruire, voilà le comble de l'art; et rien de tout cela n'exige que le sujet soit inventé de telle ou telle façon.

Il y a pour le poète, comme pour le peintre, des modèles qui ne varient point. Pour se les retracer fidèlement, il faut une imagination vive, et rien de

* Marmontel montre ici beaucoup de complaisance. Rien de plus douteux que cette supposition de Le Bossu : le contraire paraît la marche la plus naturelle à l'esprit, celle sur-tout qui a dû être le plus anciennement suivie. Il m'est impossible de croire qu'Horace, ni même que La Fontaine aient débuté par des abstractions qu'ils auraient ensuite revêtu de formes sensibles. C'est là un procédé de philosophe et non de poète ou d'artiste.

H P.

plus; pour les peindre, il suffit de les avoir présents, et de savoir manier la langue, qui est le pinceau de la poésie. Mais il y a des détails d'une nature mobile et changeante, dont le modèle ne tient point en place : l'artiste alors est obligé de peindre d'après le miroir de la pensée; et c'est là qu'il est difficile de donner à l'imitation cet air de vérité qui nous séduit et qui nous enchante. Aussi la peinture et la sculpture préfèrent-elles la nature en repos à la nature en mouvement, et cependant elles n'ont jamais qu'un moment à saisir et à rendre, au lieu que la poésie doit pouvoir suivre la nature dans ses progrès les plus insensibles, dans ses mouvements les plus rapides, dans ses détours les plus secrets. Virgile et Racine avaient supérieurement ce génie inventeur des détails : Homère et Corneille possédaient au plus haut degré le génie inventeur de l'ensemble.

Mais un don plus rare que celui de l'invention, c'est celui du choix. La nature est présente à tous les hommes, et presque la même à tous les yeux. Voir n'est rien, discerner est tout; et l'avantage de l'homme supérieur sur l'homme médiocre est de mieux saisir ce qui lui convient.

L'auteur du poème sur l'art de peindre, Watelet, a fait voir que la belle nature n'est pas la même dans un Faune que dans un Apollon, et dans une Vénus que dans une Diane. En effet, l'idée du beau individuel dans les arts varie sans cesse, par la raison qu'elle n'est point absolue, et que tout ce qui dépend des relations doit changer comme elles. Qu'on demande à ceux qui ont voulu généraliser l'idée de la belle nature, quels sont les traits qui conviennent à un bel arbre; pourquoi le peintre et le poète préfèrent le vieux chêne brisé par les vents, brûlé, mutilé par la foudre, au jeune orme dont les rameaux forment un si riant ombrage; pourquoi l'arbre déraciné, qui couvre la terre de ses débris,

> Spargendo a terra le sue spoglie eccelse,
> Monstrando al sol la sua squallida sterpe,
> (Dante.)

pourquoi cet arbre est plus précieux au peintre et au poète que l'arbre qui, dans sa vigueur, fait l'ornement d'une campagne.

Il y a des choses qu'on est las de voir, et dont l'imitation est usée : voilà celles qu'il est bon d'éviter. Mais il y a des choses communes sur lesquelles nos esprits n'ont jamais fait que voltiger sans réflexion, dont le tableau simple et naïf peut plaire, toucher, émouvoir. Le poète qui a su les tirer de la foule, les placer avec avantage et les peindre avec agrément, nous fait donc un plaisir nouveau, et pour nous causer une douce surprise, ce vrai, quoi qu'en ait dit Louis Racine, n'a besoin d'aucun mélange de grandeur ni de merveilleux. Lorsqu'un des bergers de Théocrite ôte une épine du pied de son compagnon et lui conseille de ne plus aller nu-pieds, ce tableau ne nous fait aucun plaisir, je l'avoue; mais est-ce à cause de sa simplicité? non, c'est qu'il ne réveille en nous aucune idée, aucun sentiment qui nous plaise. L'idylle de Gessner, où un berger trouve son père endormi n'a rien que de très simple; cependant elle nous plaît, parce qu'elle nous attendrit. Ce n'est point une nature prise de loin, c'est la piété d'un fils pour un père, et heureusement rien n'est plus commun. Lorsqu'un des bergers de Virgile dit à son troupeau :

Ite, meæ, felix quondam pecus, ite, capellæ :
Non ego vos posthac, viridi projectus in antro,
Dumosâ pendere procul de rupe videbo.
(*Eclog.* I, 75.)

ces vers, le plus parfait modèle du style pastoral, nous font un plaisir sensible, et cependant où en est le merveilleux ? c'est le naturel le plus pur ; mais ce naturel est intéressant, et la simplicité même en fait le charme.

Le vrai simple n'a donc pas toujours besoin d'être relevé par des circonstances qui l'ennoblissent. Mais en le supposant, au moins faut-il savoir à quel caractère les distinguer pour les recueillir ; et cette nature idéale est un labyrinthe dont Socrate lui seul nous a donné le fil. « Pensez-vous, disait-il à Alcibiade, que ce qui est bon ne soit pas beau ? N'avez-vous pas remarqué que ces qualités se confondent ? La vertu est belle dans le même sens qu'elle est bonne...... La beauté des corps résulte aussi de cette forme qui constitue leur bonté, et dans toutes les circonstances de la vie, le même objet est constamment regardé comme beau, lorsqu'il est tel que l'exigent sa destination et son usage. » Voilà précisément le point de réunion de la bonté et de la beauté poétique ! *le parfait accord du moyen qu'on emploie avec la fin qu'on se propose!* Or les vues dans lesquelles opère la poésie ne sont pas celles de la nature : la bonté, la beauté poétique n'est donc pas la beauté, la bonté naturelle. Ce qui même est beau pour un art peut ne l'être pas pour les autres ; la beauté du peintre ou du statuaire peut être ou n'être pas celle du poète, et réciproquement. Enfin ce qui fait la beauté dans un poème, ou dans tel endroit d'un poème, devient un défaut, même en poésie, dès qu'on le déplace et qu'on l'emploie mal à propos. Il ne suffit donc pas, il n'est pas même besoin qu'une chose soit belle dans la nature, pour qu'elle soit belle en poésie; il faut qu'elle soit telle que l'exige l'effet qu'on veut produire. La nature soit dans le physique, soit dans le moral, est pour le poète, comme la palette du peintre sur laquelle il n'y a point de laides couleurs. Le rapport des objets avec nous-mêmes, voilà le principe de la poésie ; l'intention du poète, voilà sa règle, et l'abrégé de toutes les règles.

Il n'est pas bien malaisé, me dira-t-on, de savoir l'effet qu'on veut opérer; mais le difficile est d'en inventer, d'en saisir les moyens. Je l'avoue : aussi le talent ne se donne-t-il pas. Démêler dans la nature les traits dignes d'êtres imités, prévoir l'effet qu'ils doivent produire, c'est le fruit d'une longue étude; les recueillir, les avoir présents, c'est le don d'une imagination vive; les choisir et les placer à propos, c'est l'avantage d'une raison saine et d'un sentiment délicat. Je parle ici de l'art et non pas du génie : or toute la théorie de l'art se réduit à savoir quel est le but où l'on veut atteindre, et quelle est, dans la nature, la route qui nous y conduit. Avec le moins obtenir le plus, c'est le principe des beaux arts comme celui des arts mécaniques.

En poésie, une des opérations du génie est l'invention du sujet, c'est-à-dire cette grande et première pensée qu'il s'agit de développer, et qui d'abord vague et confuse, ne laisse pas de porter avec elle, dès sa naissance, le pressentiment des beautés qu'elle produira. Cette pensée, qu'on peut appeler mère, puisqu'elle engendre toutes les autres a plus ou moins de fécondité, selon le caractère des esprits auxquels l'étude, le hasard ou la réflexion la présente. Tout paraît stérile à des esprits stériles; tout n'a que des superficies pour des esprits superficiels; et pour des esprits naturellement obscurs, tout est chaos. De là vient qu'en se fatiguant à chercher des sujets, le commun des écrivains passe et repasse mille fois sur des mines d'or, sans en soupçonner l'existence. Le génie seul a l'instinct qui avertit que la mine est riche, comme il a seul la force de la creuser jusque dans ses entrailles, et d'en arracher des trésors.

Mais cet instinct n'est infaillible que dans des hommes qui se sont fait une idée juste et approfondie de l'objet, des moyens et des procédés de l'art. L'ardeur de la jeunesse, l'impatience de produire, l'éblouissement causé par quelque beauté apparente, ont, comme je l'ai dit, trompé plus d'une fois des talents qui n'étaient pas mûris par l'étude et l'expérience.

Il en est de même à l'égard des genres d'éloquence où l'orateur invente son sujet. Il y a des superficies trompeuses, qui annoncent la fertilité, et dont le fond n'est qu'un sable aride; il y a des terrains incultes qui n'ont qu'à être défrichés et approfondis pour devenir féconds.

Ainsi l'invention du sujet demande un commencement de travail pour le sonder et en pénétrer les ressources. Un sculpteur habile voit dans un bloc de marbre les dimensions de sa statue : mais il en peut faire à son gré un Hercule, une Diane, un Apollon. L'orateur, le poète doit voir de même l'étendue de son sujet; mais son sujet n'est pas indifférent aux formes qu'il peut recevoir : il en est une qui lui est plus propre, et l'artiste doit l'y trouver avant de commencer l'ouvrage.

Cette première invention suppose la liberté du choix, et l'orateur ne l'a pas toujours.

L'éloquence qui ne s'exerce que sur des questions générales, comme celle des anciens sophistes, ou sur des points de morale pratique, comme fait l'éloquence de nos prédicateurs, est aussi libre que la poésie dans l'invention de ses sujets; mais l'éloquence de la tribune et du barreau est commandée, et ses sujets lui sont donnés. L'invention, dans cette partie, se réduit donc à trouver les moyens propres à la question ou à la cause qui s'agite. Les rhéteurs en ont fait le grand objet de leurs leçons; Mais leurs leçons ne peuvent être qu'une étude préliminaire : c'est la recherche réduite en méthode; ce n'est pas encore l'invention. Celle que Cicéron appelle *l'invention rhétorique* ne fait qu'indiquer vaguement les moyens généraux de disposer favorablement un auditoire ; de le rendre attentif, docile, bénévole ; de gagner l'affection des juges, si on les trouve indifférents ; de changer leur inclination, s'ils sont aliénés ou contraires ; de les intéresser eux-mêmes aux succès de la cause ; de la leur présenter du côté le plus favorable, avec une clarté qui du premier coup d'œil fasse voir quel en est l'état ; d'en tirer, si elle est étendue ou compliquée, une division qui repose l'esprit et dirige son attention ; d'employer à déterminer l'opinion, la résolution, le jugement de l'auditoire ; d'y employer, dis-je, les arguments qui résultent des faits, des indices, des témoignages, des vraisemblances, des autorités, des exemples, des coutumes, des lois, des règles de morale, des maximes de politique, des principes de droit, enfin des qualités personnelles des deux parties, ou de la nature de l'homme en ce qui nous est commun à tous ; de donner à ces arguments toute la force et l'énergie d'une dialectique pressante, toute la chaleur et la véhémence d'une éloquence passionnée ; de réfuter avec vigueur les preuves, les moyens, les raisonnements de l'adverse partie ; de l'attaquer par l'endroit faible, en ne lui présentant soi-même que le côté le plus fort ; de tirer de la réfutation un nouvel avantage en faveur de sa cause et d'en fortifier encore les moyens en les résumant ; enfin d'appeler les passions au secours de la raison, si elle n'est pas victorieuse ; d'agir sur l'âme des auditeurs pour l'exciter ou la calmer, l'élever ou l'abattre, la pousser ou la retenir, l'ébranler, l'incliner, l'entraîner malgré elle du côté qu'on veut qu'elle penche, et contraindre la volonté, ou soumettre l'entendement.

Voilà les sources que les rhéteurs anciens ont indiquées à l'éloquence, et qu'ils ont divisées en une infinité de ruisseaux. Toutes les formules générales d'adulation, de séduction, d'insinuation, d'induction; toutes les manières de définir, d'analyser, d'amplifier, d'exagérer, de pallier, d'atténuer, de dissimuler, d'éluder; tous les ressorts du pathétique; tous les secrets d'intéresser la vanité, l'orgueil, la sensibilité des juges, d'exciter leur envie, leur indignation, leur haine, leur bienveillance ou leur commisération; et parmi ces moyens l'art de donner à la parole le caractère convenable à l'effet que l'on veut produire, par l'heureux choix des mots, leur coloris, leur harmonie, par la variété des tons, des figures, des mouvements, par le charme du nombre et celui des images, afin que la séduction se saisisse à la fois des sens de l'esprit et de l'âme; c'est-là ce que les professeurs de l'ancienne éloquence ont enseigné, et ce que Cicéron, dans sa jeunesse a recueilli dans son livre appelé *de l'Invention rhétorique*.

Une étude encore préliminaire, mais plus immédiatement adhérente à l'exercice de l'éloquence, est celle des lois du pays, de la jurisprudence des tribunaux, des mœurs locales; et singulièrement de la façon de voir, de penser de sentir de l'auditoire ou des juges devant lesquels on doit parler; car c'est de là qu'on tire les plus puissants moyens de les persuader ou de les émouvoir.

Ces sources ouvertes à l'invention, il en reste une encore plus abondante, et à laquelle l'orateur doit toujours remonter : c'est son sujet, sa cause, la question qu'il agite : c'est en la méditant qu'il la rendra féconde ; et en comparaison du fleuve d'éloquence qui coulera de cette source, toutes les autres ne paraîtront, dit Cicéron, que de faibles ruisseaux.

L'homme de génie est celui qui enfonce le soc de la charrue dans un terrain qu'on n'a qu'effleuré avant lui, et qui sait par là rendre fécond un sol que l'on croit épuisé.

Celui qui sait trouver dans une cause des ressources inespérées, dans un raisonnement des forces inconnues ; qui sait tirer d'un moyen pathétique des mouvements soudains qui bouleversent l'auditoire, ou des traits imprévus qui déchirent l'âme des juges, qui, lorsque les forces de la raison ou la chaleur de l'âme semblent épuisées, les redouble avec une énergie et une véhémence qui nous étonne et qui nous entraîne ; celui qui, après s'être saisi de l'esprit et de l'âme des auditeurs, ne lâche prise qu'après les avoir subjugués, et n'abandonne son adversaire qu'après l'avoir terrassé ; qui dans la réplique fait jaillir des flammes d'un choc d'opinions, d'où le simple talent n'eût tiré que des étincelles ; qui, dans une éloquence simple et dénuée d'ornements, déploie les muscles d'un Hercule, et qui d'un mot, ou d'une circonstance qui échapperait à un homme médiocre, tire un moyen victorieux, un mouvement irrésistible ; c'est là l'inventeur en éloquence. *Voyez* dans l'article ORATEUR, l'exemple que j'en ai cité, de ce Le Maître que le mauvais goût de son siècle avait gâté ; mais que la nature avait fait éloquent. (*Voyez* aussi RHÉTORIQUE, EXORDE, PREUVE, PÉRORAISON, PATHÉTIQUE, etc.)

MARMONTEL, *Eléments de Littérature.*

IRONIE. C'est un tour d'expression si familier et si commun, qu'il est presque inutile d'expliquer en quoi il consiste. Chacun sait que l'on parle par ironie, lorsque d'un air moqueur ou badin on dit le contraire de ce que l'on pense. L'ironie où l'on blâme en louant, où en admirant on déprise, revient à chaque instant dans le langage ordinaire.

Oh! oh! l'*homme de bien*, vous m'en vouliez donner !
(*Orgon à Tartufe.*)

Les gens *que vous tuez* se portent assez bien.
(*Le valet du Menteur.*)

Un moine disait son bréviaire,
Il prenait bien son temps!
(*La Mouche du coche.*)

C'était un *beau sujet de guerre*,
Qu'un logis où lui-même il n'entrait qu'en rampant!
(*La Belette au Lapin.*)

Mais ce qu'il est intéressant d'observer, c'est que cette espèce de contre-vérité, en dérision, n'est pas

IRONIE.

si exclusivement propre au style plaisant ou comique, et au **ton** de la société, qu'il soit indigne de la haute éloquence et de la haute poésie, et qu'il n'exprime avec autant de noblesse que d'amertume le mépris ou l'indignation qui se mêle au ressentiment, au dépit, à la colère, à la fureur même. Rien de plus énergique dans la bouche d'Oreste que cette apostrophe ironique :

Grace aux dieux, mon malheur passe mon espérance;
Et, *je te loue*, ô ciel! de ta persévérance.

Rien de plus sanglant que l'ironie dans la bouche d'Hermione en parlant à Pyrrhus :

Est-il juste, après tout, qu'un conquérant s'abaisse
Sous la servile loi de garder sa promesse?
Non, non; la perfidie a de quoi vous tenter,
Et vous ne me cherchez que pour vous en vanter.
Quoi! sans que ni serment ni devoir vous retienne,
Rechercher une Grecque, amant d'une Troyenne;
Me quitter, me reprendre, et retourner encore
De la fille d'Hélène à la veuve d'Hector;
Couronner tour-à-tour l'esclave et la princesse;
Immoler Troie aux Grecs, aux fils d'Hector la Grèce;
Tout cela part d'un cœur toujours maître de soi,
D'un héros qui n'est point esclave de sa foi.
Pour plaire à votre épouse, il vous faudrait peut-être
Prodiguer les doux noms de parjure et de traître.
Vous veniez de mon front observer la pâleur,
Pour aller dans ses bras rire de ma douleur :
Pleurante après son char vous voulez qu'on me voie;
Mais, seigneur, en un jour ce serait trop de joie.

Et sans chercher ailleurs des titres empruntés,
Ne vous suffit-il pas de ceux que vous portez?
Du vieux père d'Hector la valeur abattue
Aux pieds de sa famille expirante à sa vue,
Tandis que dans son sein votre bras enfoncé
Cherche un reste de sang que l'âge avait glacé;
Dans des ruisseaux de sang Troie ardente plongée;
De votre propre main Polyxène égorgée
Aux yeux de tous les Grecs indignés contre vous;
Que peut-on refuser à ces généreux coups?

On voit dans le neuvième livre de l'*Iliade* un bel exemple d'ironie, à travers la franchise avec laquelle Achille répond à Ulysse, qui, de la part d'Agamemnon, vient solliciter son retour. « Qu'il n'espère pas « me tromper encore, lui dit-il : je le connais trop; « et il ne viendra pas à bout de me persuader. Il n'a « qu'à chercher avec vous, prudent Ulysse, et avec « les autres rois, les moyens de garantir ses vais- « seaux des flammes dont ils sont menacés. Sans moi « il a déjà fait de si grandes choses! Il a fermé son « camp d'une grande muraille, il a environné cette « muraille d'un large fossé, il a fortifié ce fossé d'une « bonne palissade; et avec tous ces retranchements « il ne peut encore repousser l'homicide Hector! »

Les siècles les plus raffinés n'ont certainement rien de plus adroit que cette manière de reprocher au fier Agamemnon les timides soins qu'il se donne pour se tenir renfermé dans son camp.

C'est une chose digne d'admiration que les diverses tentatives qu'a faites le génie de Corneille, en créant parmi nous la tragédie, pour en étendre et varier le genre. Il a tout osé, jusqu'à risquer au théâtre un héros moqueur; et, si dans le langage ironique qu'il a mis dans la bouche de Nicomède, il a souvent manqué de goût, il n'en est pas moins vrai que l'invention, le dessin, la physionomie de ce caractère, ont quelque chose de surprenant dans leur originalité.

ATTALE, *à Laodice.*

Rome, qui m'a nourri, vous parlera pour moi.

NICOMÈDE.

Rome, seigneur !

ATTALE.

Oui, Rome. En êtes-vous en doute?

NICOMÈDE.

Seigneur, je crains pour vous qu'un Romain vous écoute ;
Et si Rome savait de quels feux vous brûlez,
Bien loin de vous prêter l'appui dont vous parlez,
Elle s'indignerait de voir sa créature
A l'éclat de son nom faire une telle injure,
Et vous dégraderait, peut-être dès demain,
Du titre glorieux de citoyen romain.
Vous l'a-t-elle donné pour mériter sa haine,
En le déshonorant par l'amour d'une reine ?...
Reprenez un orgueil digne d'elle et de vous.
Remplissez mieux un nom sous qui nous tremblons tous ;
Et sans plus l'abaisser à cette ignominie
D'idolâtrer en vain la reine d'Arménie,
Songez qu'il faut du moins, pour toucher votre cœur,
La fille d'un tribun ou celle d'un préteur.
Forcez, rompez, brisez de si honteuses chaînes ;
Aux rois qu'elle méprise abandonnez les reines ;
Et conservez enfin des vœux plus élevés,
Pour mériter les biens qui vous sont réservés.

Ce qui relève et ennoblit ce ton de l'ironie dans le rôle de Nicomède, c'est la hauteur avec laquelle il reprend le ton sérieux; et c'est du mélange de ces deux tons que se forme un des caractères les plus singuliers et les plus nobles qui soient au théâtre:

NICOMÈDE *à Prusias, en parlant d'Attale.*
Si j'avais donc vécu dans ce même repos
Qu'il a vécu dans Rome auprès de ses héros,
Elle me laisserait la Bithynie entière,
Telle que de tous temps l'aîné la tient d'un père...
Il faut la diviser, et dans ce beau projet,
Ce prince est trop bien né pour vivre mon sujet.
Puisqu'il peut la servir à me faire descendre,
Il a plus de vertus que n'en eut Alexandre;
Et je lui dois quitter, pour le mettre en mon rang,
Le bien de mes aïeux, où le prix de mon sang.
Graces aux immortels, l'effort de mon courage
Et ma grandeur future ont mis Rome en ombrage.
Vous pouvez l'en guérir, seigneur, et promptement;
Mais n'exigez d'un fils aucun consentement.
Le maître qui prit soin de former ma jeunesse
Ne m'a jamais appris à faire une bassesse.

Ce sont ces traits de caractère qui faisaient dire à la célèbre Clairon qu'elle ne regrettait rien tant que de ne pouvoir pas jouer le rôle de Nicomède.

A l'égard de l'ironie en éloge, elle est incompatible avec le style sérieux et noble : au moins n'en sais-je aucun exemple, et ne vois-je aucune façon de les concilier ensemble. Mais, dans le style familier, elle peut avoir de la grace, si dans le tour de plaisanterie qu'on donne à la louange on sait éviter la fadeur. C'est ce qu'a fait Voiture dans une lettre au duc d'Enghien, sur la bataille de Rocroi :

« Monseigneur, lui dit-il, à cette heure que je suis
« loin de votre altesse, et qu'elle ne peut pas me
« faire de charge, je suis résolu de lui dire tout ce
« que je pense d'elle il y a long-temps, et que je
« n'avais osé lui déclarer... Oui, Monseigneur, vous
« en faites trop pour le pouvoir souffrir en silence;
« et vous seriez injuste, si vous pensiez faire les ac-
« tions que vous faites sans qu'il en fût autre chose,
« ni que l'on prît la liberté de vous en parler. Si
« vous saviez de quelle sorte tout le monde est dé-
« chaîné dans Paris à discourir de vous, je suis as-
« suré que vous en auriez honte, et que vous seriez
« étonné de voir avec combien peu de respect et
« peu de crainte de vous déplaire tout le monde
« s'entretient de tout ce que vous avez fait. A dire la
« vérité, Monseigneur, je ne sais à quoi vous avez
« pensé, et ça été, sans mentir, trop de hardiesse
« et une extrême violence à vous, d'avoir à votre
« âge choqué deux ou trois vieux capitaines que
« vous deviez respecter, quand ce n'eût été que
« pour leur ancienneté; faire tuer le pauvre comte
« de Fontaines, qui était un des meilleurs hommes
« de Flandre, et à qui le prince d'Orange n'avait
« jamais osé toucher; pris seize pièces de canon,
« qui appartenaient à un prince qui est oncle du
« roi et frère de la reine, avec qui vous n'aviez ja-
« mais eu de différend; et mis en désordre les meil-
« leures troupes des Espagnols qui vous avaient
« laissé passer avec tant de bonté! »

Cette espèce d'ironie, agréable et flatteuse, s'appelait astéisme chez les anciens. On peut l'employer une fois en sa vie; mais pour peu que le tour en soit fréquent, il est usé.

MARMONTEL, *Éléments de Littérature.*

ISOCRATE. Tandis que les orateurs dans la tribune, les poètes dans leurs vers, les musiciens dans leurs chants, célébraient publiquement les guerriers, les athlètes et les grands hommes, d'autres écrivains composaient, dans la retraite, des éloges qui étaient écrits et rarement prononcés. Il paraît que le premier qui travailla de ce genre fut Isocrate; cet orateur, comme on sait, eut la plus grande réputation dans son siècle; il était digne d'avoir des talents, car il eut des vertus. Très jeune encore, comme les trente oppresseurs qui régnaient dans sa patrie faisaient traîner au supplice un citoyen vertueux, il osa seul paraître pour le défendre, et donna l'exemple du courage quand tout donnait l'exemple de l'avilissement. Après la mort de Socrate, dont il avait été le disciple, il osa paraître en deuil dans Athènes, aux yeux de ce même peuple assassin de son maître; et des hommes, qui parlaient de vertus et de lois en les outrageant, ne manquèrent pas de le nommer séditieux, lorsqu'il n'était que sensible. Ayant perdu des biens considérables, il ouvrit une école et y acquit des richesses immenses : le fils d'un roi lui paya soixante mille écus un discours où il prouvait très bien qu'il faut obéir au prince; mais bientôt après, il en composa un autre, où il prouvait au prince qu'il devait faire le bonheur des sujets. Plusieurs de ses disciples devinrent de grands hommes; et comme partout le succès fait le mérite, leur gloire ajouta à la sienne. Il avait eu le malheur d'être l'ami de Philippe, de ce Philippe le plus adroit des conquérants et le plus politique des princes; aimé de l'oppresseur de son pays, il s'en justifia en mourant, car il ne put survivre à la bataille de Chéronée : voilà pour sa personne.

A l'égard de son éloquence, si nous en jugeons par la célébrité, il fut du nombre des hommes qui honorèrent leur patrie et la Grèce. Les calomnies de ses rivaux nous attestent sa gloire, car l'envie ne tourmente point ce qui est obscur; nous savons qu'on venait l'entendre de tous les pays, et il compta, parmi ses auditeurs, des généraux et des rois. Aux hommages de la foule, qui flattent d'autant plus qu'ils tiennent toujours un peu de la superstition et de l'enthousiasme d'un culte, il joignit le suffrage de quelques-uns de ces hommes qu'on pourrait, au besoin, opposer à un peuple entier. On prétend que Démosthène l'admirait; il fut loué par Socrate; Platon en a fait un magnifique éloge ; Cicéron l'appelle le père de l'éloquence * : Quintilien le met au rang des grands écrivains; Denis d'Halicarnasse le vante comme orateur, philosophe et homme d'état : enfin, après sa mort, on lui érigea deux statues, et sur son mausolée on éleva une colonne de quarante pieds, au haut de laquelle était placée une sirène,

* Voyez, t. X, p. 310 du *Répertoire*, le jugement de Cicéron, sur Isocrate, rapporté par La Harpe, dans son article sur Démosthène. F.

image et symbole de son éloquence. Il est difficile que, dans les plus beaux temps de la Grèce, on ait rendu ces honneurs à un homme médiocre; d'un autre côté Aristote n'en parlait qu'avec mépris : *Il est honteux de se taire*, disait-il, *lorsque Isocrate parle.* Faut-il penser qu'un grand homme connût l'envie? et l'âme qui forma Alexandre eut-elle un sentiment bas? ou bien un philosophe, qui était tout à la fois physicien, géomètre, naturaliste, politique, dialecticien ; qui avait porté l'analyse dans toutes les opérations de l'esprit, assigné l'origine et la marche de nos idées, cherché dans les passions humaines toutes les règles de l'éloquence et du goût, et en qui le concours et l'union de toutes ces connaissances devaient former un esprit vaste et une imagination qui agrandissaient tous les arts en réfléchissant leur lumière des uns sur les autres, ne devait-il pas en effet, avoir moins d'estime pour un orateur qui avait plus d'harmonie que d'idées, et pour un maître d'éloquence qui savait mieux les règles de l'art, que l'origine et le fondement des arts mêmes et des règles? Mais Aristote n'a pas été le seul à penser ainsi. Au siècle de César et d'Auguste, plusieurs Romains célèbres ne goûtaient point du tout les ouvrages d'Isocrate, et sûrement Brutus était de ce nombre ; au siècle de Trajan, Plutarque le peignait comme un orateur faible et un citoyen inutile, qui passait sa vie à arranger des mots et à compasser froidement des périodes; au siècle de Louis XIV, Fénelon le traitait encore plus mal; Isocrate, selon lui, n'est qu'un déclamateur oisif qui se tourmente pour des sens, avide de petites graces et de faux ornements, plein de mollesse dans son style, sans philosophie et sans force dans ses idées. Ainsi presque toutes les réputations sont des procès indécis qu'on perd d'un côté, et qu'on gagne de l'autre ; l'un méprise, l'autre admire. Je me rappelle ce Français pendu en effigie à Paris, et dans le même temps ministre de France en Allemagne.

Pour lever ces contradictions, il faut avoir recours aux ouvrages mêmes. Je ne parlerai ici que des *Éloges* de cet orateur : ils sont au nombre de six.

Et d'abord, qui croirait que l'homme qui prit le deuil à la mort de Socrate, ait composé un *Éloge d'Hélène*? Cet ouvrage, comme on le voit par le titre, n'est et ne peut être qu'un misérable abus de l'esprit. On y fait sérieusement la comparaison d'Hélène avec Hercule, à peu près comme Fontenelle dans ses *dialogues*, compare Alexandre et Phryné. Cette manière de chercher de petits rapports, qui étonnent l'esprit sans l'éclairer, n'a dû être approuvée dans aucun siècle. Cet éloge en vingt pages ne vaut pas les trois vers d'Homère, où deux vieillards qui s'affligeaient ensemble des maux de la guerre, en voyant passer Hélène auprès d'eux, cessent tout-à-coup de s'étonner, que l'Europe et l'Asie combattent depuis dix ans. Les trois vers sont d'un grand homme, les vingt pages sont d'un rhéteur.

On trouve ensuite l'*Éloge de Busiris* roi d'Égypte ; c'est à peu près comme l'éloge de Domitien ou de Néron. Comment un écrivain est-il assez malheureux pour se dire à lui-même, de sang-froid : essayons de faire l'éloge d'un tyran? Ce n'est pas qu'Isocrate ne blâme ce sujet; mais il le traite, dit-il, pour faire voir à un rhéteur qui l'avait manqué, comment il aurait dû le traiter lui-même. Il faut en vérité estimer bien peu l'art d'écrire et de parler aux hommes, pour donner de pareilles leçons.

Le troisième éloge est, pour l'exécution et le sujet, d'un mérite fort supérieur à celui-là; c'est l'éloge funèbre d'un roi, adressé à son fils : ce roi, grand homme assez obscur, se nommait Évagoras, et était souverain de l'île de Chypre. Ligué avec les Athéniens et les Perses, il contribua à abattre les Lacédémoniens, oppresseurs de la Grèce et tyrans d'Athènes. Il servit assez bien le roi de Perse pour mériter d'en être craint; et ayant essuyé l'ingratitude et l'orgueil ordinaire aux grandes puissances contre les petites, il osa combattre le roi qu'il avait servi, et avec ses seules forces, soutint pendant dix ans les forces de l'Asie. Isocrate ajoute qu'il eut le talent de gouverner; qu'avant lui les habitants de l'île de Chypre, entièrement séparés des Grecs, étaient tout à la fois efféminés et sauvages, ignorant également la guerre et les arts, et joignant la barbarie à la mollesse; que ce roi leur donna, et le courage qui élève l'âme, et les arts qui l'adoucissent; qu'il créa parmi eux un commerce et une marine, et de ces barbares voluptueux, fit tout à la fois des guerriers et des hommes instruits. C'est à la tête de ce discours qu'Isocrate se plaint que, de son temps, on aimait à louer des héros, qui peut être n'avaient jamais existé, tandis qu'on refusait quelques éloges à d'excellents citoyens avec qui on avait vécu. « Accoutumons, dit-il, les hommes et l'envie à en-« tendre louer ceux qui l'ont mérité, et pardon-« nons aux grands hommes d'avoir été nos contem-« porains. »

Le quatrième éloge, et en même temps le plus fameux discours d'Isocrate, est celui qui est intitulé le *Panégyrique*. On a prétendu qu'Isocrate avait été dix ans, et selon d'autres quinze, à le composer. Malheur à un ouvrage d'éloquence qui aurait coûté quinze ans! Plus il serait travaillé, moins il serait lu. Quoi qu'il en soit, jamais peut-être orateur, dans aucun pays, ne traita un si beau sujet. Athènes et Lacédémone se disputaient l'empire de la Grèce; elles se déchiraient pour commander, et la Perse profitait de leurs divisions pour les rendre esclaves. L'orateur entreprend de prouver, en faisant l'éloge d'Athènes, que c'est à elle qu'appartient naturellement l'empire, et il exhorte les Grecs à s'unir tous ensemble pour porter la guerre chez leurs communs ennemis. On a dit que c'était la lecture de ce discours qui avait décidé Alexandre à conquérir l'Asie. Je n'en crois rien; celui qui pleurait enfant, en apprenant les conquêtes de son père, n'avait pas besoin d'une harangue pour renverser le trône de Darius. Il y a d'ailleurs certaines lectures analogues à des âmes de héros; et pour un homme tel qu'Alexandre, il n'y avait d'écrivain qu'Homère.

Isocrate, dans une vieillesse avancée, composa un autre éloge, c'était le sien. Il avait quatre-vingt-deux ans, et depuis cinquante ans, peut-être, l'envie le poursuivait dans Athènes. Des sophistes qui avaient l'orgueil d'être ses rivaux, sans en avoir le droit, et qui s'indignaient d'une réputation qu'ils n'avaient pas, lui faisaient un crime de ses succès. Calomniateurs, parce qu'ils n'avaient pu réussir à être éloquents, ils l'accusaient en particulier, en public, dans les conversations, dans les tribunaux. Isocrate prit enfin le parti de répondre; ce discours d'un vieillard qui, pour réfuter l'envie, fait la revue de ses pensées depuis quatre-vingts ans, et, avant de descendre au tombeau, rend compte à la patrie et aux lois de l'usage qu'il a fait de son éloquence, n'était pas moins susceptible de pathétique que de force; mais l'ouvrage, avec des beautés, est bien loin d'avoir ce caractère; le sujet est grand, l'exécution est faible.

Enfin, à quatre-vingt-quatorze ans, il eut le courage de commencer un sixième et dernier éloge, et il le finit à quatre-vingt-dix-sept ans: c'est le *Panathénée*. On peut le regarder comme un adieu qu'il voulut faire à ses concitoyens, car c'est un second éloge d'Athènes. Sans cesse il y compare Lacédémone et sa patrie; il n'est pas nécessaire de dire à qui il donne la préférence; l'âme de l'orateur n'était pas susceptible d'enthousiasme pour Sparte. Les arts et les plaisirs d'Athènes, un peuple facile, un caractère brillant, les graces jointes à la valeur, la volupté mêlée quelquefois à l'héroïsme, de grands hommes populaires, des lois qui dirigeaient plus la nature qu'elles ne la forçaient; enfin des vertus douces et des vices mêmes tempérés par l'agrément, devaient plaire bien d'avantage à un genre d'esprit qui ordonnait tout, et préférait la grace à la force. Au reste, cet éloge, comme on s'en doute bien, porte le caractère de l'âge où il fut composé; c'est l'abandon de l'âme dans un songe tranquille : on voit se succéder lentement et doucement les mouvements de l'orateur; on voit les impressions arriver jusqu'à lui par des secousses insensibles, et ses idées ressemblent à ces lumières affaiblies et pâles qui se réfléchissent de loin, et conservent de la clarté sans chaleur.

Tels sont, à peu près, les *Éloges* que nous avons d'Isocrate. Malgré le fanatisme des réputations, il faut convenir, de bonne foi, que l'effet qu'on éprouve en les lisant est bien au-dessous de l'ancienne célébrité de l'orateur.

Tâchons d'en trouver les raisons D'abord, un des principaux mérites d'Isocrate était l'harmonie : on sait combien les Grecs y étaient sensibles. Nés avec une prodigieuse délicatesse d'organes, leur âme s'ouvrait par tous les sens à des impressions vives et rapides; la mélodie des sons excitait chez eux le même enthousiasme que la vue de la beauté; la musique faisait partie de leurs institutions politiques et morales; le courage même et la vertu s'inspiraient par les sons. Qu'on juge, chez un peuple ainsi organisé, combien devait être estimé un orateur qui, le premier, créa l'harmonie de la prose ! Pour nous, ce mérite est presqu'étranger ; nous sommes des Scythes qui voyageons, un bandeau sur les yeux, à travers les ruines de la Grèce.

Un autre grand mérite de cet orateur, c'étaient des finesses et des graces de style ; or ces finesses et ces graces tiennent ou à des idées, ou à des liaisons d'idées qui nous échappent; elles supposent l'art de choisir précisément le mot qui correspond à une sensation, ou délicate ou fine; d'exprimer une nuance de sentiment bien distincte de la nuance qui la précède ou qui la suit ; d'indiquer par un mot un rapport, ou convenu ou réel, entre plusieurs objets; de réveiller à la fois plusieurs idées qui se touchent. Il en est d'un peuple qui entend parfaitement une langue, et de l'orateur qui lui parle, comme de deux amis qui ont passé leur vie ensemble, et qui conversent; les lieux, les temps, les souvenirs attachent pour eux, à chaque mot, une foule d'idées dont une seule est exprimée, et dont les autres se développent rapidement dans l'âme sensible. Admettez un tiers à cette conversation, il ne concevra point ce que ces mots ont de touchant, ni pourquoi ils excitent une émotion si tendre, et font peut-être verser les plus douces larmes : telle est l'image du différent effet que produisent les beautés accessoires et les finesses d'expressions dans une langue vivante ou dans une langue morte; plus un écrivain a de ce genre de beautés, plus il doit perdre.

Enfin, le philosophe attache par l'étendue et la profondeur des idées ; l'orateur ne peut attacher que par les passions fortes : l'effet des mouvements doux et tranquilles se perd, et n'arrive à la postérité que comme le ressouvenir d'un songe à demieffacé. Les passions seules raniment tout; les passions traversent les siècles, et se communiquent, après des milliers d'années, sans s'affaiblir. L'homme a besoin d'orages; il veut être agité: c'est pour cela que Démosthène a encore des admirateurs et qu'Isocrate n'en a plus. Je sens l'un; il me poursuit, il me presse; je vais lui répondre. L'autre me parle toujours de loin; j'aperçois sans cesse deux mille ans entre lui et moi *.

Thomas, *Essai sur les Éloges.*

* Vous avez mis Démosthène avec Isocrate, en cela vous avez fait un tort au premier: le second est un froid orateur, qui n'a songé qu'à polir ses pensées, et qu'à donner de l'harmonie à ses paroles; il n'a eu qu'une idée basse de l'éloquence, et il l'a presque toute mise dans l'arrangement des mots. Un homme qui a employé, selon les uns, dix ans, et, selon les autres, quinze, à ajuster les périodes de son *Panégyrique*, qui est un discours sur les besoins de la Grèce, était d'un secours bien faible et bien lent pour la république contre les entreprises du roi de Perse. Démosthène parlait bien autrement contre Philippe, vous pouvez voir la comparaison que Denys d'Halicarnasse fait de ces deux orateurs, et les défauts essentiels qu'il remarque dans Isocrate. On ne voit dans celui-ci que des discours fleuris et efféminés, que des périodes faites avec un travail infini pour amuser l'oreille; pendant que Démosthène émeut, échauffe et entraîne les cœurs. Il est trop vivement touché des intérêts de sa patrie pour s'amuser à tous les jeux d'esprit d'Isocrate: c'est un raisonnement serré et pressant; ce sont des sentiments généreux d'une âme qui ne conçoit rien que de grand; c'est un discours qui croît et qui se fortifie à chaque parole par des raisons nouvelles; c'est un enchaînement de figures hardies et touchantes; vous ne sauriez le lire sans voir qu'il porte la république dans le fond de son cœur: c'est la nature qui parle par elle-même dans ses transports; l'art y est si achevé, qu'il n'y paraît point; rien n'égala jamais sa rapidité et sa véhémence. N'avez-vous pas vu ce qu'en dit Longin dans son traité *du sublime* ?

Fénelon, I*er Dialogue sur l'Éloquence.*

JARGON. « Il n'a manqué à Molière que d'éviter « le *jargon* et d'écrire purement, » dit La Bruyère. Il a raison quant à la pureté du style. Mais quel est le jargon que Molière aurait dû éviter? Ce n'est certainement pas celui des précieuses et des femmes savantes ; il est de l'essence de son sujet : ce n'est pas celui d'Alain et de Georgette ; il contribue à caractériser leur naïveté villageoise, et à rendre encore plus saillant le ridicule de celui qui en fait les gardiens d'Agnès : ce n'est pas non plus celui que Molière fait parler quelquefois aux gens de la cour et du monde ; car il n'imite les singularités recherchées de leur langage, que pour tourner en ridicule cette même affectation : nulle recherche dans le langage du *Misanthrope*, ni du Chrysale des *Femmes savantes*, ni de Cléante dans le *Tartufe*, ni dans la prose de *l'Avare*; et ce que l'on appelle le jargon du monde, il le réserve à ses marquis. Je soupçonne dans La Bruyère un peu de jalousie de métier pour le premier peintre des mœurs ; et l'on s'en aperçoit sur-tout à la manière dont il a parlé du *Tartufe*.

Scarron, dans ses pièces bouffonnes, employait un burlesque emphatique du plus mauvais goût. Ce jargon fait rire un moment par sa bizarre extravagance ; mais on a honte d'avoir ri.

Le jargon villageois a été heureusement employé quelquefois par Dufresny et par Dancourt : il est, par exemple, très-bien placé dans le jardinier de *l'Esprit de contradiction;* mais Dancourt, dont le dialogue est si vif, si gai, si naturel, s'est éloigné de la vraisemblance, en entremêlant sans raison, dans les personnes du même état, le jargon villageois et le langage de la ville : dans *les trois Cousines*, ses paysannes parlent comme des demoiselles, et leurs pères et mères comme des paysans.

Le jargon villageois a quelquefois l'avantage de contribuer au comique de situation, comme dans *l'Usurier gentilhomme* : c'est là sur-tout qu'il est piquant. Quelquefois il marque une nuance de simplicité dans les mœurs ; et Molière s'en est habilement servi pour distinguer la simplicité grossière de Georgette, de la naïveté d'Agnès. Mais si le jargon villageois n'a pas l'un de ces deux mérites, on fera beaucoup mieux de mettre un langage pur dans la bouche des paysans. L'ingénuité, le naturel, la simplicité même, n'a rien qui se refuse à la correction du langage. Ce qu'il y a de plus incompatible avec le jargon villageois, c'est un raffinement d'expression, une recherche curieuse de tours singuliers, ou de figures étudiées ; et c'est ce qui gâte le naturel des paysans de Marivaux.

Le jargon du monde et de la cour a sa place dans le comique : Molière en a donné l'exemple ; mais on en abuse souvent ; et parce que, dans une pièce moderne d'un coloris brillant et d'une vérité de mœurs très-piquante, ce jargon, employé avec goût, semé de traits et de saillies, a réussi au théâtre, on n'a cessé depuis d'écrire d'après ce modèle et de copier ce jargon. Les jeunes gens ne parlent plus d'autre langage sur la scène comique ; aux personnages même qu'on ne veut pas tourner en ridicule, on donne sans discernement ce ridicule de l'expression ; et cela, faute de connaître le ton du monde et de la cour, dont le vrai caractère est d'être uni et simple.

MARMONTEL, *Éléments de Littérature.*

JÉROME (SAINT), en latin Hieronymus, le plus savant docteur de l'Église latine, naquit à Stridon sur les confins de la Dalmatie et de la Pannonie, vers l'an 340, de parents riches qui tenaient un rang distingué dans cette contrée. Après avoir reçu une excellente éducation, il se rendit à Rome pour y étudier les belles-lettres à l'école de Donat et de Victorin, et ne tarda pas à se signaler par des progrès rapides. Il reçut le baptême dans cette ville, et la quitta vers l'âge de trente ans pour faire un voyage dans les Gaules. A son retour, il résolut d'aller s'ensevelir dans les déserts brûlants de la Chalcide en Syrie : il s'y rendit en effet après avoir parcouru plusieurs contrées, et s'y consacra pendant un grand nombre d'années à l'étude, au jeûne et à la prière. Des discussions qu'il eut ensuite avec les moines du désert, lui ayant fait abandonner cette solitude, où il comptait passer le reste de ses jours, il alla à Antioche, et fut élevé au sacerdoce par Paulin, évêque de cette ville; Jérome cependant ne consentit à son ordination qu'à condition qu'il ne serait attaché à aucune église. Plusieurs légendaires ont assuré qu'il n'offrit jamais le sacrifice de l'autel, par humilité, mais plusieurs critiques rejettent ce fait comme invraisemblable.

En 377 saint Jérome entreprit le voyage de Jérusalem, et se rendit à Bethléem pour y visiter les lieux saints; il parcourut toute la Judée, et se familiarisa, par la connaissance des localités et des usages, avec celle des particularités et de l'esprit de l'Écriture-Sainte. Ce fut vers ce temps qu'il écrivit le *Dialogue contre les lucifériens*, et qu'il traduisit la *Chronique* d'Eusèbe de Césarée. Il dédia cette traduction à ses amis Vincent et Galien, et continua cette *Chronique* jusqu'à l'année 378.

Le désir d'entendre l'illustre saint Grégoire de Nazianze, le conduisit à Constantinople en 381. Il retourna l'année suivante à Rome; mais ses talents y ayant excité l'envie, il se retira à Bethléem et s'y appliqua à conduire les monastères que sainte Paule y avait fait bâtir, à traduire l'Écriture et à combattre les hérétiques. Il écrivit le premier contre Pélage, et foudroya Vigilance et Jovinien. Pélage s'en vengea, en persécutant son vainqueur. Cet hérésiarque était soutenu par Jean de Jérusalem avec lequel saint Jérome s'était brouillé au sujet des origénistes. Le saint docteur avait rompu pour la même dispute avec Rufin, son ancien ami. « Saint Jérome, malgré
« ses grandes vertus, dit l'abbé de Feller, avait les
« défauts de l'humanité. Il mit beaucoup d'aigreur
« dans ses disputes, et sur-tout dans celle qu'il eut
« avec Rufin; il le traita avec hauteur, pour ne pas
« dire avec emportement. Quand on lit les injures
« dont il l'accabla, on est surpris que des invectives
« si fortes soient sorties d'une bouche si pure; mais
« elles tenaient à la véhémence de son style bien plus

« qu'à la disposition de son cœur. La rigidité de son
« caractère, augmentée encore par une vie dure et
« sévère, donnait quelquefois à son zèle une espèce
« d'âpreté qui influait sur son éloquence. Accoutu-
« mé d'ailleurs à combattre les hérétiques avec une
« ardeur digne de sa foi, il ne distinguait pas tou-
« jours assez ses adversaires. Ce saint n'en est pas
« moins illustre pour avoir été homme : il couvrit
« ses défauts par l'éminence de ses vertus. »

Chassé par les hérétiques de la retraite qu'il s'é-
tait choisie, saint Jérome mourut, âgé de quatre-
vingts ans, le 30 septembre de l'an 420. L'Église, qui
eut à pleurer en lui un de ses plus beaux ornemens
et un de ses plus zélés défenseurs, a consacré ce
jour à célébrer sa mémoire.

Aucun écrivain ecclésiastique de son siècle ne le
surpassa dans la connaissance de l'hébreux, et dans
la variété de son érudition. Il brille par une imagination vigoureuse; « ses expressions sont mâles et
« grandes, dit Fénelon; il n'est pas régulier, mais il
« est bien plus éloquent que la plupart des gens qui
« se piquent de l'être. »

De toutes les éditions qu'on a faites des ouvrages
de ce Père, la meilleure est celle de dom Martianay,
bénédictin de la congrégation de Saint-Maur, en 5
volumes in-fol, publiée depuis 1693 jusqu'en 1706.
Cette édition n'a pas été éclipsée par celle de Val-
larsi, donnée à Vérone, en 1738, en 10 vol. in-fol.
Les principales productions renfermées dans ce recueil sont : une *Version latine de l'Écriture* sur
l'Hébreux que l'Église a depuis déclarée authenti-

que sous le nom de *Vulgate*; des *Commentaires* sur plusieurs livres de l'*Ancien* et du *Nouveau Testament*; des *Traités polémiques* contre Montan, Helvidius, Jovinien, Vigilance, Pélage, Rufin et les partisans d'Origène; un *Traité de la vie et des écrits des auteurs ecclésiastiques*; une *Suite de la Chronique d'Eusèbe*; l'*Histoire des Pères du désert*, un *Martyrologe* qui lui est attribué, et des *Lettres*. Elles contiennent les vies de quelques saints solitaires, des éloges, des instructions morales, des réflexions ou des discussions critiques sur la *Bible*. Selon M. de Chateaubriand, le recueil de ces lettres est un des monuments les plus curieux de la littérature des pères. « Saint Jérome, toujours errant ou soli« taire, dit M. Villemain, sans autre dignité dans « l'église que celle de prêtre de Jésus-Christ, ne fut « appelé, comme orateur sacré, aux funérailles d'au« cun prince; il paraît même que jamais il ne pro« nonça de discours public; mais plusieurs de ses « *Épîtres chrétiennes* sont de véritables éloges fu« nèbres, inspirés par le sentiment d'une perte ré« cente, et remplis de douleur et d'éloquence. »

Les *Lettres* de saint Jérome avaient été publiées par Canisius, et on en a fait un grand nombre d'éditions. Elles ont été traduites en 1713, 3 vol. in-8°.

Le père Dolci a donné la vie de ce saint docteur, extraite en entier de ses écrits, Acône, 1750. G. Fournier a publié, en 1817, un *Éloge de saint Jérome*, plein de sentiment et d'imagination.

W.

JOHNSON (samuel), célèbre littérateur anglais, naquit le 18 septembre 1709, à Lichfield dans le comté de Warwick. Accablé d'infirmités dès ses plus jeunes ans, il devint difforme et mélancolique ; mais cette disposition hypocondriaque, qu'il conserva toute sa vie, ne nuisit point à ses progrès. On le vit au contraire marcher d'un pas rapide dans l'étude des belles-lettres, et bientôt on put prévoir quel serait un jour la supériorité de son talent. Mais avant que de parvenir à des succès littéraires il avait à lutter contre l'infortune. Son père, après avoir fait de mauvaises affaires dans la librairie, ne lui laissa en mourant que vingt livres sterling pour toute ressource, et c'est avec cette modique somme qu'il fut jeté dans le monde à vingt-deux ans, sans emploi, sans amis et sans protection. Après avoir végété pendant plusieurs années, Johnson crut se mettre à l'abri de la pauvreté en épousant une veuve de quarante-huit ans, qui lui apportait environ huit cents livres sterling. Avec cette somme il essaya de monter un pensionnat à Édial, près Lichfield ; mais le trop petit nombre de ses élèves l'ayant forcé de renoncer à cette entreprise, il se vit bien plus malheureux encore qu'auparavant. Ce fut alors qu'il se rendit à Londres pour y faire jouer une tragédie d'*Irène* qu'il avait composée. N'ayant pu y parvenir, et pressé par le besoin, il se mit à écrire quelques brochures, des dédicaces et des préfaces qui lui étaient demandées par des auteurs, ou par des libraires. Il travailla aussi à la rédaction d'un recueil périodique intitulé *Gentleman's Magazine*, dans lequel il fut chargé de rendre compte des discours faits au parlement depuis le 19 novembre 1740 jusqu'au 23 janvier 1743. A cette époque l'entrée de la chambre des communes étaient interdite au public, et les débats étaient rédigés sur de simples notes données par les huissiers : les discours que Johnson composait d'après ces notes parurent si remarquables, que Voltaire dit alors que les orateurs du parlement britannique égalaient par leur éloquence ceux de Rome et d'Athènes. Mais l'auteur de ces beaux discours était inconnu, et mal payé sans doute, car tandis qu'on admirait ainsi son talent, il manquait souvent du nécessaire, et plusieurs fois il fut errant la nuit dans les rues de Londres faute de pouvoir payer son gîte.

Cependant sa satire, intitulée *London*, imitée de Juvénal, et publiée en 1738, avait attiré sur lui l'attention de Pope, qui chercha à le produire ; mais ce fut inutilement ; Johnson resta encore longtemps obscur et malheureux. Enfin en 1744, il publia la *Vie de Savage* qu'une mort prématurée avait enlevé aux lettres et à son amitié ; la vogue qu'obtint cette production, acheva de le faire connaître. Plusieurs libraires s'associèrent, et lui proposèrent l'exécution d'un *Dictionnaire de la langue anglaise*. Pendant les sept années que Johnson employa à ce travail, il mit le sceau à sa réputation, par la publication du *Rambler*, (*le Rodeur*), journal, dans le goût du *Spectateur* d'Addison, et qui eut dix éditions du vivant de l'auteur. « C'est dans cet « ouvrage, dit M. Walckenaer, que Johnson a sur-

« tout fait voir les beautés et les défauts de son
« style, et c'est par lui qu'il a produit une sorte de
« révolution dans la littérature anglaise. On ne peut
« disconvenir que par l'harmonie des périodes sava-
« ment cadencées, par l'habile emploi des images
« et le choix heureux des épithètes, Johnson n'ait
« donné à la prose anglaise une dignité et une éner-
« gie inconnues jusqu'à lui. Mais son style toujours
« nerveux, est souvent tendu; il manque de grace
« et de variété. Son élégance trop étudiée, si elle
« excite l'admiration, produit aussi la fatigue : il
« abuse des expressions métaphoriques, et surprend
« désagréablement ses lecteurs par des mots inu-
« sités, forgés des langues anciennes; ou bien il
« exprime des choses simples en termes trop pom-
« peux, qui donnent souvent à ses phrases un carac-
« tère pédantesque. »

Le *Rambler* ne fut pas la seule production que Johnson fit paraître pendant la composition de son *Dictionnaire* : en 1749 il publia la *Vanité des souhaits humains*, poème imité de la dixième satire de Juvénal, et sa tragédie d'*Irène*, fut représentée la même année. On venait de lui conférer le titre de docteur de l'université d'Oxfort, lorsque son *Dictionnaire* parut en 1755. Il ne fut point dédié au lord Chesterfield, ainsi que le prospectus l'avaient annoncé. Johnson avait inutilement sollicité sa protection à ses débuts dans la carrière littéraire, et lorsque le lord essaya de réparer ses torts envers cet homme célèbre, en faisant l'éloge de son *Dictionnaire* dans un journal, Johnson repoussa ses avances tardives et lui écrivit la lettre suivante :

« Milord, j'ai su dernièrement par le propriétaire
« du *Monde* que deux articles, dans lesquels mon
« *Dictionnaire* est recommandé à l'attention publi-
« que, étaient l'ouvrage de votre seigneurie. Une
« pareille distinction est un honneur que, peu ac-
« coutumé aux faveurs des grands, je ne sais com-
« ment recevoir ou en quels termes reconnaître.

« Lorsqu'après quelques faibles encouragements,
« je visitai pour la première fois votre seigneurie,
« je fus enchanté, comme le reste du genre humain,
« de la politesse de vos manières : je ne pus me dé-
« fendre d'aspirer à devenir *le vainqueur du vain-*
« *queur de la terre*, et à conquérir cette estime que
« je voyais les hommes se disputer à l'envi; mais je
« trouvai mes efforts si peu encouragés que ni l'or-
« gueil ni la modestie ne me permettaient de les
« continuer. Quand j'offris jadis un hommage pu-
« blic à votre seigneurie, j'avais épuisé pour lui
« plaire tous les moyens que possède un homme de
« lettres vivant dans la solitude et loin des cours;
« j'avais fait tout ce qui était en mon pouvoir; et
« aucun homme n'aime à voir dédaigner tous ses
« soins, quelque peu flatteurs qu'ils soient.

« Sept ans se sont écoulés, milord, depuis le
« temps que j'attendais dans votre antichambre, ou
« que j'étais repoussé de votre porte. Durant cet
« intervalle, j'ai poursuivi mon ouvrage à travers
« des difficultés dont il est superflu de me plaindre,
« et je l'ai conduit enfin au point de la publication,
« sans un seul témoignage de bienveillance, un mot

« d'encouragement, ou un sourire de faveur. Je ne
« m'attendais pas à un pareil traitement, car je
« n'avais jamais eu de protecteur auparavant.

« Le berger de Virgile apprit enfin à connaître
« l'amour, et sut qu'il était né parmi les rochers.

« Ce n'est pas un protecteur, Milord, celui qui
« voit avec insouciance un homme se débattre dans
« les flots, en danger de perdre la vie, et qui, lors-
« qu'il est parvenu au rivage, l'embarrasse de son
« secours. La recommandation qu'il vous a plu d'ac-
« corder à mon travail, si elle eût paru plus tôt,
« m'aurait rendu service; mais elle s'est trop fait
« attendre : aujourd'hui j'y suis devenu indifférent,
« et je ne puis en jouir; je suis solitaire, et je ne
« puis la faire valoir ; je suis connu, et je n'en ai plus
« besoin. J'espère qu'il n'y a pas une cynique âpreté
« à ne point reconnaître d'obligation quand on n'a
« point reçu de bienfait, ou à ne pas vouloir que le
« public me considère comme redevable à un pro-
« tecteur de ce que la Providence m'a rendu capable
« de faire moi-même.

« Après avoir poussé aussi loin mon ouvrage avec
« si peu d'obligation à aucun patron de la science,
« je n'éprouverai aucun regret à l'achever avec
« moins de secours encore, s'il est possible; car je
« suis depuis long-temps réveillé de cette flatteuse
« illusion où se complaisait avec tant de joie, Mi-
« lord, le très humble et obéissant serviteur de votre
« seigneurie. »

Les divers travaux que nous avons cités, avaient
placé Johnson au premier rang des littérateurs au-

glais, sans cependant apporter un grand changement dans sa fortune. Les frais de copiste avaient absorbé la meilleure partie de ce qu'il avait reçu pour son *Dictionnaire*, et il se vit encore une fois obligé de composer des dédicaces, des prologues et des préfaces pour d'autres auteurs. Il commença ensuite un nouveau journal, intitulé *The Idler* (*le Fainéant*), dans le genre du *Rembler*, et donna en 1762, une édition des *œuvres de Shakespeare*, qui lui fournirent des moyens d'existence pendant quatre ou cinq ans. Enfin sa réputation et l'utilité de ses travaux fixèrent l'attention du gouvernement. Il obtint une pension de trois cents livres sterling, qui le mit à l'abri du besoin pour le reste de ses jours. Johnson avait alors cinquante-trois ans. Il eût pu goûter encore toutes les douceurs de sa nouvelle situation, si l'affection hypocondriaque, qu'il avait ressentie dès sa plus tendre jeunesse, ne l'eût empêché d'être heureux : la mort de plusieurs amis avec lesquels il vivait habituellement vint encore ajouter à sa mélancolie. Cependant ni les chagrins, ni les années, ni la souffrance, ne portèrent atteinte à son talent, et les productions de sa vieillesse ne parurent point inférieures à celles qu'il avait publiées dans la force de l'âge.

Cet estimable écrivain mourut le 13 décembre 1784, et fut enterré à l'abbaye de Westminster, près de Garrick, qui avait été son élève et son ami : on lui érigea un monument, par des souscriptions volontaires, dans la cathédrale de Saint-Paul.

A côté des qualités brillantes et estimables qui

distinguaient Johnson, il avait une rudesse de carractère qui rendait quelquefois sa société désagréable. Lord Chesterfield a fait de lui un portrait peu flatteur, mais qui ne semble pas dénué de vérité. « Il y a un homme, dit-il, dont je reconnais,
« j'estime et j'admire le caractère moral, les pro-
« fondes connaissances et le talent supérieur ; mais
« il m'est si impossible de l'aimer, que j'ai presque
« la fièvre quand je le rencontre dans une société.
« Sa figure, sans être difforme, semble faite pour
« jeter de la disgrace et du ridicule sur la forme
« humaine. Sans égard à aucune des bienséances de
« la vie sociale, il prend tout, il fait tout à contretemps.
« Il dispute avec chaleur, sans aucune considération
« pour le rang, l'état et le caractère de ceux avec
« qui il dispute. Ignorant absolument toutes les
« nuances du respect et de la familiarité, il a le
« même ton et les mêmes manières avec ses supé-
« rieurs, ses égaux et ses inférieurs ; et il est par
« conséquent absurde avec au moins deux de ces
« trois classes d'hommes. Serait-il possible d'aimer
« un tel homme ? Non ; tout ce que je puis faire est
« de le regarder comme un respectable hottentot. »

Au reste personne ne convint de ses défauts avec plus de candeur que Johnson ; il les rachetait d'ailleurs par des vertus si solides, qu'il se les faisait aisément pardonner : il était sensible, bienfaisant ; ses affections étaient fortes et durables ; Garrick disait de lui « qu'il n'avait d'un ours que la peau. »

Outre les ouvrages que nous avons cités, Johnson est encore auteur d'un roman oriental intitulé *Ras-*

selas ou le *Prince d'Abyssinie*, qui a été traduit en français en 1768; des *Vies des Poètes anglais*, ouvrage qu'il écrivit à l'âge de soixante-dix ans, et qu'on met au nombre de ses meilleures productions. Les *OEuvres de Johnson* ont été recueillies et publiées en 12 vol. in-8°, 1787, par John Hawkins, qui les fit précéder d'une vie de l'auteur; mais cette vie parut inexacte et l'édition incomplète. On en a publié une autre en 1793 (réimprimée en 1806) précédée d'un *Essai sur la vie et les écrits du docteur Johnson*, par M. Murphy: les faits ayant été puisés dans la vie publiée par Hawkins, n'y sont pas plus exacts. La meilleure vie de Johnson est celle de l'écossais Boswell, publiée en 1791, 2 vol. in-4°, réimprimée en 1816, 4 vol. in-8°. Les *OEuvres de Johnson* ont été réimprimées à Édimbourg, 1806, 15 vol. in-12. Elle sont précédées d'une vie, écrite avec autant de soin que d'habileté. On estime aussi beaucoup celle qui se trouve insérée dans la *Collection des Poètes anglais* par Johnson et Chalmers, 21 vol. 1810. M. Boulard a donné une traduction française de morceaux choisis du *Rembler*, Paris, 1785, 1 vol. in-12. On trouve dans le t. IV des *Variétés littéraires* publiées par Suard, Paris 1770, la traduction presque entière de la *Préface* de Shakspeare, qu'on regarde comme un des beaux morceaux de Johnson.

W.

JOSÈPHE (FLAVIUS), historien grec, était de Jérusalem, et de la race sacerdotale. Il naquit, trente-sept ans après Jésus-Christ, en la première année de Caïus. Il fut si bien instruit, qu'à l'âge de quatorze ans les pontifes même le consultaient sur ce qui regardait la loi. Après avoir examiné avec soin les trois sectes qui partageaient alors les Juifs, il choisit celles des Pharisiens.

A l'âge de dix-neuf ans, l'an de J.-C. 56, il commença à prendre part aux affaires publiques.

Il soutint avec un courage incroyable le siége de Jotapat, qui dura près de sept semaines. La ville fut prise l'an de J.-C. 67, la treizième de Néron. Cette prise coûta bien cher aux Romains, et Vespasien y fut blessé. On y compta quarante mille Juifs tués. Josèphe, qui était caché dans une caverne, fut enfin contraint de se rendre à Vespasien.

Je ne rapporte point tout ce qui se passa depuis ce temps-là jusqu'au fameux siège et à la prise de Jérusalem: il en fait lui-même le récit fort au long. Je remarque seulement que pendant toute cette guerre, et lors-même qu'il était encore captif, Vespasien et Tite voulurent toujours l'avoir auprès d'eux, de sorte qu'il ne s'y passait rien du tout dont il n'eût une entière connaissance; car il voyait lui-même tout ce qui se faisait du côté des Romains, et l'écrivait exactement; et il apprenait des transfuges, qui s'adressaient tous à lui, ce qui se passait dans la ville, et qu'il ne manquait pas d'écrire aussitôt.

Ce fut apparemment après la prise de Jotapat, et lorsqu'il se vit engagé à vivre avec les Romains, qu'il apprit la langue grecque. Il avoue (XX, 9) qu'il ne put jamais la bien prononcer, parce qu'il ne l'avait pas appris de jeunesse, les Juifs estimant peu l'étude des langues. Photius juge que sa phrase est pure.

Après que la guerre fut finie (l'an de J. C. 71), Tite s'en allant à Rome, l'y emmena avec lui. Vespasien le fit loger dans la maison qu'il avait avant que d'être empereur, le fit citoyen romain, lui assigna une pension, lui donna des terres dans la Judée, et lui témoigna beaucoup d'affection tant qu'il vécut. Ce fut sans doute Vespasien qui, en le faisant citoyen, lui donna le nom de Flavius, qui était celui de sa famille.

Dans le loisir que Josèphe avait à Rome, il s'occupa à écrire l'histoire de la guerre des Juifs sur les mémoires qu'il en avait dressés. Il la composa d'abord en sa langue propre, qui était à-peu-près la même que la syriaque. Il la traduisit ensuite en grec pour les peuples de l'empire, en remontant jusqu'au temps d'Antiochus-Épiphane et des Machabées.

Josèphe fait profession d'y rapporter avec une entière sincérité tout ce qui s'est fait de part et d'autre, ne se réservant de l'affection qu'il avait pour sa nation, que le droit de plaindre quelquefois ses malheurs, et de détester les crimes des séditieux qui en avaient causé la ruine totale.

Dès que son histoire grecque fut achevée, il la présenta à Vespasien et à Tite, qui en furent extrêmement satisfaits. Celui-ci dans la suite ne se contenta pas d'ordonner qu'elle fût rendue publique, et mise dans une bibliothèque ouverte à tout le monde, mais il signa de sa main l'exemplaire qui y devait être mis, pour montrer qu'il voulait que ce fût d'elle seule que tout le monde apprît ce qui s'était passé pendant le siège et la prise de Jérusalem.

Outre la sincérité et l'importance de cette histoire, où l'on trouve l'accomplissement entier et littéral des prédictions de Jésus-Christ contre Jérusalem, et la vengeance terrible que Dieu tira de cette malheureuse nation pour la mort qu'elle avait fait souffrir à son fils, l'ouvrage en lui-même est fort estimé pour sa beauté. Le jugement que porte Photius (c. XLVIII) de cette histoire, c'est qu'elle est agréable, pleine d'élévation et de majesté, mais sans excès et sans enflure; qu'elle est vive et animée, pleine de cette éloquence qui excite ou appaise à son gré les mouvements de l'âme; remplie d'excellentes maximes de morale; que les harangues en sont belles et persuasives; et que, quand il faut soutenir les deux partis opposés, elle est féconde en raisons adroites et plausibles pour l'un et pour l'autre. Saint Jérôme (*épît.* XXII) loue Josèphe encore plus avantageusement en un seul mot, qui le caractérise parfaitement en l'appelant le Tite-Live des Grecs.

Après que Josèphe eut écrit l'histoire de la ruine des Juifs, il entreprit de faire l'histoire générale de cette nation, en la commençant dès l'origine du monde, pour faire connaître à toute la terre les grandes merveilles de Dieu qui s'y rencontrent. C'est ce qu'il exécuta en vingt livres auxquels il donne lui-même le titre d'antiquités, quoiqu'il les continue jusqu'à la douzième année de Néron, en laquelle les Juifs se révoltèrent. Il paraît qu'il adressa cet ouvrage, à Épaphrodite, homme curieux et savant. On croit que c'est ce célèbre affranchi de Néron, que Domitien fit mourir. Josèphe acheva cet ouvrage en la cinquante-sixième année de son âge; l'an de J.-C. 95, qui était le treizième du règne de Domitien.

Il y fait profession de ne rien ajouter à ce qui est dans les livres saints, dont il a tiré ce qu'il dit jusqu'au retour de la captivité de Babylonne, et de n'en rien retrancher. Mais il ne s'est pas acquitté de cette promesse aussi religieusement qu'il aurait été à souhaiter. Il ajoute quelques faits qui ne sont pas de l'Écriture, il en retranche un plus grand nombre, et en déguise quelques autres d'une manière qui les rend tout humains, et leur fait perdre cette grandeur divine, et cette majesté que leur donne la simplicité de l'Écriture. On ne peut pas aussi l'excuser de ce que souvent, après avoir rapporté les plus grands miracles de Dieu, il en affaiblit l'autorité, en laissant à chacun la liberté d'en croire ce qu'il voudra.

Josèphe voulut joindre à ses *Antiquités* l'histoire de sa vie, durant qu'il y avait encore plusieurs personnes qui pouvaient le démentir s'il s'éloignait de la vérité. Il paraît en effet qu'il la fit aussitôt après, l'an de J.-C. 96; et on l'a considérée comme une partie du vingtième livre de ses *Antiquités*. Il emploie presque tout à décrire ce qu'il fit étant gouverneur de Galilée avant la venue de Vespasien.

Comme diverses personnes témoignaient douter de ce qu'il disait des Juifs dans ses *Antiquités*, et objectaient que si cette nation eût été aussi ancienne qu'il la faisait, les autres historiens en auraient parlé : il entreprit sur cela un ouvrage, non seulement pour montrer que plusieurs historiens avaient parlé des Juifs, mais aussi pour réfuter toutes les calomnies qui avaient été répandues contre eux par divers auteurs, et particulièrement par Appion, ce qui fait que tout l'ouvrage est ordinairement intitulé *Contre Appion*.

Rollin, *Histoire ancienne*.

Nous possédons en français deux traductions des *Antiquités Judaïques* ; l'une par Arnauld d'Andilly, l'autre par le P. Gillet ; cette dernière est la plus fidèle.

JOUVANCY (Joseph le P.), savant jésuite, naquit à Paris, le 14 septembre 1643. Entré dans la société dès l'âge de seize ans, il s'attacha avec beaucoup d'ardeur à l'étude des anciens, dont il s'est quelquefois approché par la précision et l'élégance de son style. Il fut à la fois orateur, poète, critique, grammairien, et s'est montré supérieur dans ces divers genres. « On n'a, dit l'abbé d'Olivet, personne
« à lui comparer depuis la renaissance des lettres,
« que Maffei et Muret. »

Le P. Jouvancy, fut appelé à Rome, en 1699, pour y travailler à la continuation de l'Histoire des Jésuites ; et il mourut dans cette ville le 29 mai 1719, à l'âge de soixante-seize ans. On a de lui : *Novus Apparatus græco latinus cum interpretatione gallicâ*, Paris, 1681, in-4°; la *première Philippique de Démosthène*, traduite en latin, et suivie de remarques critiques sur la traduction française de Tourreil; la *Traduction latine des Dialogues de Cléandre et d'Euxode sur les Lettres provinciales*, par le P. Daniel; *De ratione dicendi et docendi*, Lyon, 1692, in-12, souvent réimprimé, et traduit en français, par M. Lefortier, Paris, 1803, in-12. « Ce livre, dit « Rollin, est écrit avec une pureté et une élégance, « avec une solidité de jugement et de réflexion, avec « un goût de piété, qui ne laissent rien à désirer, « sinon que l'ouvrage fût plus long, et que les ma- « tières y fussent plus approfondies ; mais ce n'était « pas le dessein de l'auteur. » (Discours préliminaire du *Traité des études*.) L'*Appendix de diis et heroïbus poeticis*, par Jouvancy, in-12, est un bon abrégé de mythologie, dont on se sert encore dans les collèges. M. Roger, de l'Académie française, en a donné une édition in-8°, en 1805, avec des notes. Le recueil des discours latins de Jouvancy, publié par le P. Jay, rachète l'aridité ordinaire des sujets par la beauté du style. Son *Historiæ societatis Jesu pars quinta, tom. posterior, ab anno Christi* 1591, *ad annum* 1616, Rome, 1710, in-fol., ayant été supprimée par deux arrêts du parlement de Paris, est devenue très rare en France. On a encore du P. Jouvancy, quelques pièces de vers latins, la traduction latine de plusieurs ouvrages de Théodore Studite, insérée dans la collection des *OEuvres du P. Sirmond*; enfin des éditions de Juvénal, de Perse, de Térence; de Martial, d'Horace, et des *Métamorphoses* d'Ovide, dont il a retranché les passages obscènes, et qu'il a enrichies d'excellentes notes.

JOUY (VICTOR-JOSEPH-ÉTIENNE), membre de l'institut (Académie française), né en 1769, à Jouy (Seine et Oise), avait à peine atteint sa treizième année quand il suivit, dans l'Amérique méridionale, en qualité de sous-lieutenant, le baron de Besner, qui venait d'être nommé gouverneur de la Guyane française. L'année suivante, le jeune sous-lieutenant revint prendre sa place sur les bancs du collège d'Orléans à Versailles, où il acheva ses études, et alla rejoindre ensuite aux Indes Orientales, le régiment de Luxembourg, dans lequel il servit plusieurs années. Au sortir de ce régiment, M. Jouy se rendit à la côte de Coromandel, et de là au Bengale, en qualité d'officier d'état-major attaché au gouvernement de Chan-dernagor. Le séjour qu'il a fait dans cette belle partie du monde a fourni à plusieurs de ses ouvrages ces couleurs locales, ces tableaux vrais et attachants, qu'aucune imagination ne peut remplacer; la mémoire est aussi une des propriétés du talent, parce qu'elle est l'empreinte de l'observation. M. Jouy, a été et est encore à la fois, bon poète et bon prosateur, parce qu'il a bien observé, et bien choisi dans tout ce qui, depuis sa première jeunesse, a dû intéresser son esprit et son cœur.

A la fin de 1790, M. Jouy revint en France, entra en qualité de capitaine dans le régiment de Colonel-Général, infanterie, et fit la première campagne de la guerre de la révolution, comme aide-de-camp du lieutenant-général O'Moran, près duquel il fut dangereusement blessé au combat de Bonsecours. Nommé adjudant-général sur le champ de bataille, après la prise de Furnes, il fut arrêté quelques jours après par les ordres du représentant du peuple Duquesnois, puis condamné à mort par contumace au tribunal révolutionnaire de Paris.

Échappé à l'échafaud, M. Jouy alla se réfugier en Suisse, et ne rentra en France qu'après le 9 thermidor. Il reprit du service, mais diverses persécutions l'ayant dégoûté de la carrière des armes, il demanda sa retraite, et se livra ensuite à la littérature.

Les premiers pas qu'il fit dans cette nouvelle carrière furent marqués par des succès de vogue qu'obtinrent quelques vaudevilles faits en société avec MM. Delonchamp et Dieulafoy. Mais son début dans la carrière lyrique, le bel opéra de la *Vestale*, classa tout-à-coup l'auteur parmi les écrivains dramatiques dont s'honore la France. *Fernand Cortès* vint partager depuis les succès de la *Vestale*. Les opéra des *Amazones*, des *Abencerrages*; et des *Bayadères*, ces deux derniers sur-tout, ont été très favorablement accueillis du public, et sont restés au répertoire.

M. Jouy a aussi donné plusieurs opéra comiques qui font partie du répertoire du théâtre Feydeau. Mais une autre muse l'appelait sur un autre théâtre. Il donna quelques comédies en prose ou en vers au théâtre Français et à celui de l'Odéon. Une d'elles en cinq actes et en vers, intitulée l'*Héritière*, est reçue depuis quatre ans au théâtre Français. C'est une grande scène de mœurs, dont l'exécution a paru, aux amis qui l'ont entendue, aussi brillante que la conception en est élevée.

La tragédie était aussi un domaine que l'âge mûr de M. Jouy s'était réservé. Il débuta par la tragédie de *Tippoo-Saeb* qui n'obtint qu'un succès d'estime. Celle de *Bélisaire* a été imprimée et non représentée jusqu'à présent. La censure, qui avait repoussé cette pièce, adopta ensuite *Sylla*, qui fut jouée avec un grand succès.

Outre les ouvrages que nous venons de citer, M. Jouy a encore produit l'*Ermite de la chaussée d'Antin, ou Observations sur les mœurs françaises au 19e siècle*, 5 vol. in-12, Paris, 1815, ouvrage très estimé; le *Franc Parleur*, 2 vol. in-12, 1815; l'*Ermite de la Guyane*, 3 vol. in-12, 1816; l'*Ermite en province*, 3 vol. in-12, Paris, 1820. *Morale appliquée à la politique*, 2 vol. in-8°, Paris, 1822; *Essai sur l'industrie française*, 1 vol. in-12, Paris, 1821. On publie, en ce moment, les *OEuvres de M. Jouy* en 25 volumes in-8°.

Extrait de la *Biographie des Contemporains*.

JUDICIAIRE. L'un des genres d'éloquence que les rhéteurs ont distingués.

Le vrai, l'utile, l'honnête et le juste sont les objets de l'éloquence, et chacun de ces objets domine dans le genre qui lui appartient : dans les spéculations abstraites, c'est le vrai ; dans les délibérations et les résolutions à prendre, c'est l'utile ; dans l'éloge et le blâme personnel, c'est l'honnête ; dans les causes judiciaires, c'est le juste qu'on se propose.

De ces distinctions il ne faut pas conclure que les objets de l'éloquence ne se réunissent jamais. En recherchant le vrai, on s'occupe souvent de l'utile, du juste ou de l'honnête ; ce n'est même que dans ces rapports que le vrai a quelque valeur. En recherchant l'utile, on considère aussi ou l'honnête ou le juste, et, selon que les trois s'accordent ou ne s'accordent pas, on les fait servir, dans la balance des délibérations, ou de poids ou de contre-poids. En louant l'honnête, en blâmant ce qui lui est contraire, on se fonde et sur le vrai et sur le juste ; l'utile et le nuisible n'y sont pas oubliés. De même, avant de disputer du juste et de l'injuste, on commence par s'assurer du vrai, et par bien constater le fait avant que d'en venir au droit, qui lui-même tient aux maximes d'honnêteté, d'utilité commune ; ainsi les limites des genres ne sont rien moins qu'invariables.

Mais ce qui caractérise le genre judiciaire, c'est la discussion contradictoire d'une chose ou d'un fait, dans son rapport avec les lois, et à l'égard de certaines personnes. C'est accusation ou défense, demande ou dénégation ; et des deux causes débattues, le résultat est un jugement : « Judiciale est « quod positum in judicio habet in se accusationem « et defensionem, aut petitionem et recusationem. » (*Cic.*, *de Inv. rhet.*)

A parler moins à la rigueur, soit que l'éloquence mette en avant des questions spéculatives à décider, ou des résolutions à prendre, ou des éloges et des censures à décerner, elle a des juges, et l'auditoire est toujours pour elle une sorte de tribunal ; mais la raison seule y préside ; au lieu que dans l'ordre judiciaire c'est la loi qui doit prononcer ; et la fonction du juge ne consiste qu'à décider du rapport de la cause particulière avec la loi commune, ou la règle de droit. Si ce rapport était bien précis et le juge bien équitable, l'éloquence n'aurait plus lieu. On voit même que dans une infinité de causes, dont le fait est simple et le droit vulgairement connu, la plaidoierie est peu de chose : la chicane s'efforce de les brouiller et de les obscurcir ; mais l'éloquence ne s'en mêle point ; elle les livre à la logique.

C'est lorsqu'un fait important est douteux, ou sa qualité contestée ; c'est lorsque la loi est obscure ou vague, ou que la relation du fait avec le droit n'est pas directe ou assez marquée ; c'est lorsque les preuves sont équivoques, les titres ambigus, les indices douteux, les conjectures, les probabilités, les vraisemblances balancées par des apparences contraires ; c'est lorsque l'aspect de la cause est favorable, et le caractère de la personne odieux ou

suspect ; lorsque le procès paraît juste et le procédé malhonnête, que la forme est nuisible au fond ; que l'esprit et la lettre de la loi se contrarient, ou semblent se contrarier ; c'est alors que le genre judiciaire est susceptible d'éloquence. S'il s'agit du fait, la question est de savoir s'il est, ce qu'il est, quel il est relativement à la loi : *Sit ne, quid sit, aut quale sit quæritur.* (Cic.) *S'il est* se plaide par les indices ; *ce qu'il est*, par les définitions ; *quel il est*, par les règles du juste et de l'injuste : *Sit ne, signis ; quid sit, definitionibus ; quale sit, recti pravique partibus.* (*Id.* de *Inv. rhet.*) Ainsi, quand le fait est constant, c'est de ses qualités absolues ou relatives que l'on dispute ; et il s'agit pour le défenseur de prouver qu'il n'y a rien d'illégitime ou de criminel :
« Aut rectè factum, aut alterius culpâ, aut injuriâ,
« aut ex lege, aut non contrà legem, aut impru-
« dentiâ, aut necessariò, aut non eo nomine usur-
« pandum quo arguitur. » (*Id. de Orat.*) Bien entendu que la tâche contraire est celle de l'accusateur.

Dans la demande, il y a de même un fait, que la question de droit suppose ; et selon que ce fait est contesté ou convenu, on le discute, ou des deux côtés on s'accorde à l'admettre ; et la contestation se réduit à le définir et à l'appliquer à la loi. C'est là ce qui décide de l'*état de la cause* ; et il est évident que c'est le défendeur qui l'établit, puisqu'il dépend de lui ou de tout contester, ou de réduire sa défense à tel ou tel article de la demande ou de l'accusation, en accordant le reste. Mais sur les points dont on ne convient pas, il ne dépend de lui ni de changer l'objet de la question, ni de la diviser si elle est indivisible, ni d'en circonscrire l'objet.

Chez les anciens, les causes purement civiles, les questions ligitieuses et de peu d'importance, n'occupaient guère que la plaidoierie ; l'éloquence les dédaignait. Elle se réservait les causes qui mettaient en péril l'état, la dignité, la vie ou la fortune des citoyens considérables; et ces deux genres de plaidoyers distinguaient les avocats et les orateurs romains, comme ils distinguent parmi nous, proportion gardée, les avocats et les procureurs. L'accusation et la défense personnelle étaient alors, dans le genre judiciaire, la grande lice de l'éloquence, et c'était là, comme je l'ai dit plus d'une fois, ce qui rendait, à Rome et dans Athènes, le talent de la parole si redoutable d'un côté, et si nécessaire de l'autre.

On va voir quelle idée les orateurs anciens se faisaient eux-mêmes de l'importance et des difficultés de leur art, dans le genre judiciaire : c'est Cicéron qui fait parler Antoine au second livre de l'orateur:
« In causarum contentionibus magnum est quod-
« dam opus, atque haud sciam an de humanis ope-
« ribus longè maximum : in quibus vis oratoris ple-
« rumque ab imperitis, exitu et victoriâ judicatur:
« ubi adest armatus adversarius, qui sit et feriendus
« et repellendus : ubi sæpe is qui rei dominus futu-
« rus est, alienus atque iratus, aut etiam amicus
« adversario et inimicus tibi est : cùm aut docendus
« is est...., aut omni ratione, ad tempus, ad causam,
« oratione moderandus »*. (Cap. XVII.)

* « ... Mais venir disputer le prix dans la lutte périlleuse du barreau,

Ainsi, dans toute cause, l'éloquence de l'orateur est employée à l'attaque et à la défense : en même temps qu'il frappe il doit savoir parer, et, pour cela, se tenir en garde contre les surprises et les ruses de l'adversaire. De là cette étude profonde que recommandaient les anciens de l'intérieur d'une cause et de ses différentes faces ; de là leur attention à choisir leurs moyens, à s'attacher aux forts, à passer sur les faibles, à rejeter tous les mauvais ; de là l'importance qu'ils attachaient à ne jamais laisser échapper un mot qui donnât prise à l'adversaire, et non seulement à dire ce qu'il fallait, mais, sur toute chose, à ne jamais dire ce qu'il ne fallait pas ; de là le soin qu'ils prenaient de connaître le caractère, le génie, le tour d'esprit, et, pour ainsi dire, le jeu de l'adversaire, et de cacher le leur, en variant leur marche et en déguisant leur dessein.

Il se présente ici une question à résoudre : lequel des deux est le plus favorable à l'orateur, de l'attaque ou de la défense ?

Le mot de Henri IV, *Ils ont raison tous deux* semble décider pour l'égalité d'avantages. Mais à l'égard du commun des hommes, il est vrai de dire, comme le proverbe : *Le dernier qui parle a raison.*

c'est le grand ouvrage de l'orateur, et peut être le plus noble effort de l'esprit humain. Là, l'opinion du vulgaire se règle sur l'évènement, et dépend du succès ; là se présente un adversaire armé, qu'il faut frapper et repousser ; votre sort est entre les mains d'un juge irrité ou prévenu, votre ennemi ou l'ami de votre partie adverse : il faut l'instruire ou le détromper, l'adoucir ou l'exciter, le gouverner par la parole, en variant ses moyens selon la circonstance et la nature de la cause. »

Trad. de M. Ill. Gaillard (Cic. *de* M. J V. Le Clerc.)

L'agresseur a pour lui une première impression donnée. Mais dans les choses contentieuses, l'auditeur se défie des premières impressions, le juge s'en défend : et cet avantage, affaibli par la réflexion qu'*il faut entendre tout le monde*, ne laisse guère à l'agresseur que la difficulté de pourvoir à la défense, ou le péril de s'y exposer le bandeau sur les yeux ; tandis que le défendeur a pour lui tout le temps d'observer les dispositions et les mouvements de l'attaque, et de reconnaître le fort et le faible de l'ennemi.

On voit un exemple frappant du désavantage de l'agresseur et de l'avantage du défendeur, dans les célèbres plaidoyers d'Eschine et de Démosthène l'un contre l'autre.

Eschine, après s'être informé avec le plus grand soin des moyens de défense que lui opposera Démosthène! semble les avoir tous prévenus et détruits d'avance. Démosthène prend la parole : il se trouve qu'Eschine n'a rien prévu ; son édifice est renversé. Ce qu'il a dit de plus pressant, Démosthène l'élude, et l'auditeur l'oublie, entraîné par la véhémence du nouveau discours qu'il entend : ce qu'il a dit de hasardé, de favorable à la réplique, Démosthène ne manque pas de s'en saisir ; et c'est par là qu'il le confond. Eschine l'accuse de s'être vendu à Philippe, et cette imputation retombe sur lui-même : il lui reproche la mort des braves citoyens qui ont péri dans la bataille de Chéronée ; et Démosthène évoquant les mânes de leurs ancêtres, qui ont combattu pour la même cause à Platée et à

Marathon, jure par ces grands hommes que leurs neveux en se dévouant pour la liberté et pour le salut de la Grèce, n'ont fait que leur devoir : « Et qui de vous, dit-il aux Athéniens, ne m'eût pas justement massacré sur l'heure, si je vous avais conseillé des lâchetés et des bassesses ? » Eschine vante et regrette le temps où Athènes avait des héros auxquels elle ne décernait ni des couronnes d'or, ni des honneurs personnels et distincts de la gloire de la patrie ; et en effet elle avait refusé à Miltiade une couronne d'olivier. Mais l'usage ayant prévalu d'accorder des encouragements à la vertu, et des récompenses au mérite, si Démosthène a bien mérité de l'État, cet éloge du temps passé ne conclut rien, c'est de l'éloquence perdue. Eschine fait une peinture très oratoire du malheur des Thébains ; mais si Démosthène n'en est pas la cause, ce pathétique est encore superflu. Eschine présente, à sa manière, la chaîne des événements, leur cause et leurs circonstances. Démosthène brise tous les anneaux de cette chaîne artificielle, et rejette sur l'accusateur tous les malheurs et tous les crimes dont lui-même il est accusé. Eschine annonce que Démosthène s'efforcera, en éludant l'accusation, de changer l'état de la cause et de jeter le trouble et l'émotion dans les esprits.

« Ctésiphon produira, dit-il, sur la scène cet imposteur, ce brigand, ce bourreau de la république, franc bateleur, qui pleure avec plus de facilité que les autres ne rient, et celui des hommes qui craint le moins de se jouer de la sainteté des serments....

Lorsqu'un torrent de larmes, ajoute-t-il coulera de ses yeux ; lorsque vous entendrez ses accents lamentables; lorsqu'il s'écriera : « où me réfugier ? « Citoyens, me bannirez-vous d'Athènes, moi qui n'ai « point d'asile? Répondez-lui : mais les Athéniens, « où se réfugieront-ils, Démosthène ». Rien de plus animé, de plus pressant en apparence.

Mais Démosthène parle, et ne dit rien de tout cela. Il n'emploie ni larmes ni accents lamentables : une noble assurance en parlant de lui-même, une franchise encore plus noble en parlant des Athéniens, une indignation véhémente et le plus accablant mépris en parlant de son adversaire; un exposé rapide et lumineux de sa conduite dans tous les temps, l'éloquence des faits, celle de la raison appuyée par des exemples, et entremêlée des mouvements les plus impétueux de l'invective et de l'imprécation ; partout l'assurance de la bonne cause, modeste dans l'exorde, mais bientôt fière et haute lorsqu'il commence à prendre l'ascendant et à s'emparer des esprits : voilà ce que Démosthène réservait à Eschine; et celui-ci, en s'efforçant de parer des coups qu'il ne prévoyait pas, n'a fait que battre l'air.

Talis prima Dares caput altum in prælia tollit ;
Ostenditque humeros latos, alternaque jactat
Brachia protendens, et verberat ictibus auras.
(*Æneid.* V, 375.)

* Il se lève, il prélude : étendus en avant,
   Ses deux bras tour à tour battent l'air et le vent.
   Il montre leur vigueur, montre sa taille immense,
   Et du prix qui l'attend, s'enorgueillit d'avance.
Trad. de Delille.

Par cet exemple, j'ai voulu montrer que, si dans l'attaque on prétend faire face à tous les points de la défense, on se déploie sur un trop grand front, et que l'on s'affaiblit soi-même. Il faut, pour ainsi dire, attaquer en colonne, ne présenter que des points principaux et en petit nombre, afin que le juge n'en perde aucun de vue, et que l'adversaire n'en puisse éluder aucun; les appuyer, les soutenir, ne mettre en avant que des masses de raisonnements et de preuves; et pour repousser la défense, garder en réserve des forces inconnues à l'ennemi.

Ce n'est pas là, ce me semble, que l'agresseur peut balancer l'avantage du défendeur: et si le feu est également bien ménagé de part et d'autre, si aucun des deux ne s'épuise en efforts perdus; s'ils s'attendent; s'ils ne déploient et ne font agir qu'à propos leurs réserves et leurs ressources; je pense qu'après le même nombre de répliques de part et d'autre, le combat se trouvant égal, le seul avantage marqué sera celui de la bonne cause. Mais je répète encore que l'agresseur doit succomber, s'il fait la faute que fit Eschine, de trop étendre ses moyens dans une harangue diffuse, de présenter un trop grand nombre de points d'attaque, et de donner lieu à l'adversaire d'éluder les plus forts, d'aller droit aux plus faibles; et après avoir enfoncé la ligne, de culbuter les forces dispersées que l'accusateur lui opposait.

Il est à croire que chez les Grecs l'accusateur n'était point admis à la réplique. Chez les Romains mêmes, où plusieurs avocats se succédaient dans la même cause, je présume que, des deux parts, la preuve et la réfutation allaient de suite et sans alternative. Ainsi le désavantage de l'agresseur n'avait point de compensation.

C'est donc une institution sage, dans le barreau moderne, que d'avoir donné à l'une et à l'autre cause la ressource d'être plaidées à plusieurs reprises; et la grande habileté de l'avocat consiste à tirer avantage de cette forme de plaidoyers. Nous en avons vu dans ce siècle un grand exemple: c'était Cochin. Son attaque se réduisait à un simple exposé de l'affaire, à sa demande, et à l'énoncé le plus précis de ses moyens. Personne, à ne pas le connaître, n'aurait cru devoir redouter un concurrent si dénué des fortes armes de l'éloquence. Mais lorsque son adversaire l'avait échauffé en le réfutant, et croyait l'avoir terrassé, tout-à-coup il se relevait avec une force effrayante. On croyait voir l'Ulysse d'Homère, provoqué par Irus, dépouiller son manteau de pauvre, et déployer la stature imposante, les membres nerveux d'un héros. Aussi le combat se terminait-il le plus souvent comme celui de l'*Odyssée*, à moins que l'adversaire de Cochin ne fût un Le Normand. C'était alors que le barreau devenait une arène intéressante par le contraste des deux athlètes, l'un plus vigoureux et plus ferme, l'autre plus souple et plus adroit ; Cochin avec un air austère et imposant, qui lui donnait quelque ressemblance avec Démosthène; Le Normand avec un air noble, intéressant, qui rappelait la dignité de Cicéron. Le premier, redoutable, mais suspect à ses juges, qui, à force de le croire habile, le regardaient comme dangereux; le second, précédé au barreau par cette réputation d'honnête homme, qui est la plus forte recommandation d'une cause, et peut-être la première éloquence d'un orateur. (*Voyez* ORATEUR).

De tout ce que je viens de dire de l'art de ménager ses forces, il ne s'ensuit pas que l'orateur doive mettre en avant ce qu'il y a de plus faible, mais seulement qu'il doit réserver pour sa conclusion ce qu'il y a de plus éminent. C'est un grand avantage pour une cause que de paraître la meilleure dès le premier aspect : mais la dernière impression est encore plus décisive que la première; et l'oracle que je ne cesse de consulter, Cicéron nous fournit encore ce précepte :

« In illo reprehendo eos qui, quæ minimè firma
« sunt, ea prima collocant: res enim hoc postulat,
« ut eorum expectationi qui audiunt quàm celer-
« rimè occurratur : cui si initio satisfactum non sit,
« multo plus sit in reliquâ causâ laborandum. Malè
« enim se res habet, quæ non, statim ut cœpta est,
« melior fieri videtur. In oratione firmissimum sit
« quodque primum : dùm illud tamen teneatur, ut
« ea quæ excellent serventur etiam ad perorandum.
« Si quæ erunt mediocria (nam vitiosis nusquam
« esse oportet locum) in mediam turbam, atque in
« gregem conjiciantur. * » (*De Orat.* II , 77.)

* « ... Je n'approuve pas la méthode de commencer par les preuves les plus faibles. Il me semble au contraire qu'il importe beaucoup de répondre dès l'abord à l'attente des auditeurs. Si on ne les satisfait pas dès le commen-

Si l'on fait attention au choix des mots dont Cicéron se sert dans ce passage, on trouvera que c'est d'abord une logique forte que l'orateur doit employer; et que pour le moment décisif de l'action, il doit se réserver les grands moyens de l'éloquence.

MARMONTEL., *Éléments de Littérature.*

JUSTIN, historien latin, appelé dans quelques manuscrits *Justinius Frontinus*, et dans d'autres, *M. Junianus Justinus*, vécut sous le règne des Antonins, et florissait au milieu du IIe siècle de l'ère chrétienne. On n'a aucun renseignement sur sa personne.

On croit que c'est à Tite-Antonin que Justin a adressé son *Abrégé de l'histoire de Trogue Pompée*; mais on n'en peut rien assurer, y ayant plusieurs empereurs du nom d'Antonin. Trogue Pompée est mis entre les illustres écrivains du temps d'Auguste. On le place entre les historiens du premier mérite, avec Tite-Live, Salluste et Tacite. Son ouvrage était d'une étendue immense, et comprenait en quarante-quatre livres toute l'*Histoire grecque et*

---

cement, on a plus de peine à le faire dans la suite; et la cause est en danger, lorsque les juges n'en ont pas une bonne opinion dès le début. Produisez donc d'abord les arguments les plus forts, en ayant soin toutefois de réserver pour la fin du plaidoyer ce que vous aurez de plus décisif. Quant aux moyens médiocres (car ceux qui seraient absolument mauvais, ne doivent être reçus nulle part), il faut qu'ils soient jetés dans la foule et comme perdus dans le nombre.

Trad. de M. TH. GUILLARD. (CIC. *de* M. J. V. LE CLERC.)

romaine, jusqu'au temps d'Auguste. Justin en a fait l'abrégé en autant de livres ; en quoi il nous a rendu un mauvais service, s'il est vrai que cet abrégé soit la cause de la perte de l'original. On peut juger combien le style de Trogue était pur et élégant, par la harangue de Mithridate à ses troupes, que Justin a insérée tout entière dans son trente-huitième livre. Elle est fort longue, mais indirecte ; car Justin nous fait remarquer que Trogue n'approuvait pas que Tite-Live et Salluste eussent fait entrer dans leurs histoires des harangues directes.

Le style de Justin est net, intelligible, agréable : on y rencontre de temps en temps de belles pensées, de solides réflexions, et des descriptions fort vives. A l'exception d'un petit nombre de mots ou de locutions, la latinité y est assez pure ; et il y a beaucoup d'apparence qu'il a employé ordinairement les propres termes et les phrases même de Trogue Pompée.

ROLLIN, *Histoire ancienne*.

Parmi les nombreuses éditions de Justin, on doit sur-tout remarquer celle que M. Gibon a donnée en 1822, avec un excellent commentaire ; elle fait partie de la *Collection des Classiques latins*, publiée par M. Lemaire. L'abbé Paul en a donné en 1774, une traduction assez estimée.

JUGEMENT.

Nous avons de Justin l'abrégé d'une *Histoire universelle* de Trogue-Pompée, qui est perdue, et qui, si nous l'avions nous apprendrait comment les anciens concevaient le plan d'un histoire universelle. A n'en juger que par cet abrégé, ce n'est pas ce que nous voudrions aujourd'hui. Justin n'est pas un peintre de mœurs, mais c'est un fort bon narrateur. Son style, en général, est sage, clair et naturel, sans affectation, sans enflure, et semé de morceaux fort éloquents. Il n'y faut pas chercher beaucoup de méthode ni de chronologie : c'est un tableau rapide des plus grands évènements arrivés chez les nations conquérantes, ou qui ont fait quelque bruit dans le monde. Plusieurs traits de ce tableau sont d'une grande beauté, et peuvent donner une idée de cette manière antique, de ce ton de grandeur si naturel aux historiens grecs et romains et de l'intérêt de style qui anime leurs productions. Citons quelques exemples. Il s'agissait de peindre le moment où Alcibiade, long-temps exilé de sa patrie, y rentre enfin après avoir été tour à tour la terreur et l'appui, le vainqueur et le sauveur de ses concitoyens.

« Les Athéniens se répandent en foule au-devant
« de cette armée triomphante : ils regardent avec
« admiration tous les guerriers qui la composent,
« et sur-tout Alcibiade; c'est sur lui que la répu-
« blique a les yeux, que tous les regards s'attachent
« avidement: ils le contemplent comme un envoyé du
« ciel, comme le dieu de la victoire. On se rappelle
« avec éloge tout ce qu'il a fait pour sa patrie, et
« même ce qu'il a fait contre elle. Ils se souviennent
« de l'avoir offensé, et ils excusent ses ressentiments.
« Tel a donc été, disent-ils, l'ascendant de cet

« homme, qu'il a pu lui seul renverser un grand
« empire et le relever; que la victoire a toujours passé
« dans le parti où il était, et qu'il semble qu'il y ait
« eu un accord inviolable entre la fortune et lui *.
« On lui prodigue tous les honneurs, même ceux
« qu'on ne rend qu'à la Divinité. On veut que la pos-
« térité ne puisse décider s'il y a eu dans son ban-
« nissement plus d'ignominie, que d'éclat dans son
« retour. On porte au-devant de lui, pour orner son
« triomphe, ces mêmes dieux dont on avait autre-
« fois appelé la vengeance sur sa tête dévouée.
« Athènes voudrait placer dans le ciel celui à qui
« elle avait fermé tout asyle sur la terre. Les affronts
« sont réparés par les honneurs, les pertes compensées
« par les largesses, les imprécations expiées par
« les vœux. On ne parle plus des désastres de Sicile
« qu'il a causés, mais des succès qui l'ont signalé
« dans la Grèce. On oublie les vaisseaux qu'il a fait
« perdre, pour ne se souvenir que de ceux qu'il
« vient de prendre sur les ennemis. Ce n'est plus
« Syracuse que l'on cite, c'est l'Ionie, l'Hellespont,
« tant il était impossible à ce peuple de se modérer
« jamais à l'égard d'Alcibiade, ou dans sa haine, ou
« dans son amour. »

Je citerai encore le portrait de Philippe de Macédoine, et le parallèle de ce prince avec son fils
Alexandre :

---

* Peut-être ces mots de Justin, *ficretque cum eo mira fortunæ inclinatio*, n'ont-ils pas le sens que leur donne La Harpe, et veulent-ils dire simplement : « qu'avec lui, chose étonnante, a toujours changé la fortune. »

H. P.

« Philippe mettait beaucoup plus de recherche
« et de plaisir dans les apprêts d'un combat que dans
« l'appareil d'un festin. Les trésors n'étaient pour lui
« qu'une arme de plus pour faire la guerre. Il savait
« mieux acquérir les richesses que les garder, et fut
« toujours pauvre en vivant de brigandages. Il ne lui
« en coûtait pas plus pour pardonner que pour
« tromper, et il n'y avait point pour lui de manière
« honteuse de vaincre. Sa conversation était douce
« et séduisante : il était prodigue de promesses,
« qu'il ne tenait pas; et, soit qu'il fût sérieux ou
« gai, il avait toujours un dessein. Il eut des liaisons
« d'intérêt, et aucun attachement. Sa maxime cons-
« tante était de caresser ceux qu'il haïssait, de
« brouiller ceux qui s'aimaient, et de flatter sépa-
« rément ceux qu'il avait brouillés; d'ailleurs élo-
« quent, donnant à tout ce qu'il disait un tour re-
« marquable, plein de finesse et d'esprit, et ne
« manquant ni de promptitude à imaginer, ni de
« grace à s'énoncer. Il eut pour successeur son fils
« Alexandre, qui eut de plus grandes vertus et de
« plus grands vices que lui. Tous deux triomphèrent
« de leur ennemis, mais diversement : l'un n'em-
« ployait que la force ouverte, l'autre avait recours
« à l'artifice : l'un se félicitait quand il avait trompé
« ses ennemis; l'autre quand il les avait vaincus.
« Philippe avait plus de politique, Alexandre plus
« de grandeur; le père savait dissimuler sa colère,
« et quelquefois même la surmonter; le fils ne con-
« naissait dans ses vengeances ni délais ni bornes.
« Tous deux aimaient trop le vin; mais l'ivresse avait

« en eux des effets différents. Philippe au sortir d'un
« repas allait chercher le péril et s'y exposait témé-
« rairement. Alexandre tournait sa colère contre ses
« propres sujets : aussi l'un revint souvent du champ
« de bataille couvert de blessures ; l'autre se leva de
« table souillé du sang de ses amis. Ceux de Phi-
« lippe n'étaient point admis à partager son pouvoir ;
« ceux d'Alexandre sentaient le poids de sa domi-
« nation : le père voulait être aimé ; le fils voulait
« être craint. Tous deux cultivaient les lettres ;
« mais Philippe par politique, Alexandre par pen-
« chant *. Le premier affectait plus de modération
« avec ses ennemis ; l'autre en avait réellement da-
« vantage, et mettait dans sa clémence plus de grace
« et de bonne foi. C'est avec ces qualités diverses
« que le père jeta les fondements de l'empire du
« monde, et que le fils eut la gloire d'achever ce
« grand ouvrage. »

Nous avons d'aussi beaux parallèles dans nos orateurs ; mais, pour en trouver de semblables dans nos historiens, il faut ouvrir l'*Histoire de Charles XII*, l'un des morceaux de notre langue le plus éloquemment écrits, et lire les portraits du roi de Suède et du czar mis en opposition.

La Harpe, *Cours de Littérature*.

* Ces mots : *solertia pater majoris, hic fidei*, forment, ce me semble un sens complet, et ne doivent pas être rapportés, comme ils le sont dans la traduction de La Harpe à la phrase précédente, où il est question de l'amour des deux princes pour les lettres. *Fidei*, d'ailleurs ne se prête pas beaucoup au sens du traducteur. Il me paraît que Justin a voulu dire : *le père avait plus d'adresse, le fils plus de bonne foi.* H. P.

JUSTIN (saint), l'un des premiers défenseurs de la religion chrétienne, naquit à Sichem, aujourd'hui Naplouse, en Palestine, vers l'an 103. Élevé dans le paganisme, il eut de bonne heure la curiosité de connaître les diverses sectes de philosophes qui en partageaient les écoles; mais aucune d'elles n'ayant pu le satisfaire, il se livra enfin à l'étude de l'Écriture-Sainte, et, dès ce moment, il connut une philosophie bien plus digne de ses recherches. Le courage héroïque des chrétiens au milieu des tortures, en excitant son admiration, acheva de déterminer sa conversion au christianisme, dont il devint l'un des plus fermes appui.

Justin avait trente ans environ lorsqu'il fut baptisé. Peu après, il ouvrit à Rome une école de philosophie chrétienne, et de nombreux auditeurs y venaient entendre de sa bouche les leçons de la morale évangélique. Il parcourut ensuite l'Italie, l'Asie mineure et l'Égypte, pour répandre la connaissance du vrai Dieu: aucun des écrits de ce saint n'ont fait soupçonner qu'il ait été élevé au ministère de l'autel; mais il n'en prêcha pas avec moins de zèle et d'ardeur la parole divine et ses discours pleins d'énergie et d'éloquence convertirent plus d'un infidèle.

Après de si glorieux travaux, il ne manquait plus à saint Justin que la couronne du martyre; elle lui fut accordée en l'an 167. Un philosophe de la secte des cyniques, nommé Crescent, qu'il avait vainement essayé de convertir, ne put lui pardonner ni ses vertus ni ses talents: il le dénonça devant Rusticus, préfet de Rome, et quoique l'empereur n'eût porté aucun édit contre les chrétiens, saint Justin fut condamné à être battu de verges et décapité. Il souffrit la mort pour le nom de Jésus-Christ, avec autant de courage qu'il en avait mis à le défendre.

Les principaux écrits de saint Justin sont : un *Discours aux païens* qu'il composa peu de temps après son baptême ; une *Exhortation aux Grecs* ; sa grande *Apologie* qu'il écrivit à Rome, vers l'an 150, et qui lui valut le titre de docteur de l'Église ; un *Dialogue* entre lui et Tryphon ; un *Traité de la monarchie ou de l'unité de Dieu*, et une *Lettre* à Diognète. On a encore de lui une seconde *Apologie*, qu'il adressa aux empereurs, vers l'an 166 ou 167, peu de temps après le supplice de quelques martyrs. Il y témoigne son indignation avec plus de force encore que dans ses autres ouvrages.

Cet illustre écrivain est généralement considéré comme un habile dialecticien. Photius rend hautement justice à son talent et à sa profonde érudition. « Seulement, ajoute-t-il, saint Justin a cru indigne « de lui de mêler à la beauté naturelle de sa philo- « sophie, des couleurs étrangères ; et bien que son « élocution soit énergique et savante, rien n'y res- « sent les graces de l'orateur. Il néglige l'élégance « du langage, et n'emprunte d'ornements que ceux « de la vérité. »

La première édition des *OEuvres* de saint Justin, a été donnée par Robert Étienne, en 1551, à Paris, d'après un manuscrit de la Bibliothèque du Roi. Dom Maran a recueilli tous les ouvrages de saint

Justin, et les a fait paraître en grec et en latin, Paris, 1742, in-fol. Cette édition est considérée comme la meilleure. Parmi les traductions françaises, on remarque celles de Jean Maumont, et de l'abbé Chanut.

JUVÉNAL (DECIMUS OU DECIUS JUNIUS JUVENALIS), était d'Aquin, au royaume de Naples. Il vivait à Rome sur la fin du règne de Domitien, et même sous Nerva et sous Trajan. Il s'est rendu très célèbre par ses satires. Nous en avons seize de lui. Il avait passé une grande partie de sa vie dans les exercices scolastiques, où il avait acquis la reputation de déclamateur véhément.

Jules Scaliger, qui est toujours singulier dans ses sentiments, préfere la force de Juvénal à la simplicité d'Horace; mais tous les gens de bon goût jugent que le génie déclamateur et mordant de Juvénal est beaucoup au-dessous de cette naïveté fine, délicate et naturelle d'Horace.

Il avait osé attaquer dans sa VIIe satire le comédien Paris, dont le pouvoir était énorme à la cour, et qui donnait généralement toutes les charges de la robe et de l'épée. Le fier comédien ne souffrit pas patiemment une entreprise si criminelle. Il fit bannir Juvénal en Égypte, en l'envoyant commander un régiment campé à l'extrémité de ce pays. Il revint à Rome après la mort de Domitien, et y demeura, comme on le juge par quelques-unes de ses satires, jusqu'au règne d'Adrien.

On croit que Quintilien, qui s'était fait une règle de ne nommer aucun des auteurs vivants, marque Juvénal lorsqu'il dit, qu'il y avait de son temps des poètes satiriques dignes d'estime et qui seraient un jour fort célèbres.

Il serait à souhaiter, qu'en reprenant les mœurs des autres avec tant de sévérité, il ne nous eût pas fait voir qu'il était lui-même sans pudeur et qu'il n'eût pas combattu les crimes d'une manière qui enseigne plus à les commettre, qu'elle n'en inspire de l'horreur.

Rollin, Histoire ancienne.

Nous possédons une excellente traduction française des satires de Juvénal, par Dusaulx : la meilleure édition qu'on en ait publiée est celle de M. Achaintre, Paris, 1821, 2 vol. in-8°.

JUGEMENTS.

I.

Il nous a laissé seize satires, en supposant qu'il soit l'auteur de la dernière, ce qui est au moins douteux. Elles sont écrites avec chaleur et véhémence. Le ton mâle et libre qui les caractérise n'avait point eu de modèle, et n'a point encore trouvé d'imitateur ; je doute qu'il en paraisse..... Plusieurs nations voisines de la nôtre sont tellement éprises de Juvénal, que l'on y trouve des savants qui ont osé le mettre au-dessus d'Horace, et le nommer *prince des satiriques*. Le Français, doux et poli, brillant et léger, n'est pas fait pour hésiter entre ces deux auteurs...... Écoutons le législateur de notre poésie française sur le génie, le ton et la manière d'un auteur si diversement apprécié : le jugement du fameux Despréaux peut tenir lieu de tous les autres :

> Juvénal, élevé dans les cris de l'école,
> Poussa jusqu'à l'excès sa mordante hyperbole.
> Ses ouvrages, tout pleins d'affreuses vérités,
> Étincellent pourtant de sublimes beautés ;
> Soit que, sur un écrit arrivé de Caprée,
> Il brise de Séjan la statue adorée ;
> Soit qu'il fasse au conseil courir les sénateurs,
> D'un tyran soupçonneux pâles adulateurs ;
> Ou que, poussant à bout la luxure latine,
> Aux porte-faix de Rome il vende Messaline :
> Ses écrits, pleins de feu, partout brillent aux yeux.
>   DUSAULX, *Discours sur les satiriques latins.*

II. Parallèle d'Horace et de Juvénal.

Voyez le jugement de La Harpe sur Horace, t. XV, p. 367.

KEMPIS (THOMAS DE ou A-), chanoine régulier du mont Sainte-Agnès, né vers 1380, à Kempen, dans le diocèse de Cologne, et non à Campen, dans le diocèse d'Utrecht, comme l'a avancé le Flamand Badius son biographe, mourut en 1471, âgé de plus de quatre-vingt-dix ans.

On ne connaît point encore l'auteur de l'*Imitation de Jésus-Christ* : les uns l'attribuent à Thomas A-Kempis, les autres à l'abbé Gersen ; et cette diversité d'opinions a été la source de longues con-

troverses, selon nous assez inutiles. Mais il n'est
point d'objet frivole pour la curiosité humaine. On
a fait des recherches immenses pour découvrir
le nom d'un pauvre solitaire du XIII⁰ siècle.
Qu'est-il résulté de tant de travaux ? Le solitaire
est demeuré inconnu ; et l'heureuse obscurité où
s'écoula sa vie, a protégé son humilité contre notre
vaine science.

Au reste, si l'on se divise sur l'auteur, tout le
monde est d'accord sur l'ouvrage, *le plus beau*, dit
Fontenelle, *qui soit sorti de la main des hommes,
puisque l'Évangile n'en vient pas.* Il y a, en effet,
quelque chose de céleste dans la simplicité de ce
livre prodigieux. On croirait presque qu'un de ces
purs esprits, qui voient Dieu face à face, soit venu
nous expliquer sa parole, et nous révéler ses secrets. On est ému profondément à l'aspect de cette
douce lumière qui nourrit l'âme, la fortifie, et l'é-
chauffe sans la troubler *.

Nulle part on ne trouvera une plus profonde connaissance de l'homme, de ses contradictions, de ses
faiblesses, des plus secrets mouvements de son
cœur. Mais l'auteur ne se borne pas à nous montrer nos misères : il en indique le remède, il nous
le fait goûter ; et c'est un des caractères qui distin-

---

* N'oublions pas cette espèce de phénomène du XIII⁰ siècle, le livre
de l'*Imitation de Jésus-Christ.* Comment un moine renfermé dans son
cloître a-t-il trouvé cette mesure d'expression, a-t-il acquis cette fine connaissance de l'homme au milieu d'un siècle où les passions étaient grossières,
et le goût plus grossier encore? Qui lui avait révélé dans sa solitude ces mystères du cœur et de l'éloquence? Un seul maître : Jésus-Christ.

CHATEAUBRIAND, *Génie du Christianisme.*

guent les écrivains ascétiques des simples moralistes. Ceux ci ne savent guère que sonder la plaie de notre nature ; ils nous effraient de nous-mêmes, et affaiblissent l'espérance de tout ce qu'ils ôtent à l'orgueil. Ceux-là, au contraire, ne nous abaissent que pour nous relever ; et, plaçant dans le ciel notre point d'appui, ils nous apprennent à contempler sans découragement, du sein même de notre impuissance, la perfection infinie où les chrétiens sont appelés.

L'*Imitation* ne contient pas seulement des réflexions propres à toucher l'âme ; elle est encore remplie d'admirables conseils pour toutes les circonstances de la vie. En quelque position qu'on se trouve, on ne la lit jamais sans fruit. M. de La Harpe en est un exemple frappant ; écoutons-le parler lui-même :

« J'étais dans ma prison, seul, dans une petite
« chambre, et profondément triste. Depuis quel-
« ques jours j'avais lu les *Psaumes*, l'*Évangile* et
« quelques bons livres : leur effet avait été rapide
« quoique gradué. Déjà j'étais rendu à la foi : je
« voyais une lumière nouvelle ; mais elle m'épouvan-
« tait et me consternait, en me montrant un abyme,
« celui de quarante années d'égarement. Je voyais
« tout le mal et aucun remède : rien autour de moi
« qui m'offrît les secours de la religion. D'un autre
« côté, ma vie était devant mes yeux, telle que je
« la voyais au flambeau de la vérité céleste ; et de
« l'autre, la mort, la mort que j'attendais tous les
« jours, telle qu'on la recevait alors. Le prêtre ne

« paraissait plus sur l'échafaud pour consoler celui
« qui allait mourir; il n'y montait plus que pour
« mourir lui-même. Plein de ces désolantes idées,
« mon cœur était abattu, et s'adressait tout bas à Dieu
« que je venais de retrouver, et qu'à peine connais-
« sais-je encore. Je lui disais : Que dois-je faire? que
« vais-je devenir? J'avais sur une table l'*Imitation*;
« et l'on m'avait dit que, dans cet excellent livre,
« je trouverais souvent la réponse à mes pensées.
« Je l'ouvre au hasard, et je tombe, en l'ouvrant,
« sur ces paroles : *Me voici, mon fils, je viens à
« vous parce que vous m'avez invoqué.* Je n'en lus
« pas davantage. L'impression subite que j'éprou-
« vai est au-dessus de toute expression, et il ne m'est
« pas plus possible de la rendre que de l'oublier.
« Je tombai la face contre terre, baigné de lar-
« mes, étouffé de sanglots, jetant des cris et des
« paroles entrecoupées. Je sentais mon cœur sou-
« lagé et dilaté, mais en même temps prêt à se
« fendre. Assailli d'une foule d'idées et de senti-
« ments, je pleurai assez long-temps, sans qu'il me
« reste d'ailleurs d'autre souvenir de cette situation,
« si ce n'est que c'est, sans aucune comparaison, ce
« que mon cœur a jamais senti de plus violent et de
« plus délicieux ; et que ces mots : *Me voici, mon
« fils!* ne cessaient de retentir dans mon âme, et
« d'en ébranler puissamment toutes les facultés. »

Que de graces cachées renferme un livre dont un seul passage, aussi court que simple, a pu toucher de la sorte une âme long-temps endurcie par l'orgueil philosophique !

XVI.   7

Nous finirons par un mot sur les principales traductions, faites dans notre langue, du livre de l'*Imitation*.

La plus ancienne de celles qui méritent d'être citées, a pour auteur le chancelier de Marillac, et fut publiée en 1621. Cette traduction, qui se rapproche plus qu'aucune autre du texte original, a, dans son vieux langage, beaucoup de grace et de naïveté : il est remarquable qu'elle n'a été que rarement imitée par les traducteurs qui sont venus après.

En 1662, parut celle de M. Le Maistre de Saci : elle eut un grand succès. Toutefois ce n'est le plus souvent qu'une paraphrase élégante du texte. Le P. Lallemant, qui publia la sienne en 1740[*], et Beauzée, dont la traduction fut imprimée en 1788, évitèrent ce défaut, mais laissèrent encore beaucoup à désirer. Beauzée, correct, quelquefois même élégant, manque de chaleur et d'onction; le P. Lallemant, avec plus de précision que Saci et moins de sécheresse que Beauzée, est loin cependant d'avoir fidèlement rendu le ton animé et plein de sentiment, l'expression souvent si hardie et si pittoresque de l'original. Du reste, l'un et l'autre s'emparèrent, sans scrupule, de tout ce qu'ils jugèrent bien traduit par leurs devanciers.

La traduction de Saci a été depuis revue et corrigée par M. l'abbé de La Hogue, qui l'a fort améliorée, sans avoir cependant rien changé au système de paraphrase adopté par ce traducteur.

[*] Il avait alors quatre-vingts ans.

Il nous reste à parler de la traduction qui, depuis un siècle, a été le plus souvent réimprimée, et qui, sous le nom du P. Gonnelieu, auteur des pratiques et des prières dont elle est constamment accompagnée, passe pour la plus parfaite de toutes. *Habent sua fata libelli :* ce singulier jugement que répète, à peu près dans les mêmes termes, chaque nouvel éditeur de cette traduction, l'a rendue, en quelque sorte, l'objet d'un respect religieux, qu'il semble bien hardi de vouloir essayer de détruire. La vérité est cependant que le P. Gonnelieu n'a jamais traduit l'*Imitation;* que cette traduction, depuis si long-temps honorée d'une si grande faveur, est d'un libraire de Paris, nommé Jean Cusson, qui la fit paraître pour la première fois, en 1673; et que bien qu'elle ait été retouchée et corrigée par J. B. Cusson, son fils, qui la publia de nouveau en 1712*, et y joignit alors, pour la première fois, les pratiques du P. Gonnelieu, elle n'est en effet qu'une continuelle et faible copie de celle de Saci, et, à notre avis, la plus médiocre de toutes les traductions que nous venons de citer.

Quoique M. Genoude, sur-tout dans les deux premiers livres, les ait quelquefois corrigées heureusement, peut-être laisse-t-il encore quelque chose à désirer. Il nous a paru du moins qu'on pouvait, en conservant ce qu'il y a de bon dans les traductions anciennes, essayer de reproduire

---

* Ces détails bibliographiques ont été puisés dans une dissertation très savante et très bien faite, sur soixante traductions françaises de l'*Imitation*, publiée en 1812, par M. A. A Barbier, bibliothécaire du Roi.

plus fidèlement quelques-unes des beautés de l'*Imitation*.

F. DE LA MENNAIS, *Trad. nouv. de l'Imitation de J. C.*

KLOPSTOCK (FRÉDÉRIC-GOTTLIEB), célèbre poète allemand, naquit le 2 juillet 1724, à Quedlinbourg, dans l'abbaye de ce nom, où son père exerçait un emploi qui l'aidait à soutenir sa nombreuse famille.

Envoyé à l'école de Pferta, près Naumbourg, Klopstock ne tarda pas à s'y distinguer par ses progrès dans les langues savantes, et par des essais poétiques qui lui méritèrent de nombreux suffrages. Ce fut dès-lors qu'il conçut le projet de donner une épopée à l'Allemagne. Après avoir médité plusieurs sujets, il se décida pour celui du Messie; mais avant que d'entreprendre cet ouvrage, qui fut le but de toute sa vie, il songea à se créer des moyens d'existence, et se rendit à cet effet à l'université d'Iéna, pour étudier la théologie et embrasser l'état ecclésiastique. Cependant son goût pour la poésie l'emporta bientôt sur la résolution qu'il avait prise de ne commencer son poème qu'à l'âge de trente ans. Il travailla en secret aux trois premiers chants, et alla ensuite à l'université de Leipsick pour achever ses études de théologie. Pendant son séjour dans cette ville, un ami auquel il lut sa composition, en fut si enthousiasmé, qu'il ne put résister au désir de la faire connaître. Le manuscrit, caché au fond d'un coffre, fut enlevé à Klopstock, et cet heureux larcin fit découvrir en lui l'un des premiers poètes de l'Allemagne. Imprimée en 1748, à Brême et à Halle, dans des feuilles périodiques, cette production obtint les plus éclatants succès ; l'élévation du sujet, l'âge du poète, la langue et la versification qu'il employait, tout servit à exciter l'enthousiasme, et dès-lors, l'obscur étudiant de Leipsick exerça la plus grande influence sur la littérature allemande.

Ce fut en Suisse sur-tout que les trois premiers chants de *la Messiade* trouvèrent le plus d'admirateurs. Bodmer et Breitinger avaient formé à Zurich une réunion littéraire, dont le but était le perfectionnement de l'école allemande. Ils invitèrent Klopstock à venir se joindre à eux, et l'accueillirent avec transport, lorsqu'en 1750 il se rendit à leur invitation. Ils auraient voulu le fixer en Suisse, mais après neuf mois de séjour à Zurich, notre poète sentit le besoin de revoir sa patrie, qu'il chérissait avant tout, et où ses amis travaillaient à lui procurer une chaire au collège de Brunswick. Il était sur le point de l'obtenir, lorsqu'une circonstance inattendue vint tout-à-coup changer sa situation, et assurer son indépendance. L'ambassadeur danois près la cour de France, amateur passionné des beaux-arts, avait lu avec admiration les trois premiers chants de *la Messiade*, et, à son retour à Copenhague, il n'avait rien eu de plus pressé que de recommander l'auteur à son souverain, le roi Frédéric V, qui invita aussitôt Klopstock à venir en Danemark, et lui assigna une pension de 200 écus (2,000 francs environ). Ce fut en se rendant à Copenhague que notre auteur fit connaissance, à

Hambourg, avec madame Moller, femme aimable et spirituelle, qu'il épousa en 1754, et qu'il a si souvent célébrée dans ses odes sous le nom de Cidli.

Arrivé à Copenhague, Klopstock fut accueilli de la manière la plus flatteuse, par le roi Frédéric V, et voyant désormais son existence assurée, il se mit à travailler, avec une nouvelle ardeur, à son poème de la *Messiade*, dont les dix premiers chants furent imprimés, en 1755, aux frais du roi. Ce fut aussi à cette époque qu'il fit paraître ses plus belles odes; le succès qu'elles obtinrent, la faveur dont il jouissait à la cour, l'estime de ses contemporains, sur lesquels il exerçait une grande influence, enfin l'affection d'une épouse tendrement chérie, tout semblait concourir à le rendre heureux; mais ce bonheur, dont il jouissait si pleinement, ne fut pas de longue durée : il perdit sa compagne fidèle, et bientôt après (en 1771) la disgrace du comte de Bernstorff, qui l'avait constamment protégé, le fit s'éloigner pour jamais d'une cour où il ne pouvait plus jouir des mêmes agréments.

Ayant fait transporter les restes de son épouse dans le voisinage d'Hambourg, ce fut dans cette ville qu'il fixa désormais sa résidence. Il continua d'y jouir de la pension qui lui avait été accordée, et du titre de conseiller de légation, qu'il portait depuis 1763. A dater de cette époque, l'uniformité de sa vie ne fut troublée que par l'intérêt qu'il prit à la révolution française. Il s'en montra d'abord assez chaud partisan, et composa même des hymnes patriotiques, qui lui valurent le titre de citoyen français : mais lorsque la cause qu'il avait embrassée fut souillée de sang, il l'abandonna, et renvoya le diplôme que l'assemblée constituante lui avait adressé.

Depuis ce temps, Klopstock vécut dans la retraite, et presque dans l'oubli. Les travaux dont il s'occupait alors, se ressentaient du déclin de l'âge, et n'avaient plus la même importance aux yeux du public ; mais sa mort, arrivée le 14 mars 1803, réveilla tout-à-coup en sa faveur l'intérêt et la reconnaissance de ses contemporains. Ses funérailles furent célébrées avec une pompe extraordinaire, et le deuil fut universel.

Les services que Klopstock a rendus à la langue et à la littérature de son pays, sont incontestables. C'est avec lui que l'école vraiment allemande a commencé. « Il serait difficile de décider d'avance,
« dit M. Vanderbourg, le sort de ses ouvrages dans
« la postérité. Ses *Odes* sont, à notre avis, son plus
« beau titre de gloire. Plusieurs seront lues avec
« admiration aussi long-temps que la langue alle-
« mande sera connue. Tout s'y réunit pour inspi-
« rer l'enthousiasme, l'élévation des idées, la beauté,
« la hardiesse des images, la perfection des tableaux
« de la nature, la vérité, la profondeur des senti-
« ments, l'harmonie du mètre. Il en est que la su-
« blimité du christianisme met peut-être au-dessus
« de tout ce qui nous reste de l'antiquité. Si ces
« morceaux du premier ordre sont en petit nom-
« bre, cela tient peut-être à ce que les cordes de la
« lyre sacrée sont elles-mêmes peu nombreuses. La

« grandeur de Dieu, celle de la Création, la Mort,
« la Résurrection, l'Immortalité, voilà ses prin-
« cipaux thèmes. Ce sont ceux sur lesquels notre
« poète s'est exercé avec le plus de succès, et ils
« prêtent peu aux variations. Ses autres poésies lyri-
« ques (nous ne parlons ici que du premier recueil,
« Hambourg, 1771) n'offrent point un intérêt aussi
« général.

« *Le Messie*, ce poème qui causa une sensation
« prodigieuse, ne paraît pas destiné à produire long-
« temps les mêmes effets ; l'enthousiasme qu'il ex-
« cita d'abord, se refroidit d'assez bonne heure ;
« mais tant qu'a vécu l'auteur, on ne se disait qu'à
« l'oreille ce qu'on en pensait. Les dix premiers
« chants restèrent seuls assez long-temps (jus-
« qu'en 1769); l'action principale y est renfermée,
« puisqu'ils finissent à la mort du Rédempteur. Il
« était difficile de remplir les dix autres. Aussi
« n'est-ce pas d'action que le poète les a nourris. Ce
« qu'ils ont de plus beau appartient à la poésie ly-
« rique ; ce sont les hymnes qui se chantent dans
« les cieux ; même dans les dix premiers, ce n'est
« point comme épique que brille notre poète ; et,
« s'il faut tout dire, il nous semble que la lyre lui
« convenait mieux que la trompette où le clairon. »

« Klopstock, dit M. de Chateaubriand, est tombé
« dans le défaut d'avoir pris le *merveilleux* du chris-
« tianisme pour *sujet* de son poème. Son premier
« personnage est un dieu ; cela seul suffirait pour
« détruire l'intérêt tragique. Toutefois, il y a de
« beaux traits dans *le Messie*. Les deux amants ressus-

« cités par le Christ, offrent un épisode charmant,
« que n'auraient pu fournir les fables mythologiques.

« L'abondance et la grandeur caractérisent le
« merveilleux de ce poème; ces globes habités par
« des êtres différents de l'homme, cette profusion
« d'anges, d'esprits de ténèbres, d'âmes à naître,
« ou d'âmes qui ont déjà passé sur la terre, jettent
« l'esprit dans l'immensité. Le caractère d'Abbadona,
« l'ange repentant, est une conception heureuse.
« Klopstock a aussi créé une sorte de séraphins mys-
« tiques, inconnus avant lui. (*Génie du Christianisme.*)

« On a reproché à Klopstock, dit madame de
« Staël, de n'avoir pas fait de ses anges des portraits
« assez variés; il est vrai que dans la perfection, les
« différences sont difficiles à saisir, et que ce sont
« d'ordinaire les défauts qui caractérisent les hom-
« mes : néanmoins on aurait pu donner plus de va-
« riété à ce grand tableau.

« Il règne dans tout l'ouvrage de Klopstock une
« âme élevée et sensible; toutefois les impressions
« qu'il excite sont trop uniformes, et les images funè-
« bres y sont trop multipliées. La vie ne va que parce
« que nous oublions la mort; et c'est pour cela sans
« doute que cette idée, quand elle reparaît, cause
« un frémissement si terrible. Dans *la Messiade*,
« comme dans Young, on nous ramène trop souvent
« au milieu des tombeaux; c'en serait fait des arts,
« si l'on se plongeait toujours dans ce genre de mé-
« ditation; car il faut un sentiment très-énergique
« de l'existence, pour sentir le monde animé de la
« poésie. »

Outre *la Messiade*, fruit de vingt ans de travail, et ses *Odes*, Klopstock est encore auteur de quelques tragédies; la plus connue est *la Mort d'Adam*. Elle a été traduite en français et en italien. Ce poëte a fourni aussi plusieurs ouvrages en prose, et divers articles dans les journaux et recueils périodiques. Il fut élu associé étranger de l'institut, le 25 mai 1802, et son éloge, lu par M. Dacier, dans la séance publique du 25 mars 1805, a été réimprimé dans le *Magasin encyclopédique*.

W.

KOTZEBUE (AUGUSTE-FRÉDÉRIC-FERDINAND DE), littérateur allemand, naquit le 3 mai 1761, à Weimar, où son père était conseiller de légation. Appelé à l'âge de vingt ans à Saint-Pétersbourg, par le comte de Goetz, ami de son père et alors ministre de Prusse en Russie, le jeune Kotzebue se rendit dans cette capitale en qualité de secrétaire du général du génie, M. de Bauer, qui mourut peu de temps après, l'ayant recommandé, dans son testament, à l'impératrice. Cette recommandation valut à Kotzebue le titre de conseiller et une place dans l'administration de Revel. Nommé assesseur au premier tribunal, puis président du gouvernement, il remplit ces fonctions, pendant dix ans, avec le grade de lieutenant colonel; mais ayant ensuite reçu sa démission, il se retira en 1795, dans une petite propriété qu'il possédait à quarante-huit werstes de Narva et qui lui venait de sa femme (il s'était marié en Russie). Dans cette retraite il se consacra entièrement à la littérature dramatique, et c'est à elle qu'il doit particulièrement sa réputation. Déjà il s'était essayé avec succès dans ce genre, et avait fait représenter à Saint-Pétersbourg plusieurs pièces qui n'avaient pas peu contribué à lui concilier la bienveillance de l'impératrice. Cependant Kotzebue ne fit pas un très long séjour à sa terre; ayant été nommé directeur du théâtre de Vienne, il alla occuper cet emploi pendant quelque temps, et se rendit ensuite dans sa ville natale, où il resta jusqu'en 1800, époque à laquelle il voulut retourner en Russie, où ses deux fils étaient élevés dans le corps des cadets russes. Il était loin de prévoir sans doute le malheur qui l'attendait dans un pays où naguère on l'avait comblé de tant de faveurs : il touchait à peine aux frontières de cet empire, qu'il se vit arrêté par ordre de Paul Ier, qui le soupçonnait d'être l'auteur de pamphlets révolutionnaires, et il fut exilé en Sibérie. Kotzebue dans son ouvrage intitulé *l'Année la plus remarquable de ma vie*, raconte qu'il fut d'abord conduit à Mittau; qu'ayant ensuite cherché à s'échapper, il erra dans les forêts de la Livonie; fut repris par ses conducteurs, dont il éprouva les plus cruels traitements, et qu'il n'arriva qu'à travers mille dangers au lieu de son exil. On prétend que l'imagination de l'auteur a beaucoup exagéré ces faits, et qu'il s'est plus éloigné encore de la vérité quand il dit que l'empereur, après l'avoir rappelé de cet exil, poussa la condescendance jusqu'à lui faire des excuses. Ce qui est certain du moins c'est que ce monarque eut pour lui des bontés, puisqu'il lui accorda la direction du théâtre de Saint-Pétersboug, que Kotzebue abandonna ensuite pour se rendre à Weimar au sein de sa famille.

Quelques démêlés qu'il eut avec Goëthe et les deux frères Schlegel, l'ayant décidé à s'éloigner de nouveau, il vint à Paris où il fut accueilli avec le plus grand empressement par tous les hommes de lettres qu'il rechercha ; mais il ne paya cet accueil que par l'ingratitude et l'inimitié, dans un écrit qu'il intitula *Mes souvenirs de Paris.* Du reste il ne traita pas mieux les Italiens dans ses *Souvenirs de Rome et de Naples.*

A la fin de 1803, Kotzebue entreprit à Berlin, avec M. Merkel, un journal intitulé *le Sincère*, (*Der Freymüthige*), mais s'étant brouillé avec son collaborateur, il renonça à cette entreprise, et se vit ensuite fort maltraité dans le même journal. Jusqu'en 1813, Kotzebue consacra son temps tour à tour aux matières politiques et littéraires. On lui attribue un grand nombre de proclamations et de pièces diplomatiques sorties du cabinet de Saint-Pétersbourg.

Après avoir suivi l'empereur Alexandre dans la campagne de 1813, en qualité d'écrivain politique de l'armée, ce monarque, le nomma en 1816, son consul général à Kœnigsberg, et le rappela ensuite pour l'attacher au bureau des affaires étrangères en qualité de conseiller d'état. Enfin, en 1817, Kotzebue obtint de retourner dans sa patrie avec un traitement de 15,000 roubles, et fut chargé par le souverain qui l'avait comblé de tant de faveurs, de lui rendre compte périodiquement de l'état de la littérature, des sciences et des arts, en Allemagne.

Cette mission devint bien funeste à Kotzebue ; car sa correspondance, qui ne fut pas toujours secrète, lui attira un grand nombre d'ennemis, surtout parmi les étudiants des universités : l'un d'eux, nommé Sand, égaré par la haine, forma l'affreux dessein de lui ôter la vie, et vint exprès le trouver à Manheim pour consommer son crime. Le 23 mars 1819, étant parvenu à s'introduire auprès de lui, il le frappa de trois coups de poignard, dont le malheureux Kotzebue mourut à l'instant même. Il a laissé quatorze enfants, dont un fils, capitaine de vaisseau au service de la Russie, qui jouit d'une réputation très distinguée.

La prodigieuse facilité de cet écrivain lui a fait donner le surnom du Scudery de l'Allemagne ; son talent offre un mélange de qualités et de défauts qui a nui à sa réputation littéraire. Comme auteur dramatique, à travers des trivialités et des niaiseries sentimentales, il a montré beaucoup d'imagination et sur-tout une grande entente de la scène. On peut citer comme exemple d'un succès prodigieux son drame de *Misanthropie et Repentir* arrangé pour la scène française, par madame Molé, et traduit en entier par M. Weiss, ainsi que *les Deux Frères*. On a joué, sous le nom de Kotzebue près de trois cents drames, comédies, tragédies, opéra, farces, tant en vers qu'en prose.

On prétend que plusieurs de ces pièces ont été achetées par lui à divers étudiants des universités d'Allemagne, et qu'il les revendait aux directeurs des théâtres après les avoir retouchées. Mais il n'est question ici que de ses moindres pièces. Du reste, quoiqu'il se soit permis souvent d'outrager les Français, et d'affecter une mauvaise opinion de leur théâtre, il n'a pourtant pas dédaigné de leur emprunter plusieurs de ses sujets, tels que *l'Homme de quarante ans*, titre sous lequel il déguise *la Pupille de Fagan*, et *la Petite Ville d'Allemagne*, calquée sur *la Petite Ville*, de M. Picard. Quoi qu'il en soit, il ne doit qu'à lui seul ses plus grands succès. *Gustave Vasa*, *les Hussites*, *Octavie*, *la Prêtresse du Soleil*, *les Espagnols au Pérou*, *Hugo Grotius*, *Misanthropie et Repentir*, et *les Deux Frères*, lui appartiennent en toute propriété. Kotzebue a aussi composé plusieurs romans, parmi lesquels on cite celui qui a pour titre : *Les malheurs de la Famille d'Orthenberg* : il s'est encore fait remarquer par une *Histoire ancienne sur la Prusse*, 1808, 4 vol. in-8°.

JUGEMENT.

Misanthropie et Repentir. Le baron de Meynau, abandonné de sa femme, vit en misanthrope sauvage : de son côté, la baronne, maltraitée par son séducteur, l'a bientôt quitté, et se consume depuis trois ans dans le repentir et dans les larmes. Pour opérer la réconciliation des deux époux, il faut les rapprocher et les mettre sous les yeux l'un de l'autre : ce n'est qu'un jeu pour le dramaturge qui jouit de tous les privilèges des romanciers. Le hasard, ce dieu du charlatanisme dramatique, le hasard qui, selon Jeannot, peut faire gagner à la loterie ceux même qui n'y ont pas mis, peut, à plus forte raison, amener le Misanthrope et la Repentie dans le même village. La femme est concierge du château, sous le nom de madame de Miller; le mari habite un petit pavillon dans le parc, et n'a point de nom.

La scène s'ouvre par un petit garçon naïf et niais, qui court après des papillons; c'est le très sot et très babillard commissionnaire de madame Miller, c'est le ministre de ses œuvres pies, le dispensateur de ses aumônes : car madame Miller, de même que Fanchon et toutes les héroïnes des drames, est un prodige d'humanité, de sensibilité, de bienfaisance; c'est la règle. Cette coquette, qui a quitté son mari parce qu'il ne se prêtait pas assez à ses folles dépenses, donne maintenant aux pauvres le peu qu'elle a; cette libertine, qui, deux ans après le mariage, a disparu avec un galant, abandonnant sans regret son époux et ses enfants, est maintenant la plus tendre des mères, la plus délicate et la meilleure des femmes; c'est un modèle de modestie, de bonté et de vertu. Kotzebue peut le disputer au meilleur prédicateur, dans l'art de faire des conversions.

Le vieux Tobie, objet des bienfaits de madame Miller, est un personnage assez intéressant par lui-même, mais un hors-d'œuvre dans la pièce; il ne sert qu'à rehausser la gloire de madame Miller, en pronant sa générosité. Le chien du bonhomme Tobie est encore bien plus inutile; mais l'auteur en avait besoin pour amener ce mot fameux d'un pauvre qui répondit, à ce qu'on prétend, à ceux qui lui reprochaient d'avoir un chien : *Si je n'en avais pas, qui est-ce qui m'aimerait ?* Jamais pauvre n'a fait cette réponse : ce trait de sensibilité n'est point dans le caractère du pauvre, trop occupé des besoins du corps pour songer aux besoins du cœur. Quant aux chiens, si les pauvres en ont pour se faire aimer, ils en ont aussi pour mordre les passants. Cette grande sensibilité des pauvres est très nuisible à la société, puisqu'elle produit cette foule de chiens malfaisants, dont il y a tous les ans plusieurs victimes. Voilà pourquoi la police, qui n'est pas si sensible, leur fait impitoyablement la guerre.

Le rôle du mari est meilleur que celui de la femme, parce qu'il est moins absurde. On peut encore supposer à la rigueur qu'un homme jeune soit assez amoureux et assez faible, après deux ans de mariage, pour ne pouvoir supporter, sans devenir fou, la trahison d'une femme débauchée ; mais il est absolument impossible qu'une femme bien élevée, une femme honnête, sensible et vertueuse, telle qu'on nous présente Eulalie, quitte son mari et ses enfants, et prenne la fuite avec un vil suborneur, sous le prétexte ridicule que son mari ne lui donne point assez de bijoux et de parures. La raison d'une femme qui a de l'éducation et de l'esprit, est assez avancée à dix-sept ans, pour qu'on ne puisse pas, même à cet âge, mettre cette odieuse démarche sur le compte de l'inexpérience : il n'y a que la passion et la débauche qui puisse porter une femme, adorée du meilleur des maris, à cet excès d'infidélité et d'infamie. Kotzebue a donc fait lui-même la critique la plus sanglante de son drame, lorsqu'il fait dire à son Eulalie, que sa *fatale aventure est incompréhensible.* Oui, certes, elle est incompréhensible, et jamais auteur raisonnable n'a pris pour sujet d'une pièce de théâtre, une aventure incompréhensible.

Quodcumque ostendis mihi sic, incredulus odi.

Que de machines le poëte allemand n'a-t-il pas entassées pour motiver la rencontre des deux époux! Quelles grandes causes pour un si petit effet! Il faut que le comte de Valberg quitte le service et prenne le parti de se fixer dans son château où il ne venait presque jamais; il faut que, par le plus singulier hasard, le major de Hortz, beau-frère du comte, se trouve être un ancien ami du baron de Meynau; il faut que l'intendant du château ait eu l'idée de faire construire un pont chinois sur une rivière; il faut que ce pont s'écroule sous les pas du comte; il faut que le baron de Meynau, qui fuit les humains, se trouve là, à point nommé, contre toute vraisemblance, et se jette dans l'eau pour sauver le comte: tout cet échafaudage est nécessaire pour que les deux époux se reconnaissent; jamais situation pathétique ne fut achetée plus cher.

La famille du comte de Valberg est la *famille extravagante.* Le comte est presque amoureux de madame Miller; la comtesse fait son amie de cette inconnue très suspecte, et qui ne peut passer que pour une aventurière; son frère le major est encore plus insensé; car il prend feu à la première vue, et veut épouser madame Miller après un quart d'heure d'entretien; cependant ce major est philosophe, grand ami de l'égalité. Sa sœur, à qui il communique ce projet, lui dit : « Doucement, mon frère..... « ces maximes sur l'égalité des états ne me sont « point étrangères; mais nous vivons en société, et « il faut savoir lui sacrifier..... » Le major répond : « Prêche-moi tout à ton aise ce protocole de la « vanité : *une passion aussi invincible qu'elle fut* « *prompte, me subjugue et m'entraine;* » Ce sont toujours des passions soi-disant invincibles qui s'appuient de ces maximes aussi fausses que dangereuses sur la liberté et l'égalité; et l'unique effet de cette philosophie spécieuse, est d'autoriser des folies, des sottises, et trop souvent des crimes.

L'auteur de *Misanthropie et Repentir* a la réputation de s'être lui-même laissé séduire par ces théories incendiaires, si favorables aux passions et si funestes aux empires : on assure qu'étant fonctionnaire public, à Revel, sa philosophie déplut beaucoup à l'impératrice Catherine, qui aimait les éloges des philosophes, et ne goûtait nullement leurs aphorismes. Le poète allemand s'écarta depuis de la rigueur des principes, en faveur de Paul; ce qui semble annoncer peu de stabilité dans les idées. Au reste, le dramaturge allemand a plus de talent que de goût, et quoique grand déclamateur de morale, il est souvent très immoral dans l'action de ses pièces : il a beaucoup de rapport avec notre Beaumarchais, pour l'audace, le fatras, le romanesque, l'emphase philosophique et le charlatanisme théâtral. La *Mère coupable* a quelques traits de ressemblance avec Eulalie.

Il me semble que Kotzebüe, dans ses ouvrages dramatiques, aurait dû ménager davantage la France, comme étant le foyer où les illuminés d'Allemagne ont puisé leurs lumières politiques. C'est toujours un mauvais genre de comique que celui qui divertit une nation aux dépens d'une autre. Rien de plus sot et de plus pitoyable que les caricatures des Français, dont les Anglais ont aimé de tout temps à égayer leur scène. Dans une pièce de Kotzebüe, intitulée la *Veuve et le Cheval de selle*, la veuve d'un officier français, épouse deux autres maris, et le mari français y joue le rôle d'un escroc. Dans une autre comédie qui a pour titre la *Fausse Honte*, un Français amoureux d'une Allemande parle comme un sot et un fanfaron, et s'enfuit comme un poltron, quand son rival tire l'épée. Il faut avoir un grand travers dans l'esprit, pour imaginer de faire d'un Français un lâche.

Les deux Frères. Cette pièce peut servir de pendant à *Misanthropie et Repentir*. Dans l'une, ce sont deux frères, dans l'autre, deux époux qui se réconcilient; mais les époux ont eu bien plus de succès que les frères. La vogue extraordinaire de *Misanthropie et Repentir* était pour les femmes un point d'honneur et même une affaire de corps : avoir pleuré à *Misanthropie* était un brevet de sensibilité, et presque de vertu. On pleure aussi aux *Deux Frères*, mais avec moins de faste et d'ostentation;

8.

on n'y étale pas les mouchoirs avec tant d'appareil ; la salle ne retentit point du concert des soupirs et des sanglots. L'intérêt, il est vrai, n'en est pas si délicat et si tendre : qu'importe aux femmes le procès de deux frères déjà vieux, qui, après s'être disputé un petit jardin pendant quinze ans, finissent par se réconcilier ? Voilà cependant tout le sujet. On s'étonnerait peut-être qu'on en ait tiré un drame si long et si pathétique, si l'on ne connaissait les ressources de la dramaturgie, et le génie des Allemands, auteurs gravement minutieux, admirables pour donner de l'importance à des niaiseries, et de la profondeur à des riens. Voyez leurs tableaux de la nature physique : ils ne vous font pas grace d'une feuille, d'une fleur, d'un brin d'herbe ; leurs descriptions sont des procès-verbaux ; ils ne sont pas moins fastidieux et moins prolixes dans leurs peintures morales ; ils vont furetant les plus petits replis du cœur ; attaquant les moindres fibres, ils se noient dans un déluge de circonstance puériles et triviales ; mais en décrivant tout, ils rencontrent quelquefois ce qui mérite d'être décrit : du sein de ce verbiage et de ce fatras sentimental, on voit sortir des traits précieux d'une véritable sensibilité.

Un des grands moyens des dramaturges, est d'ériger leurs personnages en héros de vertus ; la bonté et l'humanité enlèvent toujours les suffrages. La plupart des spectateurs ignorent qu'il y a peu d'art et de talent dans ces fictions romanesques : aussi indulgents, aussi favorables pour ceux qui essaient de les faire pleurer, qu'ils sont difficiles et sévères pour ceux qui entreprennent de les faire rire, ils traitent impitoyablement de bêtise le comique un peu trop naturel, tandis qu'ils sont pleins d'estime et de respect pour le plus fade galimatias et les déclamations les plus insipides, pourvu qu'elles affichent le sentiment et la morale. C'est là le refuge des auteurs médiocres : c'est le désespoir d'intéresser par la peinture des mœurs et des caractères que la société présente à l'observateur, qui jette les poètes dramatiques dans les espaces imaginaires, et dans ces romans de vertu, que la multitude regarde comme des chefs-d'œuvre de l'esprit humain.

Il y a cependant, dans les *Deux Frères*, deux coquins, et c'est beaucoup pour un drame aussi touchant : l'un est un procureur, plus avide, plus dur et plus méchant que tous ceux de nos anciennes comédies ; c'est une caricature triviale : l'autre est une vieille gouvernante qui veut hériter de son maître, au préjudice de ses parents. Le reste des personnages est très édifiant : c'est un médecin qui paie le loyer de ses malades, et même leurs remèdes, et qui emploie son temps à terminer leurs procès ; cet homme-là ne ressemble guère aux médecins de Molière : c'est un valet d'une rare probité, d'une délicatesse scrupuleuse, qui, le jour de la fête de son maître, lui fait présent d'une belle pipe, et ne veut rien recevoir de lui : enfin, ce qui est beaucoup plus héroïque, c'est une jeune fille à marier qui n'aime que son père. Les deux frères ne sont pas d'une aussi grande perfection : ce sont deux chicaneurs entêtés; mais Philippe Bertrand, l'un des deux, a été converti par une longue maladie : depuis qu'il s'est vu *sur le point de comparaître au tribunal suprême, où les droits des hommes sont appréciés ce qu'ils valent, il renonce volontairement à la manie d'avoir raison.* Ce passage et quelques autres prouvent que Kotzebüe est un philosophe religieux : la religion est déplacée dans une comédie ; mais l'impiété l'est bien davantage. François Bertrand, l'autre frère, quoique tourmenté par la goutte, n'est pas à beaucoup près si dévot ; il est brusque, emporté, opiniâtre, ne dit pas quatre mots sans se mettre en colère ; mais c'est, au fond, le meilleur homme du monde ; il ne manque jamais de pleurer quand on lui parle de sa défunte mère : ce qui arrive très fréquemment dans la pièce.

Le premier acte est extrêmement froid, rempli de détails ennuyeux. Qu'y a-t-il de plus ridicule que le bavardage d'un procureur avec une vieille servante, qui lui dit entr'autres choses curieuses : *Nous sommes un peu courts du côté de la nourriture ; mais mon maître et sa fille vivent du même ordinaire que moi, et quand c'est l'amitié qui distribue les portions, on ne regarde pas si elles sont grandes ou petites.* Qu'a-t-on besoin de savoir que la servante va chercher un petit pain pour son maître, qui veut déjeûner de meilleure heure qu'à l'ordinaire ? Peut-on raisonnablement supposer qu'un procureur, au lieu de travailler dans son étude, se rende à la pointe du jour sur une promenade publique pour causer avec des servantes, à moins que ce ne soit l'usage des procureurs en Allemagne ? Rien n'est plus vide que toute cette conversation du médecin avec Philippe Bertrand et sa fille. Ce docteur est un prodige de vertu et de mauvais goût ; ses actions valent bien mieux que son style, sur-tout lorsqu'il dit *que les bienfaits d'un ennemi sont les premiers pas sur le territoire de l'amitié.* Cette phrase de Trissotin a été applaudie : j'entendais autour de moi des parentes de Philaminte et de Belise s'écrier avec enthousiasme : *Que cela est joli !* Beaucoup trop joli, assurément, pour un médecin que l'auteur n'a pas dessein de rendre ridicule. Il n'y a guère plus de naturel dans cet autre aphorisme du docteur : *La piété et la joie ont cela de commun ; la voûte d'un ciel pur et serein ajoute à leur vivacité.* Il ne nous faut plus d'églises ; nous irons faire nos prières dans les champs quand le temps sera beau.

Philippe Bertrand n'a pas tout-à-fait autant d'esprit que son médecin ; mais il n'a guère plus de sens lorsqu'il affirme que *le riche donne rarement au pauvre, et sur-tout en secret.* Si Kotzebüe avait autrefois vécu à Paris, il eût pu entendre parler des immenses libéralités des riches qui soulageaient tant de pauvres dans cette capitale, et très souvent en *secret.* Je ne vois dans cet éternel verbiage, dans cet amas de scènes inutiles, qu'une sentence qui me paraît assez raisonnable : *Il est des gens dont on gagne la haine uniquement parce qu'on les pénètre et qu'on les apprécie.* Cela s'applique très bien aux écrivains qui s'exercent dans l'art périlleux de la critique.

Le caractère de François Bertrand, vieux marin fantasque et bourru, est ce qui fait le principal mérite de la pièce, et l'auteur allemand ne peut nier qu'il n'en ait pris l'idée et les principaux traits dans le *Bourru bienfaisant* de Goldoni, ouvrage fort supérieur aux *Deux Frères* de Kotzebüe. Le second et le troisième acte, qui se passent dans la maison du capitaine, offrent quelque ressemblance avec le *Vieux Célibataire*; on y voit un vieillard dupé par une gouvernante qui a surpris sa confiance ; mais cette gouvernante, qui s'appelle madame Volf, est bien éloignée d'avoir les graces et les talents de madame Évrard. Le capitaine désabusé se réconcilie avec son frère, comme le vieux célibataire se réconcilie avec son neveu. Le docteur reproche au capitaine de ne s'être pas marié; le capitaine se justifie ainsi : *Ah! oui, je serais bien avancé, si j'avais une femme boudeuse qui semblerait me dire à chaque regard sombre qu'elle jetterait sur moi: Hum, le voilà encore avec sa goutte, grognant, tourmentant, et je suis condamné à rester à ses côtés!* Qu'oppose le docteur à cet argument ? Un tableau pathétique de la joie d'un père, lorsque ses enfants viennent lui réciter un compliment le jour de sa fête : c'est, selon lui, le plus grand plaisir du mariage. Le vieux célibataire, dans la pièce de Colin, fait aussi des objections contre les femmes, et l'on n'y répond pas du tout; ce qui est peut-être encore pis que de mal répondre.

L'intérêt est double dans les *Deux Frères* : on veut savoir si la gouvernante friponne l'emportera sur le valet honnête, et si les deux frères se réconcilieront. Il y a deux dénouements : le premier se fait à la fin du troisième acte, lorsque madame Volf est démasquée par une lettre qu'elle a laissé tomber de sa poche, et que le domestique a ramassée : moyen petit et mesquin.

Le second dénouement se fait dans le jardin même qui a été la matière du procès : nos auteurs modernes ne s'astreignent point à l'unité de lieu ; ils aiment à prendre l'air et à se mettre au large. Dans ce drame, qui n'a que quatre actes, le lieu de la scène change trois fois. Les mouvements qu'éprouve le vieux capitaine, à la vue d'un jardin qui avait été le théâtre des jeux de son enfance, sont parfaitement dans la nature : mais l'auteur aurait dû nous faire grace du hussard à cheval que le capitaine, étant enfant, avait crayonné sur la porte, et sur-tout de la mauvaise plaisanterie du capitaine : *Tant d'autres sont morts depuis, et le mien galoppe toujours.*

Il est absurde d'imaginer que les deux frères, qui sont vieux, ne se reconnaissent pas, parce qu'ils ne se sont point vus depuis quinze ans : la figure d'un homme ne change pas beaucoup depuis quarante-cinq ans jusqu'à soixante. Au reste, Kotzebüe, qui met volontiers notre théâtre à contribution, a pris plusieurs traits de cette entrevue des deux frères, dans une comédie de *Legrand*, intitulée le *Triomphe du Temps*.

Beaucoup de bavardage et de minuties dans le dialogue ; des déclamations, de mauvaises plaisanteries, des pensées fausses, du précieux et du mauvais goût ; mais au milieu de tout cela des situations extrêmement touchantes et pathétiques : voilà ce qu'on trouve dans les *Deux Frères*. Les auteurs qui ont prétendu les arranger pour le théâtre auraient dû faire de grands retranchements : la pièce n'en marcherait que mieux.

Geoffroy.

LA BEAUMELLE (laurent angliviel de), critique français, né à Vallerangue en 1727, mort à Paris, en 1773. Voyez à l'article VOLTAIRE. le jugement de la Harpe, sur *la Henriade*.

LA BRUÈRE (charles-antoine LE CLERC de), né à Paris, en 1715, mourut à Rome, de la petite vérole, le 18 septembre 1754, à l'âge d'environ trente-neuf ans, après avoir eu pendant dix années le privilège du *Mercure*, avec Fuzelier son associé. Il est auteur de plusieurs opéra : *les Voyages de l'Amour*, *Dardanus*, *le prince de Noisy*; d'une comédie intitulée *les Mécontents*, et d'une *Histoire de Charlemagne*, en 2 vol. in-12. Voltaire appelait La Bruère un homme de mérite et de goût.

JUGEMENT.

Le *Dardanus* de Labruère, qui a réussi également dans les mains de Rameau lors de sa nouveauté, et de nos jours dans celles de Sacchini, est fondé presque entièrement sur le merveilleux de la magie, et il faut même s'y prêter beaucoup pour supposer qu'à l'aide d'une baguette Dardanus paraisse Isménor aux yeux d'Iphise qu'il aime, et dont il est aimé. En général, il faut éviter, le plus qu'il est possible, que le merveilleux de l'imagination soit démenti par les yeux; mais l'auteur qui hasarda cette fiction, déjà plus d'une fois employée, la racheta par le singulier effet de la situation où une jeune princesse qui croit implorer contre un amour secret et combattu le secours d'un puissant magicien, avoue, sans le savoir, toute sa tendresse à celui même à qui elle voudrait le plus la cacher. La scène d'ailleurs est bien faite, et offre des traits et des tournures de sentiment :

Vous ouvrez les tombeaux, vous armez les enfers ;
Vous pouvez d'un seul mot ébranler l'univers.
A cet art si puissant est-il rien d'impossible ?
Et s'il était un cœur trop faible, trop sensible,
En de funestes nœuds malgré lui retenu,
Pourriez-vous ?...
    Vous aimez ! ô ciel ! qu'ai-je entendu ?
. . . .
Si vous êtes surpris en apprenant ma flamme,
  De quelle horreur serez-vous *prévenu*
Quand vous saurez l'objet qui règne sur mon âme ?
. . . .
  (*A part.*)
Je tremble, je frémis... Quel est votre vainqueur ?
. . . .
  Le croirez-vous ? ce guerrier redoutable,
Ce héros qu'à jamais la haine impitoyable *
  Devait éloigner de mon cœur...
. . . .
  Achevez.. Dardanus ?...
    Lui-même.

* Dardanus est l'ennemi de son père.

D'un penchant si fatal rien n'a pu me guérir.
 Jugez à quel excès je l'aime,
En voyant à quel point je devrais le haïr.
Arrachez de mon cœur un trait qui le déchire ;
Je sens que ma faiblesse augmente chaque jour.
De ma faible raison rétablissez l'empire,
Et rendez-lui ses droits usurpés par l'amour.

On sait que l'air, *Arrachez de mon cœur*, était un des morceaux les plus renommés dans la musique française, qui, malgré les pas qu'elle avait faits avec Rameau n'était guère encore dans les meilleures scènes qu'une belle déclamation notée, quoique déjà plus savante et plus variée que celle de Lulli. Mais ce qu'on ne surpassera point, c'est le jeu de cette même actrice que je viens de citer, et qui était sur-tout admirable dans cette scène : ceux qui l'ont vu n'ont pu oublier avec quelle perfection elle chantait ce mot, *lui-même*, dont tous les sons étaient tremblants sans cesser d'être agréables, et mouraient sur ses lèvres sans être perdus pour l'oreille. Je ne crois pas qu'on me reproche ces louanges que j'aime à donner dans l'occasion à des modèles que nous avons perdus : ces louanges ne sont point la satire des sujets qui les ont remplacés ; mais ce genre de talent ne laisse que des souvenirs, et, au défaut de monuments, il ne faut pas leur refuser un tribut qui n'est pas seulement une justice et une reconnaissance, mais aussi un objet d'émulation.

Dardanus, comme on peut le voir, ne manquait pas d'intérêt, quoique les moyens en fussent un peu forcés. Mais ce qui appartenait davantage au talent, ce qui fit regretter les espérances que donnait l'auteur, enlevé avant quarante ans, c'est le ton de versification vraiment dramatique qui se fit remarquer dans quelques morceaux, et principalement dans la dernière scène. Au moment où les cris d'un peuple furieux demandent la mort de Dardanus, devenu par son imprudence prisonnier de Teucer, ce roi, dont le role a de la noblesse et de l'énergie, répond à cette foule inhumaine que Dardanus avait vaincue, et qui veut se rassasier de son sang :

Arrêtez, téméraires !
Si c'est un bien si doux pour vos cœurs sanguinaires,
Que ne l'immoliez-vous au milieu des combats
Quand la gloire servait de voile à la vengeance,
Lâches, pourquoi n'osez-vous pas
Soutenir sa présence ?
Vos cœurs, dans la haine affermis,
Trouvaient-ils ces transports alors moins légitimes ?
Ne savez-vous qu'égorger des victimes,
Et n'osez-vous frapper vos ennemis ?

Ce style a plus de force que n'en a d'ordinaire celui de l'opéra, quoique dans ces vers, *quand la gloire servait de voile*, etc., la césure soit défectueuse. Mais dans la dernière scène il va jusqu'à égaler celui de la tragédie : et je ne sais si l'on en trouverait un autre exemple ; car les beautés de Quinault, même quand elles vont jusqu'au sublime, sont d'un autre genre, et tiennent seulement, ou à la fable, ou à l'amour : ici c'est à la fois l'expression de la grandeur d'âme et des passions fortes. Teucer est à son tour captif de Dardanus qui l'a vaincu :

Tu portes à l'excès ton audace et ta haine :
On me force de vivre, à tes yeux on m'entraîne.
Poursuis, vainqueur superbe, insulte à mes revers ;
J'aime ce vain orgueil qui souille ta victoire.
Tu partages du moins, par l'abus de ta gloire,
L'opprobre humiliant dont tu nous as couverts.

DARDANUS.

Connaissez mieux un cœur qui vous admire.
Régnez, et reprenez le pouvoir souverain.
Si vous daignez le tenir de ma main,
Je serai plus heureux qu'en possédant l'empire.

TEUCER.

Non : tu crois m'éblouir ; mais je vois ton dessein.
L'amour me fait ces dons, et l'orgueil me pardonne ;
Ta générosité vend les biens qu'elle donne ;
Mais rien ne changera ton sort ni mon destin.
Garde tes vains présens, ta main les empoisonne.
Il en est cependant que j'attendrais de toi.

DARDANUS.

Ordonnez, exigez, vous pouvez tout sur moi.

TEUCER.

De tout ce qu'en ce jour m'enlève ta victoire,
Mon cœur n'a regretté que ma fille et ma gloire.
Mais tu peux réparer ces tristes coups du sort :
Rends la princesse libre, et me permets la mort.

IPHISE.

Dieux ! daignez détourner l'horreur qui se prépare.

DARDANUS.

Rien ne peut vous fléchir, je le vois trop, barbare :
Plus féroce que grand, votre cœur indompté
    Prend sa haine pour du courage,
  Et sa fureur pour de la fermeté.
  Iphise est libre et l'a toujours été.
Pour vous prenez ce fer... mais j'en prescris l'usage ;
Songez sous quelles lois il vous est présenté.
Frappez, votre ennemi se livre à votre rage.

TEUCER.

Juste ciel!

IPHISE.

  Arrêtez.

DARDANUS.

    Qu'au gré de vos fureurs,
Dans mon sang malheureux votre injure s'efface.

IPHISE.

Mon père, ah! respectez son sang et ses malheurs.

DARDANUS.

Frappez ; en vous vengeant vos coups me feront grace.

TEUCER.

Que fais-tu!

IPHISE et DARDANUS *ensemble*.

  Serez-vous insensible à mes pleurs?

. . . .

TEUCER.

Dardanus est donc fait pour triompher toujours!

Cette scène est entièrement digne de la tragédie : j'entends de la véritable, car on en citerait une belle quantité, sur-tout dans ces derniers temps, où il n'y a pas une scène qui vaille celle-là.

                La Harpe, *Cours de Littérature.*

LA BRUYÈRE (JEAN DE) naquit à Dourdan *
en 1639. Il venait d'acheter une charge de trésorier
de France à Caen, lorsque Bossuet le fit venir à
Paris pour enseigner l'histoire à M. le duc ** ; et il
resta jusqu'à la fin de sa vie attaché au prince, en
qualité d'homme de lettres, avec mille écus de
pension. Il publia son livre des *Caractères* en 1687,
fut reçu à l'Académie française en 1693, et mourut
en 1696. ***

Voilà tout ce que l'histoire littéraire nous apprend de cet écrivain, a qui nous devons un des meilleurs ouvrages qui existent dans aucune langue; ouvrage qui, par le succès qu'il eut dès sa naissance, dut attirer les yeux du public sur son auteur, dans ce beau règne où l'attention que le monarque donnait aux productions du génie réfléchissait sur les grands talents un éclat dont il ne reste plus que le souvenir.

On ne connaît rien de la famille de La Bruyère, et cela est fort indifférent **** ; mais on aimerait à sa-

* D'autres ont dit, dans un village proche de Dourdan.   L. S. AUGER.
** M. le duc Louis de Bourbon, petit-fils du grand Condé, et père de celui qui fut premier ministre sous Louis XV, mort en 1710. Des biographes ont prétendu que l'élève de La Bruyère avait été le duc de Bourgogne. Ils se sont trompés.   L. S. A.
*** L'abbé d'Olivet raconte ainsi sa mort : « Quatre jours auparavant, il « était à Paris dans une compagnie de gens qui me l'ont conté, où tout-à-« coup il s'aperçut qu'il devenait sourd, mais absolument sourd. Il s'en re-« tourna à Versailles, où il avait son logement à l'hôtel de Condé ; et une « apoplexie d'un quart d'heure l'emporta, n'étant âgé que de cinquante-deux « ans. »   L. S. A.
**** On sait au moins qu'il descendait d'un fameux ligueur du même nom, qui, dans le temps des barricades de Paris, exerça la charge de lieutenant civil.   L. S. A.

voir quel était son caractère, son genre de vie, la tournure de son esprit dans la société; et c'est ce qu'on ignore aussi *.

Peut-être que l'obscurité même de sa vie est un assez grand éloge de son caractère. Il vécut dans la maison d'un prince; il souleva contre lui une foule d'hommes vicieux ou ridicules, qu'il désigna dans son livre, ou qui s'y crurent désignés **, il eut tous les ennemis que donne la satire, et ceux que donnent les succès : on ne le voit cependant mêlé dans aucune intrigue, engagé dans aucune querelle. Cette destinée suppose à ce qu'il me semble, un excellent esprit, et une conduite sage et modeste.

« On me l'a dépeint, dit l'abbé d'Olivet, comme
« un philosophe qui ne songeait qu'à vivre tran-
« quille avec des amis et des livres; faisant un bon
« choix des uns et des autres; ne cherchant ni ne
« fuyant le plaisir, toujours disposé à une joie mo-
« deste, et ingénieux à la faire naître; poli dans ses
« manières, et sage dans ses discours; craignant
« toute sorte d'ambition, même celle de montrer de
« l'esprit. » (*Histoire de l'Académie Française.*) ***

* On ne l'ignore pas totalement; et l'auteur même de cette notice va citer quelques lignes de l'abbé d'Olivet, où il est question précisément du *caractère* de La Bruyère, de son *genre de vie* et de son *esprit dans la société*. L. S. A.

** M. de Malezieux, à qui La Bruyère montra son livre avant de le publier, lui dit : «Voilà de quoi vous attirer beaucoup de lecteurs et beaucoup « d'ennemis.» L. S. A.

*** On peut ajouter à ce peu de mots sur La Bruyère, ce que dit de lui Boileau, dans une lettre à Racine, sous la date du 19 mai 1687, année même

On conçoit aisément que le philosophe qui releva avec tant de finesse et de sagacité les vices, les travers et les ridicules, connaissait trop les hommes pour les rechercher beaucoup; mais il put aimer la société sans s'y livrer ; qu'il devait être très réservé dans son ton et dans ses manières, attentif à ne pas blesser des convenances qu'il sentait si bien ; trop accoutumé enfin à observer dans les autres les défauts du caractère et les faiblesses de l'amour-propre, pour ne pas les réprimer en lui-même.

Cet écrivain, si original, si hardi, si ingénieux, et si varié, eut de la peine à être admis à l'Académie

de la publication des *Caractères*: « Maximilien m'est venu voir à Auteuil, « et m'a lu quelque chose de son *Théophraste*. C'est un fort honnête homme, « et à qui il ne manqueroit rien, si la nature l'avait fait aussi agréable qu'il a « envie de l'être. Du reste, il a de l'esprit, du savoir et du mérite. » Pourquoi Boileau désigne-t-il La Bruyère par le nom de *Maximilien*, qu'il ne portait pas ? Était-ce pour faire comme La Bruyère lui-même, qui peignait ses contemporains sous des noms empruntés de l'histoire ancienne ? Par *le Théophraste* de La Bruyère, Boileau entend-il sa traduction de Théophraste, ou l'ouvrage composé par lui à l'imitation du moraliste grec ? Je croirais qu'il s'agit du dernier. Boileau semble reprocher à La Bruyère d'avoir poussé un peu plus loin qu'il ne convient l'envie d'être agréable; et, suivant ce que rapporte d'Olivet, il n'avait aucune ambition, pas même celle de montrer de l'esprit. C'est une contradiction assez frappante entre les deux témoignages. La Bruyère, dans son ouvrage, paraît trop constamment animé du désir de produire de l'effet, pour que sa conversation ne s'en ressentît pas un peu ; je me rangerais donc volontiers à l'opinion de Boileau. Quoi qu'il en soit, ce grand poète estimait La Bruyère et son livre : il n'en faudrait pas d'autre preuve que ce quatrain qu'il fit pour mettre au bas de son portrait :

> Tout esprit orgueilleux qui s'aime,
> Par mes leçons se voit guéri,
> Et, dans ce livre si chéri,
> Apprend à se haïr lui-même.
>
> L. S. AUGER.

française après avoir publié ses *Caractères*. Il eut besoin de crédit pour vaincre l'opposition de quelques gens de lettres qu'il avait offensés, et les clameurs de cette foule d'hommes malheureux qui, dans tous les temps, sont importunés des grands talents et de grands succès : mais La Bruyère avait pour lui Bossuet, Racine, Despréaux et le cri public; il fut reçu. Son discours est un des plus ingénieux qui aient été prononcés dans cette Académie. Il est le premier qui ait loué des académiciens vivants. On se rappelle encore les traits heureux dont il caractérisa Bossuet, La Fontaine et Despréaux. Les ennemis de l'auteur affectèrent de regarder ce discours comme une satire. Ils intriguèrent pour en faire défendre l'impression; et n'ayant pu y réussir, ils le firent déchirer dans les journaux, qui dèslors étaient déja, pour la plupart, des instruments de la malignité et de l'envie entre les mains de la bassesse et de la sottise. On vit éclore une foule d'épigrammes et de chansons, où la rage est égale à la platitude, et qui sont tombées dans le profond oubli qu'elles méritent. On aura peut-être peine à croire que ce soit pour l'auteur des *Caractères* qu'on a fait ce couplet :

> Quand La Bruyère se présente
> Pourquoi faut-il crier haro?
> Pour faire un nombre de quarante,
> Ne fallait-il pas un zéro?

Cette plaisanterie a été trouvée si bonne, qu'on l'a renouvelée depuis à la réception de plusieurs académiciens.

Que reste-t-il de cette lutte éternelle de la médiocrité contre le génie ? Les épigrammes et les libelles ont bientôt disparu; les bons ouvrages restent, et la mémoire de leurs auteurs est honorée et bénie par la postérité.

Cette réflexion devrait consoler les hommes supérieurs, dont l'envie s'efforce de flétrir les succès et les travaux; mais la passion de la gloire, comme toutes les autres, est impatiente de jouir : l'attente est pénible; et il est triste d'avoir besoin d'être consolé *.

Suard.

JUGEMENTS.

I.

Le livre des *Caractères* fit beaucoup de bruit dès sa naissance. On attribua cet éclat aux traits satiriques qu'on y remarqua, ou qu'on crut y voir. On ne peut pas douter que cette circonstance n'y contribuât en effet. Peut-être que les hommes en général

---

* On trouva, dans les papiers de La Bruyère, des *Dialogues sur le Quiétisme*, qu'il n'avait qu'ébauchés. Ils étaient au nombre de sept : M. Dupin, docteur de Sorbonne, y en ajouta deux, et publia le tout en 1699. Il peut paraître étonnant d'abord que La Bruyère, homme du monde et simple philosophe, se soit engagé dans une dispute théologique. Mais la surprise cesse lorsqu'on vient à songer que, dans cette querelle qui divisa l'Église et la société, Bossuet combattit les erreurs du Quiétisme que semblait défendre Fénelon; que La Bruyère devait sa fortune au premier de ces deux illustres prélats, et qu'il put être porté par un simple mouvement de reconnaissance à combattre sous les drapeaux de son bienfaiteur, pour une cause qui paraissait, d'ailleurs, lui être étrangère. Du reste, les *Dialogues sur le Quiétisme* sont bien peu dignes de son talent. Quelques personnes ont nié qu'il en fût l'auteur. On aimerait à les en croire. L. S. A.

n'ont ni le goût assez exercé, ni l'esprit assez éclairé, pour sentir tout le mérite d'un ouvrage de génie dès le moment où il paraît, et qu'ils ont besoin d'être avertis de ses beautés par quelque passion particulière, qui fixe plus fortement leur attention sur elles. Mais si la malignité hâta le succès du livre de La Bruyère, le temps y a mis le sceau : on l'a réimprimé cent fois; on l'a traduit dans toutes les langues *, et, ce qui distingue les ouvrages originaux, il a produit une foule de copistes; car c'est précisément ce qui est inimitable que les esprits médiocres s'efforcent d'imiter.

Sans doute La Bruyère, en peignant les mœurs de son temps, a pris ses modèles dans le monde où il vivait; mais il peignit les hommes, non en peintre de portrait, qui copie servilement les objets et les formes qu'il a sous les yeux, mais en peintre d'histoire, qui choisit et rassemble différents modèles; qui n'en imite que les traits de caractère et d'effet, et qui sait y ajouter ceux que lui fournit son imagination, pour en former cet ensemble de vérité idéale et de vérité de nature qui constitue la perfection des beaux-arts.

* Je doute de la vérité de cette assertion, prise au moins dans toute son étendue. La Bruyère ayant parlé quelque part d'un *bon livre*, *traduit en plusieurs langues*, on prétendit qu'il avait parlé de son propre ouvrage; et l'opinion s'en établit tellement, que ses ennemis mêmes lui firent honneur de ce grand nombre de traductions. Mais un admirateur, un imitateur et un apologiste de La Bruyère nia que *les Caractères* eussent été traduits en aucune langue. J'ignore s'il s'en est fait des traductions depuis cette discussion mais j'aurais peine à croire qu'il s'en fût fait beaucoup: pour le fond et pour la forme, *les Caractères* sont peu traduisibles. L. S. A.

C'est-là le talent du poète comique : aussi a-t-on comparé La Bruyère à Molière; et ce parallèle offre des rapports frappants : mais il y a si loin de l'art d'observer des ridicules et de peindre des caractères isolés, à celui de les animer et de les faire mouvoir sur la scène, que nous ne nous arrêtons pas à ce genre de rapprochement, plus propre à faire briller le bel esprit qu'à éclairer le goût. D'ailleurs, à qui convient-il de tenir ainsi la balance entre des hommes de génie? On peut bien comparer le degré de plaisir, la nature des impressions qu'on reçoit de leurs ouvrages : mais qui peut fixer exactement la mesure d'esprit et de talent qui est entrée dans la composition de ces mêmes ouvrages?

On peut considérer La Bruyère comme moraliste et comme écrivain. Comme moraliste, il paraît moins remarquable par la profondeur que par la sagacité. Montaigne, étudiant l'homme en soi-même, avait pénétré plus avant dans les principes essentiels de la nature humaine. La Rochefoucauld a présenté l'homme sous un rapport plus général, en rapportant à un seul principe le ressort de toutes les actions humaines. La Bruyère s'est attaché particulièrement à observer les différences que le choc des passions sociales, les habitudes d'état et de profession, établissent dans les mœurs et la conduite des hommes. Montaigne et La Rochefoucauld ont peint l'homme de tous les temps et de tous les lieux; La Bruyère a peint le courtisan, l'homme de robe, le financier, le bourgeois du siècle de Louis XIV.

Peut-être que sa vue n'embrassait pas un grand horizon, et que son esprit avait plus de pénétration que d'étendue. Il s'attache trop à peindre les individus, lors même qu'il traite des plus grandes choses. Ainsi, dans son chapitre intitulé : *Du Souverain, ou de la République*, au milieu de quelques réflexions générales sur les principes et les vices du gouvernement, il peint toujours la cour et la ville, le négociateur et le nouvelliste. On s'attendait à parcourir avec lui les républiques anciennes et les monarchies modernes; et l'on est étonné, à la fin du chapitre, de n'être pas sorti de Versailles.

Il y a cependant dans ce même chapitre des pensées plus profondes qu'elles ne le paraissent au premier coup d'œil. J'en citerai quelques-unes, et je choisirai les plus courtes : « Vous pouvez aujour-
« d'hui, dit-il, ôter à cette ville ses franchises, ses
« droits, ses priviléges; mais demain ne songez pas
« même à réformer ses enseignes. »

« Le caractère des Français demande du sérieux
« dans le souverain. »

« Jeunesse du prince, source des belles fortunes. »
On attaquera peut-être la vérité de cette dernière observation; mais si elle se trouvait démentie par quelque exemple, ce serait l'éloge du prince, et non la critique de l'observateur [*].

Un grand nombre des maximes de La Bruyère

---

[*] Cette phrase est une louange délicate adressée par l'auteur de cette notice à Louis XVI, qui était jeune encore quand le morceau parut, et qui, dès le commencement de son règne, avait manifesté l'intention de réprimer la dilapidation des finances de l'état.   L. S. A.

paraissent aujourd'hui communes; mais ce n'est pas non plus la faute de La Bruyère. La justesse même, qui fait le mérite et le succès d'une pensée lorsqu'on la met au jour, doit la rendre bientôt familière, et même triviale : c'est le sort de toutes les vérités d'un usage universel.

On peut croire que La Bruyère avait plus de sens que de philosophie. Il n'est pas exempt de préjugés, même populaires. On voit avec peine qu'il n'était pas éloigné de croire un peu à la magie et au sortilège : « En cela, dit-il (chap. XIV, *De quel-* « *ques usages*), il y a un parti à trouver entre les « âmes crédules et les esprits forts. » Cependant il a eu l'honneur d'être calomnié comme philosophe; car ce n'est pas de nos jours que ce genre de persécution a été inventé. La guerre que la sottise, le vice et l'hypocrisie ont déclarée à la philosophie, est aussi ancienne que la philosophie même, et durera vraisemblablement autant qu'elle. « Il n'est pas « permis, dit-il, de traiter quelqu'un de philosophe; « ce sera toujours lui dire une injure, jusqu'à ce « qu'il ait plu aux hommes d'en ordonner autre- « ment. » Mais comment se réconciliera-t-on jamais avec cette raison si incommode, qui, en attaquant tout ce que les hommes ont de plus cher, leurs passions et leurs habitudes, voudrait les forcer à ce qui leur coûte le plus, à réfléchir et à penser par eux-mêmes?

En lisant avec attention *les Caractères* de La Bruyère, il me semble qu'on est moins frappé des pensées que du style; les tournures et les expressions paraissent avoir quelque chose de plus brillant, de plus fin, de plus inattendu, que le fond des choses mêmes ; et c'est moins l'homme de génie que le grand écrivain qu'on admire.

Mais le mérite de grand écrivain, s'il ne suppose pas le génie, demande une réunion des dons de l'esprit, aussi rare que le génie.

L'art d'écrire est plus étendu que ne le pensent la plupart des hommes, la plupart même de ceux qui font des livres.

Il ne suffit pas de connaître les propriétés des mots, de les disposer dans un ordre régulier, de donner même aux membres de la phrase une tournure symétrique et harmonieuse ; avec cela on n'est encore qu'un écrivain correct, et tout au plus élégant.

Le langage n'est que l'interprète de l'âme ; et c'est dans une certaine association des sentiments et des idées avec les mots qui en sont les signes, qu'il faut chercher le principe de toutes les propriétés du style.

Les langues sont encore bien pauvres et bien imparfaites. Il y a une infinité de nuances, de sentiments et d'idées qui n'ont point de signes : aussi ne peut-on jamais exprimer tout ce qu'on sent. D'un autre côté, chaque mot n'exprime pas d'une manière précise et abstraite une idée simple et isolée ; par une association secrète et rapide qui se fait dans l'esprit, un mot réveille encore des idées accessoires à l'idée principale dont il est le signe. Ainsi, par exemple, les mots *cheval* et *coursier*, ai-

mer et *chérir*, *bonheur* et *félicité*, peuvent servir à désigner le même objet ou le même sentiment, mais avec des nuances qui en changent sensiblement l'effet principal.

» Il en est des tours, des figures, des liaisons de phrase, comme des mots : les uns et les autres ne peuvent représenter que des idées, des vues de l'esprit, et ne les représentent qu'imparfaitement.

Les différentes qualités du style, comme la clarté, l'élégance, l'énergie, la couleur, le mouvement, etc., dépendent donc essentiellement de la nature et du choix des idées; de l'ordre dans lequel l'esprit les dispose; des rapports sensibles que l'imagination y attache; des sentiments enfin que l'âme y associe, et du mouvement qu'elle y imprime.

Le grand secret de varier et de faire contraster les images, les formes et les mouvements du discours, suppose un goût délicat et éclairé : l'harmonie, tant des mots que de la phrase, dépend de la sensibilité plus ou moins exercée de l'organe : la correction ne demande que la connaissance réfléchie de sa langue.

Dans l'art d'écrire, comme dans tous les beaux-arts, les germes du talent sont l'œuvre de la nature; et c'est la réflexion qui les développe et les perfectionne.

Il a pu se rencontrer quelques esprits qu'un heureux instinct semble avoir dispensés de toute étude, et qui, en s'abandonnant sans art aux mouvements de leur imagination et de leur pensée, ont écrit avec grace, avec feu, avec intérêt, mais ces dons naturels sont rares; ils ont des bornes et des imperfections très marquées, et ils n'ont jamais suffi pour produire un grand écrivain.

Je ne parle pas des anciens, chez qui l'élocution était un art si étendu et si compliqué; je citerai Despréaux et Racine, Bossuet et Montesquieu, Voltaire et Rousseau : ce n'était pas l'instinct qui produisait sous leur plume ces beautés, ces grands effets auxquels notre langue doit tant de richesse et de perfection; c'était l'effet du génie, sans doute, mais du génie éclairé par des études et des observations profondes.

Quelque universelle que soit la réputation dont jouit La Bruyère, il paraîtra peut-être hardi de le placer comme écrivain, sur la même ligne que les grands hommes qu'on vient de citer; mais ce n'est qu'après avoir relu, étudié, médité ses *Caractères*, que j'ai été frappé de l'art prodigieux et des beautés sans nombre qui semblent mettre cet ouvrage au rang de ce qu'il y a de plus parfait dans notre langue.

Sans doute La Bruyère n'a ni les élans et les traits sublimes de Bossuet; ni le nombre, l'abondance et l'harmonie de Fénelon; ni la grace brillante et abandonnée de Voltaire; ni la sensibilité profonde de Rousseau : mais aucun d'eux ne m'a paru réunir au même degré la variété, la finesse et l'originalité des formes et des tours qui étonnent dans La Bruyère. Il n'y a peut-être pas une beauté de style propre à notre idiôme, dont on ne trouve des exemples et des modèles dans cet écrivain.

Despréaux observait, à ce qu'on dit, que La Bruyère, en évitant les transitions, s'était épargné ce qu'il y a de plus difficile dans un ouvrage. Cette observation ne me paraît pas digne d'un si grand maître. Il savait trop bien qu'il y a dans l'art d'écrire des secrets plus importants que celui de trouver ces formules qui servent à lier les idées, et à unir les parties du discours.

Ce n'est point sans doute pour éviter les transitions que La Bruyère a écrit son livre par fragments et par pensées détachées. Ce plan convenait mieux à son objet; mais il s'imposait dans l'exécution une tâche tout autrement difficile que celle dont il s'était dispensé.

L'écueil des ouvrages de ce genre est la monotonie. La Bruyère a senti vivement ce danger : on peut en juger par les efforts qu'il a faits pour y échapper. Des portraits, des observations de mœurs, des maximes générales, qui se succèdent sans liaison; voilà les matériaux de son livre. Il sera curieux d'observer toutes les ressources qu'il a trouvées dans son génie pour varier à l'infini, dans un cercle si borné, ses tours, ses couleurs et ses mouvements. Cet examen, intéressant pour tout homme de goût, ne sera peut-être pas sans utilité pour les jeunes gens qui cultivent les lettres et se destinent au grand art de l'éloquence.

Il serait difficile de définir avec précision le caractère distinctif de son esprit : il semble réunir tous les genres d'esprit. Tour à tour noble et familier, éloquent et railleur, fin et profond, amer et gai, il change avec une extrême mobilité de ton, de personnage, et même de sentiment, en parlant cependant des mêmes objets.

Et ne croyez pas que ces mouvements si divers soient l'explosion naturelle d'une âme très sensible, qui, se livrant à l'impression qu'elle reçoit des objets dont elle est frappée, s'irrite contre un vice, s'indigne d'un ridicule, s'enthousiasme pour les mœurs et la vertu. La Bruyère montre par-tout les sentiments d'un honnête homme ; mais il n'est ni apôtre ni misanthrope. Il se passionne, il est vrai ; mais c'est comme le poète dramatique qui a des caractères opposés à mettre en action. Racine n'est ni Néron ni Burrhus ; mais il se pénètre fortement des idées et des sentiments qui appartiennent au caractère et à la situation de ces personnages, et il trouve dans son imagination échauffée tous les traits dont il a besoin pour les peindre.

Ne cherchons donc dans le style de La Bruyère ni l'expression de son caractère ni l'épanchement involontaire de son âme : mais observons les formes diverses qu'il prend tour-à-tour pour nous intéresser ou nous plaire.

Une grande partie de ses pensées ne pouvait guère se présenter que comme les résultats d'une observation tranquille et réfléchie ; mais, quelque vérité, quelque finesse, quelque profondeur même qu'il y eût dans les pensées, cette forme froide et monotone aurait bientôt ralenti et fatigué l'attention, si elle eût été trop continuement prolongée.

Le philosophe n'écrit pas seulement pour se faire

lire, il veut persuader ce qu'il écrit; et la conviction de l'esprit, ainsi que l'émotion de l'âme, est toujours proportionnée au degré d'attention qu'on donne aux paroles.

Quel écrivain a mieux connu l'art de fixer l'attention par la vivacité ou la singularité des tours, et de la réveiller sans cesse par une inépuisable variété?

Tantôt il se passionne et s'écrie avec une sorte d'enthousiasme : « Je voudrais qu'il me fût permis de « crier de toute ma force à ces hommes saints qui « ont été autrefois blessés des femmes : Ne les diri- « gez point; laissez à d'autres le soin de leur salut. »

Tantôt, par un autre mouvement aussi extraordinaire, il entre brusquement en scène : « Fuyez, « retirez-vous; vous n'êtes pas assez loin..... Je suis, « dites-vous, sous l'autre tropique..... Passez sous le « pôle et dans l'autre hémisphère..... M'y voilà.... « Fort bien, vous êtes en sûreté. Je découvre sur la « terre un homme avide, insatiable, inexorable, etc. » C'est dommage peut-être que la morale qui en résulte n'ait pas une importance proportionnée au mouvement qui la prépare.

Tantôt c'est avec une raillerie amère ou plaisante qu'il apostrophe l'homme vicieux ou ridicule :

« Tu te trompes, Philémon, si avec ce carrosse « brillant, ce grand nombre de coquins qui te sui- « vent, et ces six bêtes qui te traînent, tu penses « qu'on t'en estime davantage : on écarte tout cet « attirail qui t'est étranger pour pénétrer jusqu'à « toi, qui n'es qu'un fat. »

« Vous aimez, dans un combat ou pendant un

« siège, à paraître en cent endroits, pour n'être
« nulle part; à prévenir les ordres du général, de
« peur de les suivre, et à chercher les occasions
« plutôt que de les attendre et les recevoir : votre
« valeur serait-elle douteuse ? »

Quelquefois une réflexion qui n'est que sensée est relevée par une image ou un rapport éloigné, qui frappe l'esprit d'une manière inattendue : « Après
« l'esprit de discernement, ce qu'il y a au monde de
« plus rare, ce sont les diamants et les perles. » Si La Bruyère avait dit simplement que rien n'est plus rare que l'esprit de discernement, on n'aurait pas trouvé cette réflexion digne d'être écrite *.

C'est par des tournures semblables qu'il sait attacher l'esprit sur des observations qui n'ont rien de neuf pour le fond, mais qui deviennent piquantes par un certain air de naïveté sous lequel il sait déguiser la satire.

« Il n'est pas absolument impossible qu'une per-
« sonne qui se trouve dans une grande faveur perde
« son procès. »

« C'est une grande simplicité que d'apporter à la
« cour la moindre roture, et de n'y être pas gen-
« tilhomme. »

Il emploie la même finesse de tour dans le portrait d'un fat, lorsqu'il dit : « Iphis met du rouge,
« mais rarement; il n'en fait pas habitude. »

* La Harpe dit, à propos de cette réflexion de La Bruyère : « Quel rap-
« prochement bizarre et frivole, pour dire que le discernement est rare ! et
« puis les diamants et les perles, sont-ce des choses si rares ? » Je ne puis m'empêcher d'être ici du sentiment de La Harpe contre l'ingénieux auteur de cette notice. L. S. A.

Il serait difficile de n'être pas vivement frappé du tour aussi fin qu'énergique qu'il donne à la pensée suivante, malheureusement aussi vraie que profonde : « Un grand dit de Timagène, votre ami, qu'il est un « sot, et il se trompe. Je ne demande pas que vous ré- « pliquiez qu'il est homme d'esprit : osez seulement « penser qu'il n'est pas un sot. »

C'est dans les portraits sur-tout que La Bruyère a eu besoin de toutes les ressources de son talent. Théophraste, que La Bruyère a traduit, n'emploie pour peindre ses caractères que la forme d'énumération ou de description. En admirant beaucoup l'écrivain grec, La Bruyère n'a eu garde de l'imiter; ou, si quelquefois il procède comme lui par énumération, il sait ranimer cette forme languissante par un art dont on ne trouve ailleurs aucun exemple.

Relisez les portraits du riche et du pauvre* : « Gi- « ton a le teint frais, le visage plein, la démarche « ferme, etc. Phédon a les yeux creux, le teint « échauffé, etc.; » et voyez comment ces mots, *il est riche*, *il est pauvre*, rejetés à la fin des deux portraits, frappent comme deux coups de lumière, qui, en se réfléchissant sur les traits qui précèdent, y répandent un nouveau jour, et leur donnent un effet extraordinaire.

Quelle énergie dans le choix des traits dont il peint ce vieillard presque mourant qui a la manie de planter, de bâtir, de faire des projets pour un avenir qu'il ne verra point ! « Il fait bâtir une maison de « pierres de taille, raffermie dans les encoignures

---

* Voyez ci-après, page 175.

« par des mains de fer et dont il assure, en toussant,
« et avec une voix frêle et débile, qu'on ne verra
« jamais la fin. Il se promène tous les jours dans
« ses ateliers sur les bras d'un valet qui le soulage;
« il montre à ses amis ce qu'il a fait, et leur dit ce
« qu'il a dessein de faire. Ce n'est pas pour ses enfants
« qu'il bâtit, car il n'en a point; ni pour ses héritiers,
« personnes viles et qui sont brouillées avec lui : c'est
« pour lui seul; et il mourra demain. »

Ailleurs il nous donne le portrait d'une femme aimable, comme un fragment imparfait trouvé par hasard, et ce portrait est charmant; je ne puis me refuser au plaisir d'en citer un passage : « Loin de s'appliquer
« à vous contredire avec esprit, Artènice s'appro-
« prie vos sentiments : elle les croit siens, elle les
« étend, elle les embellit : vous êtes content de vous
« d'avoir pensé si bien, et d'avoir mieux dit encore
« que vous n'aviez cru. Elle est toujours au-dessus
« de la vanité, soit qu'elle parle, soit qu'elle écrive : elle
« oublie les traits où il faut des raisons; elle a déjà
« compris que la simplicité peut être éloquente. »

Comment donnera-t-il plus de saillie au ridicule d'une femme du monde qui ne s'aperçoit pas qu'elle vieillit; et qui s'étonne d'éprouver la faiblesse et les incommodités qu'amènent l'âge et une vie trop molle? Il en fait un apologue. C'est Irène qui va au temple d'Épidaure consulter Esculape. D'abord elle se plaint qu'elle est fatiguée : « L'oracle prononce que c'est
« par la longueur du chemin qu'elle vient de faire.
« Elle déclare que le vin lui est nuisible; l'oracle
« lui dit de boire de l'eau. Ma vue s'affaiblit, dit

« Irène, prenez des lunettes, dit Esculape. Je m'af-
« faiblis moi-même, continue-t-elle; je ne suis ni si
« forte, ni si saine que j'ai été. C'est, dit le dieu, que
« vous vieillissez. Mais quel moyen de guérir de cette
« langueur? Le plus court Irène, c'est de mourir
« comme ont fait votre mère et votre aïeule. » A ce
dialogue, d'une tournure naïve et originale, subs-
tituez une simple description à la manière de Théophraste, et vous verrez comment la même pensée
peut paraître commune ou piquante, suivant que
l'esprit ou l'imagination sont plus ou moins intéressés par les idées et les sentiments accessoires dont
l'écrivain a su l'embellir.

La Bruyère emploie souvent cette forme d'apologue, et presque toujours avec autant d'esprit que
de goût. Il y a peu de chose dans notre langue
d'aussi parfait que l'histoire d'Émire * : c'est un petit
roman plein de finesse, de grace, et même d'intérêt.

Ce n'est pas seulement par la nouveauté et par la
variété des mouvements et des tours que le talent
de La Bruyère se fait remarquer; c'est encore par
un choix d'expressions vives, figurées, pittores-
ques; c'est sur-tout par ces heureuses alliances de
mots, ressource féconde des grands écrivains, dans
une langue qui ne permet pas, comme presque
toutes les autres, de créer ou de composer des
mots, ni d'en transplanter d'un idiome étranger.

« Tout excellent écrivain est excellent peintre, »
dit La Bruyère lui-même; et il le prouve dans tout

---

* Voyez le chap. III.

le cours de son livre. Tout vit et s'anime sous son pinceau ; tout y parle à l'imagination : « La véritable « grandeur se laisse *toucher et manier*....... elle se « *courbe* avec bonté vers ses inférieurs, et *revient* « sans effort à son naturel. »

« Il n'y a rien, dit-il ailleurs, qui mette plus su- « bitement un homme à la mode, et qui le *soulève* « davantage, que le grand jeu. »

Veut-il peindre ces hommes qui n'osent avoir un avis sur un ouvrage avant de savoir le jugement du public : « Ils ne hasardent point leurs suffrages ; ils « veulent être *portés par la foule*, et *entrainés* par « la multitude. »

La Bruyère veut-il peindre la manie du fleuriste : il vous le montre *planté* et ayant *pris racine* devant ses tulipes ; il en fait un arbre de son jardin. Cette figure hardie est piquante, sur-tout par l'analogie des objets.

« Il n'y a rien qui rafraîchisse le sang comme d'a- « voir su éviter une sottise. » C'est une figure bien heureuse que celle qui transforme ainsi en sensation le sentiment qu'on veut exprimer.

L'énergie de l'expression dépend de la force avec laquelle l'écrivain s'est pénétré du sentiment ou de l'idée qu'il a voulu rendre. Ainsi La Bruyère, s'élevant contre l'usage des serments, dit : « Un honnête « homme qui dit oui, ou non, mérite d'être cru ; « son caractère *jure* pour lui. »

Il est d'autres figures de style d'un effet moins frappant, parce que les rapports qu'elles expriment demandent, pour être saisis, plus de finesse et d'attention dans l'esprit ; je n'en citerai qu'un exemple :

« Il y a dans quelques femmes un *mérite paisible*,
« mais solide, accompagné de mille vertus qu'elles
« ne peuvent *couvrir* de toute leur modestie. »

Ce *mérite paisible* offre à l'esprit une combinaison d'idées très fines, qui doit, ce me semble, plaire d'autant plus qu'on aura le goût plus délicat, et plus exercé.

Mais les grands effets de l'art d'écrire, comme de tous les arts, tiennent sur-tout aux contrastes.

Ce sont les rapprochements ou les oppositions de sentiments et d'idées, de formes et de couleurs, qui, faisant ressortir tous les objets les uns par les autres, répandent dans une composition la variété, le mouvement et la vie. Aucun écrivain peut-être n'a mieux connu ce secret, et n'en a fait un plus heureux usage que La Bruyère. Il a un grand nombre de pensées qui n'ont d'effet que par le contraste.

« Il s'est trouvé des filles qui avaient de la vertu,
« de la santé, de la ferveur, et une bonne vocation,
« mais qui n'étaient pas assez riches pour faire dans
« une riche abbaye vœu de pauvreté. »

Ce dernier trait, rejeté si heureusement à la fin de la période pour donner plus de saillie au contraste, n'échappera pas à ceux qui aiment à observer dans les productions des arts les procédés de l'artiste. Mettez à la place, « qui n'étaient pas assez
« riches pour faire vœu de pauvreté dans une riche
« abbaye ; » et voyez combien cette légère transposition, quoique peut-être plus favorable à l'harmonie, affaiblirait l'effet de la phrase ! Ce sont ces ar-

tifices que les anciens recherchaient avec tant d'étude, et que les modernes négligent trop : lorsqu'on en trouve des exemples chez nos bons écrivains, il semble que c'est plutôt l'effet de l'instinct que de la réflexion.

On a cité ce beau trait de Florus, lorsqu'il nous montre Scipion, encore enfant, qui croît pour la ruine de l'Afrique : *Qui in exitium Africæ crescit.* Ce rapport supposé entre deux faits naturellement indépendants l'un de l'autre plaît à l'imagination, et attache l'esprit. Je trouve un effet semblable dans cette pensée de La Bruyère :

« Pendant qu'Oronte augmente, avec ses années,
« son fonds et ses revenus, une fille naît dans quel-
« que famille, s'élève, croît, s'embellit, et entre
« dans sa seizième année. Il se fait prier à cin-
« quante ans pour l'épouser, jeune, belle, spiri-
« tuelle ; cet homme, sans naissance, sans esprit et
« sans le moindre mérite, est préféré à tous ses ri-
« vaux. »

Si je voulais, par un seul passage, donner à la fois une idée du grand talent de La Bruyère, et un exemple frappant de la puissance des contrastes dans le style, je citerais ce bel apologue qui contient la plus éloquente satire du faste insolent et scandaleux des parvenus :

« Ni les troubles, Zénobie, qui agitent votre em-
« pire, ni la guerre que vous soutenez virilement
« contre une nation puissante, depuis la mort du
« roi votre époux, ne diminuent rien de votre ma-
« gnificence. Vous avez préféré à tout autre contrée

« les rives de l'Euphrate, pour y élever un superbe
« édifice : l'air y est sain et tempéré ; la situation en
« est riante; un bois sacré l'ombrage du côté du
« couchant; les dieux de Syrie, qui habitent quel-
« quefois la terre, n'y auraient pu choisir une plus
« belle demeure. La campagne autour est cou-
« verte d'hommes qui taillent et qui coupent, qui
« vont et qui viennent, qui roulent ou qui charrient
« le bois du Liban, l'airain et le porphyre : les grues
« et les machines gémissent dans l'air, et font espé-
« rer à ceux qui voyagent vers l'Arabie de revoir à
« leur retour en leurs foyers ce palais achevé, et
« dans cette splendeur où vous désirez de le porter,
« avant de l'habiter vous et les princes vos enfants.
« N'y épargnez rien, grande reine : employez-y l'or
« et tout l'art des plus excellents ouvriers; que les
« Phidias et les Zeuxis de votre siècle déploient
« toute leur science sur vos plafonds et sur vos lam-
« bris; tracez-y de vastes et de délicieux jardins,
« dont l'enchantement soit tel qu'ils ne paraissent
« pas faits de la main des hommes; épuisez vos tré-
« sors et votre industrie sur cet ouvrage incompa-
« rable; et après que vous y aurez mis, Zénobie, la
« dernière main, quelqu'un de ces pâtres qui habi-
« tent les sables voisins de Palmyre, devenu riche
« par les péages de vos rivières, achètera un jour à
« deniers comptants cette royale maison, pour l'em-
« bellir, et la rendre plus digne de lui et de sa for-
« tune. »

Si l'on examine avec attention tous les détails de
ce beau tableau, on verra que tout y est préparé,

disposé, gradué avec un art infini pour produire un grand effet. Quelle noblesse dans le début! quelle importance on donne au projet de ce palais! que de circonstances adroitement accumulées pour en relever la magnificence et la beauté! et quand l'imagination a été bien pénétrée de la grandeur de l'objet, l'auteur amène un *pâtre* enrichi du *péage de vos rivières*, qui achète *à deniers comptants cette royale* maison *pour l'embellir, et la rendre plus digne de lui.*

Il est bien extraordinaire qu'un homme qui a enrichi notre langue de tant de formes nouvelles, et qui avait fait de l'art d'écrire une étude si approfondie, ait laissé dans son style des négligences, et même des fautes qu'on reprocherait à de médiocres écrivains. Sa phrase est souvent embarrassée; il a des constructions vicieuses, des expressions incorrectes, ou qui ont vieilli. On voit qu'il avait encore plus d'imagination que de goût, et qu'il recherchait plus la finesse et l'énergie des tours que l'harmonie de la phrase.

Je ne rapporterai aucun exemple de ces défauts, que tout le monde peut relever aisément; mais il peut être utile de remarquer des fautes d'un autre genre, qui sont plutôt de recherche que de négligence, et sur lesquelles la réputation de l'auteur pourrait en imposer aux personnes qui n'ont pas un goût assez sûr et assez exercé.

N'est-ce pas exprimer, par exemple, une idée peut-être fausse par une image bien forcée et même obscure, que de dire : « Si la pauvreté est la mère des « crimes, le défaut d'esprit en est le père? »

La comparaison suivante ne paraît pas d'un goût bien délicat : « Il faut juger des femmes depuis la « chaussure jusqu'à la coiffure exclusivement, à peu « près comme on mesure le poisson, entre tête et « queue. »

On trouverait aussi quelques traits d'un style précieux et maniéré. Marivaux aurait pu revendiquer cette pensée : « Personne presque ne s'avise de lui-« même du mérite d'un autre. »

Mais ces taches sont rares dans La Bruyère : on sent que c'était l'effet du soin même qu'il prenait de varier ses tournures et ses images ; et elles sont effacées par les beautés sans nombre dont brille son ouvrage.

Suard.

II.

Il n'y a presque point de tour dans l'éloquence qu'on ne trouve dans La Bruyère; et si on y désire quelque chose, ce ne sont pas certainement les expressions, qui sont d'une force infinie et toujours les plus propres et les plus précises qu'on puisse employer. Peu de gens l'ont compté parmi les orateurs, parce qu'il n'y a pas une suite sensible dans ses *Caractères*. Nous faisons trop peu d'attention à la perfection de ses fragments, qui contiennent souvent plus de matière que de longs discours, plus de proportion et plus d'art.

On remarque dans tout son ouvrage un esprit juste, élevé, nerveux, pathétique, également capable de réflexion et de sentiment, et doué avec avantage de cette invention qui distingue la main des maîtres et qui caractérise le génie.

Personne n'a peint les détails avec plus de feu, plus de force, plus d'imagination dans l'expression, qu'on n'en voit dans ses *Caractères*. Il est vrai qu'on n'y trouve pas aussi souvent que dans les écrits de Bossuet et de Pascal de ces traits qui caractérisent une passion ou les vices d'un particulier, mais le genre humain. Ses portraits les plus élevés ne sont jamais aussi grands que ceux de Fénelon et de Bossuet; ce qui vient en grande partie de la différence des genres qu'ils ont traités. La Bruyère a cru, ce me semble, qu'on ne pouvait peindre les hommes assez petits; et il s'est bien plus attaché à relever leurs ridicules que leur force. Je crois qu'il est permis de présumer qu'il n'avait ni l'élévation, ni la sagacité, ni la profondeur de quelques esprits du premier ordre; mais on ne lui peut disputer sans injustice une forte imagination, un caractère véritablement original, et un génie créateur*.

VAUVENARGUES, *Les Orateurs.*

* La Bruyère est un des plus beaux écrivains du siècle de Louis XIV. Aucun homme n'a su donner plus de variété à son style, plus de formes diverses à sa langue, plus de mouvement à sa pensée. Il descend de la haute éloquence à la familiarité, et passe de la plaisanterie au raisonnement sans jamais blesser le goût ni le lecteur. L'ironie est son arme favorite : aussi philosophe que Théophraste, son coup d'œil embrasse un plus grand nombre d'objets, et ses remarques sont plus originales et plus profondes. Théophraste conjecture, La Rochefoucauld devine, et La Bruyère montre ce qui se passe au fond des cœurs. CHATEAUBRIAND, *Génie du Christianisme.*

III.

La Bruyère est meilleur moraliste, et sur-tout bien plus grand écrivain que La Rochefoucauld : il y a peu de livres en aucune langue où l'on trouve une aussi grande quantité de pensées justes, solides, et un choix d'expressions aussi heureux et aussi varié. La satire est chez lui bien mieux entendue que dans La Rochefoucauld ; presque toujours elle est particularisée, et remplit le titre du livre : ce sont des caractères ; mais ils sont peints supérieurement. Ses portraits sont faits de manière que vous les voyez agir, parler, se mouvoir, tant son style a de vivacité et de mouvement. Dans l'espace de peu de lignes, il met ses personnages en scène de vingt manières différentes ; et en une page il épuise tous les ridicules d'un sot, ou tous les vices d'un méchant, ou toute l'histoire d'une passion, ou tous les traits d'une ressemblance morale. Nul prosateur n'a imaginé plus d'expressions nouvelles, n'a créé plus de tournures fortes ou piquantes. Sa concision est pittoresque, et sa rapidité lumineuse. Quoiqu'il aille vite, vous le suivez sans peine : il a un art particulier pour laisser souvent dans sa pensée une espèce de réticence qui ne produit pas l'embarras de comprendre, mais le plaisir de deviner ; en sorte qu'il fait, en écrivant, ce qu'un ancien prescrivait pour la conversation ; il vous laisse encore plus content de votre esprit que du sien.

On citerait des exemples sans nombre du grand sens qu'il renferme dans son énergique brièveté.

« Il n'y a pour l'homme que trois évènements,
« naître, vivre et mourir : il ne se sent pas naître,
« il souffre à mourir, et il oublie de vivre. »

« L'esprit s'use comme toutes choses : les scien-
« ces sont ses aliments; elles le nourrissent et le
« consument. »

« Deux choses toutes contraires nous prévien-
« nent également : l'habitude et la nouveauté. »

« Le devoir des juges est de rendre la justice;
« leur métier est de la différer : quelques-uns sa-
« vent leur devoir et font leur métier. »

« L'on confie son secret à l'amitié ; mais il
« échappe dans l'amour. »

« La cour ne rend pas content; elle empêche
« qu'on le soit ailleurs. »

« Il semble qu'estimer quelqu'un, c'est l'égaler
« à soi. »

Je ne citerai aucun de ses portraits; ils sont plus étendus, et l'abondance des matières me force d'économiser le temps. On convient, d'ailleurs, qu'il excelle également comme observateur et comme peintre. Je conseillerai toujours à un poète comique d'étudier La Bruyère : il y trouvera des sujets, des idées et des couleurs. Tant de mérites ne sont pas sans quelques défauts ; j'essaierai de les indiquer en discutant quelques-unes de ses pensées.

« Il faut briguer la faveur de ceux à qui l'on
« veut du bien, plutôt que de ceux de qui l'on
« espère du bien. »

Cette maxime fait voir que La Bruyère n'est pas toujours exempt d'obscurité. On peut soupçonner ce qu'il a voulu dire ici : il faut se donner plus de soins pour se faire pardonner le bien qu'on fait que pour obtenir celui qu'on espère. Mais le dit-il?

« Après l'esprit de discernement, ce qu'il y a de « plus rare au monde, ce sont les diamants et les « perles. »

Quel rapprochement bizarre et frivole pour dire que le discernement est rare! et puis les diamants et les perles, sont-ce des choses si rares?

« Tout notre mal vient de ne pouvoir être seuls : « de là le jeu, le luxe, la dissipation, le vin, les « femmes, l'ignorance, la médisance, l'envie, l'ou- « bli de soi-même et de Dieu. »

Ce passage prouve une vérité humiliante, c'est que de grands esprits peuvent écrire des choses absolument dénuées de sens. Tout notre mal ne vient pas *de ne pouvoir être seuls;* car nul être n'est *mal* en suivant sa destination naturelle, et l'homme n'est point né pour être *seul.* Si les vices existent dans l'état de société, hors de cet état il n'y aurait non plus aucune vertu, et ni l'un ni l'autre n'a son principe dans l'état social, mais dans la nature de l'homme, susceptible de mal et de bien. C'est une vérité triviale que La Bruyère a oubliée, on ne sait comment, dans cet endroit de son livre.

« Les hommes n'ont point de caractère, ou s'ils « en ont, c'est celui de n'en avoir aucun qui soit

« suivi, qui ne se démente point, et où ils soient
« *reconnaissables.* »

Il est bien singulier de trouver ce principe dans un ouvrage qui a pour titre : *Des Caractères.* Outre qu'il est en contradiction avec l'objet de l'auteur, il est, d'ailleurs, faux en lui-même. Le caractère, dans ceux qui en ont un, est généralement *reconnaissable* dans tout le cours de leur vie; et s'il n'est pas constamment suivi, s'il se dément quelquefois, il s'ensuit seulement qu'il n'y a rien dans l'homme de parfaitement régulier. Mais soutenir qu'il n'y a point de caractère, parce que tout caractère est sujet à quelque inégalité, c'est dire qu'il n'y a point de vertu, parce que la vertu la plus pure a quelques taches; qu'il n'y a point de beauté, parce que la plus grande beauté a quelques défauts, etc.

« Si les hommes sont hommes plutôt qu'ours et
« panthères, s'ils sont équitables, s'ils se font jus-
« tice à eux-mêmes et qu'ils la rendent aux autres,
« que deviennent les lois, leur texte et le prodi-
« gieux *accablement* de leurs commentaires? que
« devient le *pétitoire* et le *possessoire*, et tout ce
« qu'on appelle jurisprudence? Où se réduisent
« même ceux qui doivent toute leur enflure à l'au-
« torité *où ils sont établis,* de faire valoir ces
« mêmes lois? Si ces mêmes hommes ont de la
« droiture et de la sincérité, s'ils sont guéris de la
« prévention, où sont évanouies les disputes de
« l'école, la scolastique et les controverses? S'ils
« sont tempérants, chastes et modérés, que leur

« sert le mystérieux jargon de la médecine, qui
« est une mine d'or pour ceux qui s'avisent de le
« parler? Légistes, docteurs, médecins, quelle
« chute pour vous, si nous pouvions tous nous
« donner le mot de devenir sages! »

Que résulte-t-il de ce long verbiage, si ce n'est que celui qui sait mettre tant de sens en deux lignes, peut en écrire vingt qui n'en ont aucun? D'abord ce n'est point parce que les hommes sont *ours* et *panthères* qu'ils ont des lois, des juges et des médecins : c'est précisément parce qu'ils sont hommes; car les *ours* et les *panthères* n'ont rien de tout cela, et l'auteur se contredit dans les termes. Et si les hommes ont besoin de toutes ces choses, qui sont un mélange de bien et de mal, c'est parce qu'ils sont eux-mêmes un composé de mal et de bien. N'est-ce pas une belle découverte que de nous apprendre que, si tous les hommes étaient sages, il ne leur faudrait point de lois, et que s'ils n'étaient jamais malades, il ne leur faudrait point de médecins?

« L'honnêteté, les égards et la politesse des per-
« sonnes avancées en âge, de l'un et de l'autre
« sexe, me donnent bonne opinion de ce qu'on
« appelle le vieux temps. »

Pensée peu philosophique. On a dit la même chose dans tous les siècles; ce qui prouve qu'un plus grand usage du monde dans les vieillards est seulement le fruit des années et de l'expérience, et que ce sont eux qui ont acquis, et non pas les autres qui ont perdu.

Non-seulement La Bruyère a sur plusieurs points des opinions outrées, mais même il n'est pas exempt de préjugés sur les matières politiques. Il se répand en invectives contre Guillaume, prince d'Orange et roi d'Angleterre. L'aversion que l'on avait généralement en France pour ce prince n'est point une excuse suffisante pour La Bruyère. Il était d'un philosophe, non pas de suivre la multitude, qui ne voyait dans Guillaume III qu'un ennemi de Louis XVI, mais de devancer la postérité, qui l'a mis au rang des grands hommes. La Bruyère, en parlant de lui, descend jusqu'aux idées, et même jusqu'au langage du peuple.

« Vous avez sur-tout un homme *pâle et livide, qui
« n'a pas sur soi dix onces de chair, et que l'on croi-
« rait jeter à terre du moindre souffle ; il fait néan-
« moins plus de bruit que quatre autres, et met tout
« en combustion.* Il vient de pêcher en eau trouble
« *une île tout entière.* Ailleurs, à la vérité, il est
« battu et poursuivi ; mais il *se sauve par les marais,
« et ne veut écouter ni paix ni trève.* Il a montré de
« bonne heure ce qu'il savait faire ; il a *mordu le
« sein de sa nourrice ; elle en est morte. la pauvre
« femme ! je m'entends :* il suffit. En un mot, *il était
« né sujet*, et il ne l'est plus ; au contraire, il est
« maître.... Il s'agit, il est vrai, *de prendre son père
« et sa mère par les épaules, et de les jeter hors de
« leur maison :* on l'aide dans une si honnête entre-
« prise, *les gens de-là l'eau et ceux en de-çà se co-
« tisent*, et mettent chacun du leur pour le rendre
« *à eux tous* de jour en jour plus redoutable.... Des

« princes, des souverains, viennent trouver cet
« homme *dès qu'il a sifflé;* ils se découvrent dès son
« antichambre, et ils ne parlent que quand il les
« interroge, etc.

Tout ceci n'est qu'une parodie grossière, dont
l'auteur ne s'aperçoit pas que chaque trait de satire
peut devenir, en examinant les faits, un sujet d'éloge. Son éditeur l'a si bien senti qu'il s'est cru
obligé de mettre en note que La Bruyère s'exprimait *plus en poète qu'en historien*. Voilà une plaisante manière d'excuser un philosophe qui déraisonne, que de dire qu'il *parle en poète!* il n'y a rien
dans tout cela de *poétique;* il n'y a que du mauvais
esprit. C'était sans doute une chose délicate.de parler d'un prince vivant, d'un prince qui faisait la
guerre à Louis XIV; mais si La Bruyère voulait à
toute force en parler quand rien ne l'y obligeait, il
fallait songer aux bienséances et à la postérité. Il
fallait se demander si la nation anglaise n'avait pas
usé de ses droits constitutionnels en réprouvant un
roi qui les violait, qui se déclarait l'ennemi de leur
liberté et d'une religion erronée, sans doute, puisqu'elle est séparée de l'Eglise, mais que les Anglais
regardent comme une des bases de cette liberté; il
fallait se demander si le prince d'Orange, appelé au
trône par les Anglais, n'y montait pas avec le plus
légitime de tous les titres, le vœu des peuples qui le
voulaient pour roi? Il était le gendre du roi Jacques,
je l'avoue; mais des intérêts de la plus haute importance devaient-ils céder à des considérations de famille qui ne doivent jamais être les premières pour

un prince? Si le prince d'Orange, par son caractère, par ses talents, par son activité, était digne d'être à la tête des puissances protestantes, et de les défendre contre l'ennemi le plus puissant du protestantisme; s'il était assez habile pour réunir dans la cause commune l'Angleterre et la Hollande, que Louis XIV eut d'abord l'adresse de diviser; s'il était le lien de leur union avec l'empereur et le duc de Savoie, contre un monarque dont la puissance prépondérante menaçait d'asservir l'Europe; c'était jouer à la fois le rôle le plus imposant et le plus glorieux; et ce fut en effet celui de Guillaume jusqu'à son dernier moment. La Bruyère lui reproche son ascendant sur tous les princes alliés contre la France, et il lui donne, sans y songer, la plus grande de toutes les louanges, en faisant voir qu'un stathouder de Hollande était l'âme de cette ligue puissante et politiquement nécessaire; qu'il la dirigeait par son génie, et l'échauffait par son courage. Et où a-t-il pris qu'un prince de la maison d'Orange, qu'un stathouder de la république hollandaise était *né sujet?* Quelle petitesse de plaisanter sur sa maigreur, sur ses *dix onces de chair!* On a honte qu'un écrivain de mérite ait imprimé ces platitudes. Est-ce qu'une âme forte dans un corps faible n'en est pas plus admirable? Cet homme, qu'il semblait que l'on dût *jeter à terre du moindre souffle*, ne put être renversé par tous les efforts de Louis XIV, et mérita d'être l'objet de sa haine, en opposant une barrière inébranlable à son ambition. Il mérita d'être regardé par les Anglais comme le véritable fondateur de cette constitution que les autres peuples admirent, mais qu'ils auraient tort d'envier, parce qu'elle ne convient qu'à l'Angleterre : il le mérita, parce que ce fut lui qui l'affermit sur des bases plus assurées.

N'oublions jamais que le zèle de la vraie religion, dans un écrivain catholique, ne doit jamais aller jusqu'à le rendre injuste envers les peuples et les rois qui ont le malheur d'être dans le schisme. La piété doit en gémir sous les rapports d'un ordre à venir, mais le jugement de l'histoire est de l'ordre temporel; et nous savons de plus que les hérésies entrent dans celui de la Providence, dont nous ne pouvons ni juger ni pénétrer les décrets.

Si l'auteur, en injuriant avec tant d'indécence un roi d'Angleterre, ne voulait que flatter le roi de France, c'était encore un tort de plus. Qu'est-ce qu'un moraliste flatteur? Il est trop vrai que La Bruyère l'était : il dit quelque part : « *Les enfants* « *des dieux*, pour ainsi dire, *se tirent des règles de* « *la nature,* et en sont comme l'exception. Ils n'at- « tendent presque rien du temps et des années. Le « mérite chez eux devance l'âge : *ils naissent instruits* « *et ils sont plutôt des hommes parfaits que le com-* « *mun de hommes ne sort de l'enfance.* »

En voilà, pour cette fois, des hyperboles *poétiques*, mais bien déplacées dans un livre de morale. Que veut dire cette expression : *Les enfants des dieux?* A qui l'auteur veut-il l'appliquer? Sans doute, comme l'éditeur nous en avertit en note, *aux fils, aux petits-fils des rois :* c'est eux en effet que les poètes appellent souvent les *enfants des dieux;* mais ce qui est une figure en poésie est ici une adulation très blamable. Pourquoi le censeur amer de toutes les conditions cherche-t-il à corrompre celle de toutes qui est le plus près de la corruption? Comment un philosophe ose-t-il dire à ceux qui ont le plus besoin d'être instruits, qu'ils *naissent instruits?* Si ces termes peuvent s'appliquer à quelques hommes privilégiés, c'est aux enfants de la nature qu'elle a le plus favorisés; et ceux-là se trouvent dans toutes les clases, aussi souvent pour le moins que parmi ceux que l'auteur appelle *enfants des dieux.*

C'est avec peine aussi qu'on voit un écrivain que son talent rend digne d'écrire pour la gloire, avouer qu'il écrit pour le gain, et se plaindre crûment au public de n'être pas assez payé de ses ouvrages. « *Vous écrivez si bien!* continuez d'écrire.... Suis-je « mieux nourri et plus *lourdement* vêtu? Suis-je dans « ma chambre à l'abri du nord? Ai-je un lit de plume « après vingt ans entiers qu'on me débite dans la « place? *J'ai un grand nom*, dites-vous, et beaucoup « de gloire. Dites que j'ai beaucoup de vent qui ne « sert à rien. Ai-je un grain de ce métal qui procure « toutes choses, etc.? »

Ces sortes de saillies se pardonnent à un poète : les poètes, de temps immémorial, sont en possession de se louer de leur génie, et de se plaindre de leur fortune : un livre grave exige d'autres bienséances. Il y a trop d'amour-propre d'auteur à se faire dire : *Vous écrivez si bien! vous avez un grand nom et beaucoup de gloire....* et trop peu de la fierté d'un

honnête homme, à dire : *Ai-je de l'or?* Quand on a pris le rôle de philosophe, il faut le soutenir : on est fondé à vous répondre : Vous devez connaître les hommes et les choses, puisque c'est l'objet de vos études ; et quand vous avez pris le parti d'écrire, vous deviez savoir que ce n'était pas le chemin de la fortune. « Il ne dépend pas de nous (a dit très-judi-
« cieusement Voltaire) de n'être pas pauvres, mais
« il dépend toujours de nous de faire respecter notre
« pauvreté*. »

La Harpe, *Cours de Littérature.*

MORCEAUX CHOISIS.

1. La Curiosité ou les Manies.

La curiosité n'est pas un goût pour ce qui est bon ou ce qui est beau, mais pour ce qui est rare, unique, pour ce qu'on a, et ce que les autres n'ont point. Ce n'est pas un attachement à ce qui est parfait, mais à ce qui est couru, à ce qui est à la mode ; ce n'est pas un amusement, mais une passion, et souvent si violente, qu'elle ne cède à l'amour et à l'ambition que par la petitesse de son objet. Ce n'est pas une passion qu'on a généralement pour les choses rares, et qui ont cours, mais qu'on a seulement pour une certaine chose qui est rare et pourtant à la mode.

Le fleuriste a un jardin dans un faubourg; il y

---

* On peut encore consulter sur La Bruyère, l'*Éloge* de cet écrivain, par M. Victorin Fabre, éloge auquel l'Académie française a donné, il y a quelques années, le prix de l'éloquence. F.

court au lever du soleil, et il en revient à son coucher. Vous le voyez planté, et qui a pris racine au milieu de ses tulipes et devant la solitaire. Il ouvre de grands yeux, il frotte ses mains, il se baisse, il la voit de plus près, il ne l'a jamais vu si belle, Il a le cœur épanoui de joie; il la quitte pour l'orientale; de là il va à la veuve; il passe au drap d'or; de celle-ci à l'agate, d'où il revient enfin à la solitaire où il se fixe, où il se lasse, où il s'assied, où il oublie de dîner; aussi est-elle nuancée, bordée, huilée, à pièces emportées; elle a un beau vase, ou un beau calice : il la contemple, il l'admire : Dieu et la nature sont en cela tout ce qu'il n'admire point; il ne va pas plus loin que l'ognon de sa tulipe, qu'il ne livrerait pas pour mille écus, et qu'il donnera pour rien quand les tulipes seront négligées, et que les œillets auront prévalu. Cet homme raisonnable, qui a une âme, qui a un culte et une religion, revient chez soi, fatigué, affamé, mais fort content de sa journée : il a vu des tulipes.

Parlez à cet autre de la richesse des moissons, d'une ample récolte, d'une bonne vendange; il est curieux de fruits; vous n'articulez pas, vous ne vous faites pas entendre. Parlez-lui de figues et de melons; dites que les poiriers rompent de fruits cette année, que les pêchers ont donné avec abondance; c'est pour lui un idiome inconnu; il s'attache aux seuls pruniers, il ne vous répond pas. Ne l'entretenez pas même des pruniers : il n'a de l'amour que pour une certaine espèce, tout autre que vous lui nommez le fait sourire et se moquer. Il vous mène à l'arbre, cueille artistement cette prune exquise, il l'ouvre, vous en donne une moitié, et prend l'autre. Quelle chair! dit-il; goûtez-vous cela? cela est divin! voilà ce que vous ne trouverez pas ailleurs! Et là-dessus ses narines s'enflent, il cache avec peine sa joie et sa vanité, par quelques dehors de modestie. O l'homme divin en effet! homme qu'on ne peut jamais assez louer et admirer, homme dont il sera parlé dans plusieurs siècles! Que je voie sa taille et son visage, pendant qu'il vit! que j'observe les traits et la contenance d'un homme qui, seul entre les mortels, possède une telle prune.

Un troisième que vous allez voir, vous parle des curieux ses confrères, et sur-tout de Diognète. Je l'admire, dit-il, mais je le comprends moins que jamais. Pensez-vous qu'il cherche à s'instruire par les médailles, et qu'il les regarde comme des preuves parlantes de certains faits, et des monuments fixes et indubitables de l'ancienne histoire? rien moins. Vous croyez peut-être que toute la peine qu'il se donne pour recouvrer une tête vient du plaisir qu'il se fait de ne voir pas une suite d'empereurs interrompue? C'est encore moins. Diognète sait d'une médaille le fruste, le flou, et la fleur du coin; il a une tablette dont toutes les places sont garnies à l'exception d'une seule; ce vide lui blesse la vue, et c'est précisément et à la lettre pour le remplir qu'il emploie son bien et sa vie

Vous voulez, ajoute Démocède, voir mes estampes? et bientôt il les étale et vous les montre. Vous en rencontrez une qui n'est ni noire, ni nette, ni dessinée, et d'ailleurs moins propre à être gardée dans un cabinet, qu'à tapisser un jour de fête le Petit-Pont ou la rue Neuve. Il convient qu'elle est mal gravée, plus mal dessinée, mais il assure qu'elle est d'un italien qui a travaillé peu, qu'elle n'a presque pas été tirée, que c'est la seule qui soit en France de ce dessin, qu'il l'a achetée très cher, et qu'il ne la changerait pas pour tout ce qu'il y a de meilleur. J'ai, continue-t-il, une sensible affliction, et qui m'obligera de renoncer aux estampes pour le reste de mes jours : j'ai tout Calot, hormis une seule ; qui n'est pas à la vérité de ses bons ouvrages ; au contraire, c'est un des moindres, mais qui acheverait Calot ; je travaille depuis vingt ans à recouvrer cette estampe, et je désespère enfin d'y réussir : cela est bien rude !

Tel autre fait la satire de ces gens qui s'engagent, par inquiétude ou par curiosité, dans de longs voyages ; qui ne font ni mémoires, ni relations ; qui ne portent point de tablettes ; qui vont pour voir, et qui ne voient pas, ou qui oublient ce qu'ils ont vu ; qui désirent seulement de connaître de nouvelles tours ou de nouveaux clochers, et de passer des rivières qu'on n'appelle ni la Seine, ni la Loire ; qui sortent de leur patrie pour y retourner ; qui aiment à être absents ; qui veulent un jour être revenus de loin : et ce satirique parle juste et se fait écouter.

Mais quand il ajoute que les livres en apprennent plus que les voyages, et qu'il m'a fait comprendre par ses discours qu'il a une bibliothèque, je souhaite de la voir. Je vais trouver cet homme, qui me reçoit dans une maison où, dès l'escalier je tombe en faiblesse d'une odeur de maroquin noir dont ses livres sont tout couverts. Il a beau me crier aux oreilles, pour me ranimer, qu'ils sont dorés sur tranches, ornés de filets d'or, et de la bonne édition ; me nommer les meilleurs l'un après l'autre ; dire que sa galerie est remplie, à quelques endroits près, qui sont peints de manière qu'on croit voir de vrais livres arrangés sur des tablettes, et que l'œil s'y trompe ; ajouter qu'il ne lit jamais, qu'il ne met pas le pied dans cette galerie, qu'il y viendra pour me faire plaisir ; je le remercie de sa complaisance, et ne veux non plus que lui, visiter sa tannerie, qu'il appelle bibliothèque.

Un bourgeois aime les bâtiments ; il se fait bâtir un hôtel si beau, si riche et si orné, qu'il est inhabitable. Le maître honteux de s'y loger, ne pouvant peut-être se résoudre à le louer à un prince ou à un homme d'affaires, se retire au galetas, où il achève sa vie, pendant que l'enfilade et les planchers de rapport sont en proie aux Anglais et aux Allemands qui voyagent, et qui viennent là du Palais-Royal, du palais L...G.... et du Luxembourg. On heurte sans fin à cette belle porte ; tous demandent à voir la maison, et personne à voir Monsieur[*].

Diphile commence par un oiseau, et finit par mille. Sa maison n'en est pas infectée, mais empestée ;

---

[*] La Bruyère n'aurait-il pas emprunté ce dernier trait à Salluste ? *Domum aut villam exstruere, eamque signis aulæis, aliisque operibus exornare, et omnia potiùs quàm se met visendum efficere*, id est non divitias decori habere, sed ipsum illis flagitio esse. (*Epist. ad Cæsarem* I, 10.)   F.

la cour, la salle, l'escalier, le vestibule, les chambres, le cabinet tout est volière. Ce n'est plus un ramage, c'est un vacarme ; les vents d'automne et les eaux dans leurs plus grandes crues, ne font pas un bruit si perçant et si aigu ; on ne s'entend non plus parler les uns et les autres que dans ces chambres où il faut attendre, pour faire le compliment d'entrée, que les petits chiens aient aboyé. Ce n'est plus pour Diphile un agréable amusement ; c'est une affaire laborieuse, et à laquelle à peine il peut suffire. Il passe les jours, ces jours qui échappent et qui ne reviennent plus, à verser du grain et à nettoyer des ordures. Il donne pension à un homme, qui n'a point d'autre ministère que de siffler des serins au flageolet, et de faire couver des canaris. Il est vrai que ce qu'il dépense d'un côté, il l'épargne de l'autre; car ses enfants sont sans maître et sans éducation. Il se renferme le soir, fatigué de son propre plaisir, sans pouvoir jouir du moindre repos, que ses oiseaux ne reposent, et que ce petit peuple, qu'il n'aime que parce qu'il chante, ne cesse de chanter. Il retrouve ses oiseaux dans son sommeil : lui-même il est oiseau, il est huppé, il gazouille, il perche, il rêve la nuit qu'il mue, ou qu'il couve.

Cet autre aime les insectes, il en fait tous les jours de nouvelles emplettes : c'est sur-tout le premier homme de l'Europe pour les papillons, il en a de toutes les tailles et de toutes les couleurs. Quel temps prenez-vous pour lui rendre visite ? Il est plongé dans une amère douleur ; il a l'humeur noire, chagrine, et dont toute sa famille souffre :

aussi a-t-il fait une perte irréparable. Approchez, regardez ce qu'il vous montre sur son doigt, qui n'a plus de vie, et qui vient d'expirer : c'est une chenille, et quelle chenille !

II. Ménippe ou les Plumes du Paon.

Ménippe est l'oiseau paré de divers plumages qui ne sont pas à lui ; il ne parle pas, il répète des sentiments et des discours, se sert même si naturellement de l'esprit des autres, qu'il y est le premier trompé, et qu'il croit souvent dire son goût, ou expliquer sa pensée, lorsqu'il n'est que l'écho de quelqu'un qu'il vient de quitter. C'est un homme qui est de mise un quart d'heure de suite, qui, le moment d'après, baisse, dégénère, perd le peu de lustre qu'un peu de mémoire lui donnait, et montre la corde : lui seul ignore combien il est au-dessous du sublime et de l'héroïque ; et, incapable de savoir jusqu'où on peut avoir de l'esprit, il croit naïvement que ce qu'il en a est tout ce que les hommes en sauraient avoir : aussi a-t-il l'air et le maintien de celui qui n'a rien à désirer sur ce chapitre, et qui ne porte envie à personne. Il se parle souvent à soi-même, et il ne s'en cache pas : ceux qui passent le voient, et il semble prendre un parti, ou, décider qu'une telle chose est sans réplique. Si vous le saluez quelquefois, c'est le jeter dans l'embarras de savoir s'il doit rendre le salut ou non ; et, pendant qu'il délibère, vous êtes déjà hors de portée. Sa vanité l'a fait honnête homme, l'a mis au-dessus de lui-même, l'a fait devenir ce qu'il n'était pas.

L'on juge, en le voyant, qu'il n'est occupé que de sa personne, qu'il sait que tout lui sied bien, et que sa parure est assortie, qu'il croit que tous les yeux sont ouverts sur lui, et que les hommes se relayent pour le contempler.

III. Gnathon ou l'Égoïste.

Gnathon ne vit que pour soi, et tous les hommes ensemble sont à son égard comme s'ils n'étaient point. Non content de remplir à une table la première place, il occupe lui seul celle de deux autres : il oublie que le repas est pour lui et pour toute la compagnie; il se rend maître du plat; et fait son propre de chaque service : il ne s'attache à aucun des mets qu'il n'ait achevé d'essayer de tous : il voudrait pouvoir les savourer tous, tout à la fois : il ne se sert à table que de ses mains; il manie les viandes, les remanie, démembre, déchire, et en use de manière qu'il faut que les conviés, s'ils veulent manger, mangent ses restes; il ne leur épargne aucune de ces malpropretés dégoûtantes, capables d'ôter l'appétit aux plus affamés : le jus et les sauces lui dégouttent du menton et de la barbe : s'il enlève un ragoût de dessus un plat, il le répand en chemin dans un autre plat et sur la nappe; on le suit à la trace : il mange haut et avec grand bruit; il roule les yeux en mangeant; la table est pour lui un râtelier : il écure ses dents, et il continue à manger. Il se fait, quelque part où il se trouve, une manière d'établissement, et ne souffre pas d'être plus pressé au sermon ou au théâtre que dans sa chambre. Il n'y a dans un carrosse que les places du fond qui lui conviennent; dans tout autre, si on veut l'en croire, il pâlit et tombe en faiblesse. S'il fait un voyage avec plusieurs, il les prévient dans les hôtelleries, et il sait toujours se conserver, dans la meilleure chambre, le meilleur lit. Il tourne tout à son usage : ses valets, ceux d'autrui courent dans le même temps pour son service : tout ce qu'il trouve sous sa main lui est propre, hardes, équipages : il embarrasse tout le monde, ne se contraint pour personne, ne plaint personne, ne connaît de maux que les siens, que sa réplétion et sa bile; ne pleure point la mort des autres, n'appréhende que la sienne, qu'il rachèterait volontiers de l'extinction du genre humain.

IV. Cliton ou l'homme né pour la digestion.

Cliton n'a jamais eu en toute sa vie que deux affaires, qui sont de dîner le matin, et de souper le soir; il ne semble né que pour la digestion; il n'a de même qu'un entretien, il dit les entrées qui ont été servies au dernier repas où il s'est trouvé; il dit combien il y a eu de potages, et quels potages; il place ensuite le rôt et les entremets; il se souvient exactement de quels plats on a relevé le premier service; il n'oublie pas les hors-d'œuvre, le fruit et les assiettes : il nomme tous les vins et toutes les liqueurs dont il a bu; il possède le langage des cuisines autant qu'il peut s'étendre, et il me fait envie de manger à une bonne table où il ne soit point : il a sur-tout un palais sûr, qui ne prend point le change, et il ne s'est jamais vu exposé à l'horrible inconvénient de manger un mauvais ragoût, ou de boire d'un vin médiocre. C'est un personnage illustre dans son genre, et qui a porté le talent de se bien nourrir jusques où il pouvait aller : on ne reverra plus un homme qui mange tant, et qui mange si bien ; aussi est-il l'arbitre des bons morceaux, et il n'est guère permis d'avoir du goût pour ce qu'il désapprouve. Mais il n'est plus ; il s'est du moins fait porter à table jusqu'au dernier soupir : il donnait à manger le jour qu'il est mort. Quelque part où il soit, il mange, et, s'il revient au monde, c'est pour manger.

V. Le Courtisan.

N'espérez plus de candeur, de franchise, d'équité, de bons offices, de services, de bienveillance, de générosité, de fermeté dans un homme qui s'est depuis quelque temps livré à la cour, et qui secrètement veut sa fortune. Le reconnaissez-vous à son visage, à ses entretiens? Il ne nomme plus chaque chose par son nom : il n'y a plus pour lui de fripons, de fourbes, de sots et d'impertinents. Celui dont il lui échapperait de dire ce qu'il en pense, est celui-là même qui, venant à le savoir, l'empêcherait de cheminer.

Pensant mal de tout le monde, il n'en dit de personne; ne voulant du bien qu'à lui seul, il veut persuader qu'il en veut à tous, afin que tous lui en fassent, ou que nul du moins ne lui soit contraire. Non content de n'être pas sincère, il ne souffre pas que personne le soit : la vérité blesse son oreille : il est froid et indifférent sur les observations que l'on fait sur la cour et sur le courtisan; et, parce qu'il les a entendues, il se croit complice et responsable.

Tyran de la société et martyr de son ambition, il a une triste circonspection dans sa conduite et dans ses discours, une raillerie innocente, mais froide et contrainte, un ris forcé, des caresses contrefaites, une conversation interrompue, et des distractions fréquentes; il a une profusion, le dirais-je? des torrents de louanges pour ce qu'a fait ou ce qu'a dit un homme placé, et qui est en faveur, et pour tout autre, une sécheresse de pulmonique : il a des formules de compliment pour l'entrée et pour la sortie, à l'égard de ceux qu'il visite, ou dont il est visité; et il n'y a personne de ceux qui qui se paient de mines et de façons de parler, qui ne sorte d'avec lui fort satisfait. Il vise également à se faire des patrons et des créatures; il est médiateur, confident, entremetteur; il veut gouverner, il a une ferveur de novice pour toutes les petites pratiques de cour; il sait où il faut se placer pour être vu; il sait vous embrasser, prendre part à votre joie, vous faire coup sur coup des questions empressées sur votre santé, sur vos affaires; et, pendant que vous lui répondez, il perd le fil de sa curiosité, vous interrompt, entame un autre sujet, ou, s'il survient quelqu'un à qui il doive un discours tout différent, il sait, en achevant de vous congratuler, lui faire un compliment de condoléance; il pleure d'un œil, et il rit de l'autre. Se formant quelquefois sur les ministres ou sur le favori, il parle en public de choses frivoles, du vent, de la gelée : il se tait au contraire, et fait le mystérieux, sur ce qu'il sait de plus important, et plus volontiers encore sur ce qu'il ne sait point.

VI. *Giton et Phédon ou le riche et le pauvre.*

Giton a le teint frais, le visage plein, et les joues pendantes, l'œil fixe et assuré, les épaules larges, l'estomac haut, la démarche ferme et délibérée : il parle avec confiance, il fait répéter celui qui l'entretient, et il ne goûte que médiocrement tout ce qu'il dit : il déploie un ample mouchoir, et se mouche avec grand bruit ; il crache fort loin, et il éternue fort haut ; il dort le jour, il dort la nuit, et profondément ; il ronfle en compagnie ; il occupe à table et à la promenade plus de place qu'un autre ; il tient le milieu en se promenant avec ses égaux ; il s'arrête, et l'on s'arrête ; il continue de marcher, et l'on marche ; tous se règlent sur lui ; il interrompt, il redresse ceux qui ont la parole ; on ne l'interrompt pas, on l'écoute aussi long-temps qu'il veut parler, on est de son avis ; on croit les nouvelles qu'il débite. S'il s'assied, vous le voyez s'enfoncer dans un fauteuil, croiser les jambes l'une sur l'autre, froncer le sourcil, abaisser son chapeau sur ses yeux pour ne voir personne, ou le relever ensuite, et découvrir son front par fierté, ou par audace. Il est enjoué, grand rieur, impatient, présomptueux, colère, libertin, politique, mystérieux sur les affaires du temps : il se croit des talents et de l'esprit ; il est riche.

Phédon à les yeux creux, le teint échauffé, le corps sec et le visage maigre : il dort peu, et d'un sommeil fort léger : il est abstrait, rêveur, et il a, avec de l'esprit, l'air d'un stupide, il oublie de dire ce qu'il sait, ou de parler d'évènements qui lui sont connus ; et, s'il le fait quelquefois, il s'en tire mal ; il croit peser à ceux à qui il parle : il conte brièvement, mais froidement ; il ne se fait pas écouter, il ne fait point rire ; il applaudit, il sourit à ce que les autres lui disent, il est de leur avis, il court, il vole pour leur rendre de petits services : il est complaisant, flatteur, empressé ; il est mystérieux sur ses affaires, quelquefois menteur ; il est superstitieux, scrupuleux, timide ; il marche doucement et légèrement, il semble craindre de fouler la terre ; il marche les yeux baissés, et il n'ose les lever sur ceux qui passent. Il n'est jamais du nombre de ceux qui forment un cercle pour discourir ; il se met derrière celui qui parle, recueille furtivement ce qui se dit, et se retire si on le regarde. Il n'occupe point de lieu, il ne tient point de place ; il va les épaules serrées, le chapeau abaissé sur ses yeux pour n'être point vu ; il se replie, et se renferme dans son manteau ; il n'y a point de galeries si embarrassées et si remplies de monde, où il ne trouve moyen de passer sans effort, et de se couler sans être aperçu. Si on le prie de s'asseoir, il se met à peine sur le bord d'un siège ; il parle bas dans la conversation, il articule mal : libre néanmoins sur les affaires publiques, chagrin contre le siècle, médiocrement prévenu des ministres et du ministère, il n'ouvre la bouche que pour répondre : il tousse, il se mouche sous son chapeau, il crache presque sur soi, et il attend qu'il soit seul pour éternuer, ou, si cela lui arrive, c'est à l'insu de la compagnie ; il n'en coûte à personne ni salut, ni compliment ; il est pauvre.

LA CHAUSSÉE (PIERRE-CLAUDE NIVELLE de), de l'Académie française, né à Paris, en 1691 ; mort en 1754.

Ce fut le premier qui mit en faveur sur notre théâtre ce qu'on appela *le comique larmoyant*, ou la tragédie domestique : genre si bien caractérisé par Voltaire, dans ces vers du *Pauvre Diable* :

>Souvent je bâille au tragique bourgeois,
>Aux vains efforts d'un auteur amphibie
>Qui défigure, et qui brave à la fois
>Dans son jargon Melpomène et Thalie.

La Mélanide de La Chaussée est incontestablement le chef-d'œuvre de ce mauvais genre, quoique depuis on ait donné *Cénie, le Fils naturel, le Père de Famille, le Philosophe sans le savoir, Eugénie, Béverley, les Deux Amis*, etc., etc.

Il faut être juste, et reconnaître que La Chaussée était infiniment supérieur à tous les auteurs des ouvrages que nous venons de citer. Il entendait très bien l'art du théâtre. Il y a peu de pièces dans lesquelles on ne trouve, et des scènes très intéressantes, et beaucoup de vers heureux : car du moins il n'eut pas la maladresse d'écrire des drames communs en prose commune, ou même en prose ampoulée. Mais, comme il n'était pas né plaisant, il s'entêta de son triste genre, flatté d'ailleurs du personnage de novateur, et sûr de réussir auprès de la multitude, parce qu'il avait, si nous l'osons dire, la perfection de la médiocrité.

Il affecta, pour paraître conséquent, les mœurs les plus graves; cependant on a de lui des contes orduriers et d'indécentes parades. Qui croirait, d'après cela, que ce fut lui qui, se couvrant du manteau de la morale, contribua toujours à faire exclure Piron de l'Académie, sous prétexte d'une Ode licencieuse échappée à la jeunesse de ce dernier? Mais c'était moins cette pièce, en effet très licencieuse, qui excitait l'humeur de La Chaussée, que les épigrammes très gaies que Piron s'était permises contre lui. La plus ingénieuse de toutes, quoiqu'à la rigueur on pût lui reprocher de n'être qu'un jeu de mots, désarmerait, par son originalité piquante, la critique la plus sévère; elle a été citée souvent, et mérite de l'être encore :

Connaissez-vous sur l'Hélicon
L'une et l'autre Thalie?
L'une est chaussée, et l'autre non;
Mais c'est la plus jolie.
L'une a le rire de Vénus?
L'autre est froide et pincée :
Salut à la belle aux pieds nus,
Nargue de la chaussée.

PALISSOT, *Mémoires sur la Littérature.*

LA CHAUSSÉE.

JUGEMENT.

Lorsque, pendant l'espace d'un siècle entier, nombre d'artistes ont couru successivement une même carrière, il est tout simple que le talent, frappé des difficultés de la concurrence ou des dangers de l'imitation, cherche à découvrir des routes moins frayées, qui puissent encore, si elles offrent moins d'éclat et de gloire, compenser cet avantage par celui de la nouveauté. C'est ce que fit La Chaussée lorsqu'il introduisit sur notre théâtre ce genre de comédie mixte dont les anciens avaient donné l'idée dans l'*Andrienne*, mais qui, plus étendu chez lui, plus déterminé, en formant un système suivi dans un certain nombre d'ouvrages, peut lui mériter le titre de fondateur. Le succès de ses pièces n'est pas contesté; il est encore le même après cinquante ans; mais son mérite est toujours une espèce de problème, et j'oserai dire d'abord qu'il ne devrait plus l'être, puisqu'une si longue expérience a prouvé qu'il était indépendant de la nouveauté et de la mode, qui en tout temps et en tout genre peuvent beaucoup, mais n'ont pas un long pouvoir.

Une foule de critiques a regardé l'entreprise de La Chaussée comme une corruption de l'art : mon opinion serait plus modérée. Je n'appelle corruption que ce qui est d'un faux goût; je n'en vois point dans les bonnes pièces de cet écrivain : je n'y vois qu'un genre inférieur qui vaut en lui-même plus ou moins, comme tous les autres, selon qu'il est bien ou mal traité.

Il est inférieur à la comédie et à la tragédie, parce qu'empruntant quelque chose de l'une et de l'autre, il affaiblit par ce mélange même le caractère essentiel de toutes les deux. Comme la tragédie, il veut émouvoir, et il est beaucoup moins touchant : comme la comédie, il veut amuser, et il est beaucoup moins gai ; et cette disproportion était inévitable, puisque, voulant joindre le rire et les larmes, on ne pouvait pas assembler des impressions si diverses (quoiqu'elles ne soient pas inconciliables), sans leur ôter de leur force.

Nous avons vu ailleurs pourquoi le sentiment de la difficulté vaincue entre pour beaucoup dans le plaisir que les beaux-arts nous procurent : c'est encore une des causes de l'infériorité du genre mixte. Il produit de l'intérêt à l'aide de ces infortunes domestiques dont les exemples ne sont pas rares, mais dont le fond est celui de presque tous nos romans, et cela est beaucoup plus aisé que d'attacher pendant cinq actes avec des caractères comiques mis en situation. Le style même en est plus facile ; il n'exige dans le dialogue que la convenance relative aux intérêts des personnages. La comédie demande davantage ; elle veut que l'on fasse naître du fond de l'action le comique des détails, comme la tragédie en tire le sublime des sentiments et des pensées : de là naît un des inconvénients les plus fréquents dans les pièces de La Chaussée. Ses effets tenant le plus souvent à la triste situation de personnages qui ne sont pas au-dessus de l'ordre commun, leur entretien ne peut être que sérieux dans tous les moments où l'action n'est pas très vive; et alors ce sérieux tient de la langueur, et même quelquefois de l'insipidité. Ils ne peuvent pas dire autre chose; mais ce qu'ils disent ne vaut pas trop la peine d'être entendu : au lieu que la tragédie et la comédie ont dans la nature de leur dialogue de quoi soutenir sans cesse l'attention, quand l'auteur a le talent d'écrire.

Il est à remarquer que dans ce genre mixte les inconvénients naissent des avantages mêmes qui lui sont propres. On vient de voir que l'intérêt, auquel il sacrifie tout, nécessite souvent un ton sérieux qui affadit la scène quand l'action ne l'échauffe pas, et il est sûr qu'elle ne peut pas toujours l'échauffer. Il en est de même de la morale, qui occupe ici une plus grande place que dans la comédie : les sujets étant ordinairement fondés sur des rapports de devoir, de délicatesse, d'honnêteté, ils tendent à l'instruction plus directement que la comédie; ils contiennent beaucoup plus de préceptes et de sentences; il y a peu de scènes qui n'en offrent plus ou moins; quelques-unes ne sont que des traités de morale dialogués. C'est aller à l'utilité, sans doute, mais l'agréable ne s'y joint pas toujours : ce style trop souvent sentencieux est tout près de la monotonie; et le fond des idées étant d'un ordre assez vulgaire, il devient plus difficile d'en racheter l'uniformité. Trop de personnages parlent de vertu, et ils en parlent trop. Au reste, ce défaut, qui n'est qu'aperçu dans La Chaussée, n'est choquant que dans les dramatistes de nos jours, qui l'ont porté au dernier excès.

Tant de désavantages sont compensés en partie par un mérite précieux que les plus ardents détracteurs ne sauraient nier, l'intérêt. Il est certainement porté plus loin dans quelques situations du *Préjugé à la mode*, de *Mélanide*, de *la Gouvernante*, et de *l'École des Mères*, que dans aucune de nos comédies. On y verse des larmes douces que la raison et le bon goût ne désavouent pas, puisque ces situations sont dans l'ordre de celles que la société peut quelquefois présenter. On n'a jamais tort d'intéresser, et les larmes mêmes que la réflexion condamne dans le cabinet, au théâtre portent avec elles leur excuse : à plus forte raison celles qu'elle ne condamne point sont-elles à l'abri de la critique. Elle devait se borner à en apprécier le degré de mérite, mais elle ne pouvait pas approuver toutes les épigrammes dont elles ont été l'objet. Les épigrammes contre les pleurs ont en elles-mêmes assez mauvaise grace ; aussi était-ce l'esprit de parti qui les dictait. On les a oubliées presque toutes, et l'on pleure encore aujourd'hui aux pièces de La Chaussée.

Après ces considérations générales, où j'ai tâché de réduire à des idées simples, claires et mesurées tout ce qu'on a dit sur ce sujet, de part et d'autre, avec autant de confusion que d'exagération, voyons quel degré de talent a mis La Chaussée dans le genre qu'il a créé.

Il débuta par *la Fausse Antipathie* : quoiqu'elle

ait eu d'abord du succès, elle n'a jamais été remise : l'auteur n'avait encore qu'entrevu son objet, et ne faisait qu'essayer ses forces. Quand il fut plus sûr de sa marche et de ses moyens, il contribua lui-même par de meilleurs ouvrages à faire oublier ce coup d'essai extrêmement faible de tout point. Le sujet roule sur l'aversion réciproque de deux époux qui, engagés autrefois l'un à l'autre sans s'être jamais vus, ont été séparés, au moment où ils allaient s'unir, par des incidents qui depuis les ont conduits à travailler de loin et sous d'autres noms à une séparation juridique. Dans cet intervalle, le hasard les rapproche sans qu'ils se connaissent, et ils deviennent amoureux l'un de l'autre. Le spectateur est au fait de toute cette fable dès les premières scènes, et comme il n'y a aucun obstacle à la réunion des deux personnages dès qu'ils se reconnaîtront, le dénouement est prévu d'abord, et les incidents qui le retardent sont des malentendus trop peu importants pour produire la suspension et l'inquiétude qui forment une véritable intrigue.

Le Préjugé à la mode fut vraiment l'époque d'une révolution; il eut un grand succès, et annonça un genre nouveau qui partagea les esprits. Ce n'est pourtant pas à beaucoup près la meilleure des pièces de La Chaussée; et même, des quatre qu'il a établies au théâtre, c'est celle que j'aimerais le moins. Ce n'est pas parce qu'elle combat un préjugé qui ne subsiste plus; apparemment il existait quand l'auteur a écrit, car on n'en aurait pas souffert la supposition : il n'y en eut jamais de plus bizarre, on peut même dire de plus monstrueux. Il est tout simple de n'avoir pas toujours pour sa femme ce qu'on appelle de l'amour, il n'est pas même nécessaire au bonheur d'une union aussi sérieuse, aussi sacrée que le mariage; l'attachement, l'estime, la confiance, en sont les liens réciproques; mais quand l'amour y joint un attrait durable (et l'exemple n'en est pas aussi rare qu'on le croit), c'est non-seulement un bonheur, mais le bonheur le plus grand que l'esprit puisse concevoir et dont le cœur puisse jouir. Que dans un certain monde et pendant un certain temps l'opinion ait fait de cette félicité un travers et un ridicule, au point que l'on ait rougi de l'avouer, il faut bien le croire, puisque tant d'écrivains l'attestent, et c'est une preuve que les fantaisies de la mode et les caprices de l'esprit de société peuvent amener le plus étrange renversement dans toutes les idées de la morale et du bon sens. Mais enfin il n'en reste aucune trace : la mode, aussi passagère que puissante, remédie elle-même au mal qu'elle fait; elle ressemble au temps, dont un de nos poètes a dit :

> Il détruit tout ce qu'il fait naître,
> A mesure qu'il le produit.

Aujourd'hui les époux qui s'aiment font des jaloux et n'ont plus de censeurs ; et si La Chaussée a contribué, comme on peut le penser, à cette réformation, c'est une des plus honorables victoires du talent sur le vice et la sottise, et qui doit faire pardonner ce que l'art peut avoir laissé à désirer dans *le Préjugé à la mode.*

D'abord, les ressorts de l'intrigue ne me paraissent combinés ni avec force, ni avec justesse. Ils tiennent tous aux sentiments de Durval pour sa femme : non seulement le bonheur de Constance dépend de son retour vers elle; mais le mariage de la jeune Sophie, cousine de Constance, avec Damon qu'elle aime, est aussi attaché à cet heureux retour qui est l'objet principal de la pièce, puisque Sophie, qui craint de n'être pas plus heureuse avec Damon que Constance avec Durval, ne veut se résoudre à épouser Damon que dans le cas où il parviendrait, comme il l'a promis, à rapprocher les deux époux. Mais dès le premier acte, tout semble toucher à la conclusion : on sait que Durval est redevenu plus amoureux de sa femme qu'il ne l'a jamais été ; que c'est lui qui, depuis quelques jours, lui donne des fêtes et lui fait des présents sans se faire connaître.

A la première scène du second acte, il ouvre son cœur à son ami Damon, et cette scène tout entière n'est qu'un épanchement de tendresse. La pièce n'en vaudrait que mieux, si, après avoir montré le dénouement si prochain, l'auteur eût imaginé des obstacles assez grands pour l'éloigner avec vraisemblance, et même pour en faire douter ; mais c'est ici que le faible de l'action se fait sentir : si la pièce n'est pas finie à la scène suivante, c'est que l'auteur ne le veut pas. Damon a réfuté victorieusement toutes les objections frivoles que Durval se fait à lui-même contre le penchant qui l'entraîne; Durval a pris son parti :

Sois content : mon cœur cède et se rend à l'amour.
Viens être le témoin du plus tendre retour.

A ces mots, Constance paraît : il est seul entre elle et son ami, et un pareil confident est encore un soutien de plus contre l'espèce de faiblesse que peut lui laisser le préjugé. Qui donc peut l'empêcher de suivre les mouvements de son cœur ? Le dialogue même de cette scène semble l'y conduire à chaque mot. Damon ne cesse de le presser, et pourtant Durval se fait une violence étudiée pour éluder l'aveu qu'il était résolu de faire; il s'attendrit de plus en plus, et pourtant il s'obstine à dissimuler. Il y a plus : il tient à la fin un langage qui non-seulement est d'un homme revenu de ses ridicules préventions, mais qui doit même ouvrir les yeux à Constance, et lui faire voir que son époux n'est plus le même; il suffit de l'entendre :

Otez donc à Sophie un préjugé fatal
Qu'elle a contre l'hymen. Ah! qu'elle en juge mal!
Qu'au contraire leur sort serait digne d'envie!
Non, il n'est point d'état plus heureux dans la vie,
Pour ceux que la raison et l'amour ont unis :
L'hymen seul peut donner des plaisirs infinis.
On en jouit sans peine et sans inquiétude;
On se fait l'un pour l'autre une heureuse habitude
D'égards, de complaisance et des soins les plus doux.
S'il est un sort heureux, c'est celui d'un époux
Qui rencontre à la fois dans l'objet qui l'enchante

Une épouse chérie, une amie, une amante.
Quel moyen de n'y pas fixer tous ses désirs?
Il trouve son devoir dans le sein des plaisirs.

Ces vers, excepté le dernier, sont un peu faibles d'expression, et nous verrons tout à l'heure dans *l'Enfant prodigue* les mêmes idées bien supérieurement rendues. Mais il ne s'agit ici que des sentiments; et après ceux que Durval a développés dans la scène précédente, parler ainsi et tomber aux pieds de Constance, ne devait être qu'une seule et même chose. Point du tout, arrivent les deux fats de la pièce, Clitandre et Damis, qui s'égaient sur un époux devenu amoureux de sa femme; et dans l'acte suivant, Durval, devenu plus timide, prend le parti d'écrire à la sienne au lieu de lui parler, et cette lettre est encore arrêtée par ses irrésolutions. Tout cela serait bien, s'il ne s'était pas si fort avancé : voici, ce me semble, où est la faute. L'amour, dans les premiers actes, devait tenir moins de place, et le préjugé beaucoup davantage : dans l'arrangement contraire, il n'y a plus de proportion. Ce n'est pas tout : le sujet n'est pas même rempli, et ce préjugé n'est pas représenté dans toute sa force : Durval le condamne trop formellement, et, passé le troisième acte, ce n'est plus là ce qui le retient ; c'est un incident qui lui fait croire que sa femme est infidèle. Cet incident est en lui-même très bien imaginé; et c'est la seule chose comique qu'il y ait dans la pièce; car il se trouve que des lettres que Durval fait lire pour convaincre son épouse ne prouvent qu'une infidélité qu'il lui a faite, et servent à la fois au triomphe de Constance et à la confusion de son mari. C'est ce qu'il y a de mieux dans l'intrigue; mais jusque-là elle languit, et ce n'est pas son seul défaut. Il n'y a nulle raison pour empêcher Damon, qui dès le second acte a lu dans le cœur de Durval, de rassurer et de consoler celui de Constance, en lui découvrant la vérité. Durval ne lui a recommandé le secret que très légèrement, et même en général et sans nommer son épouse. Quel scrupule peut donc avoir Damon quand il s'agit de rendre la paix et le bonheur à une femme désolée ? Son silence, très extraordinaire, est tellement dénué de motifs, qu'il ne songe même à énoncer aucun prétexte qui puisse l'excuser, et, dans le fait, c'est uniquement pour ne pas dire au second acte ce qui doit terminer le cinquième, que Damon se tait, et avec Constance, et avec sa maîtresse, lorsque naturellement il devrait n'avoir rien de plus pressé que de tout confier à l'une et à l'autre. Ce ne sont pas là des fautes légères. On peut excuser davantage Constance de n'arrêter aucun soupçon sur les présents et sur les fêtes qu'elle reçoit, quoiqu'il soit très peu probable qu'un autre que son mari osât risquer de semblables démarches auprès d'une femme aussi respectée qu'elle paraît l'être généralement. Il faut supposer aussi que les valets de Durval sont extrêmement discrets. Mais enfin ces suppositions, quoique difficiles, ne sont pas absolument inadmissibles; elles sont du nombre de celles qu'il y aurait un peu trop de rigueur à ne pas permettre aux auteurs dramatiques.

Les rôles de Clitandre et de Damis, qui se disputent à qui réussira le mieux auprès de Constance, ne sont qu'une copie médiocre des deux fats du *Misanthrope*. Mais la situation respective de Durval et de sa femme, et le dénouement qu'elle produit, ont un fond d'intérêt qui plait aux âmes honnêtes et sensibles. Le triomphe de Constance est celui de la vertu long-temps malheureuse; le retour de Durval est l'ouvrage de l'amour le plus légitime, long-temps combattu par un préjugé aussi absurde qu'odieux, et la réparation des torts et des infidélités qu'il se reproche depuis long-temps. Toutes ces impressions sont d'un effet sûr, et montrent que l'auteur avait bien connu les nouvelles ressources qu'il employait sur la scène.

Il en tira moins de parti dans *l'École des amis*, pièce froide, mais qui a des parties estimables. Les caractères sont assez bien dirigés vers le but moral, qui est le seul dont l'auteur ait approché. Des trois amis de Monrose, il y en a un qui est l'officieux maladroit, de ces gens qui se mêlent de tout pour tout gâter, personnage qui pouvait être comique et qui ne l'est nullement. Un autre est l'ami de cour; il est peint avec des traits fins et délicats; c'est ce qu'il y a de mieux dans l'ouvrage. Le troisième est l'ami véritable; il ne ménage pas les torts de son ami, mais il les répare et lui rend les plus grands services. C'est par l'intrigue que cette pièce manque; Monrose s'afflige pendant cinq actes de malheurs imaginaires, qui ne sont que de faux bruits, de fausses nouvelles, qu'il ne tiendrait qu'à lui d'éclaircir mais tout le monde se mêle de ses affaires, excepté lui, qui ne fait rien de ce qu'il devait faire, et joue un rôle bien tristement passif; et cette tristesse inactive et monotone se répand sur toute la pièce, où il n'y a pas une seule situation théâtrale.

Ce même sérieux continu, que rien ne varie et rien ne relève, refroidit un peu les trois premiers actes de *Mélanide;* mais l'intérêt des deux derniers en assura le succès. C'est la seconde fois que La Chaussée sut tirer des effets de l'amour conjugal, ce qui n'était pas commun sur notre théâtre : c'est là-dessus qu'il a fondé le dénouement de *Mélanide,* comme celui du *Préjugé à la Mode.* La pièce d'ailleurs est tout entière dans le goût romanesque, mais il y a une situation qui est belle et dramatique; c'est la scène du quatrième acte, entre Darviane et son père, qui balance encore à reconnaître son fils. Celui-ci, qui a pénétré son secret, et qui veut le lui arracher, vient s'excuser auprès de lui d'une injure qu'il lui a faite lorsqu'il ne croyait voir en lui qu'un rival; il mêle à ses réparations un attendrissement, une soumission filiale qu'il croit capables d'émouvoir son père, et de faire parler en lui la nature; mais voyant qu'il n'en vient pas à bout, il emploie un dernier moyen d'autant plus heureux, que c'est le mouvement naturel d'une âme noble et blessée :

> A tant de fermeté je ne pouvais m'attendre.
> Vous me feriez penser que je me suis mépris,
> Qu'en effet je n'ai point le titre que j'ai pris,

Et que je n'ai sur vous aucun droit à prétendre,
Vous êtes vertueux, et vous seriez plus tendre.
J'ai cru de faux soupçons : ah ! daignez m'excuser ;
Ils étaient trop flatteurs pour ne pas m'abuser.
On m'avait mal instruit, rentrons dans ma misère.
Avant que de sortir de l'erreur la plus chère
Et de quitter un nom que j'avais usurpé,
Vous-même montrez-moi que je m'étais trompé.
Vous pouvez m'en donner la preuve la plus sûre.
Je vous ai fait tantôt une assez grande injure ;
En rival furieux je me suis égaré :
Si vous ne m'êtes rien, je n'ai rien réparé,
L'excuse n'a plus lieu : votre honneur vous engage
A laver dans mon sang un si sensible outrage.
Osez donc me punir, puisque vous le devez...
. . . .

LE MARQUIS.

Malheureux qu'oses-tu proposer à ton père ?

Ce n'est pas là une reconnaisance amenée d'une manière commune : cela serait beau et très beau partout. Ce vers,

Si vous ne m'êtes rien, je n'ai rien réparé,

est un de ceux qui contiennent une situation tout entière.

La Chaussée marchait d'un pas plus assuré à mesure qu'il avançait dans la nouvelle carrière qu'il avait ouverte. *La Gouvernante*, et sur-tout *l'École des Mères*, sont ses deux couronnes les plus brillantes, et le temps ne les a point flétries. C'est dans ces deux pièces qu'il a rassemblé toutes les beautés que son genre comportait, et qu'il en a évité tous les écueils. Le sujet de *la Gouvernante* heureusement n'était point d'invention : c'était un fait réel arrivé à M. de la Faluère, qui fut depuis premier président du parlement de Bretagne. Trompé par un secrétaire qui avait soustrait une pièce décisive, ce magistrat fit rendre un arrêt injuste dans un procès dont il était rapporteur, et ce procès ruina la personne qui le perdait. Le juge, instruit de son erreur, le paya d'une partie de sa fortune, et remboursa en entier une somme considérable qui était l'objet du procès. Il ne fit que son devoir; mais quand le devoir coûte un sacrifice, il est vertu. Cette belle action nous a valu un bon ouvrage, mais ne suffisait pas pour le remplir : le plan que La Chaussée a bâti sur ce fond est très intéressant. Le président cherche depuis long-temps la personne qu'il a ruinée et qui a disparu : il la retrouve dans une femme de qualité qui a changé de nom, et qui depuis quelques mois est gouvernante chez lui. Gouvernante de qui? d'une jeune orpheline que la baronne, parente du président, et demeurant avec lui, a prise depuis quatre ans chez elle par commisération, et à tirée d'un couvent où sa pension n'était plus payée. Pour mettre plus de délicatesse dans le bienfait, elle la fait passer pour sa nièce; et Angélique, élevée sous ce titre, regarde elle-même la baronne comme sa tante, et ne sait pas que la gouvernante est sa mère. Elle aime le fils du président, le jeune Sainville, dont elle est aimée, et qu'elle croit pouvoir épouser. On conçoit combien la position respective de tous ces personnages peut fournir de scènes attachantes et variées. Aussi, quoiqu'il n'y ait dans la pièce aucune espèce de comique, et qu'elle soit tout entière sur le ton sérieux, elle ne languit nulle part, non seulement parce que l'art de la conduite est soutenu par le jeu des passions et des caractères, mais principalement parce que l'auteur a profité du privilège le plus précieux du genre qu'il traitait, celui de donner au sentiment de l'amour plus de développement qu'il n'en a d'ordinaire dans la comédie. Le rôle d'Angélique est, sous ce point de vue, le modèle le plus parfait : il a toute la grace et tout le charme que peut avoir cette expression naïve du premier amour qui sied si bien à son âge et à son sexe. Son jeune cœur s'ouvre avec la candeur la plus aimable, à une gouvernante qu'elle aime et qu'elle estime; et toute la sévérité d'Orphise, justifiée par les circonstances, ne peut détruire l'attrait qu'Angélique sent pour elle, avant même de connaître tout ce qu'elle lui doit. La reconnaissance fait verser des larmes. Le dénouement est heureux de toutes les manières. Le mariage du jeune Sainville et d'Angélique met d'accord tous les intérêts, et récompense toutes les vertus; il réunit les deux familles, dont l'une avait fait innocemment le malheur de l'autre. Le caractère du président et celui de son fils sont dans une heureuse opposition. Le père joint à ses principes d'honneur et de probité une modération qui est le fruit de l'expérience et de l'usage du monde. Le fils a un défaut assez ordinaire aux jeunes gens qui ont le cœur droit et la tête vive : il juge les hommes avec une rigidité excessive ; il ne voit partout que du mal. Les deux scènes qu'ils ont ensemble sont remplies de ces excellentes leçons de conduite, qui font du théâtre l'école du monde. Dans la première, il lui montre tous les dangers de ce ton d'humeur et de détraction qui convient si peu à la jeunesse, et qui à tout âge n'est propre qu'à faire haïr la raison même et la probité.

Quand j'entrai dans le monde,
Je le vis à peu près des mêmes yeux que vous ;
Chacun m'y déplaisait, et je déplus à tous.
Ne faisant point de grâce, on ne m'en fit aucune.

SAINVILLE.

On s'en passe.

LE PRÉSIDENT.

L'on prit ma franchise importune
Pour un fiel répandu par la malignité ;
D'autres ne la taxaient que de rusticité,
Et chacun s'élevait sur mes *propres* ruines.
Où l'on cueillait des fleurs je cueillais des épines.
Ainsi, par un scrupule un peu trop rigoureux,
J'ôtais à la vertu le droit de rendre heureux.
. . . .
Je rompis mon humeur : rompez aussi la vôtre.
Nos besoins nous ont faits esclaves l'un de l'autre.
Il faut suivre ce joug : qui se révolte a tort,
Et devient l'artisan de son malheureux sort.
Sachez donc vous soumettre à cette dépendance :
L'usage des vertus a besoin de prudence ;
Dans un juste milieu la raison l'a borné.
D'ailleurs, il faut toujours que leur front soit orné
Des grâces et des fleurs qui sont à leur usage ;

Quand la vertu déplaît, c'est la faute du sage.
Sachez la faire aimer, vous serez adoré.

Je ne sais si c'est là ce que Piron appelait les *sermons du révérend père La Chaussée ;* mais je sais qu'ils ne sont nullement déplacés dans la conversation d'un père avec son fils.

Dans la seconde, il lui raconte sa malheureuse histoire, sans se nommer, et lui demande ce qu'il croit que le juge doive faire. Le fils ne balance pas à prononcer l'arrêt d'une restitution complète.

LE PRÉSIDENT.

Vous voyez le coupable et le réparateur.....

Et le fils et le père, qui viennent de perdre la plus grande partie de leurs biens, s'embrassent avec transport, en se félicitant l'un de l'autre. La vertu ainsi mise en action ne peut être froide : elle ne suffisait pas pour faire une pièce ; mais on voit tout ce que le poète a su y ajouter.

L'École des Mères me parait encore au-dessus, parce qu'elle réunit à l'intérêt du drame, des caractères, des mœurs et des situations de comédie. Le but en est d'une utilité morale très directe ; c'est de montrer le danger et l'injustice de ces prédilections aveugles et dénaturées que les parents accordent quelquefois à l'un de leurs enfants, au préjudice d'un autre. L'auteur n'a pas craint de porter cette prédilection aussi loin qu'elle puisse aller, et c'est ainsi qu'on approfondit un sujet. Madame Argant, folle de son fils, qu'elle veut produire à la cour et avancer dans le service au moyen d'un grand mariage, lui destine toute sa fortune, et oublie entièrement une fille qui depuis l'enfance est au couvent ; raison suffisante à ses yeux, comme à ceux de tant d'autres, pour ne se faire aucun scrupule de l'y laisser toute sa vie. Son mari, homme juste et raisonnable, condamne cette iniquité cruelle, mais il n'ose s'y opposer ouvertement, et cette faiblesse est excusée autant qu'elle doit l'être, d'abord par celle de son caractère, ensuite par sa tendresse pour une femme qui la mérite à tous égards, si l'on en excepte sa prévention en faveur de son fils. M. Argant lui doit tout : elle était libre, riche; il était sans biens : elle l'a choisi, elle a fait sa fortune, et depuis ce temps elle fait son bonheur. Que de motifs pour la ménager ! Mais qu'a-t-il fait en faveur de sa fille? Il a imaginé de la faire sortir en secret du couvent où sa mère l'oublie depuis tant d'années, et de la faire passer pour sa nièce; il espère que Marianne, ramenée sous les yeux de sa mère même, sans en être connue, pourra regagner sa tendresse; et il attend ce que les circonstances pourront produire de favorable à ses vues. Il se propose de la marier au fils d'un de ses amis, au jeune d'Oligny qu'elle aime; mais il voudrait obtenir de sa femme que du moins elle fît part à Marianne du bien qu'elle veut donner tout entier à ce fils qui est son idole. Il l'est si exclusivement, que Marianne, malgré toutes ses qualités aimables et les soins qu'elle prend pour se faire aimer de celle qu'elle ne regarde encore que comme sa tante, ne peut cependant la distraire un moment des affections qui la préoccupent. Le fils, de son côté, fait tout ce qu'il peut pour les entretenir. Il a de l'esprit, de l'agrément, des succès dans le monde. C'en est assez pour justifier à un certain point les hautes espérances qu'elle a conçues de lui. Il connaît son faible; il est auprès d'elle flatteur et empressé; il a les mêmes idées de vanité et d'ambition. Quoique fils d'un homme de fortune, il a pris le titre de marquis, même avant qu'on ait acheté pour lui un marquisat. Son père l'avait promis par complaisance; il a fait un voyage dans cette vue; mais son bon sens l'a emporté sur ses promesses; il a trouvé le marquisat trop cher, et a employé son argent à des acquisitions plus utiles. Toutes les extravagances qu'on a faites dans la maison de M. Argant, pendant son absence, rendent son retour comique et théâtral. Cet homme, de mœurs simples et d'un sens droit, trouve, en arrivant chez lui, un suisse qui lui demande son nom, des laquais à grande et petite livrée, tout le faste qui ne convient qu'aux grands, mais que l'opulence, qui usurpe et confond tout, a depuis long-temps le droit d'imiter : de là d'excellents détails de mœurs, et des contrastes. La conduite de ce fils, pour qui l'on a tout fait, et le dénouement qui en résulte, sont une leçon aussi instructive que dramatique. Sa fatuité, nourrie par quelques succès, et l'habitude où il est de se permettre tout, lui font commettre les plus énormes sottises. Au moment où sa mère vient d'arrêter pour lui le mariage le plus avantageux, il n'est occupé que de la conquête d'une jeune aventurière que sa beauté a mise à la mode, et qui n'est, entre les mains des fripons qui la dirigent, qu'un instrument propre à faire une dupe. Le marquis l'est complètement : il envoie d'abord à sa belle les diamants achetés pour ses présents de noces, et à l'heure même où il est attendu, pour l'entrevue, dans une famille respectable, il sort pour enlever cette friponne, dont il se croit aimé; mais il la trouve accompagnée de gens qui le traitent comme un ravisseur; il est blessé, arrêté, et trop heureux d'en être quitte pour de l'argent, graces à la négociation de d'Oligny père, qui le tire de cette ridicule et cruelle aventure. Il ne fallait rien moins qu'une leçon de cette force pour éclairer et punir cette mère insensée; et l'auteur a su disposer son plan de manière que, dans l'instant même où ce fils préféré la rend si malheureuse, après l'avoir rendue si coupable, elle trouve la consolation la plus douce dans les bras de cette fille délaissée et dépouillée, à qui elle rend enfin justice. C'est la troisième reconnaissance qu'offrent les pièces de La Chaussée; il a souvent employé ce moyen, mais toujours d'une manière heureuse et nouvelle. Ici la joie de la mère est mêlée de justes remords, qui ne la rendent que plus pathétique. Cette pièce peut, à mon gré, soutenir la comparaison avec les meilleures comédies de ce siècle.

Le style de La Chaussée est en général assez pur, mais pas assez soutenu; il est facile, mais de temps en temps il devient faible : il y a beaucoup de vers bien tournés, mais beaucoup de lâches et de négligés : en un mot, il n'est pas, à beaucoup près, aussi poète qu'il est permis de l'être dans la comédie ; et dans ses bonnes pièces même, la versification n'est pas aussi bien travaillée que la fable. Mais, tout considéré, il sera mis au rang des écrivains qui ont fait honneur à la scène française ; et si le genre nouveau qu'il y apporta était subordonné aux deux autres, il a eu assez de goût pour le restreindre dans de justes limites, et assez de talent pour n'y être point surpassé.

Je laisse à part ses autres ouvrages : les uns n'ont point été représentés, les autres l'ont été sans succès ; quelques-uns ne sont que des ébauches, imprimées après sa mort. Parmi les pièces qui n'ont point paru au théâtre, on peut distinguer *l'Homme de Fortune*, qui n'est pas sans mérite, mais qui ressemble trop à *l'École des Mères*, et n'en approche pas. *Paméla*, qui n'eut qu'une représentation, ne peut être citée que pour la conformité du sujet avec *Nanine*, jouée quelques années après, mais ne mérite en aucune manière de lui être comparée. On a repris quelquefois *Amour pour Amour*, espèce de féerie en trois actes, qui est en partie le sujet que nous avons vu au théâtre italien sous le titre de *Zémire et Azor*, et en partie un commentaire assez fade de la charmante fable de *Tircis et Amarante* de La Fontaine.

La Harpe, *Cours de Littérature.*

LA FARE (CHARLES-AUGUSTE, marquis de), poète français, né dans le Vivarais, au château de Valgorge, en 1644, fit ses premières armes, en qualité de volontaire, au combat de Saint-Gothard (1664), où la bravoure française secourut si puissamment les Impériaux contre les Turcs. A son retour, il fut nommé sous-lieutenant des gendarmes du Dauphin, et se distingua dans la campagne du grand Condé en Flandre, ainsi que dans les autres expéditions qui précédèrent le traité de Nimègue.

La Fare devint ensuite capitaine des gardes de Philippe, duc d'Orléans, frère du roi, et de son fils, depuis régent du royaume. Il était l'intime ami de Chaulieu, qui l'appelle *la chère moitié de son âme*, et leurs poésies ont été souvent imprimées ensemble. C'est peut-être le seul rapprochement qu'on puisse faire entre elles. Chaulieu lui était bien supérieur.

La Fare mourut en 1712, laissant deux fils : l'un fut nommé maréchal de France en 1746; l'autre fut évêque de Laon.

Les *Poésies* de La Fare ont été réimprimées séparément en 1777, 1 vol. in-32; en 1781, 1 vol. pet. in-12. On y trouve trente et une odes d'Horace, la première élégie de Tibulle, des fragments de Catulle, de Lucrèce, et des *Géorgiques*, et le premier livre de l'*Énéide*, traduit en vers. Son style est prosaïque et sans élégance. Il est encore auteur d'un opéra, intitulé *Panthée*, dont le régent a fait la musique.

Ses *Mémoires et Réflexions* sur les principaux évènements du siècle de Louis XIV respirent la licence ; mais ce n'est pas la faute de l'écrivain. On a dit qu'ils étaient l'ouvrage d'un courtisan mécontent.

En 1701, La Fare avait composé, pour une mascarade, au château de Marly, un dialogue assez piquant entre deux perroquets, qu'il chanta, devant les princes, avec Chaulieu. L'un des oiseaux jaseurs s'avisa de chanter ces vers :

> Mignon, ne songeons qu'à rire,
> Parlons tout le long du jour,
> Sans rien penser, sans rien dire,
> C'est comme on parle à la cour.

Grande rumeur parmi les courtisans. La Fare répondit à leurs reproches par des saillies et des épigrammes :

> Ah ! si ce peuple important,
> Qui semble avoir peur de rire,
> Méritait moins la satire,
> Il ne la craindrait pas tant.

J.-B. Rousseau a adressé à La Fare sa belle ode (9ᵉ du livre II) :

> Dans la route que je me trace
> La Fare daigne m'éclairer,
> Toi qui, dans les sentiers d'Horace,
> Marche sans jamais t'égarer.

Ailleurs, dans un *sonnet*, il dit que La Fare a traduit Horace *sous la dictée d'Apollon*. Mais la postérité ne confirme pas ce jugement, et n'y voit que

> Le langage flatteur d'une aveugle amitié.

Voltaire l'a mieux jugé dans son *Temple du Goût*, sans le séparer du brillant Chaulieu :

> La Fare, avec plus de mollesse,
> En baissant sa lyre d'un ton,
> Chantait auprès de sa maîtresse
> Quelques vers sans précision,
> Que le plaisir et la paresse
> Dictaient *sans l'aide d'Apollon*.

« Son talent pour la poésie (dit-il dans le *Siècle de Louis XIV*) ne se développa qu'à l'âge de près de soixante ans. Ce fut madame de Caylus, l'une des plus aimables personnes de son siècle, par sa beauté et par son esprit, pour laquelle il fit ses premiers vers, et peut-être les plus délicats qu'on ait de lui : »

> M'abandonnant à la tristesse,
> Sans espérance, sans désirs,
> Je regrettais les sensibles plaisirs
> Dont la douceur enchanta ma jeunesse.
> Sont-ils perdus, disais-je, sans retour?
> Et pourrais-tu cruel Amour,
> Toi que je fis dès mon enfance
> Le maître de mes plus beaux jours,
> En laisser terminer le cours
> Par l'ennuyeuse indifférence?
> Alors j'aperçus dans les airs
> L'enfant maître de l'univers,
> Qui, plein d'une joie inhumaine,
> Me dit en souriant : « Tircis, ne te plains plus :
> « Je vais mettre fin à ta peine,
> « Je te promets un regard de Caylus.

LA FAYETTE (MARIE-MADELAINE DE LAVERGNE DE), auteur de *Zaïde*, de *la Princesse de Clèves*, etc., née au Hâvre en 1632; morte en 1693.

Segrais voulut un jour entrer dans le sanctuaire (du Temple du Goût), en récitant ce vers de Despréaux :

Que Segrais dans l'églogue en charme les forêts.

Mais la critique, ayant lu par malheur pour lui quelques pages de son *Énéide* en vers français, le renvoya assez durement, et laissa venir à sa place madame de La Fayette, qui avait mis sous le nom de Segrais le roman aimable de *Zaïde* et celui de la *Princesse de Clèves*.

VOLTAIRE, *Temple du Goût*.

Voyez à l'article ROMANS le jugement de La Harpe sur madame de La Fayette.

LA FONTAINE (JEAN DE), membre de l'Académie française, né à Château-Thierry, le 8 juillet 1621; mort le 13 avril 1695 (et non pas le 13 mars).

Sa naissance fut placée près de celle de Molière, comme si la nature avait pris plaisir à produire en même temps les deux esprits les plus originaux du siècle le plus fécond en grands hommes. Il avait atteint l'âge de vingt-deux ans, et son talent pour la poésie, celui de tous qui est le plus prompt à se manifester, parce qu'il appartient plus à la nature et dépend moins de la réflexion, n'était pas encore soupçonné. C'est une tradition reçue, qu'une ode de Malherbe, qu'on lut devant lui, fit jaillir les premières étincelles de ce feu qui dormait. Le jeune homme parut frappé d'un sentiment nouveau : il semblait qu'il eût attendu ce moment pour dire : Je suis poète : il le fut dès lors en effet. C'était le temps où tout naissait en France. Nourri de la lecture des auteurs anciens, il trouvait peu de modèles dans ceux de son pays. Mais en avait-il besoin ? Doué de facultés si heureuses, mais peu porté à les interroger par une suite de cette indolence qu'il portait dans tout, il fallait seulement une occasion qui l'instruisît de ce qu'il pouvait. Quelques stances de Malherbe, en flattant son oreille, lui apprirent combien il était sensible au plaisir de l'harmonie. L'harmonie est la langue du poète : il sentit que c'était la sienne. La gaieté qu'il goûta dans Rabelais éveilla dans lui cet enjouement si vrai qui règne dans tout ce qu'il a écrit. Il aimait à trouver dans Marot et dans Saint-Gelais des traces de cette naïveté dont lui-même devait bientôt devenir le modèle. Les images pastorales et champêtres, prodiguées dans d'Urfé, devaient plaire à cette âme douce, dont tous les goûts étaient si près de la nature. L'imagination de l'Arioste et du conteur Boccace avait des rapports avec celle d'un homme singulièrement né pour raconter. Telles étaient alors les richesses de la littérature moderne, et tels étaient aussi les auteurs les plus familiers à La Fontaine. Ils furent ses favoris mais non pas ses maîtres ; et quelle différence d'eux tous à lui ! Je dirais aussi quelle distance, si je n'avais nommé l'Arioste, qu'une autre sorte de gloire, la richesse de l'invention et le sublime de la poésie, place dans son genre au premier rang. Mais pour ce qui concerne l'art de narrer, le seul rapport sous lequel on puisse les rapprocher, leur manière est très différente, sur-tout dans un point capital : l'Arioste à toujours l'air de se moquer le premier de ce qu'il dit ; La Fontaine semble toujours être dans la bonne foi. Aussi dans tout ce qu'il emprunte, rien ne paraît être d'emprunt ; et la première qualité qui nous frappe dans un homme qui n'invente rien, c'est l'originalité.

« Tous les esprits agissent nécessairement, les uns sur les autres, se prennent et se rendent plus ou moins, se fortifient ou s'altèrent par le choc mutuel, s'éclairent ou s'obscurcissent par la communication des vérités ou des erreurs, se perfectionnent ou se corrompent par l'attrait du bon goût ou par la contagion du mauvais ; et de là ces rapports inévitables entre les productions du talent, quand le temps les a multipliées. Il serait même possible qu'il se formât un esprit qui serait tour à tour la perfection ou l'abus des autres esprits; qui, empruntant quelque chose de chacun, en total pourrait les balancer tous : et cette espèce de génie, aussi brillante que dangereuse, ne pourrait être réservée qu'au siècle qui suivrait celui de la renaissance des arts, et dans lequel la dernière ambition et le dernier écueil du talent serait de tenter tous les genres, parce que tous seraient connus et avancés. Il est une autre espèce de gloire, rare dans tous les temps, même dans celui où, les arts commençant à refleurir, chaque homme se fait son partage et se saisit de sa place; un attribut inestimable, fait pour plaire à tous les hommes par l'impression qu'ils désirent le plus, celle de la nouveauté : c'est ce tour d'esprit particulier qui exclut toute ressemblance avec les autres, qui imprime sa marque à tout ce qu'il produit, qui semble tirer tout de lui-même en donnant une forme nouvelle à tout ce qu'il prend à autrui; toujours piquant, même dans ses irrégularités, parce que rien ne serait irrégulier comme lui; qui peut tout hasarder, parce que tout lui sied; qu'on ne peut imiter, parce qu'on n'imite point la grâce; qu'on ne peut traduire en aucune langue, parce qu'il s'en est fait une qui lui est propre. Cette qualité, quand elle se rencontre dans les ouvrages, tient nécessairement au caractère de l'auteur. Un homme recueilli en lui-même, se répandant peu au dehors, rempli et préoccupé de ses idées, presque toujours étranger à celles qui circulent autour de lui, doit demeurer tel que la nature l'a fait. S'il en a reçu un goût dominant, ce goût ne sera jamais ni affaibli, ni partagé : tout ce qui sortira de ses mains aura un trait distinct et ineffaçable : mais ceux qui le chercheront hors de son talent ne le retrouveront plus. Molière, si gai, si plaisant dans ses écrits, était triste dans la société. La Fontaine, ce conteur si aimable, la plume à la main, n'était plus rien dans la conversation*. De là ce mot plein de sens de madame de la Sablière : *En vérité, mon cher La Fontaine, vous seriez bien bête, si vous n'aviez pas tant d'esprit ;* mot qui serait tout aussi vrai en le retournant d'une manière plus sérieuse : « Vous n'auriez pas « tant d'esprit si vous n'étiez pas si bête. » Ainsi tout est compensé, et toute perfection tient à des sacrifices. Pour être un peintre si vrai et si moral, il fallut que Molière fut porté à observer, et l'observation rend sérieux et triste. Pour s'intéresser si bonnement à Jeannot Lapin et à Robin Mouton, il fallait avoir ce caractère d'un enfant qui, préoccupé de ses jeux, ne regarde pas autour de lui ; et La Fontaine était distrait. C'était en s'amusant de son talent, en conversant avec ses bons amis, les animaux, qu'il parvenait à charmer ses lecteurs, auxquels peut-être il ne songeait guère : c'est par cette disposition qu'il devint un conteur si parfait. Il prétend quelque part que *Dieu mit au monde Adam le nomenclateur, lui disant : Te voilà, nomme.* On pourrait dire que *Dieu mit au monde La Fontaine le conteur, lui disant : Te voilà, conte.* Cet art de narrer, il l'appliqua tour à tour à deux genres différents : à l'apologue moral, qui a

---

* Je crois, dit Voltaire dans sa correspondance, que si on s'est servi du terme d'*instinct* pour caractériser La Fontaine, ce mot *instinct* signifiait génie. Le caractère de ce bon homme était si simple, que dans la conversation il n'était guère au-dessus des animaux qu'il faisait parler ; mais comme poète, il avait un instinct divin, et d'autant plus *instinct* qu'il n'avait que ce talent. L'Abeille est admirable, mais c'est dans sa ruche ; hors de là l'abeille n'est qu'une mouche.   F.

l'instruction pour but; et au conte plaisant, qui n'a pour objet que d'amuser. Il réussit au plus haut degré dans tous les deux : c'est sur le premier qu'il convient de s'étendre davantage. C'est le plus important, le plus parfait ; et la principale gloire de La Fontaine. »

Madame de Sévigné lui reprochait de passer trop légèrement d'un genre à un autre, et lui-même s'en accuse avec cette grace infinie qu'il a toujours quand il parle de lui.

> Papillon du Parnasse, et semblable aux abeilles
> A qui le bon Platon compare nos merveilles,
> Je suis chose légère, et vole à tout sujet.
> Je vais de fleur en fleur et d'objet en objet.
> A beaucoup de plaisir je mêle un peu de gloire.
> J'irais plus haut peut-être au temple de mémoire,
> Si dans un genre seul j'avais usé mes jours ;
> Mais quoi ! je suis volage en vers comme en amours.

Aller plus haut ne lui était guère possible après ses fables et ses contes. Mais les différents genres qu'il a essayés sont-ils en effet un sujet de reproche? N'y en a-t-il pas qui, sans ajouter rien à sa renommée, n'étaient pourtant pas étrangers au caractère de son génie, et nous ont valu des ouvrages assez agréables pour qu'on lui sache gré de s'en être occupé? Il a fait une comédie. Dans cette espèce de drame, l'enjouement n'est sûrement par un titre d'exclusion : et *le Florentin* est un des plus jolis actes qui égaient encore le théâtre de Thalie. On ne peut pas donner le nom de comédie à un petit drame mythologique, intitulé *Clymène*, dont les neuf Muses sont les principaux personnages; mais l'idée en est ingénieuse, et la pièce est pleine de délicatesse. Son poëme de *la mort d'Adonis*, imité en partie d'Ovide, ainsi que *Philémon et Baucis* et *les filles de Minée*, a, comme ces deux morceaux, des endroits faibles et peu soignés; mais, comme eux, il en a de charmants, sur-tout celui de Vénus et d'Adonis. Le poëte habite avec eux des lieux enchantés, et y transporte le lecteur. C'est là qu'on reconnaît l'auteur de la fable de *Tyrcis et Amaranthe*. Jamais les jardins d'Armide, ce brillant édifice de l'imagination qu'elle a construit pour l'amour, n'ont rien offert de plus séduisant et de plus doux. Vous croyez entendre autour de vous les chants du bonheur et les accents de la tendresse : vous êtes environné des images de la volupté. Tout ce que les cœurs passionnés ont de jouissances intimes, tout ce que les jours qui s'écoulent entre deux amants ont de délices toujours variées et toujours les mêmes, tout ce que deux âmes confondues l'une dans l'autre se communiquent de ravissements et de transports; enfin, ce qu'on voudrait toujours sentir et qu'on croit ne pouvoir jamais peindre : voilà ce que La Fontaine nous représente sous les pinceaux que l'Amour a mis dans ses mains. Les vers que je vais citer justifieront cet éloge :

> Tout ce qui naît de doux en l'amoureux empire,
> Quand d'une égale ardeur l'un pour l'autre on soupire,
> Et que, de la contrainte ayant banni les lois,
> On se peut assurer au silence des bois;
> Jours devenus moments, moments filés de soie,

Agréables soupirs, pleurs enfants de la joie,
Vœux, serments et regards, transports, ravissements,
Mélange dont se fait le bonheur des amants;
Tout par ce couple heureux fut lors mis en usage.
Tantôt ils choisissaient l'épaisseur d'un ombrage :
Là, sous des chênes vieux, où leurs chiffres gravés
Se sont avec les troncs accrus et conservés,
Mollement étendus ils consumaient les heures,
Sans avoir pour témoins, en ces sombres demeures,
Que les chantres des bois, pour confident qu'Amour,
Qui seul guidait leurs pas en cet heureux séjour;
Tantôt sur des tapis d'herbe tendre et sacrée,
Adonis s'endormait auprès de Cythérée,
Dont les yeux, enivrés par des charmes puissants,
Attachaient au héros des regards languissants.
Bien souvent ils chantaient les douceurs de leurs chaînes;
Et quelquefois assis sur les bords des fontaines,
Tandis que cent cailloux luttant à chaque bond
Suivaient les longs replis du cristal vagabond,
Voyez, disait Vénus, ces ruisseaux et leur course;
Ainsi le temps jamais ne remonte à sa source.
Vainement pour les dieux il fuit d'un pas léger;
Mais vous autres mortels le devez ménager,
Consacrant à l'amour la saison la plus belle.
Souvent pour divertir leur ardeur mutuelle,
Ils dansaient aux chansons, de nymphes entourés.
Combien de fois la lune a leurs pas éclairés,
Et couvrant de ses rais l'émail d'une prairie;
Les a vus à l'envi fouler l'herbe fleurie !
Combien de fois le jour a vu les antres creux
Complices des larcins de ce couple amoureux !
Mais n'entreprenons pas d'ôter le voile sombre
De ces plaisirs, amis du silence et de l'ombre.

Il y a d'autant plus de mérite dans cette description, que rien n'est si difficile en poésie que de rendre le bonheur intéressant. C'est dans ce même poème que se trouve ce vers si connu, et qui devait être fait pour Vénus et fait par La Fontaine :

> Et la grace, plus belle encor que la beauté.

C'est la même plume qui a écrit le roman de *Psyché*, un peu trop long, à la vérité, et trop mêlé d'épisodes, mais qui abonde en détails gracieux qui avertissent qu'on lit La Fontaine, et font mieux sentir par la comparaison ce qui manque au récit d'Apulée. Il faut sans doute rendre justice à l'inventeur de la fable de *Psyché*; c'est la plus ingénieuse et la plus intéressante de toutes celles de l'antiquité. Mais elle est racontée dans l'original avec un sérieux trop monotone, et n'est pas exempte de mauvais goût : il y a des pensées ridiculement recherchées. La Fontaine l'a rendue beaucoup plus agréable, en y mêlant ce badinage qui naissait si facilement sous sa plume. Ce n'est pas non plus Apulée qui aurait fait cette chanson que Psyché entend dans le palais de l'Amour, et qui semble composée par le dieu lui-même :

> Tout l'univers obéit à l'Amour :
> Belle Psyché, soumettez-lui votre âme.
> Les autres dieux à ce dieu font la cour,
> Et leur pouvoir est moins doux que sa flamme.
> Des jeunes cœurs c'est le suprême bien.
> Aimez, aimez : tout le reste n'est rien.

Sans cet amour tant d'objets ravissants,
Lambris dorés, bois, jardins et fontaines,
N'ont point d'attraits qui ne soient languissants,
Et leurs plaisirs sont moins doux que ses peines ;
Des jeunes cœurs c'est le suprême bien.
Aimez, aimez : tout le reste n'est rien.

Cet ouvrage est mêlé de vers et de prose : il est à remarquer qu'en général la prose est supérieure aux vers, si l'on excepte le tableau délicieux de Vénus portée sur les eaux dans une conque marine, et l'*Hymne à la Volupté*. La Fontaine, qui s'est représenté dans son roman de *Psyché*, sous le nom de *Polyphile*, nom qui signifie *aimant beaucoup de choses*, a justifié le nom qu'il s'est donné par ces vers qui terminent cet hymne dont je viens de parler :

Volupté, Volupté, qui fus jadis maîtresse
    Du plus bel esprit de la Grèce,
Ne me dédaigne pas ; viens-t'en loger chez moi :
    Tu n'y seras pas sans emploi.
J'aime le jeu, l'amour, les livres, la musique,
La ville et la campagne, enfin tout : il n'est rien
    Qui ne me soit souverain bien,
Jusqu'aux sombres plaisirs d'un cœur mélancolique.
Viens donc ; et de ce bien, ô douce volupté !
Veux-tu savoir au vrai la mesure certaine ?
Il m'en faut tout au moins un siècle bien compté ;
    Car trente ans, ce n'est pas la peine.

On voit que ceux qui ont dit de La Fontaine que c'était un véritable enfant, le connaissaient bien, puisque enfin c'est le propre des enfants d'être heureux à peu de frais, et de s'amuser de tout.

Il fit aussi quelques élégies amoureuses : c'était alors la mode : elles sont médiocres ; mais il en fit une pour l'Amitié, et c'est la meilleure élégie de notre langue : c'est celle où il déplore l'infortune de Fouquet, son bienfaiteur, et ose implorer pour lui la clémence d'un maître irrité. C'était un courage aussi louable que rare, et la muse du poète servit bien son cœur. Si cette pièce fut inutile à Fouquet, elle ne l'est pas à la gloire de La Fontaine. Il n'entreprend pas de justifier le surintendant, qui n'était pas irréprochable : il l'excuse autant qu'il le peut, sur ce qu'il s'est laissé aveugler par un long bonheur. Il fait valoir en sa faveur l'intéressant contraste de sa fortune passée et de son malheur présent. Il y mêle, en poète philosophe, des leçons de morale qui naissent du sujet :

> Voilà le précipice où l'ont enfin jeté
> Les attraits enchanteurs de la prospérité.
> Dans les palais des rois cette plainte est commune.
> On n'y connaît que trop les jeux de la Fortune,
> Ses trompeuses faveurs, ses appas inconstants ;
> Mais on ne les connaît que quand il n'est plus temps.
> Lorsque sur cette mer on vogue à pleines voiles.
> Qu'on croit avoir pour soi les vents et les étoiles,
> Il est bien malaisé de régler ses désirs :
> Le plus sage s'endort sur la foi des zéphirs.
> Jamais un favori ne borne sa carrière :
> Il ne regarde pas ce qu'il laisse en arrière,
> Et tout ce vain amour des grandeurs et du bruit

Ne le saurait quitter qu'après l'avoir détruit.
Tant d'exemples fameux que l'histoire en raconte,
Ne suffisaient-ils pas sans la perte d'Oronte?
Ah! si ce faux éclat n'eût pas fait ses plaisirs,
Si le séjour de Vaux eût borné ses désirs,
Qu'il pouvait doucement laisser couler son âge!
Vous n'avez pas chez vous * ce brillant équipage,
Cette foule de gens qui s'en vont chaque jour
Saluer à longs flots ** le soleil de la cour :
Mais la faveur du Ciel vous donne en récompense,
Du repos, du loisir, de l'ombre et du silence,
Un tranquille sommeil, d'innocents entretiens,
Et jamais à la cour on ne trouve ces biens.
Mais quittons ces pensers : Oronte nous appelle.
Vous, dont il a rendu la demeure si belle,
Nymphes qui lui devez vos plus charmants appas,
Si le long de vos bords Louis porte ses pas,
Tâchez de l'adoucir, fléchissez son courage.
Il aime ses sujets, il est juste, il est sage.
Du titre de clément rendez-le ambitieux.
C'est par-là que les rois sont semblables aux dieux.
Du magnanime Henri qu'il contemple la vie :
Dès qu'il put se venger, il en perdit l'envie.
Inspirez à Louis cette même douceur.
La plus belle victoire est de vaincre son cœur.
Oronte est à présent un objet de clémence.
S'il a cru les conseils d'une aveugle puissance,
Il est assez puni par son sort rigoureux,
Et c'est être innocent que d'être malheureux.

* C'est aux *Nymphes de Vaux* que la pièce est adressée.

** Imitation de Virgile, *Georg.* II, 462 :
   Manè salutantùm totis vomit ædibus undam.

La Fontaine ne s'en tint pas là : il fit de nouveaux efforts dans une ode qu'il adressa au roi pour émouvoir sa pitié en faveur du ministre disgracié. L'ode ne vaut pas l'élégie ; mais peut-on être fâché que la compassion et la reconnaissance aient ramené deux fois sa muse sur le même sujet ?

Je ne parlerai pas d'un poëme sur le *quinquina*, qu'il fit dans les intervalles de sa dernière maladie, ni de celui de *Saint-Malc*, qu'il composa dans le même temps par pénitence, et pour acquitter le vœu qu'il avait fait de ne plus travailler que sur des sujets de piété. On ne connaît ces productions de sa vieillesse que par le recueil posthume de ses *OEuvres mêlées*, dont ses éditeurs sont seuls responsables. Ce n'est pas sa faute non plus si l'on y trouve deux mauvais opéra. Il suffit de savoir comment il s'avisa d'en faire. Lui-même nous l'apprend dans une satire contre Lully, intitulée *le Florentin*. C'est la seule qu'il se soit permise, et ce fut la suite de l'humeur qu'il eut de ce qu'on lui avait fait perdre son temps à faire des paroles d'opéra. Il en est d'autant plus fâché, qu'il avait fait ses opéra pour Saint-Germain, et que Lully ne les fit pas représenter. Il nous conte comment le musicien s'y prit pour l'engager à ce travail, et finit par se moquer de lui.

Je me sens né pour être en butte aux méchants tours.
Vienne encore un trompeur : je ne tarderai guère.....
. . . . Il me persuada :
     A tort, à droit, me demanda
Du doux, du tendre, et semblables sornettes,

Petits mots, jargon d'amourettes,
Confits au miel : bref, il m'enquinauda.

Mais ce qui est curieux, c'est ce qui arriva à La Fontaine au sujet de ce même opéra. On le joua sur le théâtre de Paris. L'auteur était dans une loge : on n'avait pas encore exécuté la première scène, que le voilà pris d'un long bâillement qui ne finit plus. Bientôt il n'y peut plus tenir, et sort à la fin du premier acte. Il va dans un café qu'il avait coutume de fréquenter, se met dans un coin ; apparemment l'influence de l'opéra le poursuivait encore ; car la première chose qu'il fait, c'est de s'endormir. Arrive un homme de sa connaissance, qui fort surpris de le voir là, le réveille : « Eh! M. de « La Fontaine, que faites-vous donc ici, et par quel « hasard n'êtes-vous pas à votre opéra? — Oh! j'y « ai été. J'ai vu le premier acte. Mais il m'a si fort « ennuyé, qu'il ne m'a pas été possible d'en voir « davantage. En vérité, j'admire la patience des Pa- « risiens. »

La Fontaine n'est peut-être pas le seul auteur qui ait eu la bonne foi de s'ennuyer à son propre ouvrage. Mais après avoir baillé à sa pièce, s'en aller dormir là-dessus, est d'une insouciance qui peint le *bon homme*. Il est d'ailleurs si indifférent pour notre *fablier* qu'il ait fait un mauvais acte d'opéra, et ce trait est si plaisant, que ce serait dommage que La Fontaine n'eût pas été *enquinaudé* par Lully, quand ce ne serait que pour avoir eu l'occasion de faire un si bon somme ; chose dont on sait qu'il faisait le plus grand cas.

Ce n'est donc pas à lui qu'il faut s'en prendre si l'on rencontre ces pièces lyriques ou non lyriques dans le recueil de ses *Œuvres mêlées*. On se passerait bien aussi d'y voir des *Fragments du songe de Vaux*, une traduction de l'*Eunuque* de Térence, une comédie qui a pour titre: *Je vous prends sans vert*, et quelques autres poésies fort médiocres. Mais on y lit avec plaisir ses lettres à mesdames de Bouillon, de Mazarin et de La Sablière. Comment n'aimerait-on pas à entendre causer La Fontaine dans toute la liberté du commerce épistolaire? Il n'y a aucune de ses lettres où il n'ait inséré quelques vers; il les aimait tant et les faisait si aisément qu'il n'a jamais rien écrit en prose sans y mêler de la poésie. Elle est là plus négligée que partout ailleurs; mais on le reconnaît toujours au ton qui lui appartient, et à quelques vers heureux. En voici de très jolis qui sont à la fin d'une lettre à madame de Bouillon, sœur de la duchesse de Mazarin:

Vous vous aimez en sœurs; cependant j'ai raison
   D'éviter la comparaison.
L'or se peut partager, mais non pas la louange.
Le plus grand orateur, quand ce serait un ange,
Ne contenterait pas, en semblables desseins,
 Deux belles, deux héros, deux auteurs, ni deux saints.

Le plus aimable des écrivains fut encore le meilleur des hommes. Je ne prétends pas dire qu'il n'eut point les imperfections qui sont le partage de l'humanité; mais il n'eut aucun des vices qui en sont la honte, et il eut plusieurs des vertus qui en sont l'ornement. Ses contemporains nous ont transmis l'idée généralement reçue de la bonté de son caractère, non qu'ils nous en rapportent aucun trait frappant; il paraît que c'était en lui une qualité habituelle et reconnue, qui se manifestait en tout sans se faire remarquer en rien. Qu'il devait être bon celui qui a fait de si beaux ouvrages, et de qui la servante disait qu'il était plus *bête que méchant*, et que *Dieu n'aurait jamais le courage de le damner!*

Sa candeur était égale à sa bonté. Il fut toujours, dans sa conduite et dans ses discours, aussi vrai, aussi naïf que dans ses écrits. Il paraît que la réflexion et la réserve, si nécessaires à la plupart des hommes qui ont quelque chose à cacher, n'étaient guère faites pour cette âme toujours ouverte, dont les mouvements étaient prompts, libres et honnêtes; pour cet homme qui seul pouvait tout dire, parce qu'il n'avait jamais l'intention d'offenser. Ce mot si connu, *Je prendrai le plus long*, aurait été, dans la bouche de tout autre, une impolitesse choquante. Il fait rire dans La Fontaine, qui ne songeait qu'à dire bonnement combien il avait envie de s'en aller.

Il réclame quelque part contre l'axiome reçu, que tout homme est menteur. S'il en est un qui n'ait jamais menti, on croira volontiers que c'est La Fontaine. Cette ingénuité de mœurs et de paroles allait si loin, que ceux qui vivaient avec lui l'appelaient quelquefois *bétise*, mot qu'on ne pouvait se permettre sans conséquence qu'avec un homme de génie, mais qui prouve en même temps que les hommes en général ne jugent guère de l'esprit que sur les rapports qu'il peut avoir avec eux. L'esprit, sur chaque objet, dépend toujours du degré d'attention qu'on y apporte. Il n'en fallait pas beaucoup pour observer toutes les petites convenances de la société; mais La Fontaine accoutumé à la jouissance de ses idées ou bien au plaisir de ne songer à rien, oubliait le plus souvent ces convenances; et cet oubli, on l'appelait *bêtise* : s'il eût paru tenir le moins du monde à un sentiment de supériorité ou de mépris, il eût été sans excuse. Mais chez lui, c'était ou la préoccupation de son talent, ou une insouciance invincible; et graces à la douceur de son caractère, elle pouvait amuser quelquefois, et ne pouvait jamais blesser.

Il était naturellement distrait : il n'est pas sans exemple qu'on ait cherché à le paraître. Il faut que certains hommes fassent grand cas de la singularité, puisqu'ils affectent même celle qui est un défaut.

S'il était si souvent seul au milieu de la société, il dut avoir fort peu de cet esprit de conversation, l'un des grands moyens de plaire, qui, s'il ne conduit pas à la renommée, a souvent mené à la fortune. Cet esprit n'est pas nécessaire à la gloire du talent, et même n'est pas toujours compatible avec le genre de ses travaux. Mais il ne faut pas non plus en prendre occasion de déprécier ceux qui l'ont possédé : c'est à coup sûr un avantage de plus. De grands écrivains ont mis dans leur conversation les agrémens que l'on trouvait dans leurs écrits; de grands écrivains ont manqué de cette heureuse faculté.

Boileau, dans la société, était austère et brusque; Corneille, embarrassé et silencieux; Racine et Fénelon, pleins d'urbanité, de graces et d'éloquence. Deux qualités sont essentielles pour briller dans un entretien, la disposition à s'intéresser à tout; et ce désir de plaire à tout le monde où il entre nécessairement beaucoup de goût pour les jouissances de l'amour-propre. La Fontaine n'avait rien de tout cela, le fond de son caractère étant au contraire une profonde indifférence pour la plupart des objets qui occupent les hommes quand ils sont les uns avec les autres, et une grande prédilection pour les choses dont on peut jouir tout seul, comme la lecture, la campagne, la rêverie, ou ces jeux qui délassent un esprit souvent occupé, en ne lui demandant aucune action, ou le plaisir d'entendre de la musique. Tels étaient ses goûts, à ce qu'il nous apprend lui-même; et cette manière d'être, qui nous rend moins dépendants des autres, a peut-être plus d'avantage que d'inconvénients, et semble être fort près du bonheur.

Il fallait bien qu'on lui pardonnât la distraction qu'il portait dans le monde, puisqu'elle s'étendait jusque sur ses affaires domestiques : jamais homme n'en fut moins occupé. Cette négligence, qui détruisit par degrés sa médiocre fortune, tenait à un grand désintéressement, qualité qui marque toujours une âme noble ; mais elle était aussi la suite nécessaire d'une indolence qui lui était trop chère pour qu'il essayât de la surmonter. Une fois tous les ans, il quittait la capitale pour aller voir sa femme, retirée à Château-Thierry, et là il vendait une petite partie de son patrimoine, qu'il partageait avec elle. C'est ainsi qu'il s'en allait, comme il nous l'a dit, *mangeant le fond avec le revenu.*

Il eut des amis parmi les gens de lettres, et ce furent tous ceux qui étaient comme lui les premiers écrivains de la nation. Jamais il ne se brouilla avec aucun d'eux; car comment se brouiller avec La Fontaine? Les libéralités de Louis XIV, prodiguées même aux étrangers, n'allèrent pas jusqu'à lui. Il fut oublié, ainsi que Corneille: ni l'un ni l'autre n'étaient courtisan. Mais il eut des protecteurs à la cour, et même des bienfaiteurs, ce qui n'est pas toujours la même chose; et c'était ce qu'elle avait de plus brillant, les Conti, les Vendôme, le duc de Bourgogne, ce digne élève de Fénelon. Mais avouons-le, à l'honneur d'un sexe qui peut-être doit avoir plus de bienfaisance que le nôtre, puisqu'il est plus porté à la pitié, ou qui du moins doit faire aimer davantage ses bienfaits, puisqu'il a plus de délicatesse, ce furent deux femmes à qui La Fontaine fut le plus redevable, madame de La Sablière et madame d'Hervart. Elles furent ses véritables bienfaitrices, ou plutôt, s'il est est permis de se servir d'un terme que la bonté peut ennoblir, parce qu'elle ennoblit tout, elles se firent ses gouvernantes, et c'est ce qu'il lui fallait. La Fontaine n'avait pas besoin d'argent: il fallait seulement qu'on le dispensât de songer à rien, si ce n'est à faire des fables et à s'amuser. C'était là le plus grand bien qu'on pût lui faire, et c'est celui qu'il trouva chez elles. Peut-être n'y a-t-il que les femmes capables de cette manière d'obliger : elles savent aussi bien que nous, et quelquefois mieux, l'espèce de bonheur qui nous convient. Ainsi donc, grâces à deux femmes, La Fontaine fut aussi heureux qu'il pouvait l'être. Cela fait plaisir à penser : il fut heureux ! tant de grands hommes ne l'ont pas été ! il le fut par l'amitié.

> Qu'un ami véritable est une douce chose !
> Il cherche vos besoins au fond de votre cœur, etc.

Je me plais à croire qu'il songeait à madame de La Sablière et à madame d'Hervart quand il fit ces vers, qui suffiraient seuls pour nous prouver que cet homme, si indifférent et si apathique sur la plupart des choses qui tourmentent les hommes, était bien loin de l'être pour l'amitié. Je sais qu'on a prétendu que les vers ne prouvent jamais rien que de l'imagination ; mais je persiste à croire qu'il y en a que le cœur seul a pu dicter ; et je le crois sur-tout quand je lis La Fontaine. Il fut du très petit nombre des écrivains plus véritablement heureux par leurs ouvrages que par leur succès. Sans être insensible à la gloire, il ne paraît pas l'avoir recherchée, et d'ailleurs il n'était pas en lui d'avoir aucun désir assez vif pour que la privation pût devenir une peine. Plein d'une modestie vraie, de celle qui n'est pas et ne peut pas être l'ignorance de nos avantages, mais la disposition à n'en affecter aucun sur autrui, on ne voit pas qu'il ait jamais eu d'ennemis. Et comment en aurait-il eu ? sa simplicité extrême devait calmer jusqu'à l'envie. Comme il semblait ne prétendre à rien, on lui pardonnait de mériter beaucoup. On sait que, dans un moment d'effusion, Molière disait : *Nos beaux-esprits n'effaceront pas le bon homme.* Il obtint les suffrages de l'Académie avant Despréaux, qui obtint avant lui l'aveu de Louis XIV. La postérité, dans la distribution des rangs, a paru suivre l'avis de l'Académie plutôt que celui du monarque, et regarder La Fontaine comme un homme d'une espèce plus rare que Boileau. Vivant dans le sein de l'amitié, assez bien né pour ne sentir que la douceur des bienfaits sans en porter jamais le poids, libre de toute inquiétude, ne connaissant ni l'ambition ni l'ennui, incapable d'éprouver le tourment de l'envie, et trop modéré, trop simple pour être en butte à ses attaques, il jouissait de la nature et du plaisir de la peindre, du travail et du loisir; il jouissait de ses sentiments, de ses idées et du plaisir de les répandre; enfin il était bien avec lui-même, et avait peu besoin des autres. Tandis que ses années s'écoulaient sans qu'il les comptât, il voyait arriver la vieillesse et la mort sans les craindre, comme on voit *le soir d'un beau jour.* Il fut porté dans le même sépulcre qui avait reçu Molière, comme si la destinée qui avait rapproché leur naissance, eût voulu réunir leur tombeau.

La Harpe, *Cours de Littérature.*

JUGEMENTS.

I. Molière et La Fontaine.

Molière dans chacune de ses pièces, ramenant la peinture des mœurs à un objet philosophique, donne à la comédie la moralité de l'apologue. La Fontaine, transportant dans ses fables la peinture des mœurs, donne à l'apologue une des plus grandes beautés de la comédie, les caractères. Doués tous les deux au plus haut degré du génie d'observation, génie dirigé dans l'un par une raison supérieure, guidé dans l'autre par un instinct non moins précieux, ils descendent dans le plus profond secret de nos travers et de nos faiblesses; mais chacun selon la double différence de son caractère et de son genre, les exprime différemment.

Le pinceau de Molière doit être plus énergique, plus ferme; celui de La Fontaine plus délicat et plus fin. L'un rend les grands traits avec une force qui le montre comme supérieur aux nuances; l'autre saisit les nuances avec une sagacité qui suppose la science des grands traits. Le poète comique semble s'être plus attaché aux ridicules, et a peint quelquefois les formes passagères de la société. Le fabuliste semble s'adresser davantage aux vices, et a peint une nature encore plus générale. Le premier me fait plus rire de mon voisin; le second me ramène plus à moi-même. Celui-ci me venge davantage des sottises d'autrui; celui-là me fait mieux songer aux miennes. L'un semble avoir vu les ridicules comme un défaut de bienséance choquant pour la société; l'autre avoir vu les vices comme un défaut de raison fâcheux pour nous-mêmes. Après la lecture du premier je crains l'opinion publique; après la lecture du second je crains ma conscience.

Enfin, l'homme corrigé par Molière, cessant d'être ridicule, pourrait demeurer vicieux; corrigé par La Fontaine il ne serait plus ni vicieux ni ridicule : il serait raisonnable et bon, et nous nous trouverions vertueux, comme La Fontaine était philosophe sans s'en douter.

Chamfort, *Éloge de La Fontaine.*

II.

Lorsqu'on a entendu parler de La Fontaine, et qu'on vient à lire ses ouvrages, on est étonné d'y trouver, je ne dis pas plus de génie, mais plus même de ce qu'on appelle de l'esprit, qu'on n'en trouve dans le monde le plus cultivé. On remarque avec la même surprise la profonde intelligence qu'il fait paraître de son art ; et on admire qu'un esprit si fin ait été en même temps si naturel.

Il serait superflu de s'arrêter à louer l'harmonie variée et légère de ses vers; la grace, le tour, l'élégance, les charmes naïfs de son style et de son badinage. Je remarquerai seulement que le bon sens et la simplicité sont les caractères dominants de ses écrits.... La simplicité de La Fontaine donne de la grace à son bon sens, et son bon sens rend sa simplicité piquante : de sorte que le brillant de ses ouvrages naît peut-être essentiellement de ces deux sources réunies....

Je ne donne pas ces louanges aux graces d'un homme si sage, pour dissimuler ses défauts. Je crois qu'on peut trouver dans ses écrits plus de style que d'invention, et plus de négligence que d'exactitude. Le nœud et le fond de ses contes ont peu d'intérêt, et les sujets en sont bas. On y remarque quelquefois bien des longueurs, et un air de crapule qui ne saurait plaire. Ni cet auteur n'est parfait en ce genre, ni ce genre n'est assez noble.

VAUVENARGUES, *Réflexions critiques sur quelques poètes.*

III.

Dans tous les genres de poésie et d'éloquence, la supériorité, plus ou moins disputée, a partagé l'admiration. S'agit-il de l'épopée, Homère, Virgile, le Tasse, se présentent à la pensée; et nul n'ayant réuni au même degré toutes les parties de l'art, chacun d'eux balance le mérite des autres, au moins sous plusieurs rapports. Il en est de même de la tragédie, de l'ode, de la satire. Athènes, Rome, Paris, nous offrent des talents rivaux. Les anciens et les modernes se disputent la palme de l'éloquence, et nous opposons aux Cicéron et aux Démosthène nos Bossuet et nos Massillon. La comédie même, où Molière a une prééminence qui n'est pas contestée, permet encore que le nom de Regnard soit attendu après le sien. Il n'existe qu'un genre de poésie, dans lequel un seul homme a si particulièrement excellé, que ce genre lui est resté en propre, et ne rappelle plus d'autre nom que le sien, tant il a éclipsé tous les autres. « Nommer la fable, c'est nommer La « Fontaine. Le genre et l'auteur ne font plus qu'un. « Ésope, Phèdre, Pilpay, Aviénus, avaient fait des

« fables. Il vient et les prend toutes, et ces fables
« ne sont plus celles d'Ésope, de Phèdre, de Pilpay,
« d'Aviénus : ce sont les fables de La Fontaine.

« Cet avantage est unique : il en a un autre pres-
« que aussi rare. Il a tellement imprimé son carac-
« tère à ses écrits, et ce caractère est si aimable, qu'il
« s'est fait des amis de tous ses lecteurs. On adore
« en lui cette *bonhomie*, devenue dans la postérité
« un de ses attributs distinctifs; mot vulgaire, mais
« ennobli en faveur de deux hommes rares, Henri IV
« et La Fontaine. Le *bon homme*, voilà le nom qui
« lui est resté, comme on dit en parlant de Henri,
« *le bon roi*. Ces sortes de dénominations, consacrées
« par le temps, sont les titres les plus sûrs et les
« plus authentiques. Ils expriment l'opinion géné-
« rale, comme les proverbes attestent l'expérience
« des siècles.

« On a dit que La Fontaine n'avait rien inventé.
« Il a inventé sa manière d'écrire, et cette inven-
« tion n'est pas devenue commune; elle lui est de-
« meurée tout entière : il en a trouvé le secret et l'a
« gardé. Il n'a été dans son style, ni imitateur, ni
« imité : c'est là son mérite. Comment s'en rendre
« compte? Il échappe à l'analyse, qui peut faire va-
« loir tant d'autres talents, et qui ne peut pas appro-
« cher du sien. Définit-on bien ce qui nous plaît?
« Peut-on discuter ce qui nous charme? Quand nous
« croirons avoir tout dit, le lecteur ouvrira La Fon-
« taine, et se dira qu'il en a senti cent fois davan-
« tage; et si ce génie heureux et facile pouvait lire
« tout ce que nous écrivons à sa louange, peut-être

« nous dirait-il avec son ingénuité accoutumée : Vous
« vous donnez bien de la peine pour expliquer
« comment j'ai su plaire : il m'en coûtait bien peu
« pour y parvenir.

« Son épitaphe, faite par lui-même, suffirait pour
« nous en convaincre. C'est à coup sûr celle d'un
« homme heureux ; mais qui croirait que ce fût celle
« d'un poète ? Ce pourrait être celle de Desyvetaux.
« Il partage sa vie en deux *parts, dormir et ne rien*
« *faire*. Ainsi ses ouvrages n'avaient été pour lui que
« des rêves agréables. O l'homme heureux que ce-
« lui qui, en faisant de si belles choses, croyait passer
« sa vie *à ne rien faire !*

« Ce serait donc une entreprise mal entendue,
« que celle d'analyser ses écrits : mais heureusement
« c'est toujours un plaisir de s'entretenir de lui. Ne
« cherchons point autre chose, en nous occupant
« de cet écrivain enchanteur, plus fait pour être
« goûté avec délices que pour être admiré avec
« transport, à qui nul n'a resssemblé dans sa ma-
« nière de raconter, de donner de l'attrait à la mo-
« rale et de faire aimer le bon sens ; sublime dans sa
« naïveté, et charmant dans sa négligence ; homme
« modeste, qui a vécu sans éclat en produisant des
« chefs-d'œuvre, comme il vivait avec retenue en
« se livrant, dans ses contes, à toute la liberté de
« l'enjouement : homme d'une simplicité extraordi-
« naire, qui, sans doute, ne pouvait pas ignorer son
« talent, mais ne l'appréciait pas ; qui n'a jamais
« rien prétendu, rien envié, rien affecté ; qui devait
« être plus relu que célébré, et obtint plus de re-

« nommée que de récompenses; et qui, peut-être,
« s'il était aujourd'hui témoin des honneurs qu'on
« lui rend tous les jours, serait étonné de sa gloire,
« et aurait besoin qu'on lui révélât le secret de son
« mérite. »

A la moralité simple et nue des récits d'Ésope Phèdre joignit l'agrément de la poésie. On connaît sa pureté, sa précision, son élégance. Le livre de l'indien Pilpay n'est qu'un tissu assez embrouillé de paraboles mêlées les unes dans les autres, et surchargées d'une morale prolixe qui manque souvent de justesse et de clarté. Les peuples qui ont une littérature perfectionnée sont les seuls chez qui l'on sache faire un livre. Si jamais on est obligé d'avoir rigoureusement raison, c'est sur-tout lorsqu'on se propose d'instruire. Vous voulez que je cherche une leçon sous l'enveloppe allégorique dont vous la couvrez : j'y consens; mais si l'application n'est pas très juste, si vous n'allez pas directement à votre but, je me ris de la peine gratuite que vous avez prise, et je laisse là votre énigme qui n'a point de mot. Quand La Fontaine puise dans Pilpay, dans Aviénus et dans d'autres fabulistes moins connus, les récits qu'il emprunte, rectifiés pour le fond et la morale, et embellis de son style, forment souvent des résultats nouveaux qui suppléent chez lui le mérite de l'invention. On y remarque presque partout une raison supérieure : cet esprit, si simple et si naïf dans la narration, est très juste et souvent même très fin dans la pensée; car la simplicité du ton n'exclut point la finesse du sens; elle n'exclut que l'affectation de la finesse. Veut-on un exemple d'un éloge singulièrement délicat, et de l'allégorie la plus ingénieuse, lisez cette fable adressée à l'auteur du livre des *Maximes*, au célèbre La Rochefoucauld. Je la cite de préférence comme étant la seule qui appartienne notoirement à La Fontaine. Quoi de plus spirituellement imaginé pour louer un livre d'une philosophie piquante, qui plaît même à ceux qu'il a censurés, que de le comparer au cristal d'une eau transparente, où l'homme vain, qui craint tous les miroirs qu'il n'a jamais trouvés assez flatteurs, aperçoit malgré lui ses traits tels qu'ils sont, dont il veut enfin s'éloigner, et vers laquelle il revient toujours? Peut-on louer avec plus d'esprit? Mais à quoi pensé-je? Me pardonnera-t-on de louer l'esprit dans La Fontaine? Quel homme fut jamais plus au-dessus de ce que l'on appelle esprit? Oh! qu'il possédait un don plus éminent et plus précieux! cet art d'intéresser pour tout ce qu'il raconte, en paraissant s'y intéresser si véritablement; ce charme singulier qui naît de l'illusion complète où il paraît être, et que vous partagez. Il a fondé parmi les animaux des monarchies et des républiques. Il en a composé un monde nouveau, beaucoup plus moral que celui de Platon. Il y habite sans cesse : et qui n'aimerait à y habiter avec lui? Il en a réglé les rangs, pour lesquels il a un respect profond dont il ne s'écarte jamais. Il a transporté chez eux tous les titres et tout l'appareil de nos dignités. Il donne au roi lion un Louvre, une cour des pairs, un sceau royal, des officiers, des courtisans, des médecins; et, quand il nous représente le loup qui *daube au coucher du roi* son camarade absent, le renard, il est clair qu'il a assisté *au coucher*, et qu'il en revient pour nous conter ce qui s'y est passé; c'est un art inconnu à tous les fabulistes. Ce sérieux si plaisant ne l'abandonne jamais : jamais il ne manque à ce qu'il doit aux puissances qu'il a établies ; c'est toujours *nos seigneurs les ours, nos seigneurs les chevaux, sultan léopard, dom coursier,* et *les parents du loup, gros messieurs qui l'ont fait apprendre à lire.* Ne voit-on pas qu'il vit avec eux, qu'il se fait leur concitoyen, leur ami, leur confident? Oui, sans doute, leur ami : il les aime, il entre dans tous leurs intérêts, il met la plus grande importance à leurs débats*. Écoutez la

---

* L'imagination, dans cet auteur qu'elle aime,
.Du modeste apologue a fait un vrai poème :
Il a son action, son nœud, son dénouement.
Chez lui, l'utilité s'unit à l'agrément ;
Le vrai nom blesse moins en passant par sa bouche ;
Il ménage l'orgueil qu'un reproche effarouche ;
Sous l'attrait du plaisir il cache la leçon,
Et par d'heureux détours, nous mène à la raison.
. . . .
Il ignore son art, et c'est son art suprême ;
Il séduit d'autant plus qu'il est séduit lui-même.
Le chien, le bœuf, le cerf sont vraiment ses amis:
A leur grave conseil par lui je suis admis.
Louis, qui n'écoutait, du sein de la victoire,
Que des chants de triomphe et des hymnes de gloire,
Dont, peut-être, l'orgueil goûtait peu la leçon
Que reçoit dans ses vers l'orgueil du roi Lion,
Dédaigna La Fontaine, et crut son art frivole.

belette et le lapin plaidant pour un terrier : est-il possible de mieux discuter une cause? Tout y est mis en usage, coutume, autorité, droit naturel, généalogie; on y invoque les dieux hospitaliers. C'est ainsi qu'il excite en nous ce rire de l'âme que ferait naître la vue d'un enfant heureux de peu de chose, ou gravement occupé de bagatelles. Ce sentiment doux, l'un de ceux qui nous font le plus chérir l'enfance, nous fait aussi aimer La Fontaine. Écoutez cette bonne vache se plaignant de l'ingratitude du maître qu'elle a nourri de son lait :

> Enfin me voilà vieille : il me laisse en un coin,
> Sans herbe; s'il voulait encor me laisser paître !
> Mais je suis attachée; et si j'eusse eu pour maître
> Un serpent, eût-il pu jamais pousser plus loin
> L'ingratitude?

Est-ce qu'on ne plaint pas cette pauvre bête? N'est-ce pas là ce qu'elle dirait, si elle pouvait dire quelque chose?

> Chantre aimable ! ta muse aisément s'en console.
> Louis ne te fit point un luxe de sa cour;
> Mais le sage t'accueille en son humble séjour;
> Mais il te fait son maître, en tous lieux, à tout âge,
> Son compagnon des champs, de ville, de voyage;
> Mais le cœur te choisit, mais tu reçus de nous,
> Au lieu du nom de grand, un nom cent fois plus doux;
> Et qui voit ton portrait, le quittant avec peine,
> Se dit avec plaisir : « C'est le bon La Fontaine. »
> Et dans sa bonhomie, et sa simplicité,
> Que de grace! et souvent combien de majesté !
> S'il peint les animaux, leurs mœurs, leur république,
> Pline est moins éloquent, Buffon moins magnifique.
>   Delille, *L'Imagination*

LA FONTAINE.

La plupart de ses fables sont des scènes parfaites pour les caractères et le dialogue. Tartufe parlerait-il mieux que le chat pris dans les filets, qui conjure le rat de le délivrer, l'assurant qu'il *l'aime comme ses yeux*, et qu'il était sorti pour *aller faire sa prière aux dieux*, comme tout *dévot chat en use les matins?* Dans cette fable admirable des *Animaux malades de la peste*, quoi de plus parfait que la confession de l'âne? Comme toutes les circonstances sont faites pour atténuer sa faute qu'il semble vouloir aggraver si bonnement !

En un pré de moines passant,
La faim, l'occasion, l'herbe tendre, et, je pense,
Quelque diable aussi me poussant,
Je tondis de ce pré la largeur de ma langue.

Et ce cri qui s'élève :

Manger l'herbe d'autrui !

L'herbe d'autrui! comment tenir à ces traits-là? On en citerait mille de cette force. Mais il faut s'en rapporter au goût et à la mémoire de ceux qui aiment La Fontaine ; et qui ne l'aime pas !...» (*Éloge de La Fontaine.*)

Je ne puis cependant résister au plaisir de revoir en détail quelques-unes de ses fables, et sans doute on me le pardonnera. J'ai remarqué souvent que, dès qu'on parle de lui, chacun est tenté d'en réciter quelque chose, quoique bien sûr que tout le monde le sait par cœur : et après tout, le plaisir vaut mieux que la nouveauté ; ou plutôt c'en est toujours une.

au lieu que la nouveauté n'est pas toujours un plaisir. Je ne puis être embarrassé que du choix; sur près de trois cents fables qu'il a faites, il n'y en a pas dix de médiocres, et plus de deux cent cinquante sont des chefs-d'œuvre. Voyons le *Rat retiré du monde*.

>Les Levantins, en leur légende,
>Disent qu'un certain rat, las des soins d'ici-bas,
>Dans un fromage de Hollande
>Se retira loin du tracas.
>La solitude était profonde :
>S'étendant partout à la ronde,
>Notre ermite nouveau subsistait là-dedans.
>Il fit tant des pieds et des dents,
>Qu'en peu de jours il eut au fond de l'ermitage
>Le vivre et le couvert : que faut-il davantage ?
>Il devint gros et gras : Dieu prodigue ses biens
>A ceux qui font vœu d'être siens.
>Un jour, au dévot personnage
>Les députés du peuple rat
>S'en vinrent demander quelque aumône légère.
>Ils allaient en terre étrangère,
>Chercher quelque secours contre le peuple chat.
>Ratopolis était bloquée
>On les avait contraints de partir sans argent,
>Attendu l'état indigent
>De la république attaquée.
>Ils demandaient fort peu, certains que le secours
>Serait prêt dans quatre ou cinq jours.
>Mes amis, dit le solitaire,
>Les choses d'ici-bas ne me regardent plus.
>En quoi peut un pauvre reclus
>Vous assister? que peut-il faire,

Que de prier le ciel qu'il vous aide en ceci ?
J'espère qu'il aura de vous quelque souci.
      Ayant parlé de cette sorte,
      Le nouveau saint ferma sa porte.

      Qui désigné-je, à votre avis,
      Par ce rat si peu secourable ?
      Un moine ? non, mais un dervis.
Je suppose qu'un moine est toujours charitable.

Je ne connais point l'original de cette fable. Si La Fontaine l'a imaginée, comme on peut le croire, elle fait voir que ses idées s'étendaient sur des objets qui ont beaucoup occupé les philosophes et les politiques de ce siècle, et que le bon sens du fabuliste indiquait des vérités utiles, qui de nos jours ont été plus hardiment exposées; mais cette hardiesse avait-elle le mérite de sa discrétion ? Nous en apprenait-il moins en ne voulant pas tout dire ? La fin de cet apologue n'est-elle pas d'une tournure fine et délicate, qui prouve ce que j'ai avancé tout à l'heure, qu'il avait dans l'esprit une finesse d'autant plus réelle, qu'il la cache sous cette *bonhomie* qui était en lui habituelle ? Et dans les ouvrages comme dans la société, ceux-là ne sont pas les moins fins qui ne veulent pas le paraître. Observons encore que, pour substituer avec plus de vraisemblance un *dervis* à un *moine*, il feint d'avoir pris la fable dans la *Légende des Levantins*, quoique assurément il n'en soit rien. Le *bon homme*, comme on voit, ne laissait pas d'avoir quelquefois un peu d'astuce ; mais elle était bien innocente. Et quelle perfection dans ce court récit! Il y prend tour à tour le ton d'un historien et celui d'un poète comique. Molière aurait-il mieux fait parler un *dervis* dans sa cellule (puisque *dervis* il y a) que ne parle notre ermite dans son fromage? Et ce sérieux dont j'ai fait mention, cette importance qu'il donne à ses acteurs! Le *blocus de Ratopolis*, la *république attaquée*, son *état indigent*, le *secours qui sera prêt dans quatre ou cinq jours*, n'est-ce pas là le style de l'histoire? Aussi ne s'agit-il de rien moins que du *peuple rat*, du *peuple chat*. Ces dénominations auxquelles il nous a accoutumés nous semblent peu de chose : il n'y en a pourtant aucun exemple dans les fabulistes qui l'ont précédé. De plus elles sont nécessaires pour amener les détails qui suivent, et cette unité fonde l'illusion. Mais aussi cette illusion ne se trouve que chez lui; c'est ce qui fait que sa manière de narrer ne ressemble à aucune autre. Comme il parle gravement de ce rat, *las des soins d'ici-bas!* Ne dirait-on pas d'un solitaire philosophe? Cette réflexion, qui semble venir là d'elle-même et sans la moindre malice :

Dieu prodigue ses biens
A ceux qui font vœu d'être siens,

avait été si confirmée par l'expérience, que nous la répétions tous les jours. Voilà bien des remarques : on en ferait de pareilles presque à chaque vers.

Nous avons un peu trop la prétention, dans ce siècle, d'avoir fait, en économie politique, des découvertes qui ne sont pas toujours aussi modernes que nous l'imaginons. On a crié beaucoup, par exemple, contre l'inconvénient de la trop grande multiplicité des fêtes, et si fort qu'à la fin, nous en avons vu supprimer un certain nombre. On pouvait là-dessus citer La Fontaine, qui était bien aussi philosophe qu'un autre, quoiqu'il ne s'en piquât pas ; car il ne se piquait de rien. Écoutons son savetier.

> Un savetier chantait du matin jusqu'au soir.
>   C'était merveille de le voir,
> Merveille de l'ouïr ; il faisait des passages,
>   Plus content qu'aucun des sept Sages.
> Son voisin, au contraire, étant tout cousu d'or,
>   Chantait peu, dormait moins encor :
>   C'était un homme de finance.
> Si sur le point du jour parfois il sommeillait,
> Le savetier alors en chantant l'éveillait ;
>   Et le financier se plaignait
>   Que les soins de la Providence
> N'eussent pas au marché fait vendre le dormir
>   Comme le manger et le boire.
>   En son hôtel il fait venir
> Le chanteur, et lui dit : « Or çà, sire Grégoire,
> « Que gagnez-vous par an ? Par an ? ma foi, Monsieur,
>   « Dit avec un ton de rieur
> « Le gaillard savetier, ce n'est point ma manière
> « De compter de la sorte, et je n'entasse guère
>   « Un jour sur l'autre ; il suffit qu'à la fin
>   « J'attrappe le bout de l'année :
>   « Chaque jour amène son pain.
> « Eh bien ! que gagnez-vous, dites-moi, par journée ?
> « Tantôt plus, tantôt moins : le mal est que toujours
> « (Et sans cela nos gains seraient assez honnêtes),
> « Le mal est que dans l'an s'entremêlent des jours

« Qu'il faut chômer : on nous ruine en fêtes.
« L'une fait tort à l'autre, et monsieur le curé,
« De quelque nouveau saint charge toujours son prône. »
Le financier riant de sa naïveté,
Lui dit : « Je veux vous mettre aujourd'hui sur le trône.
« Prenez ces cent écus : gardez-les avec soin
    « Pour vous en servir au besoin. »
Le savetier crut voir tout l'argent que la terre
        Avait, depuis plus de cent ans,
        Produit pour l'usage des gens.
Il retourne chez lui ; dans sa cave il enterre
        L'argent et sa joie à la fois.
        Plus de chants : il perdit la voix
Du moment qu'il gagna ce qui cause nos peines.
        Le sommeil quitta son logis ;
        Il eut pour hôte les soucis,
        Les soupçons, les alarmes vaines,
Tout le jour il avait l'œil au guet ; et la nuit,
        Si quelque chat faisait du bruit,
Le chat prenait l'argent. A la fin le pauvre homme
S'en courut chez celui qu'il ne réveillait plus.
« Rendez-moi, lui dit-il, mes chansons et mon somme,
    « Et reprenez vos cent écus. »

On voit que le savetier de notre fabuliste pensait comme les réformateurs de notre siècle. Il fit plus, il se conduisit en sage, puisqu'il rapporta les cent écus. Mais La Fontaine le fait toujours parler en savetier, et lui laisse, avec le bon sens qu'il lui donne, le langage de son état et la grosse gaieté de son caractère. C'est en quoi consiste dans la fable le grand mérite de la partie dramatique : il ne possède pas moins éminemment celui de la partie descriptive. Avec quel art il suspend au cinquième pied, par une césure imitative, ce vers qui peint les alarmes du pauvre homme, que l'idée de son trésor tient toujours en l'air!

Tout le jour il avait l'œil au guet...

Quelle précision dans cet autre vers!

L'argent et sa joie à la fois.

S'il étend cette idée, quel intérêt dans les détails!

Plus de chants : il perdit la voix
Du moment qu'il gagna ce qui cause nos peines.
Le sommeil quitta son logis;
Il eut pour hôtes les soucis, etc.

Tout-à-l'heure on riait du savetier : on le plaint maintenant. Cette réflexion si rapide, *ce qui cause nos peines*, nous fait revenir sur nous-mêmes; et ce trait si heureux, *celui qu'il ne réveillait plus!* C'est dans un seul hémistiche toute la substance de l'apologue. Cette facilité étonnante à nous faire passer d'un sentiment à un autre sans disparate et sans secousse, est une espèce de magie qui est sur-tout nécessaire en racontant. L'idée de *vendre le dormir*, qu'on pourrait prendre pour une saillie, n'en est peut-être pas une. Il est assez naturel à quiconque a beaucoup d'argent, d'y voir l'équivalent de tout ce qu'on peut désirer; et l'on sait qu'un riche gourmand, mécontent de son estomac, se plaignait qu'on ne pût pas payer un *digéreur*, attendu qu'il trouvait que la gourmandise, fort bonne en elle-même, n'avait d'inconvénient que l'indigestion.

Patru voulait détourner La Fontaine de faire des fables : il ne croyait pas qu'on pût égaler en français la brièveté de Phèdre. Je conviendrai que notre langue est plus lente dans sa marche que celle des Latins; aussi La Fontaine ne s'est-il pas proposé d'être aussi court dans ses récits que le fabuliste de Rome; il eût couru le risque de tomber dans la sécheresse. Mais avec bien plus de graces que lui, il n'a pas moins de précision, si l'on entend par un style précis, celui dont on ne peut rien retrancher d'inutile, celui dont on ne peut rien ôter sans que l'ouvrage perde une beauté, et que le lecteur regrette un plaisir. Tel est le style de La Fontaine dans l'apologue : on n'y sent jamais de langueur; on n'y trouve jamais rien de vide. Ce qu'il dit ne peut pas être dit en moins de mots, ou vous ne le diriez pas si bien. Qu'on relise, par exemple, la fable *du Vieillard et les trois jeunes Hommes*, ce modèle de la plus aimable morale et du talent de narrer avec un intérêt qui parle au cœur : qu'on examine s'il y a un seul mot de trop. (Voyez ci-après les FABLES CHOISIES.)

On peut bien appliquer au poète ce qu'il dit quelque part de l'apologue.

C'est proprement un charme.

Oui, mais ce n'en est un que chez lui : chez les autres, ce n'est qu'une leçon agréable. A quel autre a-t-il été donné de faire des vers tels que ceux-ci?

Mes arrière-neveux me devront cet ombrage :
Hé bien! etc.

Cet inexprimable enchantement ne permet pas même à l'imagination de voir rien au-delà : c'est encore autre chose que la perfection; car Phèdre y parvint dans plusieurs de ses fables : il est fini, il est irréprochable; on n'eût pas soupçonné le mieux, si La Fontaine n'eût pas écrit. Mais La Fontaine!... oh! que la nature l'avait bien traité! aussi n'en a-t-elle pas fait un second.

Comment se fait-il que cet homme, qui paraissait si indifférent dans la société, fût si sensible dans ses écrits? A quel point il la possède, cette sensibilité, l'âme de tous les talents, non celle qui est vive, impétueuse, énergique, passionnée, et qui est faite pour la tragédie, pour l'épopée, pour tous les grands ouvrages de l'imagination; mais cette sensibilité douce, naïve, attirante, qui convenait si bien au genre d'écrire qu'il avait choisi, qui se fait apercevoir à tout moment dans sa composition, toujours sans dessein, jamais sans effet, et qui donne à tout ce qu'il a écrit un attrait irrésistible! Quelle foule de sentiments aimables répandus partout! Partout l'épanchement d'une âme pure et l'effusion d'un bon cœur. Avec quelle vérité pénétrante il parle des douceurs de la solitude et de celles de l'amitié! Qui ne voudrait être l'ami d'un homme qui a fait la fable des *deux Amis!* Se lassera-t-on jamais de relire celle des *deux Pigeons*, ce morceau dont l'impression est si délicieuse, à qui peut-être on donnerait la palme sur tous les autres, si parmi tant de chefs-d'œuvre on avait la confiance de juger, ou la force de choisir? Qu'elle est belle, cette fable! qu'elle est touchante! que ces deux pigeons sont un couple charmant! quelle tendresse éloquente dans leurs adieux! comme on s'intéresse aux aventures du pigeon voyageur! quel plaisir dans leur réunion! que de poésie dans leur histoire! et lorsque ensuite le fabuliste finit par un retour sur lui-même, qu'il regrette et redemande les plaisirs qu'il a goûtés dans l'amour, quelle tendre mélancolie! quel besoin d'aimer! on croit entendre les soupirs de Tibulle..... Relisons-la, cette fable divine : il ne faut pas louer La Fontaine; il faut le lire, le relire et le relire encore. Il en est de lui comme de la personne que l'on aime : en son absence il semble qu'on aura mille choses à lui dire; et, quand on la voit, tout est absorbé dans un seul sentiment, dans le plaisir de la voir. On se répand en louanges sur La Fontaine; et dès qu'on le lit, tout ce qu'on voudrait dire est oublié : on le lit et on jouit :

> Deux pigeons s'aimaient d'amour tendre;
> L'un d'eux, s'ennuyant au logis,
> Fut assez fou pour entreprendre
> Un voyage en lointain pays.
> L'autre lui dit : « Qu'allez-vous faire?
> « Voulez-vous quitter votre frère?
> « L'absence est le plus grand des maux :
> « Non pas pour vous, cruel! Au moins que les travaux,
> « Les dangers, les soins du voyage
> « Changent un peu votre courage.
> « Encor si la saison s'avançait davantage!

« Attendez les zéphirs : qui vous presse ? Un corbeau
« Tout à l'heure annonçait malheur à quelque oiseau.
« Je ne songerai plus que rencontre funeste,
« Que faucons, que réseaux. Hélas ! dirai-je, il pleut;
       « Mon frère a-t-il tout ce qu'il veut,
       « Bon souper, bon gîte, et le reste ? »
       Ce discours ébranla le cœur
       De notre imprudent voyageur.
Mais le désir de voir et l'humeur inquiète
L'emportèrent enfin. Il dit : « Ne pleurez point.
« Trois jours au plus rendront mon âme satisfaite.
« Je reviendrai dans peu compter de point en point
       « Mes aventures à mon frère.
« Je le désennuîrai : quiconque ne voit guère,
« N'a guère à dire aussi. Mon voyage dépeint
       « Vous sera d'un plaisir extrême.
« Je dirai : J'étais là, telle chose m'advint :
       « Vous y croirez être vous-même. »
A ces mots, en pleurant, ils se disent adieu.
Le voyageur s'éloigne : et voilà qu'un nuage
L'oblige de chercher retraite en quelque lieu.
Un seul arbre s'offrit, tel encore que l'orage
Maltraita le pigeon en dépit du feuillage
L'air devenu serein, il part tout morfondu,
Sèche du mieux qu'il peut son corps chargé de pluie,
Dans un champ à l'écart voit du blé répandu;
Voit un pigeon auprès : cela lui donne envie;
Il y vole, il est pris : ce blé couvrait d'un lacs
       Les menteurs et traîtres appâts.
Le lacs était usé, si bien que de son aile,
De ses pieds, de son bec, l'oiseau le rompt enfin.
Quelque plume y périt ; et le pis du destin
Fut qu'un certain vautour, à la serre cruelle,

Vit notre malheureux, qui, traînant la ficelle,
Et les morceaux du lacs qui l'avait attrapé,
   Semblait un forçat échappé.
Le vautour s'en allait le lier, quand des nues
Fond à son tour un aigle aux ailes étendues.
Le pigeon profita du conflit des voleurs,
S'envola, s'abattit auprès d'une masure,
   Crut pour ce coup que ses malheurs
   Finiraient par cette aventure.
Mais un fripon d'enfant (cet âge est sans pitié)
Prit sa fronde, et du coup tua plus d'à-moitié
   La volatile malheureuse,
   Qui, maudissant sa curiosité,
   Traînant l'aile et tirant le pied,
   Demi-morte et demi-boiteuse,
   Droit au logis s'en retourna.
   Que bien, que mal elle arriva,
   Sans autre aventure fâcheuse.
Voilà nos gens rejoints; et je laisse à juger
De combien de plaisirs ils payèrent leurs peines.

Amants, heureux amants, voulez-vous voyager?
   Que ce soit aux rives prochaines.
Soyez-vous l'un à l'autre un monde toujours beau,
   Toujours divers, toujours nouveau.
Tenez-vous lieu de tout, comptez pour rien le reste.
J'ai quelquefois aimé : je n'aurais pas alors
   Contre le Louvre et ses trésors,
Contre le firmament et sa voûte céleste,
   Changé les bois, changé les lieux,
Honorés par les pas, éclairés par les yeux
   De l'aimable et jeune bergère
   Pour qui sous le fils de Cythère,
Je servis, engagé par mes premiers serments.

Hélas ! quand reviendront de semblables moments !
Faut-il que tant d'objets si doux et si charmants
Me laissent vivre au gré de mon âme inquiète !
Ah ! si mon cœur osait encor se renflammer !
Ne sentirai-je plus de charme qui m'arrête ?
   Ai-je passé le temps d'aimer ?

La Fontaine avait appris des anciens, et sur-tout de Virgile, cet art de se mettre quelquefois en scène dans son propre ouvrage, art très heureux lorsqu'on sait également et le placer à propos, et l'employer avec sobriété. Mais l'exemple en est dangereux pour ceux à qui il ne saurait être utile : c'est celui dont les maladroits imitateurs ont de nos jours le plus abusé. De quoi qu'ils parlent au public, c'est toujours d'eux qu'ils parlent le plus, et souvent rien n'est plus étrange ou plus insipide que les confidences qu'ils nous font. Au contraire, jamais on n'aime plus La Fontaine que quand il nous entretient de lui-même. Pourquoi ? c'est que toujours on voit son âme se répandre, ou son caractère se montrer. Voyez ce morceau sur les charmes de la retraite, que depuis on a si souvent imité, et que La Fontaine lui-même a imité en partie de Virgile :

Solitude où je trouve une douceur secrète,
Lieux que j'aimai toujours, ne pourrai-je jamais,
Loin du monde et du bruit, goûter l'ombre et le frais ?
Oh ! qui m'arrêtera dans vos sombres asyles !
Quand pourront les neuf sœurs, loin des cours et des villes
M'occuper tout entier, et m'apprendre des cieux
Les mouvements divers inconnus à nos yeux,
Les noms et les vertus de ces clartés errantes,

Par qui sont nos destins et nos mœurs différentes ?
Que si je ne suis né pour de si grands projets,
Du moins que les ruisseaux m'offrent de doux objets ;
Que je peigne en mes vers quelque rive fleurie.
La Parque à filets d'or n'ourdira point ma vie ;
Je ne dormirai point sous de riches lambris ;
Mais voit-on que le somme en perde de son prix ?
En est-il moins profond et moins plein de délices ?
Je lui voue au désert de nouveaux sacrifices.
Quand le moment viendra d'aller trouver les morts,
J'aurai vécu sans soins et mourrai sans remords.

C'est là le ton d'un homme qui révèle ses goûts et qui épanche son cœur. Dans d'autres occasions ce n'est qu'un mot en passant, qui trahit son caractère :

Toi donc, qui que tu sois ? ô père de famille,
(Et je ne t'ai jamais envié cet honneur.)

Quand nous ne saurions pas que La Fontaine ne pouvait pas souffrir les embarras du ménage, et qu'il avait une femme qui ne les lui faisait pas aimer, ce vers nous l'apprendrait.

Ailleurs, c'est un trait de gaieté, une saillie :

Une souris tomba du bec d'un chat-huant :
    Je ne l'aurais pas ramassée :
Mais un Bramin le fit : chacun a sa pensée.

S'il eût dit simplement qu'un Bramin la ramassa, il n'y avait rien de piquant. Tout le sel de cet endroit consiste dans l'adresse de l'auteur à se mettre en opposition avec le Bramin, et cela lorsqu'on y pense le moins, par une réflexion si simple, qu'elle fait ressortir davantage la singularité de l'Indien. C'est ainsi qu'il égaie et embellit tout par des moyens que lui seul connaît; personne n'a su entremêler avec plus de rapidité, de justesse et de bonheur, le récit et la réflexion :

> Un lièvre en son gîte songeait;
> Car que faire en un gîte, à moins que l'on ne songe?
> Dans un profond ennui ce lièvre se plongeait;
> Cet animal est triste, et la crainte le ronge!

Les exemples de cette espèce sont sans nombre. Il reste à parler de la poésie de ses fables; mais elle est si riche, qu'elle demande un détail fort étendu, et La Fontaine mérite bien de nous occuper deux séances.

Toujours guidé par un discernement sûr, La Fontaine a réglé sa manière d'écrire la fable et le conte sur le plus ou moins de sévérité de chaque genre. Tout est beau dans un conte, pourvu qu'on amuse : il y hasarde toutes sortes d'écarts. Il se détourne vingt fois de sa route; et l'on ne s'en plaint pas : on fait volontiers le chemin avec lui. Dans la fable qui tend à un but que l'esprit cherche toujours, il faut aller plus vite, et ne s'arrêter sur les détails qu'autant qu'ils concourent à l'unité de dessein. Dans cette partie, comme dans tout le reste, les fables de La Fontaine, à un très petit nombre près, sont des modèles de perfection.

Le conte familier et badin fait pardonner les fautes de langage, d'autant plus facilement qu'il ressemble à une conversation libre et gaie; la fable, plus sérieuse, ne les souffre pas. Aussi La Fontaine, négligé dans ses *Contes*, est en général beaucoup plus correct dans ses *Fables* : il y respecte la langue bien plus que Molière dans ses comédies. Non content d'y prodiguer les beautés, il s'y défend les fautes; et qui croira pouvoir s'en permettre aucune, quand La Fontaine s'en permet si peu ?

Cette correction, qui suppose une composition soignée, est d'autant plus admirable, qu'elle est accompagnée de ce naturel qui semble exclure toute idée de travail. Je ne crois pas qu'on trouve dans La Fontaine, du moins dans les écrits qui ont consacré son nom, une ligne qui sente la recherche ou l'affectation. Il ne compose point; il converse : s'il raconte, il est persuadé; s'il peint, il a vu : c'est toujours son âme qui s'épanche, qui nous parle, qui se trahit. Il a toujours l'air de nous dire son secret, et d'avoir besoin de le dire. Ses idées, ses réflexions, ses sentiments, tout lui échappe, tout naît du moment. Rien n'est appelé, rien n'est préparé. Tout, jusqu'au sublime, paraît lui être facile et familier : il charme toujours et n'étonne jamais.

Ce naturel domine tellement chez lui, qu'il dérobe au commun des lecteurs les autres beautés de son style. Il n'y a que les connaisseurs qui sachent à quel point La Fontaine est poète par l'expression, ce qu'il a vu de ressources dans notre langue, ce qu'il en a tiré de richesses. On ne fait pas assez d'attention à cette foule de locutions aussi nouvelles qu'elles sont heureusement figurées. Combien n'y en a-t-il pas dans la seule fable du *Chêne et du Ro-*

seau! Veut-il peindre l'espèce de frémissement qu'un vent léger fait courir sur la superficie des eaux ?

> Le moindre vent qui d'aventure
> Fait rider la face de l'eau...

Ce mot de *rider* offre la plus parfaite ressemblance. Veut-il exprimer les endroits bas et marécageux où croissent ordinairement les roseaux ?

> Mais vous naissez le plus souvent
> Sur les humides bords des royaumes du vent.

S'agit-il de peindre la différence de l'arbuste fragile au chêne robuste : peut-elle être mieux représentée que dans ce vers d'une précision si expressive ?

> Tout vous est aquilon, tout me semble zéphir.

Un vent d'orage, un vent impétueux et destructeur peut-il être plus poétiquement désigné que dans cet endroit de la même fable ?

> Du bout de l'horizon accourt avec furie
> Le plus terrible des enfants
> Que le nord eût porté jusque-là dans ses flancs.

Quelle tournure élégamment méthaphorique dans ces deux vers sur les illusions de l'astrologie ! Celui qui a tout fait, dit le poète,

> Aurait-il imprimé sur le front des étoiles
> Ce que la nuit des temps enferme dans ses voiles ?

Aucun de nos poètes n'a manié plus impérieusement

la langue; aucun sur-tout n'a plié avec tant de facilité les vers français à toutes les formes imaginables. Cette monotonie qu'on reproche à notre versification, chez lui disparaît absolument : ce n'est qu'au plaisir de l'oreille, au charme d'une harmonie toujours d'accord avec le sentiment et la pensée, qu'on s'aperçoit qu'il écrit en vers. Il dispose et entremêle si habilement ses rimes, que le retour des sons paraît une grace, et non pas une nécessité. Nul n'a mis dans le rhythme une variété si pittoresque : nul n'a tiré autant d'effets de la césure et du mouvement des vers : il les coupe, les suspend, les retourne comme il lui plaît. L'enjambement, qui semble réservé aux vers grecs et latins, est fort commun dans les siens : et ne serait pas un mérite, s'il ne produisait des beautés; car s'il est vicieux dans le style soutenu, à moins qu'il n'ait un dessein bien marqué et bien rempli, il est permis dans le style familier, et tout dépend de la manière de s'en servir. J'avouerai aussi que les avantages que je viens de détailler dans la versification de La Fontaine, tiennent originairement à la liberté d'écrire en vers de toute mesure, et aux privilèges d'un genre qui admet tous les tons : il ne serait pas juste d'exiger ce même usage de la langue et du rhythme dans la poésie héroïque et dans les sujets nobles. Mais aussi tant d'autres ont écrit dans le même genre que La Fontaine ! Pourquoi ont-ils si rarement approché de cette espèce de poésie ? C'est lui qui possède éminemment cette harmonie imitative des anciens, qu'il nous est si difficile d'atteindre; et l'on ne peut s'empêcher de croire, en le lisant, que toute sa science en cette partie est plus d'instinct que de réflexion. Chez cet homme, si ami du vrai et si ennemi du faux, tous les sentiments, toutes les idées, tous les personnages ont l'accent qui leur convient, et l'on sent qu'il n'était pas en lui de pouvoir s'y tromper. De lourds calculateurs aimeront mieux peut-être y voir des sons combinés avec un prodigieux travail; mais le grand poète, l'enfant de la nature, La Fontaine, aura plus tôt fait cent vers harmonieux que des critiques pédants n'auront calculé l'harmonie d'un vers.

Faut-il s'étonner qu'un écrivain pour qui la poésie est si docile et si flexible, soit un si grand peintre? C'est de lui sur-tout que l'on peut dire proprement qu'il peint avec la parole. Dans lequel de nos auteurs trouvera-t-on un si grand nombre de tableaux dont l'agrément est égal à la perfection? Lorsqu'il nous rend les spectateurs du combat du moucheron et du lion, que manque-t-il à cette peinture?

> Le quadrupède écume, et son œil étincelle;
> Il rugit, on se cache, on tremble à l'environ;
>   Et cette alarme universelle
>   Est l'ouvrage d'un moucheron.
> Un avorton de mouche en cent lieux le harcelle;
> Tantôt pique l'échine, et tantôt le museau,
>   Tantôt entre au fond du naseau.
> La rage alors se trouve à son faîte montée.
> L'invisible ennemi triomphe et rit de voir
> Qu'il n'est griffe ni dent en la bête irritée
> Qui de la mettre en sang ne fasse son devoir.
> Le malheureux lion se déchire lui-même,

Fait résonner sa queue à l'entour de ses flancs,
Bat l'air qui n'en peut mais; et sa fureur extrême
Le fatigue, l'abat; le voilà sur les dents.

De cette peinture énergique passons à une peinture riante :

Perrette, sur sa tête ayant un pot au lait,
Bien posé sur un coussinet,
Prétendait arriver sans encombre à la ville.
Légère et court vêtue, elle allait à grands pas,
Ayant mis ce jour-là, pour être plus agile,
Cotillon simple et souliers plats.

Ici toutes les syllabes sont coulantes et rapides : tout à l'heure elles étaient fermes et résonnantes : elles seront, quand il le faudra, lourdes et pénibles. Nous avons vu la facilité : voyons l'effort.

Dans un chemin montant, sablonneux, malaisé,
Et de tous les côtés au soleil exposé,
Six forts chevaux tiraient un coche.

La phrase est disposée de manière que l'œil se porte d'abord sur la montagne et sur tous les accessoires qui la rendent si rude à monter, la roideur, le sable, le soleil à plomb : on voit ensuite arriver avec peine les *six forts chevaux*, et au bout le *coche* qu'ils *tirent*, mais de manière que le coche paraît se traîner avec le vers. Ce n'est pas tout : le poète achève le tableau en peignant les gens de la voiture :

Femmes, moines, vieillards, tout était descendu ;
L'équipage suait, soufflait, était rendu.

On ne peut prononcer ces mots *suait*, *soufflait*, sans être presque essoufflé : on n'imite pas mieux avec des sons. Cet art n'est pas moins sensible dans la fable de *Phébus et Borée*. Celui-ci

> Se gorge de vapeurs, s'enfle comme un ballon,
> Fait un vacarme de démon,
> Siffle, souffle, tempête...

Siffle, *souffle* : on entend le vent. Ne voit-on pas aussi le lapin quand il va prendre le frais à la pointe du jour ?

> Il était allé faire à l'aurore sa cour
> Parmi le thym et la rosée.
> Après qu'il eut broutté, trotté, fait tous ses tours, etc.

Cette peinture est fraîche et riante comme l'aurore. *Broutté*, *trotté*, cette répétition de sons qui se confondent peint merveilleusement la multiplicité des mouvements du lapin.

> Quand la perdrix
> Voit ses petits
> En danger, et n'ayant qu'une plume nouvelle,
> Qui ne peut fuir encor par les airs le trépas,
> Elle fait la blessée, et va traînant de l'aile,
> Attirant le chasseur et le chien sur ses pas,
> Détourne le danger, sauve ainsi sa famille;
> Et puis quand le chasseur croit que son chien la pille,
> Elle lui dit adieu, prend sa volée, et rit
> De l'homme, qui, confus, des yeux en vain la suit.

Je demande si le plus habile peintre pourrait me

montrer sur la toile tout ce que me fait voir le poète dans ce petit nombre de vers. Tel est l'avantage de la poésie sur la peinture, qui ne peut jamais représenter qu'un moment. Comme le chasseur et le chien suivent pas à pas la perdrix qui se traîne dans ces vers traînants! Comme un hémistiche rapide et prompt nous montre le chien qui *pille!* Ce dernier mot est un élan, un éclair. L'autre vers est suspendu quand la perdrix *prend sa volée :* elle est en l'air avec la césure, et vous voyez long-temps l'homme immobile, *qui, confus, des yeux en vain la suit;* et le vers se prolonge avec l'étonnement.

La fable dont j'ai tiré ce dernier morceau me rappelle avec quelle surprenante facilité cet écrivain si simple et si familier s'élève quelquefois au ton de la plus haute philosophie et de la morale la plus noble. Quelle distance du corbeau qui laisse tomber son fromage, à l'éloquence du *Paysan du Danube*, et à cette fable que je viens de citer, si pourtant on ne doit pas donner un autre titre à un ouvrage beaucoup plus étendu que ne l'est un apologue ordinaire, à un véritable poème sur la doctrine de Descartes, relativement à l'âme des bêtes, poème plein d'idées et de raison, mais dans lequel la raison parle toujours le langage de l'imagination et du sentiment! Car c'est partout celui de La Fontaine; il a beau devenir philosophe, vous retrouverez toujours le grand poète et le *bon homme.*

Ce petit poëme, adressé à madame de La Sablière, où il discute très ingénieusement la question longtemps fameuse du mécanisme et de l'organisation des animaux, prouve que malgré sa paresse il n'avait pas négligé les connaissance éloignées de ses talents. Il avait étudié, avec son ami Bernier, les principes de Descartes et de Gassendi. Ainsi, La Fontaine avait fait tout ce qu'on peut demander à un homme occupé d'ouvrages d'imagination : il n'était pas resté au-dessous des lumières de son siècle.

Ses *Contes* sont, dans un genre inférieur, aussi parfaits que ses *Fables*, excepté que la direction en est moins pure et la rime plus négligée. D'ailleurs c'est toujours ce talent de la narration dans un degré unique. Quelle gaieté ! quelle aisance ! quelle variété de tournures dans des sujets dont le fond est quelquefois à peu près le même ! quelle abondance gracieuse ! que tous les auteurs et tous les fabulistes sont loin de lui ! Il est au-dessus de Boccace et de la reine de Navarre, autant que la poésie est au-dessus de la prose. L'Arioste seul, quand La Fontaine conte d'après lui, peut soutenir la concurrence. Voltaire prétend qu'il y a plus de poésie dans l'aventure de Joconde, telle qu'elle est dans le *Roland*, qu'il n'y en a dans l'imitation de La Fontaine. Boileau, dont nous avons une *dissertation* sur *Joconde*, donne partout l'avantage au poëte français. On voit, par les citations qu'il fait, que l'original italien ne lui est pas étranger. Voltaire, plus versé dans la langue de l'Arioste, reproche à Boileau de ne pas la connaître assez pour rendre une exacte justice à l'auteur de *l'Orlando*, et sentir tout le mérite de ses vers. Je ne prononcerai point entre ces deux grands juges ; mais il me semble que, dans tous les endroits où Despréaux rapproche et compare les deux poètes, il est difficile de n'être pas de son avis et de ne pas convenir que La Fontaine l'emporte par ces traits de naturel et de naïveté, par ces graces propres au conte, qui étaient en lui un présent particulier de la nature.

Du côté des mœurs, la plupart de ses contes sont plutôt libres que licencieux; ce qui n'empêche pas qu'on ait eu raison d'y voir un mal et un danger qu'il n'y voyait pas lui-même, et qu'il aperçut dans la suite. On a trouvé moyen d'en accommoder plusieurs au théâtre, en les épurant ; au lieu que Vergier, Grécourt et d'autres conteurs n'ont rien fourni à la scène, parce qu'ils sont infiniment moins réservés que lui. Ceux de ses contes où il a blessé la décence, et par le fond, et par les détails, sont en assez petit nombre, et plusieurs sont entièrement irréprochables, par exemple, celui du *Faucon* qui est d'un intérêt si touchant. Il n'y a personne qui ne soit attendri lorsque le malheureux Frédéric, auquel il ne reste plus rien que son faucon, le tue sans balancer pour le dîner de sa maîtresse, de cette même femme jusque-là toujours insensible, et à qui son amour a tout sacrifié.

> Hélas ! reprit l'amant infortuné,
> L'oiseau n'est plus, vous en avez dîné.
> L'oiseau n'est plus ! dit la veuve confuse.
> Non, reprit-il, plût au ciel vous avoir
> Servi mon cœur, et qu'il eût pris la place

De ce faucon ! mais le sort me fait voir
Qu'il ne sera jamais en mon pouvoir
De mériter de vous aucune grace.
Dans mon palier rien ne m'était resté.
Depuis deux jours la bête a tout mangé.
J'ai vu l'oiseau, je l'ai tué sans peine.
Rien coûte-t-il quand on reçoit sa reine?

Le conte de *la Courtisane amoureuse* a aussi de l'intérêt. En total, cet ouvrage ne me paraît pas du nombre de ceux qui sont les plus dangereux pour les mœurs. Les livres où la passion est traitée de manière à exalter l'imagination de la jeunesse, ceux où la volupté est représentée sans voile, enfin ce qui peut nourrir dans les jeunes personnes les erreurs de la sensibilité ou exciter l'ivresse du libertinage, voilà les lectures vraiment pernicieuses, et l'expérience apprend tous les jours le mal qu'elles ont fait.

Il n'y a point d'écrivain qui ait réuni plus de titres pour plaire et pour intéresser. Quel autre est plus souvent relu, plus souvent cité? Quel autre est mieux gravé dans le souvenir de tous les hommes instruits et même de ceux qui ne le sont pas? Le poète des enfants et du peuple est en même temps le poète des philosophes. Cet avantage, qui n'appartient qu'à lui, peut être dû en partie au genre de ses ouvrages; mais il l'est sur-tout à son génie. Nul auteur n'a dans ses écrits plus de bon sens joint à plus de bonté : nul n'a fait un plus grand nombre de vers devenus proverbes. Dans ces moments qui ne reviennent que trop, où l'on cherche à se distraire soi-même et à se défaire du temps, quelle lecture choisit-on plus volontiers? sur quel livre la main se reporte-t-elle plus souvent? Sur La Fontaine. Vous vous sentez attiré vers lui par le besoin de sentiments doux : il vous calme et vous reconcilie avec vous-même. On a beau le savoir par cœur depuis l'enfance, on le relit toujours, comme on est porté à revoir les gens qu'on aime, sans avoir rien à leur dire.

La Harpe, *Cours de Littérature.*

FABLES CHOISIES *.

I. Le Chêne et le Roseau.

La Fontaine mettait au rang de ses meilleures fables celle du *Chêne et du Roseau.* Avant que de la lire, essayons nous-même quelles seraient les idées que la nature nous présenterait sur ce sujet. Prenons les devants, pour voir si l'auteur suivra la même route que nous.

Dès qu'on nous annonce le chêne et le roseau, nous sommes frappés par le contraste du grand avec le petit, du fort avec le faible. Voilà une première idée qui nous est donnée par le seul titre du sujet. Nous serions choqués, si, dans le récit du poète, elle se trouvait renversée de manière qu'on accordât la force et la grandeur au roseau, et la petitesse avec la faiblesse au chêne; nous ne man-

---

* *Voyez* ci-avant la fable des *Deux Pigeons* et les autres morceaux cités par La Harpe.

querions pas de réclamer les droits de la nature, et de dire qu'elle n'est pas rendue, qu'elle n'est pas imitée. L'auteur est donc lié par le seul titre.

Si on suppose que ces deux plantes se parlent, la supposition une fois accordée, on sent que le chêne doit parler avec hauteur et avec confiance, le roseau avec modestie et simplicité; c'est encore la nature qui le demande. Cependant, comme il arrive presque toujours que ceux qui prennent le ton haut sont des sots, et que les gens modestes ont raison, on ne serait point surpris ni fâché de voir l'orgueil du chêne abattu, et la modestie du roseau préservée. Mais cette idée est enveloppée dans les circonstances d'un évènement qu'on ne conçoit pas encore. Hâtons-nous de voir comment l'auteur le développera.

> Le chêne un jour dit au roseau :
> Vous avez bien sujet d'accuser la nature.

Le discours est direct. Le chêne ne dit point au roseau : *qu'il avait bien sujet d'accuser la nature*, mais *vous avez*..... Cette manière est beaucoup plus vive; on croit entendre les acteurs mêmes : le discours est ce qu'on appelle dramatique. Ce second vers d'ailleurs contient la proposition du sujet, et marque quel sera le ton de tout le discours. Le chêne montre déjà du sentiment et de la compassion, mais de cette compassion orgueilleuse par laquelle on fait sentir au malheureux les avantages qu'on a sur lui.

> Un roitelet pour vous est un pesant fardeau.

Cette idée que le chêne donne de la faiblesse du roseau est bien vive et bien humiliante pour le roseau; elle tient de l'insulte : le plus petit des oiseaux est pour vous un poids qui vous incommode.

>Le moindre vent qui d'aventure
>Fait rider la face de l'eau
>Vous oblige à baisser la tête.

C'est la même pensée présentée sous une autre image. Le chêne ne raisonne que par des exemples ; c'est la manière de raisonner la plus sensible, parce qu'elle frappe l'imagination en même temps que l'esprit. *D'aventure* est un terme un peu vieux, dont la naïveté est poétique. *Rider la face de l'eau* est une image juste et agréable : *Vous oblige à baisser la tête*; ces trois vers sont doux : il semble que le chêne s'abaisse à ce ton de bonté par pitié pour le roseau. Il va parler de lui-même en bien d'autres termes :

>Cependant que mon front, au Caucase pareil,
>Non content d'arrêter les rayons du soleil,
>Brave l'effort de la tempête.

Quelle noblesse dans les images! quelle fierté dans les expressions et dans les tours! *Cependant que*, terme noble et majestueux; *au Caucase pareil*, comparaison hyperbolique; *non content d'arrêter les rayons du soleil* : *arrêter* marque une sorte d'empire et de supériorité; sur qui? sur le soleil même; *brave l'effort* : *braver* ne signifie pas seulement *résister*, mais résister avec insolence. Ce n'est point à la tempête seulement qu'il résiste, mais à son *effort*. Le singulier est ici plus poétique que le pluriel. Ces trois vers, dont l'harmonie est forte, pleine, les idées grandes, nobles, figurent avec les trois précédents, dont l'harmonie est douce, de même que les idées : observez encore *front* et *arrêter*, à l'hémistiche.

Tout vous est aquilon; tout me semble zéphir.

Le Chêne revient à son parallèle, si flatteur pour son amour-propre ; et, pour le rendre plus sensible, il le réduit en deux mots; tout vous *est* réellement aquilon ; et à moi, tout *me semble* zéphir. Le contraste est observé partout, jusque dans l'harmonie ; *tout me semble zéphir* est beaucoup plus doux que *tout vous est aquilon*; mais qu'elle énergie dans la brièveté ! continuons :

> Encor si vous naissiez à l'abri du feuillage
>   Dont je couvre le voisinage,
>   Vous n'auriez pas tant à souffrir ;
>   Je vous défendrais de l'orage.

L'orgueil du chêne était content; peut-être même qu'il avait un peu rougi. Il reprend son premier ton de compassion, pour engager adroitement le roseau à consentir aux louanges qu'il s'est données, et à flatter encore son amour-propre par un aveu plaintif de sa faiblesse. Mais, malgré ce ton de compassion, il sait toujours mêler dans son discours les expressions du ton avantageux. *A l'abri* est vain et orgueilleux dans la bouche du chêne. *Du feuil-*

lage dont je couvre le voisinage : *de mon feuillage* eût été trop succinct et trop simple; mais *dont je couvre*, cela étend l'idée et fait image. *Le voisinage*, terme juste, mais qui n'est pas sans enflure. *Je vous défendrais de l'orage* : *Je....* Qu'il y a de plaisir à se donner soi-même pour quelqu'un qui protège!

    Mais vous naissez le plus souvent
 Sur les humides bords des royaumes du vent.

Ce tour est poétique, et même de la haute poésie; ce qui ne messied pas dans la bouche du chêne.]

    La nature envers vous me semble bien injuste.

C'est la conclusion, que le chêne prononça sans doute en appuyant, et avec une pitié désobligeante, quoique réelle et véritable.

On attend avec impatience la réponse du roseau. Si on pouvait la lui inspirer, on ne manquerait point de l'assaisonner. La Fontaine, qui a su faire naître l'intérêt, ne sera point embarrassé pour le satisfaire. La réponse du roseau sera polie, mais sèche, et on n'en sera point surpris.

    Votre compassion, lui répondit l'arbuste,
        Part d'un bon naturel.

C'est précisément une contre-vérité. Le roseau n'a pas voulu lui dire qu'elle partait de l'orgueil; mais seulement il lui fait sentir qu'il en avait examiné et vu le principe : c'était au chêne à comprendre ce discours. Tout ce qui suit est sec, et même menaçant :

    Mais quittez ce souci :

Les vents me sont moins qu'à vous redoutables ;
Je plie, et ne romps pas. Vous avez jusqu'ici
 Contre leurs coups épouvantables
 Résisté sans courber le dos ;
Mais attendons la fin.

Le propos n'est pas long, mais il est énergique. Les acteurs n'ont plus rien à se dire; c'est au poète à achever le récit. Il prend le ton de la matière; il peint un orage furieux.

 Comme il disait ces mots,
Du bout de l'horizon accourt avec furie
 Le plus terrible des enfants
Que le Nord eût porté jusque-là dans ses flancs.

Le vent part de l'extrémité de l'horizon ; sa rapidité s'augmente dans sa course : il y a image. Au lieu de dire un *vent du Nord*, on le personnifie, et la périphrase donne de la noblesse à l'idée, et de l'espace pour placer l'harmonie.

 L'arbre tient bon ; le roseau plie.

Voilà nos deux acteurs en situation parallèle

 Le vent redouble ses efforts,
 Et fait si bien qu'il déracine
Celui de qui la tête au ciel était voisine,
Et dont les pieds touchaient à l'empire des morts [*].

---

[*] La Fontaine traduit ici Virgile, *Georg.* II, 291 :

 Quæ quantùm vertice ad auras
 Æthereas, tantùm radice in tartara tendit.

F.

Ces vers sont beaux, nobles; l'antithèse et l'hyperbole qui règnent dans les deux derniers les rendent sublimes.

Le poète, comme on le voit, a suivi les idées que le sujet présente naturellement : c'est ce qui fait la vérité de son récit. Mais il a su revêtir ce fond de tous les ornements qui pouvaient lui convenir : c'est ce qui en fait la beauté. Ses pensées, ses expressions, ses tours, forment un accord parfait avec le sujet : toutes les parties en sont assorties et liées, au-dedans par la suite et l'ordre des pensées, au dehors par la forme du style, et nous présentent par ce moyen un tableau de l'art, où tout est grace et vérité. Joignez à cela le sentiment qui règne partout, qui anime tout d'un bout à l'autre. Cette pièce a tout ce qu'on peut désirer pour une fable parfaite. *.

BATTEUX, *De l'Apologue*, chap. VI.

* La Fontaine représente toutes les puissances de la nature en action dans ce paysage. On y voit le soleil, le vent, l'orage, l'eau, une grande montagne, un chêne et un roseau, enfin un roitelet, puissance animale. Il n'y a pas de doute que si son sujet eût comporté un personnage humain, et sur-tout une nymphe, il ne l'eût rendu plus intéressant. Mais, à son défaut, il personnifie ses deux acteurs inanimés; il donne au chêne un *front au Caucase pareil,* un dos qui ne courbe jamais, une tête au ciel voisine, et des pieds qui touchent à l'empire des morts. Il lui suppose des sentiments convenables à sa taille ; un orgueil protecteur, une compassion dédaigneuse; il lui oppose un faible roseau, jouet des vents, mais humble, patient, content de son sort, et qui trouve sa sûreté dans sa faiblesse même. Il relève ensuite, par des expressions sublimes, son site naturellement circonscrit, et y ajoute des lointains par des images accessoires. Il appelle les marais, *humides bords des royaumes du vent;* il peint le vent lui-même en le personnifiant. Enfin, arrive la catastrophe, pour servir d'éternelle leçon aux grands et aux petits. La moralité de cette fable n'est point récapitulée en

II. Le Vieillard et les trois Jeunes hommes.

>   Un octogénaire plantait.
> Passe encore de bâtir; mais planter à cet âge,
> Disaient trois jouvenceaux, enfants du voisinage,
>   Assurément il radotait.

Qu'on cherche ailleurs des débuts plus simples, plus vifs, plus nets, plus riches, d'un tour plus piquant.

>   Car, au nom des dieux, je vous prie,
> Quel fruit de ce labeur pouvez-vous recueillir?
> Autant qu'un patriarche il vous faudrait vieillir.

Au nom des dieux est affectueux, *je vous prie* est familier, *labeur* est très poétique; qu'on essaie de mettre *travail : patriarche*, familier encore.

>   A quoi bon charger votre vie
> Des soins d'un avenir qui n'est pas fait pour vous?

Il est difficile de dire mieux la même chose, et en moins de mots: *charger*, expression forte; *charger votre vie*, tour poétique.

Ne songez désormais qu'à vos fautes passées:

maxime au commencement ou à la fin, comme dans les autres fables de La Fontaine; mais elle est répandue partout, ce qui vaut encore mieux. C'est le lecteur lui-même, et non l'auteur, qui la tire. Lorsqu'elle est entremêlée avec la fiction, la fable ressemble à ces riches étoffes où l'or et la soie sont filés ensemble. Cependant la morale de celle-ci paraît se montrer dans les expressions mêmes de sa dernière image. Elles conviennent également au chêne orgueilleux déraciné par le vent, et aux grands de la terre renversés par des causes souvent aussi légères.

BERNARDIN DE SAINT-PIERRE, *Harmonies de la Nature.*

> Quittez le long espoir et les vastes pensées;
> Tout cela ne convient qu'à nous.

Le caractère du jeune homme est peint dans ce discours ; le fond en est désobligeant. *Songez à vos fautes* tient de l'outrage. *Quittez le long espoir et les vastes pensées.* Quel vers! qu'il est riche, qu'il est harmonieux! quel champ d'idées pour le lecteur! *long espoir* est un latinisme qui fait beauté. *Tout cela ne convient qu'à nous* : c'est la confiance du chêne.

> Il ne convient pas à vous mêmes,
> Repartit le vieillard. Tout établissement
> Vient tard et dure peu.

Cette maxime très belle, très importante, est placée on ne peut mieux dans la bouche d'un vieillard d'une expérience consommée.

> La main des parques blêmes
> De vos jours et des miens se joue également.

Blême fait image, c'est le *pallida mors* d'Horace. Le poète a imité le reste de la pensée de l'auteur latin, mais en la rajeunissant par un tour nouveau. Horace avait dit : La pâle mort heurte également du pied à la porte des Rois et à celle des bergers ; La Fontaine dit : La parque blême se joue également de la vie des jeunes et de celle des vieux.

> ..... Est-il aucun moment
> Qui vous puisse assurer d'un second seulement?

C'est un raisonnement plein de philosophie. On

voit avec quelle force il est rendu, et quel est l'effet du mot *seulement* placé au bout du vers.

Mes arrière-neveux me devront cet ombrage.
  Hé bien ! défendez-vous au sage
De se donner des soins pour le plaisir d'autrui?
Cela même est un fruit que je goûte aujourd'hui :
J'en puis jouir demain, et quelques jours encore.

Il n'est rien de plus noble que ce sentiment. Si nos pères n'avaient travaillé que pour eux, de quoi jouirions-nous ?

   Je puis enfin compter l'aurore
   Plus d'une fois sur vos tombeaux.

Ce tour poétique donne un air gracieux à une pensée triste par elle-même.

Le vieillard eut raison : l'un des trois jouvenceaux
Se noya dès le port, allant en Amérique;
L'autre, afin de monter aux grandes dignités,
Dans les emplois de Mars servant la république,
Par un coup imprévu vit ses jours emportés;
  Le troisième tomba d'un arbre
  Que lui-même voulait enter.
Et, pleurés du vieillard, il grava sur leur marbre
  Ce que je viens de raconter.

Le caractère du vieillard se soutient jusqu'au bout. Il les pleura, quoiqu'ils lui eussent parlé avec peu de respect, mais il a tout pardonné à la vivacité de leur âge ; il gémit de les voir sitôt moissonnés.
      Le même, Ibid.

III. Les Animaux malades de la Peste *.

Un mal qui répand la terreur,
Mal que le ciel en sa fureur
Inventa pour punir les crimes de la terre,
La peste (puisqu'il faut l'appeler par son nom),
Capable d'enrichir en un jour l'Achéron,
Faisait aux animaux la guerre.
Ils ne mouraient pas tous, mais tous étaient frappés :
On n'en voyait point d'occupés
A chercher le soutien d'une mourante vie ;
Nul mets n'excitait leur envie :
Ni loups ni renards n'épiaient
La douce et l'innocente proie :
Les tourterelles se fuyaient ;
Plus d'amour, partant plus de joie.
Le lion tint conseil, et dit : Mes chers amis,
Je crois que le ciel a permis
Pour nos péchés cette infortune :
Que le plus coupable de nous
Se sacrifie aux traits du céleste courroux ;
Peut-être il obtiendra la guérison commune.
L'histoire nous apprend qu'en de tels accidents
On fait de pareils dévoûments.
Ne nous flattons donc point, voyons sans indulgence
L'état de notre conscience.
Pour moi, satisfaisant mes appétits gloutons,
J'ai dévoré force moutons.

---

* C'est ici le plus beau des apologues de La Fontaine, et de tous les apologues. Outre le mérite de l'exécution qui, dans son genre, est aussi parfaite que celle du *Chêne et du Roseau*, cette fable a l'avantage d'un fond beaucoup plus riche et plus étendu ; et les applications morales en sont bien autrement importantes. C'est presque l'histoire de toute société humaine.

CHAMFORT, *Notes sur les Fables de La Fontaine.*

Que m'avaient-ils fait? nulle offense.
Même il m'est arrivé quelquefois de manger
   Le berger.
Je me dévoûrai donc, s'il le faut; mais je pense
Qu'il est bon que chacun s'accuse ainsi que moi :
Car on doit souhaiter, selon toute justice,
  Que le plus coupable périsse.
Sire, dit le renard, vous êtes trop bon roi;
Vos scrupules font voir trop de délicatesse.
Hé bien, manger moutons, canaille, sotte espèce,
Est-ce un péché? Non, non; vous leur fîtes, seigneur,
  En les croquant beaucoup d'honneur.
  Et quant au berger, l'on peut dire
  Qu'il était digne de tous maux,
Étant de ces gens-là qui sur les animaux
  Se font un chimérique empire.
Ainsi dit le renard; et flatteurs d'applaudir.
  On n'osa trop approfondir
Du tigre, ni de l'ours, ni des autres puissances,
  Les moins pardonnables offenses :
Tous les gens querelleurs, jusqu'aux simples mâtins,
Au dire de chacun, étaient de petits saints.
L'âne vint à son tour, et dit : J'ai souvenance
  Qu'en un pré de moines passant,
La faim, l'occasion, l'herbe tendre, et, je pense,
  Quelque diable aussi me poussant,
Je tondis de ce pré la largeur de ma langue.
Je n'en avais nul droit, puisqu'il faut parler net.
A ces mots on cria haro sur le baudet.
Un loup, quelque peu clerc, prouva par sa harangue
Qu'il fallait dévouer ce maudit animal,
Ce pelé, ce galeux, d'où venait tout le mal.
Sa peccadille fut jugée un cas pendable.

Manger l'herbe d'autrui! quel crime abominable!
  Rien que la mort n'était capable
D'expier son forfait. On le lui fit bien voir.

Selon que vous serez puissant ou misérable,
Les jugements de cour vous rendront blanc ou noir.

  IV. Le Corbeau, la Gazelle, la Tortue et le Rat.

La gazelle, le rat, le corbeau, la tortue,
Vivaient ensemble unis : douce société.
Le choix d'une demeure aux humains inconnue
  Assurait leur félicité.
Mais quoi! l'homme découvre enfin toutes retraites.
  Soyez au milieu des déserts,
  Au fond des eaux, au haut des airs,
Vous n'éviterez point ses embûches secrètes.
La gazelle s'allait ébattre innocemment,
  Quand un chien, maudit instrument
  Du plaisir barbare des hommes,
Vint sur l'herbe éventer les traces de ses pas.
Elle fuit. Et le rat, à l'heure du repas,
Dit aux amis restants : d'où vient que nous ne sommes
  Aujourd'hui que trois conviés?
La gazelle déjà nous a-t-elle oubliés?
  A ces paroles, la tortue
  S'écrie, et dit : Ah! si j'étais
  Comme un corbeau d'ailes pourvue,
  Tout de ce pas je m'en irais
  Apprendre au moins quelle contrée,
  Quel accident tient arrêtée
  Notre compagne au pied léger :
Car, à l'égard du cœur, il en faut mieux juger.
  Le corbeau part à tire d'aile :

Il aperçoit de loin l'imprudente gazelle
   Prise au piège, et se tourmentant.
Il retourne avertir les autres à l'instant.
Car, de lui demander quand, pourquoi, ni comment
   Ce malheur est tombé sur elle,
Et perdre en vains discours cet utile moment,
   Comme eût fait un maître d'école,
   Il avait trop de jugement.
   Le corbeau donc vole et revole.
   Sur son rapport les trois amis
   Tiennent conseil. Deux sont d'avis
   De se transporter sans remise
   Aux lieux où la gazelle est prise.
L'autre, dit le corbeau, gardera le logis :
Avec son marcher lent, quand arriverait-elle ?
   Après la mort de la gazelle.
Ces mots à peine dit, ils s'en vont secourir
   Leur chère et fidèle compagne,
   Pauvre chevrette de montagne.
   La tortue y voulut courir :
   La voilà comme eux en campagne,
Maudissant ses pieds courts, avec juste raison,
Et la nécessité de porter sa maison.
Rongemaille (le rat eut à bon droit ce nom)
Coupe les nœuds du lacs : on peut penser la joie.
Le chasseur vient, et dit : Qui m'a ravi ma proie
Rongemaille, à ces mots, se retire en un trou,
Le corbeau sur un arbre, en un bois la gazelle :
   Et le chasseur, à demi fou
   De n'en avoir nulle nouvelle,
Aperçoit la tortue, et retient son courroux.
   D'où vient, dit-il, que je m'effraie ?
Je veux qu'à mon souper celle-ci me défraie.

Il la mit dans son sac. Elle eût payé pour tous,
Si le corbeau n'en eût averti la chevrette.
   Celle-ci, quittant sa retraite,
Contrefait la boiteuse, et vient se présenter.
   L'homme de suivre, et de jeter
Tout ce qui lui pesait : si bien que Rongemaille
Autour des nœuds du sac tant opère et travaille,
   Qu'il délivre encor l'autre sœur
Sur qui s'était fondé le souper du chasseur.

Pilpay conte qu'ainsi la chose s'est passée.
Pour peu que je voulusse invoquer Apollon,
J'en ferais, pour vous plaire, un ouvrage aussi long.
   Que l'*Iliade* ou l'*Odyssée*.
Rongemaille serait le principal héros,
Quoiqu'à vrai dire ici chacun soit nécessaire.
Porte-maison l'infante y tient de tels propos,
   Que monsieur du corbeau va faire
Office d'espion, et puis de messager.
La gazelle a d'ailleurs l'adresse d'engager
Le chasseur à donner du temps à Rongemaille.
   Ainsi chacun en son endroit
   S'entremet, agit et travaille.
A qui donner le prix ? Au cœur, si l'on m'en croit... *

   V. Le Paysan du Danube.

Romains, et vous sénat, assis pour m'écouter,
Je supplie, avant tout, les dieux de m'assister :
Veuillent les immortels, conducteurs de ma langue,
Que je ne dise rien qui doive être repris !

---

* C'est La Fontaine qui aura ce prix, car on ne peut mieux prendre le ton du cœur qu'il ne le prend dans ce dernier morceau. Il rappelle celui qui termine la fable *des deux Amis*, celle *des deux Pigeons*. CHAMFORT.

Sans leur aide, il ne peut entrer dans les esprits
    Que tout mal et toute injustice;
Faute d'y recourir, on viole leurs lois.
Témoins nous, que punit la romaine avarice :
Rome est, par nos forfaits, plus que par ses exploits,
    L'instrument de notre supplice.
Craignez, Romains, craignez que le ciel quelque jour
Ne transporte chez vous les pleurs et la misère;
Et, mettant en nos mains, par un juste retour,
Les armes dont se sert sa vengeance sévère,
    Il ne vous fasse en sa colère
    Nos esclaves à votre tour.
Et pourquoi sommes-nous les vôtres? qu'on me die
En quoi vous valez mieux que cent peuples divers?
Quel droit vous a rendus maîtres de l'univers?
Pourquoi venir troubler une innocente vie?
Nous cultivions en paix d'heureux champs, et nos mains
Étaient propres aux arts ainsi qu'au labourage.
    Qu'avez-vous appris aux Germains?
    Ils ont l'adresse et le courage :
    S'ils avaient eu l'avidité,
    Comme vous, et la violence,
Peut-être en votre place ils auraient la puissance,
Et sauraient en user sans inhumanité.
Celle que vos préteurs ont sur nous exercée
    N'entre qu'à peine en la pensée.
    La majesté de vos autels
    Elle-même en est offensée;
    Car sachez que les immortels
Ont les regards sur nous. Graces à vos exemples,
Ils n'ont devant les yeux que des objets d'horreur,
    De mépris d'eux et de leurs temples,
D'avarice qui va jusques à la fureur.

Rien ne suffit aux gens qui nous viennent de Rome :
   La terre et le travail de l'homme
Font, pour les assouvir, des efforts superflus.
   Retirez-les : on ne veut plus
   Cultiver pour eux les campagnes ;
Nous quittons les cités, nous fuyons aux montagnes ;
   Nous laissons nos chères compagnes :
Nous ne conversons plus qu'avec des ours affreux ;
Découragés de mettre au jour des malheureux,
Et de peupler pour Rome un pays qu'elle opprime.
   Quant à nos enfants déjà nés,
Nous souhaitons de voir leurs jours bientôt bornés :
Vos préteurs au malheur nous font joindre le crime ;
   Retirez-les ; ils ne nous apprendront
      Que la mollesse et que le vice :
      Les Germains comme eux deviendront
      Gens de rapine et d'avarice.
C'est tout ce que j'ai vu dans Rome à mon abord.
   N'a-t-on point de présent à faire,
Point de pourpre à donner, c'est en vain qu'on espère
Quelque refuge aux lois : encor leur ministère
A-t-il mille longueurs. Ce discours un peu fort
   Doit commencer à vous déplaire :
   Je finis ; punissez de mort
   Une plainte un peu trop sincère.....

LA FOSSE (ANTOINE DE), sieur d'Aubigny, poète français, naquit à Paris vers l'année 1653, et y mourut le 2 novembre 1708 : il était neveu du célèbre peintre Charles de La Fosse.

Le 15 août 1702, La Fosse se distingua à la bataille de Luzara, où périt son protecteur, le marquis de Créqui, fils du maréchal. Dépositaire de son cœur, il le rapporta à Paris, et honora ses mânes d'un tribut poétique.

Le duc d'Aumont, gouverneur du Boulonnais, le choisit pour secrétaire. Ces fonctions lui permirent de cultiver les muses : il composa quatre tragédies qui ont été représentées ; *Polyxène*, *Manlius-Capitolinus*, *Thésée*, *Corésus* et *Callirhoé*. *Manlius*, son chef-d'œuvre, a reparu sur la scène le 11 janvier 1806. La Fosse en a pris le sujet dans le sixième livre de la première Décade de Tite-Live.

La Fosse a traduit en vers les odes d'Anacréon. Sa traduction, peu estimée, fut amèrement critiquée par les journalistes du temps. J.-B. Rousseau prit sa défense, et n'épargna pas les épigrammes contre les détracteurs de son ami.

Les *Œuvres* de La Fosse ont été recueillies en 2 vol. in-12. Paris, 1747.

JUGEMENT.

Un seul ouvrage a mis La Fosse fort au-dessus de tous les poètes dramatiques qui dans le siècle dernier, sont venus après Racine. *Corésus* est un mauvais roman : *Thésée*, qui vaut un peu mieux, est aussi dans le goût romanesque, que La Fosse a porté jusque dans l'ancien sujet de *Polyxène*, qui dans sa simplicité aurait pu avoir beaucoup plus d'intérêt. Mais *Manlius* est une véritable tragédie, et sera toujours un titre honorable pour son auteur. Tous les caractères sont parfaitement traités ; Manlius, Servilius, Rutile, Valérie, agissent et parlent comme ils doivent agir et parler. L'intrigue est menée avec beaucoup d'art et l'intérêt gradué jusqu'à la dernière scène. Que manque-t-il à cet ouvrage pour être au premier rang ? Rien que cette poésie de style, ce charme de l'expression et de l'harmonie auquel Racine et Voltaire ont accoutumé nos oreilles ; et ce qui peut faire sentir leur supériorité dans cette partie, c'est que la versification de *Manlius*, qui est restée si loin de la leur, est pourtant fort au-dessus de toutes les pièces du même siècle, et a de véritables beautés. Mais en général l'auteur pense mieux qu'il n'écrit. Tous ses personnages disent ce qu'ils doivent dire : il y a même de très beaux vers et des morceaux entiers d'un ton mâle, énergique et fier ; mais souvent on désirerait plus d'élégance, plus de nombre, plus de force, plus de chaleur.

La pièce n'est autre chose que *la Conjuration de Venise* sous des noms romains. Elle est tirée d'une pièce anglaise d'Otway, mais très supérieure à l'original. La Fosse a profité en quelques endroits de l'ouvrage de l'abbé de Saint-Réal, dont ce morceau d'histoire est le chef-d'œuvre. Le caractère de Manlius est ce qui fait le plus d'honneur au talent du poète : il est conçu d'une manière digne de Corneille, et offre même, dans les détails, des traits qui font souvenir de lui ; par exemple, cet endroit de la première scène, où Manlius rassure Albin son confident, qui craint que ses hauteurs et ses discours hardis contre le sénat n'éveillent les soupçons :

Non, Albin, leur orgueil, qui me brave toujours,
Croit que tout mon dépit s'exhale en vains discours.
Ils connaissent trop bien Manlius inflexible :
Ils me soupçonneraient à me voir plus paisible ;
En me déguisant moins, je les trompe bien mieux ;
Sous mon audace, Albin, je me cache à leurs yeux,
Et préparant contre eux tout ce qu'ils doivent craindre,
J'ai même le plaisir de ne me pas contraindre.

Je me cache sous mon audace est une expression admirable.

La Fosse, en écartant tout le fatras, toutes les indécences, toutes les folies dont l'auteur anglais a rempli sa pièce, en a emprunté une situation forte et terrible : c'est celle où Servilius, que, sans consulter ses amis, Manlius a engagé dans la conspiration contre Rome, s'aperçoit qu'il est suspect à Rutile, un des chefs de l'entreprise, et, pour calmer ses soupçons, remet entre les mains de Manlius une femme qu'il adore, Valérie, qu'il a épousée malgré son père, et dont l'hymen est la cause de tous les malheurs qui le portent au désespoir et à la vengeance :

Je ne veux point ici, par un serment frivole,
Rendre envers nous les dieux garants de ma parole.
C'est pour un cœur parjure un trop faible lien :
Je puis vous rassurer par un autre moyen.
Je vais mettre en ses mains *, afin qu'il en réponde,
Plus que si j'y mettais tous les sceptres du monde,
Le seul bien que me laisse un destin envieux.

---

* Aux mains de Rutile, qui soupçonne sa fidélité.

Valérie est, seigneur, retirée en ces lieux :
De ma fidélité voilà quel est le gage.
A cet ami commun je la livre en ôtage ;
Et moi, pour mieux encor vous assurer ma foi,
Je réponds en vos mains, et pour elle et pour moi.
Témoin de tous mes pas, observez ma conduite ;
Et si ma fermeté se dément dans la suite,
A mes yeux aussitôt prenez ce fer en main,
Dites à Valérie, en lui perçant le sein :
« Pour prix de ta vertu, de ton amour extrême,
« Servilius par moi t'assassine lui-même. »
Et dans le même instant, tournant sur moi vos coups,
Arrachez-moi ce cœur : qu'il soit au yeux de tous
Montré comme le cœur d'un lâche, d'un parjure,
Et qu'aux vautours après il serve de pâture.

On juge bien qu'après un semblable engagement, Servilius ne peut pas trahir ses amis ; mais il trahit leur secret, qu'il n'a pas la force de refuser aux larmes et aux terreurs de Valérie ; et celle-ci, voulant remplir à la fois le devoir d'une Romaine et d'une épouse, désespérant de ramener Servilius, prend sur elle de révéler tout au sénat, après en avoir tiré la promesse de pardonner aux conjurés. Elle oublie le soin de sa propre vie, pourvu qu'elle sauve à la fois Rome et son époux. Cette démarche produit différentes scènes fort belles, mais sur-tout celle où Manlius, qui avait répondu de son ami comme de lui-même, instruit que la conspiration est découverte par sa faute, et refusant de le croire jusqu'à ce qu'il en ait eu l'aveu de sa propre bouche, vient le trouver, tenant à la main la lettre de Rutile.

Ceux qui ont vu jouer ce rôle à l'inimitable Lekain se rappellent encore quelle terreur son visage répandait dans toute l'assemblée, au moment où il paraissait au fond du théâtre, fixant les yeux sur Servilius. Ce qui distingue cette scène, c'est que le dialogue et le style sont à peu de chose près, au niveau de la situation :

Connais-tu bien la main de Rutile?

SERVILIUS.

Oui.

MANLIUS.

Tiens, lis.

SERVILIUS *lit :*

« Vous avez méprisé ma juste défiance.
« Tout est su *par l'endroit* que j'avais soupçonné.
« C'est par un sénateur de notre intelligence,
« Qu'en ce même moment l'avis m'en est donné.
« Fuyez chez les Véiens, où notre sort nous guide.
« Mais, pour flatter les maux où ce coup nous réduit,
« Trop heureux, en partant, si la mort du perfide,
« De son crime, par vous, lui dérobait le fruit! »

MANLIUS.

Qu'en dis-tu?

SERVILIUS.

Frappe!

MANLIUS.

Quoi!....

SERVILIUS.

Tu dois assez m'entendre;
Frappe, dis-je, ton bras ne saurait se méprendre.

MANLIUS.

Que dis-tu, malheureux? Où vas-tu t'égarer?
Sais-tu bien ce qu'ici tu m'oses déclarer?

SERVILIUS.

Oui, je sais que tu peux, par un coup légitime,
Percer ce traître cœur que je t'offre en victime;
Que ma foi démentie a trahi ton dessein.

MANLIUS.

Et je n'enfonce pas un poignard dans ton sein!
Pourquoi faut-il encor que ma main trop timide
Reconnaisse un ami dans les traits d'un perfide?
Quoi! toi, tu me trahis? L'ai-je bien entendu?

SERVILIUS.

Il est vrai, Manlius : peut-être je l'ai dû.
Peut-être plus tranquille, aurais-tu lieu de croire
Que sans moi tes desseins auraient flétri ta gloire;
Mais enfin les raisons qui frappent mon esprit
Ne sont pas des raisons à calmer ton *dépit*,
Et je compte pour rien que Rome favorable
Me déclare innocent quand tu me crois coupable.
Je viens donc par ta main expier mon forfait.
Frappe, de mon destin je meurs trop satisfait,
Puisque ma trahison, qui sauve ma patrie,
Te sauve en même temps et l'honneur et la vie.

MANLIUS.

Toi! me sauver la vie?

SERVILIUS.

    Et même à tes amis.
A signer leur pardon le sénat s'est soumis.
Leurs jours sont assurés.

MANLIUS.

    Et quel aveu, quel titre
De leur sort et du mien te rend ici l'arbitre?

LA FOSSE.

Qui t'a dit que pour moi la vie eût tant d'attraits?
Que veux-tu que je puisse en faire désormais?
Pour m'y voir des Romains le mépris et la fable?
Pour la perdre peut-être en un sort misérable,
Ou dans une querelle, en signalant ma foi
Pour quelque ami nouveau, perfide comme toi?
Dieux! quand de toutes parts ma vive défiance
Jusqu'aux moindres périls portait ma prévoyance,
Par toi notre dessein devait être détruit,
Et par l'indigne objet dont l'amour t'a séduit!
Car je n'en doute point, ton crime est son ouvrage.
Lâche! indigne Romain, qui, né pour l'esclavage,
Sauves de fiers tyrans, soigneux de t'outrager,
Et trahis des amis qui voulaient te venger!
Quel sera contre moi l'éclat de leur colère!
Je leur ai garanti ta foi ferme et sincère;
J'ai ri de leurs soupçons, j'ai retenu leurs bras,
Qui t'allaient prévenir par ton juste trépas.
A leur sage conseil que n'ai-je pu me rendre!
Ton sang valait alors qu'on daignât le répandre.
Il aurait assuré l'effet de mon dessein;
Mais, sans fruit maintenant, il souillerait ma main;
Et trop vil à mes yeux pour laver ton offense,
Je laisse à tes remords le soin de ma vengeance.

Quel profond dédain dans ce vers :

Ton sang valait alors qu'on daignât le répandre.

La pièce d'ailleurs est trop connue pour avoir besoin d'une analyse plus détaillée. *Manlius* et *Venceslas* me paraissent les deux premières pièces du second rang dans le siècle passé. L'une des deux l'emporte de beaucoup par la sagessse du plan et de la versification; mais l'autre balance ces avantages par le pathétique de quelques situations.

Cependant l'éloge que j'ai fait de *Manlius*, éloge qui s'accorde en tout avec la réputation dont il jouit depuis près d'un siècle, et avec l'opinion de tous les gens de lettres que j'ai connus, m'oblige de rappeler ici la critique qu'en a faite Voltaire dans une lettre écrite en 1751, et qui pourrait diminuer beaucoup de l'idée qu'on a de la pièce, si cette critique était aussi motivée qu'elle est dure et tranchante. Il ne m'est pas permis de laisser de côté un avis aussi digne de considération que celui de Voltaire : le lecteur jugera les objections et les réponses, et son goût et ses réflexions décideront.

Il faut savoir d'abord quelle fut l'occasion de cette censure : ce fut l'idée d'une concurrence qui dut naturellement donner un peu d'humeur et d'ombrage à un écrivain qui en était fort susceptible, et qui ne souffrait de comparaison qu'avec les maîtres en tout genre. Il avait envoyé de Berlin à Paris sa tragédie de *Rome sauvée*, à l'instant même où l'on avait remis *Manlius* pour le début du fameux Lekain, et avec beaucoup de succès. M. d'Argental hasarda de témoigner à son illustre ami quelque inquiétude sur cette coïncidence de deux pièces républicaines, roulant toutes deux sur une conspiration. Voici la réponse de Voltaire :

« Je viens de lire *Manlius*; il y a de grandes
« beautés; mais elles sont plus historiques que
« tragiques. »

Je crois le contraire : l'analyse qu'on vient de lire

a dû le prouver, et l'effet constant du théâtre l'a confirmé. Ce qui est remarquable, c'est que ce même effet du théâtre a fait voir que c'étaient au contraire les beautés de *Rome sauvée* qui appartenaient plus à l'histoire qu'à la tragédie. *Manlius*, à la représentation, est bien autrement intéressant que *Catilina*, et *Catilina* nous frappe davantage à la lecture : c'est que le fond de *Manlius* est riche en situations, et d'un bout à l'autre très tragique, et que *Rome sauvée* est riche en développements de caractères et en traits d'éloquence. Si La Fosse avait su écrire comme Voltaire, *Manlius* serait un ouvrage du premier ordre; et *Rome sauvée* serait au nombre des chefs-d'œuvre de l'auteur, si l'intérêt répondait au style.

« A tout prendre, cette pièce ne me paraît que
« la *Conjuration de Venise*, de l'abbé de Saint-Réal,
« gâtée. »

Certainement La Fosse a tracé son plan sur la *Venise sauvée* d'Otway, comme celui-ci sur l'ouvrage de l'abbé de Saint-Réal. La différence des temps et des mœurs a dû en mettre une grande dans l'exécution, et une conspiration du premier siècle de la république romaine ne pouvait guère ressembler à la conspiration du marquis de Bedmar : les raisons en sont palpables pour tout homme un peu instruit. La Fosse a-t-il *gâté* le sujet en l'appropriant aux mœurs de Rome à l'époque de Camille ? C'est ce que je suis fort loin de penser. Voyons comment Voltaire essaie de soutenir cette assertion.

« 1° La conspiration n'est ni assez grande, ni « assez terrible, ni assez détaillée. »

La vérité est que Rome étant plus *grande* du temps de Cicéron et de César que du temps de Camille et de Manlius, tous les détails quelconques doivent avoir aussi plus de *grandeur;* mais ils sont dans *Manlius,* tout ce qu'ils peuvent être, à moins d'être exagérés; et quant à la *terreur*, qu'on relise la scène où Valérie, en représentant Rome livrée aux conjurés, épouvante Servilius lui-même des complots qu'il partage, et l'on verra si cette conjuration n'est pas assez *terrible.*

Il y a ici une erreur où Voltaire n'est tombé que parce qu'il avait alors sous les yeux son propre ouvrage, bien plus que les principes de l'art, que d'ailleurs il connaissait mieux que personne. *Les détails* de la conjuration tiennent en effet bien plus de place chez lui que dans La Fosse : pourquoi ? C'est que chez lui le danger de Rome est l'objet principal, et qu'il n'y a qu'une seule situation, celle du quatrième acte, où les principaux personnages soient eux-mêmes en danger. Mais c'est précisément l'inconvénient de sa pièce et de son plan : jamais un danger public, le danger d'un peuple, ne peut occuper et attacher long-temps, si vous n'y joignez un danger très prochain et très menaçant, dans la situation des personnages principaux; car les affections individuelles sont toujours plus vives, et surtout au théâtre, que les affections générales; et c'est pour cela particulièrement que, de toutes les conspirations qu'on a mises sur la scène, la plus intéressante et la plus théâtrale, de l'aveu de tous les connaisseurs, est celle de Manlius.

« 2° Manlius est d'abord le premier personnage ;
« ensuite Servilius le devient. »

Non, Manlius est le *premier* jusqu'au bout. Voyez au quatrième acte, combien il est grand avec Servilius, et combien celui-ci est au-dessous de lui, quoique Manlius soit découvert, et que Servilius n'ait rien à craindre : c'est la scène la plus imposante de la pièce. Manlius cesse-t-il d'être le *premier* lorsqu'au cinquième acte, déjà condamné à la mort, il voit à ses pieds Servilius lui demander un pardon qu'il n'obtient qu'au prix que Manlius veut y mettre ? Et quel prix ! Sans doute on plaint davantage Servilius, comme on plaint la faiblesse et le repentir ; mais l'admiration est toujours pour Manlius, parce qu'elle est toujours pour le courage et la hauteur de caractère. Ce reproche de Voltaire est sans aucun fondement et entièrement injuste.

« 3° Manlius, qui devait être un homme d'une
« ambition respectable, propose à un nommé Rutile
« (qu'on ne connaît pas, et qui fait l'entendu sans
« aucun intérêt marqué à tout cela) de recevoir
« Servilius dans la troupe, comme on reçoit un
« voleur chez les cartouchiens. »

C'est là une parodie, et non pas une critique. La lecture seule de l'ouvrage suffirait pour répondre à un exposé si faux et si gratuitement injurieux. Rutile est donné dans la pièce pour un des chefs de la faction populaire, de tout temps opposée à l'aristocratie patricienne ; et l'on sait que Manlius s'est mis à la tête de cette faction, comme Camille est à la tête du sénat. Son ambition est suffisamment *respectable* dans les mœurs dramatiques, puisqu'elle n'est que la jalousie du pouvoir et de l'autorité qu'il dispute à Camille, et que ses services et ses exploits le mettent en droit de disputer. L'ambition est-elle plus *respectable* dans Catilina, scélérat qui n'a que de l'audace, et ne respire que le pillage et le massacre? A quoi pensait Voltaire quand il a oublié cette différence?.

L'exécution de la scène où Servillius est reçu parmi les conjurés, est énergique et terrible; et quand Rutile, pour justifier ses soupçons, dit à Manlius,

..... Sur moi de son sort un grand peuple se fie.

on conçoit assez que ce n'est pas un personnage sans importance, et que c'est par son entremise que le parti populaire a consenti à servir les projets de Manlius, qui, en sa qualité de patricien, doit être suspect au peuple. Tout est conforme aux mœurs, tout est vraisemblable, et rien ne manque à la dignité tragique.

« Manlius, ajoute Voltaire, doit être un chef
« impérieux et absolu. »

Encore une fois, à quoi pense-t-il, lui qui sait si bien qu'un chef de parti doit ménager tout le monde, qu'un des meilleurs traits du rôle de son *Catilina* est la souplesse et la déférence qu'il montre à l'égard de Lentulus?

« 4° La femme de Servilius devine, sans aucu

« raison, qu'on veut assassiner son père, et Servi-
« lius l'avoue par une faiblesse qui n'est nullement
« tragique. »

Toutes ces censures sont pleinement démenties par la pièce même. Voyez dans la scène où Valérie arrache le secret de son mari, si elle n'a pas vingt raisons pour une de soupçonner ce qui se trame ; songez à la situation où elle est, aux préparatifs secrets dont elle est témoin, à l'ascendant qu'elle a sur un homme qui l'adore, et jugez si cette scène, que l'on prétend n'être nullement *tragique*, n'est pas en effet conduite avec art, et de manière à produire l'effet qu'elle a toujours produit. Depuis quand donc un secret arraché par l'amour n'est-il plus digne de la tragédie ? Eh ! ce sont là les *faiblesses* qui sont théâtrales : qui devait le savoir mieux que Voltaire ?

La partialité l'aveugle au point qu'il se contredit d'une ligne à l'autre. Il dit ici : « Cette *faiblesse* de
« Servilius fait toute la pièce et *éclipse* absolument
« Manlius » Et un moment après : « Cet *imbécile*
« de mari ne fait plus qu'un personnage aussi *in-
« sipide* que Manlius. »

Ce ne sont pas là des raisons, ce sont des injures et des contradictions également grossières. Comment un rôle *imbécile et insipide fait-il toute la pièce*, quand la pièce réussit depuis si long-temps, quand il y a, de l'aveu du censeur, de *grandes beautés* ! Comment ce qui est *insipide éclipse-t-il* un personnage tel que Manlius ? Une de ces *grandes beautés* est précisément la différence très heureuse de deux rôles principaux, dont l'un intéresse par les *faiblesses* d'un cœur tendre et sensible, et dont l'autre nous attache par la grandeur de ses desseins et l'inflexibilité de son caractère. Et c'est Voltaire qui méconnaît à ce point un genre de mérite si dramatique !... Finissons cette discussion qui est affligeante, et concluons qu'il faut être bien sûr de soi-même pour se faire juge dans sa propre cause. Tout s'explique par le résultat que Voltaire prononce en sa faveur : « J'ose croire que la pièce de *Rome sau-* « *vée* a beaucoup plus d'unité, est plus tragique, « plus frappante et plus attachante. »

C'est ce que fort peu de gens croient, et ce que l'expérience du théâtre a démenti. Nous verrons que *Rome sauvée* est sublime par la conception des caractères et par la versification; mais qu'elle est fort peu *tragique*, fort peu *attachante* par le fond, et *frappante* seulement par les détails. Quand à l'*unité*, elle est observée dans les deux pièces; mais dans celle de Voltaire, les trois premiers actes sont sans action, et dans celle de La Fosse, l'action ne languit pas un instant.

La Harpe, *Cours de Littérature*.

MORCEAUX CHOISIS.

I. Manlius répond aux reproches du consul Valérius.

Et quel moyen, seigneur, de guérir vos soupçons?
Où sont de vos frayeurs les secrètes raisons?
Dois-je pour ennemis prendre tous ceux qu'offense
D'un sénat inhumain l'injuste violence?

Et suis-je criminel quand, par un doux accueil,
J'appaise leur courroux qu'irrite son orgueil?
C'est moi, c'est mon appui qui les conserve à Rome.
Vous demandez d'où vient qu'un Romain, un seul homme,
Des misères d'autrui soigneux de se charger,
Offre à tous une main prompte à les soulager.
D'une pitié si juste est-ce à vous de vous plaindre?
Si c'est une vertu qu'en moi l'on doive craindre,
Si du peuple par elle on se fait un appui,
Pourquoi suis-je le seul qui l'exerce aujourd'hui?
Que ne m'enviez-vous un si noble avantage?
Pourquoi chacun de vous, pour être exempt d'ombrage,
Ne s'efforce-t-il pas, par les mêmes bienfaits,
De gagner, d'attirer les amis qu'ils m'ont faits?
Ne peut-on du sénat appaiser les alarmes
Qu'en affligeant le peuple, en méprisant ses larmes?
L'avarice, l'orgueil, les plus durs traitements,
Du salut d'un état sont-ils les fondements?

Mes bienfaits vous font peur; et, d'un esprit tranquille,
Vous regardez l'excès du pouvoir de Camille.
A l'armée, à la ville, au sénat, en tous lieux,
De charges et d'honneurs on l'accable à mes yeux.
De la paix, de la guerre il est le seul arbitre :
Ses collègues soumis, et contents d'un vain titre,
Entre ses seules mains laissant tout le pouvoir,
Semblent à l'y fixer exciter son espoir.
D'où vient tant de respect, d'amour pour sa conduite?
Des Gaulois à son bras vous imputez la fuite;
Vos éloges flatteurs ne parlent que de lui.
Mais que deveniez-vous, avec ce grand appui,
Si, dans le temps que Rome aux barbares livrée,
Ruisselante de sang, par le feu dévorée,

Attendait ses secours loin d'elle préparés,
Du Capitole encore ils s'étaient emparés?

C'est moi qui, prévenant votre attente frivole,
Renversai les Gaulois du haut du Capitole.
Ce Camille si fier ne vainquit qu'après moi
Des ennemis déjà battus, saisis d'effroi.
C'est moi qui, par ce coup, préparai sa victoire;
Et de nombreux secours eurent part à sa gloire :
La mienne est à moi seul, qui seul ai combattu.
Et, quand Rome empressée honore sa vertu,
Ce sénat, ces consuls, sauvés par mon courage,
Ou d'une mort cruelle ou d'un vil esclavage,
M'immolent sans rougir à leurs premiers soupçons,
Me font de mes bienfaits gémir dans les prisons,
De mille affronts enfin flétrissent, pour salaire,
La splendeur de ma race et du nom consulaire.
Manlius, act. I, sc. 3.

II. Rutilius rend compte à Manlius de l'état de la conjuration.

Avec nous tout semble conspirer;
A l'effet de nos vœux il n'est plus de remise.
En arrivant chez moi, quelle heureuse surprise!
J'ai trouvé ceux du peuple à qui de nos projets
Je puis en sûreté confier les secrets :
Eux-mêmes ils venaient, au bruit du sacrifice,
M'avertir qu'il fallait saisir ce temps propice.

Tout transporté de joie, à voir qu'en ces besoins
Leur zèle impatient eût prévenu mes soins :
« Oui, chers amis, leur dis-je, oui, troupe magnanime,
Le destin va remplir l'espoir qui vous anime;
Tout est prêt pour demain, et, selon nos souhaits,

Demain le consulat est éteint pour jamais.
De nos prédécesseurs quelle fut l'imprudence,
Qui, détruisant d'un roi la suprême puissance,
Sous un nom moins pompeux se sont fait deux tyrans
Qui, pour nous accabler, sont changés tous les ans,
Et qui, tous l'un de l'autre héritant de leurs haines,
S'appliquent tour à tour à resserrer nos chaînes! »

Tels et d'autres discours redoublant leur fureur,
Je crois devoir alors leur ouvrir tout mon cœur;
Leur marquer nos apprêts, nos divers stratagêmes,
Appuyés en secret par des sénateurs mêmes;
Ce que devaient dans Rome exécuter leurs bras,
Tandis qu'au Capitole agiraient vos soldats;
Les postes à surprendre, et d'autres qu'on nous livre;
Les forces qu'on aura, les chefs qu'il faudra suivre;
En quels endroits se joindre, en quels se séparer,
Tous ceux dont par le fer on doit se délivrer;
Les maisons des proscrits que, sur notre passage,
Nous livrerons d'abord à la flamme, au pillage.

Qu'une pitié sur-tout indigne de leur cœur
A nos tyrans détruits ne laisse aucun vengeur :
Femmes, pères, enfants, tous ont part à leurs crimes,
Tous sont de nos fureurs les objets légitimes.
Il faut qu'en ce repos où s'endort leur orgueil,
La foudre les réveille au bord de leur cercueil.
Et, lorsqu'à nos regards les feux et le carnage
De nos fureurs partout étaleront l'ouvrage,
Du fruit de nos travaux tous ces palais formés,
Par les feux dévorants pour jamais consumés;
Ces fameux tribunaux où régnait l'insolence,
Et baignés tant de fois des pleurs de l'innocence,
Abattus et brisés, sur la poussière épars;

La terreur et la mort errants de toutes parts;
Les cris, les pleurs, enfin toute la violence
Où du soldat vainqueur s'emporte la licence;
Souvenons-nous, amis, dans ces moments cruels,
Qu'on ne voit rien de pur chez les faibles mortels;
Que leurs plus beaux desseins ont des faces diverses,
Et que l'on ne peut plus, après tant de traverses,
Rendre, par d'autre voie, à l'état agité,
L'innocence, la paix, enfin la liberté.

Manlius, act. III, sc. 5.

LA GRANGE (JOSEPH DE CHANCEL de), vulgairement dit La Grange-Chancel, né à Périgueux le 1er janvier 1676, fut mis en bas âge au collège des jésuites de Bordeaux. Les tragédies de P. Corneille servirent de jouets à son enfance, et jetèrent dans son esprit les semences de la poésie.

A huit ans, sa muse enfantine s'essayait par des vers très remarquables; à neuf ans, il était auteur dramatique, et faisait représenter, par ses camarades, une comédie en trois actes, où il satirisait quelques notables du pays, qui cabalèrent pour faire prohiber les représentations.

La Grange, amené à Paris par sa mère, ne tarda pas à éveiller l'admiration. Campistron et Chaulieu firent voler sa renommée au palais de Versailles. La princesse de Conti y voulut voir le petit prodige. Il remplit devant elle un sonnet en bouts-rimés, et la charma par la finesse de ses réparties. Elle le mit au nombre de ses pages, et lui attira la bienveillance du roi.

La Grange venait d'atteindre sa seizième année. Jaloux de prouver sa reconnaissance à son auguste protectrice, il lui dédia une tragédie qu'il avait commencée à Bordeaux sous le titre d'*Adherbal*. Cette pièce fut jouée à Paris le 8 janvier 1694, et Versailles confirma avec enthousiasme le succès qu'elle obtint dans la capitale. Chargé par la princesse d'étudier ce talent naissant, Racine en tira les plus heureux présages. Il aida La Grange de ses conseils, et voulut même assister à la première représentation de sa tragédie, quoiqu'il se fût fait un devoir de renoncer au théâtre, témoin de ses nombreux triomphes.

Peu de temps après, nommé, par la protection de la princesse, lieutenant dans le régiment du roi, La Grange donna sa démission pour entrer dans les mousquetaires et se fixer à Paris, où il désirait perfectionner son goût à l'école des grands modèles. Il devint ensuite maître de cérémonies honoraire de la duchesse d'Orléans, mère du régent.

En 1697, La Grange fit jouer *Oreste* et *Pylade*; en 1699, *Méléagre* et *Athénaïs*; en 1701, *Amasis*; *Alceste* en 1703; *Ino et Mélicerte* en 1713. Ces différentes tragédies reçurent un accueil plus ou moins favorable : mais il devait obtenir dans la satire un succès éclatant. S'armant des foudres de Démosthène, il lança contre Philippe, duc d'Orléans, régent du royaume, ses terribles *Philippiques*, où l'on retrouve quelque chose des emportements de l'orateur grec contre Philippe, roi de Macédoine.

La France ne pouvait plus être désormais pour

notre poète une patrie hospitalière. Avignon lui offrit un asyle; mais attiré hors des limites du comtat vénaissin, par la trahison d'un officier français, coupable de meurtre, qui devait obtenir sa grâce à ce prix, il fut saisi, conduit à l'île Sainte-Marguerite, et plongé dans une étroite prison. Le gouverneur, séduit par sa gaieté piquante, allégea le poids de sa captivité. La Grange consacra d'abord quelques vers à sa louange; bientôt une épigramme imprudente fit changer son sort, et le gouverneur s'en vengea par une réclusion plus rigoureuse. Cependant, ayant obtenu la faculté de se promener quelques heures par jour, La Grange sut en profiter : il corrompit ses gardes, il se procura un bateau de pêcheur, et aborda au port de Villefranche, dans le Piémont, d'où il se réfugia en Espagne. Il s'y croyait en sûreté, à cause de l'inimitié qui régnait entre Philippe V et le régent; mais à la paix il fut obligé de sortir du territoire espagnol et de se sauver à Amsterdam. Le gouvernement hollandais lui accorda le droit de bourgeoisie, faveur insigne, qui le mit hors de danger.

Le roi de Pologne cherchait à l'attirer à sa cour, quand le régent mourut. La Grange aima mieux retourner dans sa patrie, à l'invitation du duc de Bourbon, premier ministre, qui espérait trouver, dans le poète voyageur, des connaissances diplomatiques utiles à ses projets. Sa vie fut dès-lors plus tranquille : il consacrait encore ses loisirs à des compositions satiriques, où il critiquait tout, excepté ses ouvrages, et s'occupait d'une *Histoire du Péri-*

gord qu'il n'eut pas le temps d'achever, et qu'il laissa en manuscrit aux chanoines de Chancelade.

La Grange s'était retiré à Antoniat, château de ses pères, près de Périgueux. C'est là qu'il finit paisiblement sa carrière orageuse, le 27 décembre 1758, âgé de quatre-vingt-trois ans.

Outre les ouvrages que nous avons énumérés, La Grange a composé *Érigone*, *Cassius et Victorius*, tragédies; les *Jeux Olympiques*, comédie héroïque; *Méduse*, *Cassandre*, *Orphée*, *Pyrame et Thysbé*, la *Mort d'Ulysse*, le *Crime puni*, opéra; quelques *Poésies diverses*, imitées la plupart d'Anacréon, et des *Cantates*. Sa tragédie de *Jugurtha* est celle d'*Asdrubal*, sous un autre titre.

Les *Philippiques* circulèrent long-temps manuscrites et conséquemment pleines de fautes. La première édition lisible parut en 1775, Paris, in-12, pap. vélin, tirée à peu d'exemplaires.

L'année même de sa mort (1758), La Grange avait donné une édition de ses *OEuvres*, en 5 vol. in-12 : elles ne réalisèrent pas les promesses de son enfance, ni les prédictions de Racine.

F. Parent.

JUGEMENTS.

I.

Quoique La Grange ait fait plusieurs tragédies, dont quelques-unes se représentaient encore il y a quelques années, La Fosse, son contemporain, par la seule tragédie de *Manlius*, se montra très supérieur non-seulement à ce poète, mais à tous ceux qui occupèrent la scène, depuis la mort de Racine, jusqu'au moment où Crébillon et Voltaire parurent.

La Grange défigura presque toutes ses pièces par des intrigues romanesques que le mauvais goût a souvent renouvelées, et qui finiront par ramener l'art à son enfance. C'est principalement à ce défaut, et à la médiocrité de son style, plus faible encore que celui de Campistron, qu'il faut attribuer l'oubli où commencent à tomber les pièces de cet écrivain, qui n'a mis de vigueur, et même de génie, que dans son libelle des *Philippiques*.

PALISSOT, *Mémoires sur la Littérature.*

II.

La Grange-Chancel était l'écrivain qui, après Crébillon, avait eu le plus de succès au théâtre avant que Voltaire y parût ; mais ses pièces ne s'y soutinrent pas comme *Électre* et *Rhadamiste*. La princesse de Conti, dont il était page, engagea Racine à cultiver les dispositions très prématurées que ce jeune homme avait montrées : il faisait des vers et des comédies dès l'âge de neuf ans. C'est un des nombreux exemples qui prouvent que le talent poétique s'annonce de bonne heure : il est plus rare que cette extrême précocité n'ait abouti qu'à une médiocrité si décidée. La seule partie de l'art que La Grange ait connue, c'est l'entente de l'intrigue ; c'est sur-tout le mérite d'*Amasis* et d'*Ino*; tous les autres lui manquent presque entièrement. *Jugurtha*, sa première pièce, composée lorsqu'il n'avait que seize ans, ne serait pas même dans le cas d'être comptée, si l'auteur ne nous apprenait qu'il l'a depuis revue et corrigée avec le plus grand soin, et s'il ne l'eût jugée digne d'entrer dans l'édition complète de ses œuvres, qu'il rédigea quelque temps avant sa mort. L'intrigue en elle-même n'est pas mal tissue; mais elle n'est pas plus tragique que presque toutes celles du même temps, et le sujet devait l'être. Au lieu de nous offrir, comme dans l'histoire, un Jugurtha qui a soif de régner et soif du sang de son frère, un Africain artificieux et féroce qui trompe et qui déteste les Romains, c'est l'amoureux de la princesse Artémise, d'une fille de Bocchus, et il hait beaucoup moins dans son frère Adherbal un concurrent au trône de Numidie, qu'un rival aimé de cette Artémise; et puis une Ildione, fille de Jugurtha, aime Adherbal qui ne l'aime point; et ce qui occupe le fameux Jugurtha, c'est qu'il faut,

Que la gloire en ce jour
Rassemble quatre cœurs séparés par l'amour.

Avec ces *quatre cœurs* on ne touche pas le nôtre Point de vérité dans les caractères, point de noblesse dans les ressorts, rien d'attachant, rien d'intéressant; et Adherbal est égorgé, et Artémise s'empoisonne, et Ildione se tue, sans que les meurtres, le poignard et le poison puisse réchauffer ces triviales intrigues, glacées par des amours de convention que la tragédie a si long-temps et si mal à propos empruntées de la comédie. Ne les retrouve-t-on pas encore dans un de ces beaux sujets anciens que ne devait pas traiter ce La Grange, disciple de La Calprenède bien plus que de Racine? Il n'a pas manqué de mettre dans son *Oreste et Pylade* un double amour. Pylade tombe subitement amoureux d'Iphigénie, tout en arrivant dans le temple où cette prêtresse va l'immoler, et par un coup de sympathie, la prêtresse devient aussi amoureuse de sa victime. A l'égard de Thoas, il y a long-temps qu'il est amoureux d'Iphigénie; tandis qu'une Thomyris, princesse du sang des rois scythes, est très inutilement amoureuse de lui. Ce dernier amour a cela d'extraordinaire, que c'est un tyran qui en est l'objet; il est vrai qu'il y entre un peu d'ambition, et qu'en l'épousant elle remonte au trône qu'il a usurpé sur la famille de Thomyris; mais enfin elle veut à toute force l'épouser; et c'est, je crois, le seul tyran à qui un poète tragique ait fait tant d'honneur. Au reste, ce rôle de Thomyris sert du moins pour le dénouement, qui est le grand écueil du sujet. L'auteur se félicite beaucoup de cette invention, qu'il compare à l'épisode d'Éryphile; mais Racine ne lui en avait pas tant appris, et ce dénouement n'est qu'un escamotage d'une autre espèce que celui de l'*Iphigénie en Tauride* de Guymond de La Touche, où Pylade, comme tombé des nues, se trouve à point nommé dans le temple pour arrêter le glaive de Thoas levé sur Oreste, qui est sans défense, et pour enfoncer le sien dans le cœur du tyran. La Grange s'y prend plus finement, c'est-à-dire plus ridiculement : Thoas, pour se débarrasser de Thomyris, veut la faire embarquer avec un ambassadeur sarmate, le jour même où il se propose d'épouser Iphigénie. Il charge un Hydaspe de la conduire au vaisseau; mais il se trouve que la prêtresse grecque, en se couvrant de son voile, a pris la place de la reine des Scythes, et s'est fait mener au navire sous bonne escorte, avec son frère, Pylade et la statue. Thoas court après les fugitifs; il est tué par Oreste; et lui tué, tout le reste parti, il ne reste que Thomyris, qui devient ce qu'elle peut.

N'oublions pas qu'on rencontre ici de ces faibles imitations de scènes fameuses, maladresse trop ordinaire à la médiocrité. Rien de plus connu que le beau combat d'amitié et de générosité entre deux princes, dont chacun veut être Héraclius, pour mourir seul et pour sauver l'autre. La Grange a cru faire merveille en faisant jouer le même rôle aux deux héros de sa pièce, dans une scène où Pylade s'avise de soutenir qu'il est Oreste, parce que Thoas, que les oracles ont menacé de ce prince, n'en veut qu'à lui seul, et consent à épargner son compagnon. Cette dispute ne produit rien du tout, et ne sert qu'à faire voir que La Grange s'est souvenu fort mal à propos d'une belle scène de Corneille. Guymond de La Touche en a imité plusieurs de La Grange, mais tout différemment : quand il lui emprunte quelque chose c'est toujours en le surpassant. On jouait encore quelquefois *Oreste et Pylade* avant que nous eussions *Iphigénie en Tauride*; mais cette dernière pièce, très supérieure à la première, l'a bannie entièrement du théâtre, et a mérité l'honneur d'en demeurer seule en possession.

Il était de la destinée de La Grange d'être dépossédé : ce qu'*Iphigénie en Tauride* a fait d'*Oreste et Pylade*, *Mérope* l'a fait d'*Amasis*. On sent qu'il y a ici bien une autre distance; mais aussi *Amasis* est fort au-dessus d'*Oreste et Pylade*; c'est, avec *Ino*, ce que La Grange a fait de meilleur. Le fond du sujet est celui de *Mérope* sous d'autres noms; mais il l'a mêlé de tant d'incidents, que c'est pour ainsi dire une autre pièce, dont l'invention est très ingénieuse, et dont la conduite est travaillée avec beaucoup d'art. Il y a une situation nouvelle presque à chaque scène; la plus frappante est pourtant celle que l'antiquité admirait dans la *Mérope* grecque, le moment où la reine Nitocris est sur le point de tuer Sésostris son fils, qu'elle ne connaît pas, et qu'elle croit le meurtrier de son fils. Sur cet exposé, l'on penserait que cette situation a le même effet que dans *Mérope* : point du tout, les résultats sont aussi différents que les moyens. C'est Amasis lui-même, le tyran ennemi et oppresseur de Nitocris, c'est lui qui, persuadé depuis le premier acte qu'il est le père de ce même Sésostris, arrête le bras de la reine. Le jeune prince connaît sa naissance et la cache à dessein; il s'écrie, en voyant d'un côté le poignard de sa mère levé sur lui, et de l'autre Amasis qui la retient :

O ciel! quelle est la main par qui j'allais périr!
O ciel! quelle est la main qui vient me secourir!

Ces deux vers sont remarquables; mais c'est tout ce que produit dans *Amasis* cette scène dont il résulte dans *Mérope* tant d'impressions successives de terreur et de pitié; et c'est ici le lieu d'expliquer pourquoi ces sortes de pièces, dont les combinaisons semblent quelquefois plus fortes, plus variées, plus singulières que celles de nos plus grands maîtres, sont pourtant d'un effet extrêmement inférieur. Si le plus bel effet de l'art était de compliquer les ressorts, d'accumuler les incidents, de multiplier les surprises, rien ne serait au-dessus d'*Amasis*, et je conçois fort bien que ce genre de drame ait paru admirable à des critiques peu instruits, et à des esprits superficiels. Cependant c'est d'*Amasis* même que je me servirai pour faire comprendre que ce mérite est très secondaire, et n'assurera jamais le sort d'une tragédie. Il est complet dans celle-ci : on ne peut y mêler aucun reproche d'obscurité ni d'invraisemblance ; tout est motivé, tout s'explique ; et la marche, toujours étonnante, est toujours nette et rapide. Vous voyez que l'auteur semble avoir enchéri sur celui de *Mérope*, et que, non content d'une mère qui menace les jours de son fils en croyant le venger, il y a joint un tyran qui sauve son ennemi en croyant sauver son fils ; et ce fils même, méconnu à la fois par sa mère et par le tyran, gardant son secret et mettant à profit leur méprise, forme une triple combinaison. Rien ne paraît mieux imaginé : d'où vient donc que *Mérope* fait verser tant de larmes, et qu'*Amasis* n'en fait point répandre ? Ce n'est pas même, comme on pourrait le supposer, la différence du style : non, *Ariane* et *Iphigénie en Tauride* ne sont pas bien versifiées, et font pleurer. Il y a donc une autre raison qu'il faut chercher dans la nature de l'art et dans celle du cœur humain : c'est qu'une intrigue arrangée principalement pour multiplier les situations ne fait par cette multiplicité même, que nuire à l'intérêt, bien loin de l'augmenter, précisément parce que le poëte en les entassant, se prive de deux avantages, les plus précieux, la gradation et le développement : par l'un, vous préparez le cœur; par l'autre, vous le remplissez. Vous n'obtenez jamais mieux l'un et l'autre que par un plan fort simple, et tous les deux vous deviennent impossibles dans un plan très compliqué. Ne voyez-vous pas, si chaque scène me mène de surprise en surprise, que je n'ai que le temps de m'étonner, et jamais celui de m'attendrir? Vous attachez mon esprit, mais vous ne vous emparez pas de mon cœur; et le premier de ces deux effets est bien plus facile que le second : car mon esprit sera toujours prêt à saisir le merveilleux de votre intrigue; mais le cœur se mène autrement; il lui faut des préparations, de la progression, de la continuité, des coups redoublés. En un mot, mon esprit saisira vingt objets, mais mon cœur n'en veut qu'un seul. Voilà le principe : les faits viennent à l'appui. Pourquoi cette combinaison savante d'*Amasis* ne fait-elle naître que de l'étonnement ? C'est qu'elle ne présente de scène en scène qu'un incident subit lié à d'autres incidents, et remplacé sur-le-champ par d'autres encore. Nitocris ne croit que depuis un moment que Sésostris est le meurtrier de son fils; elle prend tout de suite le parti de le surprendre, si elle le peut, et de l'assassiner. Il arrive aussitôt; elle le voit seul, elle va pour frapper; on l'arrête. Elle sort toujours persuadée que le prince est le meurtrier de son fils; et de-là jusqu'à la fin du cinquième acte d'autres évènements occupent la scène, et ce n'est que long-temps après qu'on lui fait reconnaître son fils, tout aussi soudainement qu'on l'a sauvé de ses mains. Je vois bien là un amas de circonstances extraordinaires; mais ai-je eu le loisir de m'occuper de cette affreuse méprise d'une mère, quand elle-même ne s'en occupe pas? J'ai vu le poignard; mais ai-je entendu les cris de l'âme maternelle? ai-je vu le désespoir de la nature qui a été trompée? ai-je vu le fils dans les bras de sa mère, dans ces mêmes bras qui étaient armés pour le frapper? ai-je vu couler ses larmes sur la main qui tenait le poignard? Nitocris a-t-elle frémi de l'horrible danger qu'elle a couru? Elle n'en parle même pas; il n'en est plus question; d'autres situations ont pris la place. Je n'ai pas besoin de dire combien *Mérope* est différemment conçue : on le sait assez; et il suit de cette comparaison que ces intrigues fertiles en incidents et en coups de théâtre sont l'ouvrage de l'esprit, et ne s'adressent qu'à l'esprit : elles excitent la curiosité, donnent quelques impressions passagères, tour-à-tour effacées l'une par l'autre, vous mènent au dénouement sans ennui, et même avec quelque plaisir; c'est un mérite, mais du second ordre; c'est une des ressources du talent médiocre. Le mérite supérieur, c'est d'employer peu de ressorts, mais de les mouvoir puissamment et d'en soutenir l'action; c'est de ménager les moyens et d'approfondir les effets ; c'est de se rendre maître du cœur par degrés, mais de manière qu'il ne puisse plus se détourner de l'objet qui le domine, qu'il s'y attache davantage à mesure qu'on le développe devant lui; et ces sortes de plans sont ceux du génie : lui seul les conçoit, lui seul peut les exécuter.

Si la machine d'*Amasis*, quoique artistement construite, a l'inconvénient général attaché à ces sortes d'intrigues extraordinairement échafaudées, telles que celles de *Stilicon*, de *Camma*, de *Timocrate* et autres, la pièce est d'ailleurs répréhensible par cette même galanterie que nous retrouvons partout, et toujours sur le même ton. Ici c'est une Arthénice qui s'entretient avec Mycérine d'un étranger qu'elle connaît depuis trois jours :

MYCÉRINE.

Quoi ! celui qu'on a vu dans notre solitude
Aurait-il part, Madame, à votre inquiétude?
Lui qui, par votre père, envoyé *parmi nous*,
Durant trois jours à peine a paru devant vous,
Et qui, se dérobant aux yeux de tout le monde,
Partit hier, en secret, dans une nuit profonde?

ARTHÉNICE.

C'est ce même inconnu : pour mon repos, hélas !
Autant qu'il le devait il ne se cacha pas.....
. . . .
Que dis-je? Ce matin je devançais l'aurore,
Pour goûter la douceur de le revoir encore.
. . . .
Bannissons de mon cœur cette idée importune,
Et remettant aux dieux le soin de ma fortune,

Allons, pour *dissiper le désordre* où je suis,
Aux pieds de leurs autels l'oublier...... *si je puis.*

Il est bon d'observer qu'on ne voit jamais ni dans Racine, ni dans Voltaire, ni même dans les pièces du bon temps de Corneille, de ces princesses subitement éprises d'un inconnu. Chimène et Pauline sont des personnages autrement conçus. Ces passions soudaines, fréquentes dans les poètes d'un ordre inférieur, n'étaient chez eux qu'une imitation mal-entendue de nos romanciers. Ils ne s'apercevaient pas qu'elles n'étaient point déplacées dans un roman, qui, embrassant un long espace de temps, peut nous faire suivre avec plaisir les commencements et les progrès d'une passion, mais qu'elles ne conviennent point au drame, qui, ne disposant que d'un jour, doit y rassembler les objets et les personnages dans le moment où ils sont déjà susceptibles d'intérêt; et quel est celui qu'on peut prendre à des fantaisies de la veille? La comédie peut encore s'en accommoder fort bien; elle nous amuse des petites faiblesses; mais la tragédie exige des sentiments plus décidés, plus profonds; et il est bien étrange qu'une différence si essentielle dans la théorie de l'art, fondée sur des principes si simples, ait été méconnue jusqu'à nos jours, malgré l'exemple des maîtres. C'est bien la preuve que, pour la plupart des écrivains, les préceptes peuvent être très utiles, même après les modèles, puisque souvent ils ne sont pas en état de profiter des modèles sans le secours des préceptes.

Une autre observation à faire sur *Amasis*, c'est que l'auteur, avec tout l'art qu'il y a mis, n'a pas eu celui de le cacher, et c'est pourtant le plus nécessaire. Dès la première scène, où il a introduit son héros Sésostris avec Phanès, qui conduit tout le plan de la conspiration contre Amasis, il fait dire à Phanès, qui est l'homme de confiance du tyran, et qui le trompe :

Tous les cœurs sont pour vous; et maître de ces lieux,
Aussitôt que la nuit obscurcira les cieux,
De nos braves amis, marchant à votre suite,
Jusqu'au lit du tyran je conduirai l'élite.
Là, *tout vous est permis;* vous n'avez qu'à frapper :
Surpris de toutes parts, il ne peut échapper.

Qui ne voit que c'est là une grande maladresse du poète, qui, dès le commencement, au lieu de nous faire craindre pour son héros, nous le montre déjà sûr de ses moyens, sûr de l'évènement, avec ce Phanès qui est *maître* de tout, qui conduit tout, et qui le mènera jusqu'au lit du tyran, qu'*il n'a qu'à frapper*, et qui *ne peut échapper?* Il ne s'agit donc que de tromper Amasis durant la journée; et qu'en résulte-t-il? que le héros n'est que subalterne, et qu'il n'y a plus ni admiration, ni terreur, ni pitié, c'est-à-dire rien de ce qui constitue le grand effet tragique. Amasis est tranquillement abusé pendant toute la pièce, et Sésostris n'est reconnu et en danger qu'au milieu du cinquième acte. Nous avons vu que Crébillon a commis la même faute dans *Électre*, où Oreste n'est jamais en péril : la faute y est moindre qu'ici, parce que la reconnaissance du frère et de la sœur substitue la pitié à la crainte, et que dans *Amasis* le poète n'a tiré aucun parti de la reconnaissance de la mère et du fils. Mais celui qui a su réunir la terreur et la pitié, c'est l'auteur de *Mérope*, où le jeune prince est sans cesse sous le glaive, d'abord sous celui d'une mère, ensuite sous celui d'un tyran ; c'est l'auteur d'*Oreste*, où le frère est arrêté par le tyran dans le moment même où il vient de reconnaître sa sœur. Je le répète, et ce n'est pas sans raison; c'est cet art-là qu'il faut admirer, parce qu'il va au but, parce qu'avec moins d'appareil il frappe de bien plus grands coups : le poète semble avoir imaginé moins, et il a fait beaucoup plus; c'est la différence d'un romancier ingénieux à un grand tragique.

Ino est dans le même goût qu'*Amasis* : il n'y a guère moins d'art et de complication dans la conduite, mais il y a un peu plus d'intérêt ; les situations y sont un peu plus développées ; celle d'Athamas, qui regrette dans Ino une épouse qu'il adorait et qu'il croit avoir perdue, et les scènes entre Ino et son fils Mélicerte offrent un fond très touchant par lui-même, si l'auteur savait manier le pathétique. Mais il est si stérile dans cette partie, et il écrit si mal, qu'il gâte ou affaiblit ce qu'il invente de plus heureux : c'est une disproportion continuelle entre ce que doivent sentir les personnages et ce qu'ils expriment, entre leur caractère et leurs discours. Thémistée est assez ambitieuse et assez cruelle pour vouloir tuer de sa main le fils que son époux Athamas a eu d'Ino sa première femme, et conserver par ce meurtre le trône à son fils Palamède; mais quand on est capable de pareils crimes, il faut en montrer l'énergie. A l'égard de la princesse Eurydice, c'est la même chose qu'Arthénice; elle aime un Alcidamas, qui n'est autre que Mélicerte, pour l'avoir vu du haut des remparts; toutes ces princesses-là sont jetées dans le même moule.

La vraisemblance n'est pas si bien observée que dans *Amasis*: il n'y a nulle raison pour que Thémistée dévoile toute la noirceur de son âme et de ses projets à une esclave inconnue qui n'est à elle que depuis peu de temps, et cette esclave est Ino. Il est vrai que Cléopâtre, dans *Rodogune*, se confie tout aussi gratuitement à Laonice; mais c'est imiter une faute de Corneille, où Racine et Voltaire ne sont jamais tombés. On a aussi quelque peine à supposer que Thémistée poignarde son propre fils en croyant frapper Mélicerte qu'elle attend *dans un passage obscur*: une méprise si étrange dans une mère était de nature à devoir être justifiée par des circonstances plus marquées que l'obscurité d'un passage.

Quoique ces deux pièces, *Amasis* et *Ino*, n'aient pas été reprises depuis trente ans, et même qu'elles n'aient jamais été au courant du théâtre, ce sont pourtant des ouvrages dignes de quelque estime, et qui prouvent de l'imagination et du talent. Toutes les fois qu'ils ont reparu sur la scène, on leur a fait un accueil assez favorable pour engager les comédiens à ne pas les laisser dans l'oubli. Cette négligence, qui nuit à leurs intérêts, tient à ce que les chefs d'emploi ne veulent jouer que des pièces où ils aient des rôles qui prédominent, et d'un effet qui rende le succès de l'acteur plus facile et plus brillant. Mais les tragédies qui composent leur fond ne peuvent pas toutes leur procurer cet avantage, et pourraient leur en assurer un autre qui plairait beaucoup au public, celui de la variété : au lieu qu'en redonnant sans cesse les mêmes pièces, ils usent ce qu'ils ont de meilleur. Ils ne songent pas qu'en ménageant leurs chefs-d'œuvre, et les entremêlant de pièces moins connues et mises avec soin, ils augmenteraient leurs richesses et leurs ressources, et que ce mélange ferait mieux sentir le prix des productions du premier rang.

Méléagre, *Athénaïs*, *Érigone*, *Alceste*, *Cassius et Victorinus* ne sont pas du nombre des pièces qu'on puisse remettre : celles-là eurent peu de succès dans leur nouveauté, et méritent l'oubli où elles sont. Ce n'est pas qu'en général elles soient mal conduites ; mais dans les unes le sujet est mal choisi, dans les autres il est manqué, et les vices d'exécution ne sont rachetés par aucune beauté. *Méléagre* semble fait pour l'Opéra ; c'est là que l'on pourrait voir volontiers les Parques apporter à une mère le tison ou le flambeau dont la vie de son fils doit dépendre, et cette mère, aveuglée par le courroux des dieux, jeter dans les flammes ce fatal présent. Cependant un homme de génie, mêlant à ces traditions mythologiques des passions furieuses, pourrait en tirer une tragédie; car de quoi le génie n'est-il pas capable? Mais s'il est en état de porter de pareils sujets, ils accablent la médiocrité. J'en dis autant de celui d'*Alceste*, qui a souvent échoué dans ses mains, et aurait sans doute réussi dans celles de Racine, qui malheureusement ne fit que le projeter et ne l'exécuta pas. Il est très touchant; mais soutenir et varier une même situation pendant cinq actes, n'est donné qu'à l'éloquence du grand écrivain. Ce plan était d'une simplicité trop hardie pour que La Grange pût seulement le concevoir; aussi ne commence-t-il à traiter le sujet qu'au quatrième acte, et jusque-là il ne s'agit que de la jalousie d'Hercule et de son amour pour Alceste. Le seul rôle de Phérès, père d'Admète, eût suffi pour faire tomber cette pièce. Rien n'est si risible que les regrets de ce vieillard qui avoue qu'il s'ennuie à la mort depuis qu'il a cédé le trône à son fils, et que, si ce fils meurt, il aura *quelque plaisir à se ressaisir du bandeau royal*, à voir ceux qui ont méprisé sa vieillesse *adorer encore les restes de ses jours*, et que *cette idée à ses maux offre un peu de secours;* puis quand Alceste s'est dévouée, il avoue aussi qu'il n'en est pas trop fâché. *Je n'aimais que mon fils*, dit-il (on vient de voir comme il l'aimait):

Je reprends près de lui le rang qui m'était dû.
Tout fléchissait, Cléon, sous les lois de la reine,
..... et mon pouvoir n'était qu'une ombre vaine.

On a dit que Racine montrait les hommes comme

ils sont; oui, mais ce n'est pas de cette manière. La vérité qui ne montre que de la petitesse et de la bassesse, est une vérité qui dégoûte ; et s'il est dans la nature qu'il y ait des pères aussi lâches que ce Phérès, il est tout aussi naturel qu'il y en ait qui s'affligent sincèrement de la mort d'un fils, et qui soient touchés du généreux dévouement d'une épouse qui veut bien mourir pour lui ; et, comme cette vérité-là est intéressante, c'était celle-là qu'il fallait choisir.

Athénaïs, un peu moins mauvaise, eut quelque réussite lorsqu'on la reprit en 1736, la même année où parut *Alzire*. On ne l'a point revue depuis, et probablement on ne la reverra jamais. Elle est tirée en partie du *Pharamond* de La Calprenède, et entièrement dans le goût de ce romancier, pour qui La Grange avoue sa prédilection. Ce goût est ici d'autant plus déplacé, qu'il dégrade la dignité de personnages historiques. Le jeune Théodose n'est qu'un écolier docile, conduit par sa sœur Pulchérie ; et lorsque le prince de Perse, Varanès, porte l'extravagance jusqu'à disputer en face à un empereur romain, au milieu de sa cour, la main d'Athénaïs que cet empereur va épouser, Théodose souffre cette audace insultante avec une patience qui avilit sa personne et son rang, et consent à s'en rapporter au choix d'Athénaïs. La Grange n'a pas senti qu'après ce qui vient de se passer, cette prétendue générosité est d'un héros de roman et non pas d'un empereur, et que ce n'est pas ainsi que se font les mariages des maîtres du monde. Ce qu'il y a de plus remarquable dans *Athénaïs*, c'est que Voltaire en a pris le sujet, qu'il a traité dans sa vieillesse sous le titre des *Scythes*. Dans les deux pièces, c'est un prince de Perse qui a conçu d'abord un amour outrageant pour une jeune personne à qui dans la suite il vient offrir sa couronne et sa main, et qu'il dispute, sans aucune raison, à l'époux qu'elle a choisi. Voltaire a changé le lieu de la scène et le dénouement : il n'a pas fait une bonne pièce, il s'en faut de beaucoup, comme nous l'avons vu; mais la première scène et le contraste des mœurs des Persans et de celles des Scythes valent mieux que toute la tragédie d'*Athénaïs*.

Cassius et Victorinus est un sujet chrétien, mais qui ne l'est pas comme *Polyeucte*. L'enthousiasme religieux ne met point le gendre de Félix hors de la nature; mais comment supporter que Cassius, sous le nom de Lycas, s'obstine à rester inconnu à son père, l'empereur Claudius, et veuille absolument que son père l'envoie au supplice; qu'enfin il ne coure au martyre qu'en forçant Claudius d'immoler en lui son propre fils, et ne se fasse reconnaître en mourant que pour lui laisser le regret éternel d'une si déplorable barbarie? La religion peut, comme la vertu, comme la patrie, commander quelquefois de sacrifier la nature au devoir, mais non pas de l'offenser et de la violer : ce sont deux choses très différentes, que La Grange n'a pas su distinguer. La pièce d'ailleurs, quoiqu'elle ne soit pas sans art, a bien d'autres défauts; et sur-tout les mœurs païennes, relativement aux chrétiens, ne sont point conformes à l'histoire. Au reste, vous retrouvez encore dans ce Cassius, qui pendant cinq actes passe pour Lycas, ces déguisements de nom qui forment l'intrigue de presque toutes les pièces de La Grange, comme de celles de Crébillon. Ce moyen est aujourd'hui si usé, que je ne comprends pas comment on ose encore l'employer, à moins d'un très grand effet.

Érigone ne vaut pas qu'on en parle : c'est un roman insipide et embrouillé. Dans les autres pièces de La Grange, il y a ordinairement quelque intérêt de curiosité qui empêchait du moins qu'elles ne tombassent absolument, dans la nouveauté, et permettait qu'on hasardât de les reprendre. Il n'y a rien dans celle-ci. Elle eut quelques représentations en 1751, et depuis n'a point reparu, non plus que *Cassius et Victorinus*. Si cette dernière, plus passable et mieux conduite n'a pas été plus heureuse, c'est probablement parce que le christianisme, dont Corneille avait fait un si heureux usage, est ici trop mal entendu.

La Grange est un très mauvais versificateur : il est moins faible et moins lâche que Campistron ; mais il est presque toujours dur, prosaïque et incorrect, quelquefois barbare et ridicule. Chez lui le sentiment est trivial et prolixe. Il a quelquefois de la force dans les idées, presque jamais dans l'expression ; et quand il veut se passionner, il devient déclamateur. Rien n'est plus choquant dans son style que les imitations fréquentes de Racine : elles ont le malheur de rappeler de très beaux endroits en les défigurant; et jamais le médiocre n'est plus rebutant que lorsqu'il se met tout à côté du beau, comme pour mieux faire voir à quel point il en diffère. Au surplus, cette maladresse est plus commune aujourd'hui que jamais, et c'est pour cela que la plupart des vers qu'on nous fait sont si difficiles à lire pour ceux qui connaissent les bons; leur mémoire est aussi sévère que leur jugement.

La Harpe, *Cours de Littérature.*

LA HARPE (JEAN-FRANÇOIS DE), célèbre critique français, naquit à Paris le 20 novembre 1739, d'un père originaire du pays de Vaud en Suisse, et qui servait en France en qualité de capitaine d'artillerie. Orphelin avant l'âge de neuf ans, La Harpe fut, de son propre aveu, nourri six mois par les sœurs de la charité de la paroisse Saint-André-des-Arts. Recommandé aux soins de M. Asselin, principal du collège d'Harcourt, celui-ci le fit admettre comme boursier dans cet établissement, où il fit les plus brillantes études, et remporta constamment les premiers prix de l'Université. Mais la douceur de ses triomphes fut empoisonnée par l'humiliation la plus amère : on l'accusa d'avoir composé une satire contre le vieillard qui avait pris soin de son adolescence. Son ingratitude parut si odieuse, que l'on eut recours à M. de Sartine, lieutenant-général de police, qui le fit conduire à Bicêtre, puis transférer, par grace, au fort l'Évêque, où sa détention dura plusieurs mois. « Cependant, dit La Harpe

« lui-même, dans un *avertissement* mis à la fin de
« sa tragédie de *Timoléon*, il est bien vrai qu'à l'âge
« de dix-neuf ans je fis très imprudemment quel-
« ques couplets contre des particuliers du collège
« d'Harcourt, et quelques-uns de mes camarades
« les recueillirent, et y en ajoutèrent d'autres ; mais
« dans ces couplets il n'est nullement question de
« personnes envers qui j'eusse le moindre devoir
« à remplir; » et il invoque là-dessus le témoignage
de M. Asselin lui-même. Rendu à la liberté, il se
consacra tout entier à la littérature. Au moment où
La Harpe commença sa carrière dans les belles-lettres, la philosophie moderne avait envahi le sceptre
de la littérature et des sciences; tous les talents nais-
sants étaient obligés de lui offrir leur hommage,
sous peine d'être bafoués et d'être l'objet des sarcasmes mordants de Voltaire et de la haine de ses
adeptes. La Harpe, sans ressources et sans bien,
n'eut point assez de courage pour renoncer aux espérances que ce parti lui présentait, et se lia de
bonne heure avec tous ceux qui en étaient les co-
ryphées. Après avoir débuté, en 1759, par deux hé-
roïdes, qui eurent un grand succès, il se plaça,
quatre ans après, dans les premiers rangs des écrivains, par sa tragédie de *Warwick*, qui fut jouée
à la cour, et lui valut l'honneur d'être présenté à
Louis XV. La noblesse du style, la vigueur du rôle
principal, la simplicité de l'action, et sur-tout la
vérité du dialogue, ont fait rester cette pièce au
théâtre, quoique l'histoire n'y soit pas respectée,
et que le dénouement en soit un peu romanesque.

Cependant, les jouissances d'amour-propre que fit éprouver à La Harpe le succès de son premier ouvrage dramatique, furent un peu tempérées par les nombreuses critiques qui en parurent, et auxquelles il répondit avec ce ton de supériorité dédaigneuse qui, par la suite, lui attira tant d'ennemis. Résolu d'imposer silence à ses détracteurs, et entre autres à Piron, qui avait dit de lui avec sa causticité ordinaire : « Ce jeune homme n'a que cette « pièce dans le ventre, » il continua de marcher dans la carrière où il venait de s'illustrer; mais il ne soutint pas cet éclatant début. *Timoléon*, joué en 1764, fut froidement accueilli; et *Pharamond*, qu'il donna l'année suivante, ne réussit pas aux premières représentations. De malins censeurs s'empressèrent de prendre acte de ce double échec. J'ai vu, écrivait alors Dorat :

> J'ai vu malgré la canicule,
> Mourir de froid *Timoléon;*
> J'ai vu le public, sans scrupule,
> Bâiller au nom de *Pharamond.*

Ces épigrammes, plus piquantes que justes, et le défaut de succès qui y avait donné lieu, ne découragèrent cependant pas La Harpe, qui donna successivement au théâtre, quoiqu'à de grands intervalles, *Gustave Wasa* (1766), *Menzikoff* (1776), *les Barmécides* (1778), *Jeanne de Naples*, *les Brames* (1783), et *Coriolan* (1784). Le sort de ces différents ouvrages ne fut pas le même à beaucoup près; *Menzikoff* et *Coriolan* furent les seuls qui eurent

quelque succès. Les nombreux ennemis de l'auteur triomphaient déjà de tant de chutes ; mais La Harpe se vengea pleinement par *Philoctète*, qui est avec *Warwick*, son plus beau titre à la gloire dramatique. Soit que, soutenu par Sophocle, qu'il a plutôt traduit qu'imité, et se trouvant affranchi du soin d'inventer un plan et de créer des caractères, La Harpe pût s'attacher exclusivement à embellir et à épurer son style, avantage inappréciable pour un auteur chez qui l'imagination n'était pas la faculté la plus puissante; soit que son amour passionné pour les chefs-d'œuvre de la Grèce et de Rome lui fournit d'heureuses inspirations, il est certain que, dans cet ouvrage, il se plaça, du moins sous le rapport de la diction, à peu de distance des maîtres de l'art. *Jeanne de Naples* mérita le succès qu'elle obtint; *les Brames* ne parurent que pour justifier une plaisanterie du marquis de Bièvre, qui disait malicieusement : « Si *les Brames* prennent, *les Brames*
« (bras me) tombent. » Un ouvrage distingué par son exécution, quoique appartenant à un genre peu recommandable, vint accroître encore la réputation de La Harpe. Ce fut en 1770 qu'il composa *Mélanie*, drame en trois actes. On prétend qu'il en puisa le fond dans une aventure affreuse et récente, et qu'il se plut à y retracer les vertus de son bienfaiteur, M. Léger, curé de Saint-André-des-Arts. Cette pièce, écrite avec une élégance et une pureté peu communes, eut un succès bien au-delà de son mérite, et reçut plusieurs fois les applaudissements d'une assemblée qui écoutait avec

enthousiasme les sentences philosophiques dont elle est remplie, et venait pleurer sur la triste aventure d'une jeune insensée qui se donne la mort plutôt que d'entrer dans un couvent où ses parents veulent l'envoyer. Ce sujet, si en rapport avec la haine qu'inspiraient déjà les institutions religieuses à ceux qui les détruisirent depuis avec tant d'inhumanité, fut la cause principale de son succès; et l'on ne voulut point voir combien il était inconvenant de mettre sur la scène l'intérieur d'un couvent, et des personnages tels qu'un pasteur vénérable et une jeune novice. La Harpe lui-même l'a si bien senti depuis, qu'il l'a retirée du théâtre un an avant sa mort. Mais les succès dramatiques ne furent point les seuls que La Harpe sut obtenir. Il était entré dans la carrière des concours académiques, où l'appelait peut-être d'une manière plus marquée la nature de son talent. Les *Éloges de Henri IV, de Racine* et *de Fénelon* accrurent beaucoup sa réputation, et contribuèrent éminemment à lui faire ouvrir les portes de l'Académie, où il fut reçu en 1776. Peu de temps après, il publia une traduction de la *Lusiade*, quoique, suivant ses détracteurs, il ne sût point le portugais. Mais si sa version ne reproduit pas toujours la verve et l'éclat de l'original, elle est au moins recommandable par la correction et la clarté, qualités caractéristiques du style de La Harpe. Cette traduction, accompagnée de notes et de la *Vie du Camoens*, a paru en 1776, Paris, 2 vol. En 1779, il fit représenter au théâtre Français *les Muses rivales*, hommage qu'il rendait à la mémoire de Voltaire, dont il était l'enfant de prédilection, et qui l'exposa aux plaisanteries de Chénier. Ce fut vers cette même époque qu'il se chargea d'abréger l'*Histoire des voyages*, de l'abbé Prevost, volumineux recueil où des observations précieuses et des faits du plus grand intérêt se trouvent le plus souvent confondus parmi des détails minutieux. Quoique ce travail, fort étranger par sa nature aux occupations habituelles de La Harpe, ne put guère être, de sa part, qu'une spéculation de librairie, l'on ne peut nier que cet abrégé ne soit fait avec goût, et ne se fasse lire avec beaucoup d'intérêt. La tournure de son esprit le portant à disserter, un attrait de prédilection le ramenait sans cesse vers l'épineuse profession de journaliste. Pendant quarante ans, il enrichit divers journaux d'articles où règnent les principes conservateurs du bon goût, lorsque aucun motif de partialité ne l'égare. Ses remarques sont quelquefois minutieuses; mais en général sa discussion annonce le véritable esprit d'analyse. Dans les morceaux qu'il soigne, sa dialectique est sûre et pressante; à la clarté, à la précision, à la correction de son style, on reconnaît le disciple zélé de nos classiques. Il venait à peine d'ouvrir son cours de littérature, lorsque la révolution française éclata; il en embrassa les principes avec un enthousiasme qu'expliquait assez l'esprit philosophique dont il était animé; il applaudit, dans ses écrits périodiques, aux nouvelles réformes et à la ruine des anciennes institutions; lors même que la révolution eut pris ce caractère effrayant qu'elle déploya dans la suite, on le vit encenser l'idole de la liberté, et, le bonnet rouge sur la tête, entonner des hymnes à la patrie déshonorée. Une telle conduite, qui chez lui ne peut être attribuée qu'à la crainte, ne put le sauver de la persécution, à une époque où il était à peu près indispensable d'être proscripteur pour n'être point proscrit. En 1794, il fut détenu quatre ou cinq mois dans les prisons du Luxembourg. Il s'y réfugia bientôt dans le sein de la religion, asyle le plus sûr pour l'infortune. Il nous apprend que sa conversion fut entièrement opérée, lorsqu'ouvrant au hasard l'*Imitation de J.-C.*, il tomba sur ces paroles : « Me voici, mon fils ; je « viens à vous parce que vous m'avez invoqué. » Pendant sa détention, il traduisit *le Psautier*, à la tête duquel il a mis un excellent *Discours sur l'esprit des livres saints et le style des prophètes*. Depuis ce temps, La Harpe fut un homme et sur-tout un écrivain tout nouveau. Il ne craignit pas de donner à sa conversion la publicité qu'exigeait le scandale qu'il avait pu causer; et, bravant à la fois les sarcasmes des révolutionnaires et des philosophes, on le vit, dans ses leçons publiques, chanter une honorable palinodie. C'est alors qu'il fit paraître son *Cours de Littérature ancienne et moderne*, qu'il avait entrepris en 1786, à l'occasion de l'établissement connu sous le nom de *Lycée*, auquel il était attaché en qualité de professeur. Cet ouvrage, qui n'est autre chose que le résultat de ses leçons, et le fruit des études de sa vie entière, lui acquit le titre glorieux de *Quintilien français*, et jamais titre ne fut mieux mérité. L'étude approfondie des règles propres à chaque genre de composition, un goût sûr, toutes les fois qu'il n'est pas égaré par la passion, un talent de discussion remarquable, une extrême finesse de critique dans les détails, un style plein de pureté, de clarté et d'élégance, ont fait jusqu'ici de cet ouvrage le meilleur guide que l'on puisse prendre pour l'étude de la littérature française. Si on lui a reproché de n'avoir point traité avec assez de détails les auteurs anciens, et de n'avoir point gardé les proportions que le talent des écrivains lui prescrivait, c'est que l'on n'a point assez songé que ces défauts tenaient à la manière dont l'ouvrage a été composé; que La Harpe n'avait point eu d'abord l'intention de faire un livre, et que la longueur de ses articles tient beaucoup aux circonstances particulières qui l'ont forcé de s'étendre plus ou moins sur les différentes matières qu'il traitait.

Dans ce même temps, La Harpe se réunit avec MM. de Fontanes et de Vauxcelles, pour rédiger un journal (*le Mémorial*), où il attaqua sans relâche la domination du directoire, et où il cherchait à ramener aux bonnes mœurs et aux saines doctrines un peuple déjà lassé de révolutions, et qui commençait à être honteux de ses excès. Sa franchise, et sur-tout un écrit qu'il fit paraître dans le même temps, intitulé *le Fanatisme de la langue révolutionnaire*, plein d'une énergie qu'on ne lui connaissait point encore, le fit comprendre parmi les proscrits du 18 fructidor. Il fut obligé de se cacher aux environs de Paris, d'où il fit paraître la *Correspondance littéraire* que, depuis 1774 jusqu'en 1791, il avait entretenue avec le grand duc de Russie. La sévérité avec laquelle la plupart des écrivains du temps s'y trouvent jugés, lui attira des désagréments qu'il aurait pu s'éviter. Ses écrits et ses discours contre le parti philosophique, que semblait favoriser Bonaparte, lui attirèrent un ordre qui l'exilait à vingt-cinq lieues de Paris; il obtint ensuite de regagner à Corbeil la retraite dans laquelle il avait échappé aux marais infects de Sinamary : mais le dépérissement de sa santé lui fit bientôt accorder la permission de revenir à Paris. Dès ce moment, on reconnut en lui les effets de la résignation chrétienne : presque uniquement occupé d'exercices de piété, il se disposa à paraître devant Dieu; et, malgré les secours de l'art, il expira le 11 février 1803, dans sa 64e année. M. de Fontanes, au nom de l'Institut, répandit sur sa tombe les fleurs de l'amitié, et en 1805, à l'ouverture de l'Athénée, M. Chazet prononça son éloge. On trouve sa vie et l'histoire touchante de sa conversion dans l'édition du *Cours de Littérature* de Coste, 16 vol. in-12, 1813. C'est M. Mély-Janin qui en est l'auteur. Outre les ouvrages de La Harpe dont nous avons parlé, on lui doit encore : 1° *Mélanges littéraires*, ou *Épîtres et pièces philosophiques*, 1763, *in-*12 ; 2° *Traduction de la vie des douze Césars* de Suétone, avec des notes et des réflexions, 1770, 2 vol. in-8°. Cette traduction, généralement élégante, n'est pas toujours fidèle. 3° *Discours* *de réception à l'Académie française*, 1776, in-4°; 4° *Éloge de Voltaire*, 1780, in-8°; 5° *Éloge de Catinat*, couronné en 1775 par l'Académie française. 6° *De la guerre déclarée par nos derniers tyrans à la raison, à la morale, aux lettres et aux arts*, 1796, in-8°; 7° Quelques pièces de vers dont plusieurs ont été couronnées, telles que *la Délivrance de Salerne, le Portrait du sage, les Avantages de la paix, Conseils à un jeune poète, Brutus au Tasse, Tangu et Félime*, etc.; 8° *Commentaire des tragédies de Racine*, ouvrage posthume, Paris, 1807, 7 vol. in-8°; 9° *Commentaire sur le théâtre de Voltaire*, 1814, 1 vol. in-8°; 10° *Le Triomphe de la religion*, ou *le Roi martyr*, épopée en six chants, 1814. Cet ouvrage est au-dessous de la réputation de son auteur. La Harpe a donné lui-même un Choix de ses œuvres, Paris, 1778, 6 vol. in-8°. Ses *Œuvres choisies et posthumes*, Paris, 1806, ont été publiées par M. Petitot, qui paraît s'être conformé aux intentions de l'auteur dans les retranchements qu'il a faits. Il y a inséré plusieurs productions inédites, au nombre desquelles sont les *Fragments de l'apologie de la religion*, ouvrage que La Harpe avait entrepris, mais qu'il n'a pu terminer. Ces *Fragments* remplissent presque entièrement le dernier volume. On y remarque, outre la pureté et l'élégance ordinaires à l'auteur, une onction et une élévation qu'il avait puisées dans ses sentiments religieux et dans l'Écriture-Sainte, qui a fait l'objet principal de ses lectures et de ses méditations sur la fin de sa vie. Le libraire Verdière a donné depuis une belle édition des *OEuvres complètes* de La Harpe, en 32 volumes in-8°.

FELLER, *Dictionnaire historique*

JUGEMENTS.

I.

Essayons de juger sans prévention, sans aucun esprit de vengeance ou de ressentiment personnel, en un mot, en conservant le caractère d'impartialité qui a toujours distingué ces *Mémoires*, l'homme qui s'étant érigé, de sa propre autorité, en juge universel de la littérature ancienne et moderne, s'est presque toujours dispensé envers ses contemporains des égards que lui prescrivait la décence.

M. de La Harpe s'est tour à tour livré à la poésie, à l'éloquence, et principalement à la critique. Dans ces différents genres on ne peut lui disputer le mérite d'un style élégant, pur et correct : mérite qui a été d'autant plus vivement senti, qu'il commençait à devenir très rare.

La carrière du théâtre est celle qu'il parut d'abord affectionner de prédilection. Il y débuta par la tragédie de *Warwick*, et, malgré les défauts inévitables d'un premier essai, cette pièce eut un succès d'encouragement qu'elle dut aux belles scènes de son quatrième acte, et qu'on ne pouvait d'ailleurs refuser sans injustice à la jeunesse de l'auteur. Mais les spectateurs instruits parurent blessés de n'y retrouver aucune trace du grand caractère de l'intrépide Marguerite d'Anjou, qui n'ouvre la scène avec un peu d'éclat au premier acte, que pour jouer ensuite le personnage d'une intrigante subalterne.

Une faute que nous croyons plus grave, parut les blesser encore davantage. M. de La Harpe s'est permis de faire mourir en combattant pour le duc d'Yorck, le même Warwick, qui fut tué en combattant contre ce prince, en faveur de la maison de Lancastre : et nous doutons que les privilèges de la poésie puissent s'étendre jusqu'à dénaturer à ce point les faits historiques, sur-tout à une époque aussi rapprochée de nous que celle des deux partis qui, sous le nom de la rose blanche et de la rose rouge, firent couler en Angleterre, vers la fin du XVe siècle, des flots de sang, ou dans les champs de bataille, ou sur les échafauds.

Quoi qu'il en soit, le succès de *Warwick* devint funeste à M. de La Harpe. Sa tête, échauffée d'orgueil, ne vit plus, dans la carrière du théâtre, que des lauriers faciles à cueillir; et trois chutes consécutives qu'il éprouva dans *Timoléon*, dans *Gustave* et dans *Pharamond*, loin de modérer cet orgueil, ne firent que le redoubler *. Nous pouvons même avouer aujourd'hui, sans conséquence, que c'était à M. de La Harpe que nous avions appliqué intérieurement ce trait de la comédie du *Satirique* :

...... Ce succès va le rendre insolent.

* Qui ne connait, ces vers mordants de Gilbert, que leur mérite et l'orgueil de La Harpe ont rendu proverbe :

C'est ce petit rimeur, de tant de prix enflé,
Qui sifflé pour ses vers, pour sa prose sifflé,
Tout meurtri des faux pas de sa muse tragique,
Tomba de chute en chute au trône académique.

Nous avions dit auparavant dans la *Dunciade*, par un sentiment de bienveillance envers ce jeune homme :

> Et nous voyons l'équitable public,
> Malgré Fréron, applaudir à Warwick.

Ces vers, supprimés depuis, quoique peu dignes de regret, lui laissèrent contre nous une impression de malveillance, qui ne put être adoucie par un service très important que le hasard nous mit à portée de lui rendre. Sa reconnaissance du moins finit avec les remercîments dont il crut ne pouvoir se dispenser: mais revenons à ses essais dramatiques.

Les Barmécides, *Jeanne de Naples*, *Coriolan*, *Virginie*, moins malheureux que *Timoléon*, *Gustave* et *Pharamond*, furent loin cependant d'égaler le succès de *Warwick* : mais la chute des *Brames*, qui furent à peine achevés, lui parut si accablante, qu'enfin il abandonna la scène pour se livrer entièrement à la critique, devenue pour lui un besoin de vengeance, et d'ailleurs son véritable élément.

Un des ouvrages de M. de La Harpe, que le public accueillit avec le plus de faveur, et qu'il serait injuste d'oublier, c'est sa tragédie de *Philoctète*, traduction à la vérité très faible du *Philoctète* de Sophocle, et dans laquelle sa poésie, dénuée de couleur, n'approche pas de la traduction en prose qu'en a donnée Fénelon, et qui est un des beaux ornements du *Télémaque*. Mais tel est le mérite du sujet, et l'avantage de travailler d'après un modèle tel que Sophocle, que cette pièce s'est soutenue au théâtre plus long-temps qu'aucun autre ouvrage de l'auteur. Il est vrai qu'elle dut en grande partie son succès (et M. de La Harpe en convient lui-même) au talent d'un acteur qui se surpassa dans le rôle de Philoctète, et qui sut donner à ce personnage un caractère dont le public, avant cette pièce, ne l'eût pas jugé capable, et que depuis il ne retrouva jamais, du moins au même degré.

Dans cette vicissitude de succès faibles et de chutes plus ou moins violentes, *Mélanie*, qui n'est à la vérité qu'un drame, mais qui nous paraît, quant à la partie du style, la production que M. de La Harpe a le plus soignée, mérite par cette raison-là même, une attention particulière. Le style en est, d'un bout à l'autre, d'une élégance soutenue, et qui fait presque oublier la nullité d'action et les invraisemblances de la pièce. *Mélanie* prouverait donc que M. de La Harpe, en voulant s'élever à la hauteur de la tragédie, a méconnu son véritable talent, qui ne l'appelait qu'à la poésie tempérée, et c'est en effet le genre dans lequel il a le plus réussi : ce fut donc une grande témérité de sa part que d'oser tenter le genre de l'ode, et même de l'ode dithyrambique *. Il n'a fait, dans ces malheureux essais, que prouver son impuis-

---

* Comme on vantait avec enthousiasme les odes de La Harpe, en présence de l'abbé Delille, celui-ci répondit par cet impromptu :

De l'admiration réprimez le délire ;
Parlez de sa *musette*, et non pas de sa lyre.

La romance de La Harpe, *ô ma tendre Musette!* était alors dans toutes les bouches. F.

sance. On sent partout l'effort par lequel il tâche de s'agrandir, et cet effort même le rabaisse au-dessous de sa taille ordinaire. Ce n'est donc que par l'habitude qu'avait Voltaire de mêler toujours quelque raillerie à ses éloges, qu'il se permit de comparer le style de *Mélanie* au style de Racine. Il y aurait bien en effet quelque comparaison à faire entre le sujet d'*Iphigénie en Aulide*, et la manière dont M. de La Harpe a traité celui de *Mélanie*. Dans les deux pièces un père veut immoler sa fille, tandis qu'une mère et un amant s'opposent de tout leur pouvoir au sacrifice. Considérée sous ce rapport, malheureusement trop vrai, *Mélanie* ne serait, à proprement parler, qu'une espèce de parodie d'*Iphigénie*; et l'on sent à quelle prodigieuse distance M. de Faublas doit être d'Agamemnon, madame de Faublas de Clytemnestre, et Monval d'Achille. La dissonnance du style est au moins dans la même proportion : cependant nous aimons à répéter que M. de La Harpe n'a rien écrit de mieux que *Mélanie*.

Si nous passons maintenant de la poésie à l'éloquence, nous retrouvons toujours dans M. de La Harpe la même impuissance de s'élever au grand. Ses *Éloges*, presque toujours couronnés par l'Académie, et parmi lesquels on doit distinguer sur-tout ceux de Racine et de Fénelon, offrent en général, à quelque tache près d'enluminure académique *, le

---

* Nous ne citerons qu'un exemple de cette vicieuse ostentation de style; il est tiré de l'Éloge de Racine : « Un siècle, dit M. de La Harpe, a ajouté « aux lumières d'un siècle; et c'est ainsi qu'en joignant et perpétuant leurs

style pur, élégant, souvent même fleuri d'un écrivain vraiment disert; mais vous y chercheriez vainement l'inspiration, sans laquelle il n'est pas plus d'éloquence que de poésie, les grands mouvements qui décèlent l'orateur, et ce degré de chaleur qui suppose une âme fortement passionnée. Un plaisir froid, et qu'on n'est pas tenté de renouveler, est le seul sentiment qu'ils inspirent. Jamais on ne se sent ému, bien moins encore entraîné; en un mot, M. de La Harpe n'est pas moins éloigné de l'éloquence de Pascal, de Bossuet, ou du philosophe de Genève, qu'il ne l'est, en poésie, du sublime de Corneille, et, comme lui-même l'a très bien dit, de la perfection désespérante de Racine.

La correction, l'élégance même de la diction, quand elle est dénuée de véhémence et de chaleur, n'est toujours qu'une médiocrité ornée, et M. de La Harpe, malgré la pureté de son style, en est malheureusement la preuve et l'exemple. Peut-être une des principales causes du froid que l'on éprouve en lisant sa prose à prétention, et sur-tout ses vers, c'est le désir qu'il a eu de se rendre intéressant aux yeux de Voltaire, en affectant de paraître philosophe, sans avoir pour la philosophie, qu'il a abjurée depuis, une vocation bien déterminée. Il ne s'est

---

« efforts, les générations, qui se reproduisent sans cesse, ont balancé la « faiblesse de notre nature, et que l'homme, qui n'a qu'un moment d'exis- « tence, a jeté, dans l'étendue des âges, la chaine de ses connaissances et de « ses travaux, qui doit atteindre aux bornes de la durée. » On ne peut guère employer plus d'emphase, ni ouvrir une plus grande bouche pour dire une chose assez commune; mais ces phrases à prétention ne déplaisent point aux Académies

point aperçu que Voltaire, doué d'une imagination brillante, et de la sensibilité la plus exquise, avait presque toujours employé la philosophie en maître, qu'il avait su la fondre, pour ainsi dire, en sentiment, et l'embellir d'ailleurs des plus riches couleurs de la poésie : de manière que, sèche et aride dans la plupart de ses imitateurs, elle devient dans ses ouvrages une beauté qui n'est qu'à lui, qui lui donne parmi nos meilleurs écrivains un caractère à part, qu'elle est même le trait dominant de sa physionomie. Chez M. de La Harpe, au contraire, elle n'est qu'un ornement de placage, une espèce de morgue et d'affectation sentencieuse, incompatible avec l'éloquence, dont elle paralyse les mouvements, et plus glaciale encore dans la poésie.

Il ne nous reste plus qu'à le considérer avec la même impartialité comme critique, et nous remarquerons d'abord, qu'en affectant beaucoup de mépris pour le métier de journaliste, c'est pourtant celui qu'il n'a presque jamais cessé d'exercer, qu'il exerce même encore dans son interminable *Cours de Littérature*, et vers lequel un attrait de prédilection paraît l'avoir constamment ramené. On sait qu'après s'être emparé long-temps des articles littéraires du *Mercure de France*, articles dont il a grossi l'édition très incomplète, quoique déjà trop volumineuse de ses *OEuvres*, il s'empara depuis, sans nul égard, et par le seul droit de conquête, des *Annales* de Linguet, qu'il a si cruellement diffamé dans sa *Gazette Russe;* qu'enfin cette gazette elle-même n'est qu'un journal fait à la hâte, dont il a tiré un double salaire en le faisant imprimer assez mal à propos à Paris, après en avoir été payé à Pétersbourg. Ce qu'elle offre de plus remarquable, c'est que, s'il est permis aux poètes de feindre, l'auteur a beaucoup moins usé de ce privilège dans ses poésies que dans cette Gazette, et qu'en n'y louant que lui seul, il y déchire à peu près tout le monde.

Enfin, comme le juge de la comédie des *Plaideurs*, toujours tourmenté de la manie de juger, il s'est érigé, en publiant ce qu'il appelle son *Lycée*, en juge souverain de tous les gens de lettres.

Dans cet ouvrage, devenu beaucoup trop long, on trouve, comme dans tous ses jugements littéraires, la pureté ordinaire de son style, des principes de goût très sains, quand il n'est animé, ce qui est très rares, par aucune passion, un talent remarquable pour la discussion, une dialectique serrée et pressante : mais, indépendamment de quelques erreurs un peu fortes dans lesquelles il est tombé sur la littérature ancienne, à commencer par Homère, on lui reproche avec raison presque tout ce qu'il a traduit, soit en vers, soit en prose. La négligence avec laquelle il a rendu plusieurs morceaux des *Oraisons de Cicéron* contre Verrès, ou des *Catilinaires*, est plutôt d'un écolier que d'un professeur de goût.

On lui reproche aussi la longueur démesurée de quelques articles, de celui de Sénèque, par exemple, qu'il commence par une digression sur Diderot, d'environ deux cents pages, tandis qu'il donne à peine quelques lignes à des objets plus importants.

Ce n'est pas que dans cette prolixe digression, il n'ait presque toujours raison contre Diderot; mais il devait plus que personne se rappeler cette judicieuse maxime :

Le secret d'ennuyer est celui de tout dire.

Quoi qu'il en soit, M. de La Harpe aurait pu s'asseoir avec dignité dans la chaire de Quintilien, s'il eût su se défendre de la violence de son caractère, de son intolérante jalousie contre tous ceux qu'il regarde comme des rivaux de gloire, enfin du ton décisif, impérieux et tranchant qu'il a porté jusqu'à l'indécence envers plusieurs de ses contemporains qui lui sont très supérieurs. On eût souhaité que l'usage du monde l'eût corrigé de cette morgue du pédantisme. Cette férule qu'il ne dépose jamais, comme Chénier l'a dit plaisamment, et cette âcreté bilieuse, lui conviennent d'autant moins qu'il n'est autorisé par aucun ouvrage bien éminent à cette affectation de supériorité qui étonne toujours quand elle ne révolte pas. Une image un peu familière, mais parfaitement juste, est ce qui nous paraît caractériser le mieux M. de La Harpe. C'est un homme d'une taille assez bien prise dans ses petites proportions, mais qui a le ridicule de se croire un colosse.

Comme écrivain, il a eu plus de célébrité qu'il n'en conservera. Son principal mérite est de n'avoir ni altéré ni dégradé la langue du beau siècle de Louis XIV. Il pourra même être cité dans le petit nombre de ceux qui en rappellent le souvenir : ce qui prouve qu'il s'est nourri des bons modèles. C'est à ce titre, sans doute, que Voltaire, quoiqu'il estimât fort peu ses tragédies, avait bien voulu l'avouer pour un de ses élèves : mais il y a loin de cette célébrité à la gloire, et c'est ce que M. de La Harpe ne paraît pas même soupçonner.

PALISSOT, *Mémoires sur la Littérature.*

II

Écrivain pur, correct, élégant, La Harpe ne s'éleva jamais à la hauteur de la grande poésie et de la grande éloquence ; comme poète et comme orateur, il manqua d'imagination, de mouvement, de verve et de chaleur. Il n'eut, à la vérité, aucun des défauts qui paraissent tenir à l'excès et à l'abus de la force ; mais il eut presque tous ceux qui tiennent à l'insuffisance de la faiblesse : il sut se préserver du mauvais goût, de l'enflure, du néologisme, de l'exagération, du faux enthousiasme, et du style bizarrement figuré de ses contemporains ; mais il ne put se défendre de la diffusion, de la langueur, de la froideur, de la sécheresse, de la monotonie, et quelquefois de la platitude. Sa prose, très inférieure à celle des grands écrivains, est fort au-dessus de ses vers ; c'est sur-tout dans ses vers qu'on peut remarquer ce genre de défauts que j'appelle ceux de la *faiblesse* : en général, l'incorrection y domine, non pas celle qui accompagne ordinairement les productions d'une imagination trop impétueuse et trop peu réglée, mais celle qui naît de l'impuissance : qu'on lise avec quelque attention les tragédies qu'il a composées, même dans la vigueur et la maturité de son talent, et l'on verra de combien de mauvais hémistiches, de vains remplissages, d'impropriétés, de défauts d'harmonie, de duretés choquantes, son style fourmille; il sera facile d'observer que l'expression poétique éclate et se montre rarement dans ses vers, et de reconnaître que l'auteur n'avait ni l'imagination, ni l'oreille d'un poète. . . . .

Ce qui caractérise avantageusement les ouvrages de La Harpe, et ce qui leur assure l'estime, malgré leurs défauts, c'est que dans le poète et dans l'orateur on retrouve toujours l'excellent critique, fidèle aux règles du goût et aux vrais principes de la composition; il s'en écarte rarement : il pratique, autant que son talent le lui permet, dans ses propres ouvrages, les maximes littéraires dont il sait faire une si juste application, en jugeant les ouvrages des autres : il est sage dans le choix des moyens, exact dans leur emploi, méthodique dans l'exposition de ses idées, judicieux dans la combinaison de ses plans, clair et simple dans son expression; et quoiqu'on ne puisse pas proposer ses écrits pour modèles, parce qu'ils sont défectueux sous trop de rapports, cependant ils respirent le bon goût, et doivent être rangés parmi les ouvrages qui sont le plus sensiblement marqués au coin de la bonne école. . . . .
. . . .

Plusieurs circonstances ont empêché l'auteur de donner au *Cours de Littérature* toute la perfection dont il était susceptible : M. de La Harpe, livré à la composition presque en sortant du collège, n'avait pas eu le temps d'étudier assez l'antiquité; et la partie de son *Cours*, où il traite des auteurs anciens, manque entièrement de profondeur, et pèche par le défaut des connaissances que le critique n'avait pu acquérir, quoiqu'on y trouve quelques morceaux excellents, entr'autres celui où il juge les écrits de Sénèque. Orateur et poète, le critique paraît trop souvent se souvenir de ses tragédies et de ses discours, et songer aux intérêts de sa réputation dans l'énoncé de ses jugements, et dans l'application de ses principes. Il n'est pas assez dégagé de toute vue personnelle : l'amour-propre fait quelquefois vaciller cette balance qu'il tient, en général, d'une main si ferme. Ami et admirateur passionné de Voltaire, ces deux sentiments ont presque entièrement gâté la partie du *Cours de Littérature*, où il est question de l'art dramatique : Corneille et Racine y sont immolés à la gloire de la divinité que M. de La Harpe a toujours encensée. Essentiellement amateur de l'argumentation et du genre polémique, il saisit trop facilement l'occasion de discuter longuement des questions qu'il aurait pu trancher en deux mots; il se répand trop en réfutations aussi fastidieuses que longues et inutiles. Enfin la nature même de ce *Cours*, qui consiste en leçons données dans une espèce d'académie, semble s'être opposée à ce que l'auteur pût établir entre les différentes parties la liaison et la proportion nécessaires : quelques sujets importants n'y sont qu'effleurés; d'autres, d'un intérêt secondaire, y sont traités avec une étendue et une diffusion qui étouffent la matière, en dégoûtant le lecteur; de petits auteurs y remplissent un espace considérable; et plusieurs écrivains, même du premier ordre, ont à peine trouvé une place dans cet immense recueil, dont les derniers volumes sont particulièrement écrits d'un style qui accuse trop l'abus de la facilité, la négligence et la précipitation.

Dussault, *Annales littéraires.*

III.

Le grand intérêt qui s'attache au *Cours de Littérature*, la curiosité vive et soutenue qu'il excite, le piquant de la critique, le plaisir de comparer ses propres jugements à ceux d'un censeur aussi exercé que La Harpe, enfin l'immensité des connaissances en tout genre dont cet ouvrage est l'unique et précieux dépôt, toutes ces causes ou séparées ou réunies ont élevé le *Cours de Littérature* à une telle hauteur, qu'avec bien de la peine les autres productions de La Harpe peuvent éviter de se perdre dans l'ombre d'un monument aussi colossal. Cependant la beauté relative de deux ouvrages ne s'estime point uniquement sur les proportions, et quand on a admiré dans son ensemble la majesté du péristyle du Louvre, on peut s'arrêter avec plaisir devant les Cariatides de Sarrasin, ou les bas-reliefs de Goujon.

Ce que Louis XIV disait à Boileau : « Je vous crois, « vous vous y connaissez mieux que moi; » la plupart des lecteurs de La Harpe peuvent le lui dire sans excès d'humilité; c'est un guide habituellement sûr, auquel on doit s'abandonner avec confiance toutes les fois que l'on n'a pas à craindre que ses passions, en l'écartant de la route, ne nous égarent avec lui.

Il est donc bien essentiel de signaler, sur-tout aux jeunes gens, les caractères principaux auxquels ils peuvent reconnaître que le juge n'est pas monté à jeun sur son tribunal, et que quelque fumée ou d'amour-propre ou d'intérêt personnel lui a porté à la tête; je réduis ces caractères à deux. Je pense qu'il faut marcher avec précaution sur les pas de La Harpe, toutes les fois qu'il parle des auteurs anciens, et sur-tout des auteurs grecs, et qu'il faut également s'en défier lorsqu'il cite à sa barre les écrivains avec lesquels il a eu des relations spéciales ou d'opposition, ou d'amitié. Je suis convaincu que, plus d'une fois, il s'est hasardé à juger superficiellement, sur la foi d'autrui, sur des traductions infidèles, ou sur des commentaires inexacts, et qu'en cela il cédait à l'ambition de ne pas paraître reculer devant la tâche immense qu'il s'était témérairement imposée; d'un autre côté, je soupçonne qu'étant sensible et extrêmement irritable, il a dû se laisser prévenir souvent par des sentiments de gratitude ou de vengeance qui ont rompu l'équilibre de son impartialité naturelle.

Si l'on se rappelle les travaux continuels auxquels La Harpe n'a cessé de se livrer depuis sa sortie du collège, travaux presque tous étrangers à la littérature grecque, la quantité des pièces qu'il a données au théâtre, et dont une seule (*Philoctète*) est moins une traduction de Sophocle qu'une imitation de Fénelon, son *Abrégé de l'Histoire des Voyages*, ses *Traductions* de Suétone et du Camoëns, les trois journaux dont la rédaction principale lui fut confiée, son séjour de dix-huit mois à Ferney, ses habitudes dans une foule de grandes maisons, son assiduité aux séances académiques ; si l'on réfléchit qu'il n'avait que quarante-quatre ans lorsqu'en 1784 il commença son cours au lycée par l'analyse raisonnée de Platon, d'Aristote et des trois tragiques grecs ; on ne demandera point d'autres preuves, non-seulement qu'il avait peu étudié, mais même qu'il avait peu lu dans leur langue originale des auteurs dont un seul, Aristote ou Platon par exemple, occuperait facilement pendant une année les veilles laborieuses d'un savant helléniste qui les lui aurait exclusivement consacrées.

Que si comparant ensuite, le livre à la main, l'étendue donnée à l'analyse des deux in-folio de Platon avec l'espace si complaisant et si remarquable accordé à l'analyse d'une tragédie de Voltaire, on se demandait compte des motifs d'une disproportion de travail aussi peu en rapport avec les auteurs qui en font l'objet, ne serait-on pas forcé de se répondre à soi-même, que La Harpe pressé d'expédier sur mémoire communiqué une cause dont il n'avait pas pris connaissance, s'en dédommageait, et en dédommageait généreusement ses auditeurs, lorsqu'il arrivait à des objets mieux appropriés à ses études et à ses goûts, et sur lesquels il était certain d'attirer bien plus sûrement l'attention et l'intérêt de la plus belle moitié de son assemblée.

C'est là sans doute une excuse valable pour l'orateur qui parle en public; mais l'excuse s'évanouit pour le lecteur qui veut une instruction solide, et qui malheureusement ne trouve que des aperçus là où il s'attendait à des résultats positifs et satisfaisants.

La Harpe est dejà replacé sur son terrein quand il se rencontre avec les premiers classiques latins; on s'en aperçoit à la facilité avec laquelle il les parcourt et les juge; Virgile, Ovide, Lucain, les principaux discours de Cicéron, les traités les plus marquants de Sénèque, jusque là tout va à merveille; l'embarras devient sensible, lorsque des discours de l'orateur romain il passe à ceux des traités philosophiques qu'une prudence très louable arrête sur le seuil des collèges, et quand il arrive aux poètes ou aux sophistes du troisième et du quatrième siècle de l'empire, alors la lumière qui le conduit s'affaiblit par degrés, et il ne recommence à marcher d'un pas sûr et intrépide qu'à la lueur des flambeaux rallumés au génie de Léon X et de François Ier.

Il avance alors à pas de géant jusqu'au grand siècle de Louis XIV, et il traverse également avec fermeté les premières années du siècle qui l'a vu naître; quand il est arrivé à l'époque où les chefs de la littérature devinrent ou ses protecteurs ou ses rivaux, des obstacles d'un autre genre viennent arrêter la sûreté, la régularité de sa marche; la censure ou la louange se ressent de l'exagération de son caractère. Voltaire est exalté d'abord sans mesure, Gilbert dénigré sans ménagement. Depuis, il a rectifié ses premiers jugements sur Voltaire; mais le malheureux satirique n'a reçu aucune espèce de consolation; peut-être La Harpe pensait-il de bonne foi que les meilleurs vers devenaient détestables, quand ils étaient dirigés contre lui.

Ainsi, pour apprécier les jugements de La Harpe sur ses contemporains, il serait bon de se pourvoir d'une espèce de thermomètre physico-littéraire où l'on aurait marqué d'avance, à côté du tube où serait renfermée la bile du critique, le degré habituel de fermentation que tel auteur excitait. Fréron, Clément, Gilbert occuperaient le haut de l'échelle; Linguet, Dorat, Mercier descendraient quelques degrés plus bas; Delille, Marmontel, Thomas correspondraient à peu près au point de départ, au zéro de la température bilieuse; et enfin la liqueur sinistre coulerait entièrement et jusqu'à nouvel ordre aux pieds de Voltaire; nous avons vu le temps où le nom du grand homme la faisait bouillonner plus vivement même que celui de Fréron.

Le *Cours de Littérature*, pris, repris et quitté à trois époques bien différentes de la vie de La Harpe, présentait des disparates choquantes qu'une révision sévère a fait totalement disparaître; ses doctrines y ont reçu des mains de l'auteur l'homogénéité, qui seule peut leur donner de la consistance. La religion et la morale ont applaudi à cette heureuse réformation. Le goût y a gagné; et si l'on peut encore contredire La Harpe sur quelques-unes de ses décisions en littérature, du moins on est obligé de le reconnaître pour l'adversaire le plus redoutable des écrivains fauteurs des principes irréligieux, propagateurs des maximes anti-sociales. Diderot, Helvétius, J.-J. Rousseau (et l'on sent bien qu'il n'est plus question ici du talent seul de ces écrivains), attaqués jusqu'alors par des athlètes débiles, avaient repris terre, et semblaient avoir puisé, dans des combats trop inégaux, de nouvelles forces. La Harpe s'est présenté, a offert le combat, et y a constamment obtenu l'avantage; Diderot et Helvétius, démasqués et repoussés par le célèbre professeur, dans les dernières conséquences de leurs désastreux systèmes, ont été abandonnés de leurs plus intrépides défenseurs, et sont beaucoup plus connus aujourd'hui par les éloquentes réfutations de La Harpe que par leurs propres ouvrages; deux écrits de Diderot obtiennent encore quelquefois le honteux privilége réservé aux livres dépravés et corrupteurs, et le triste et criminel triomphe, ou du moins l'avantage de mettre ses lecteurs au courant de la sévérité philosophique de leur auteur.

La magie du style de Rousseau a sauvé ses écrits politiques du naufrage où Diderot et Helvétius ont été entraînés par La Harpe. Mais au moins il a été réfuté d'une manière digne d'un aussi grand écrivain; et s'il continue à se faire lire malgré l'éloquence de son contradicteur, on lit et on aime à lire le contradicteur malgré l'éloquence de l'écrivain.

Voilà les titres ineffaçables de la gloire de La Harpe. Que des jeunes gens se laissent séduire à l'attrait d'une lecture qui flatte leurs idées d'indépendance et leurs passions licencieuses, je le conçois; le mal est incurable, puisqu'il est impossible d'en extirper la cause, et que depuis l'époque qui ne promettait que des jours prospères à la religion et à la société civile, la licence et l'impiété ont fatigué, je ne dirai pas la presse, mais les spéculations mêmes de la plus ardente cupidité. Toutefois, si le poison s'est répandu, le zèle du bien et l'intérêt fondé sur le bon sens national ont multiplié à l'envi les imposantes, les utiles productions du génie conservateur; et dans ce nombre, et très près de la première place, je ne balance pas à mettre le *Cours de Littérature* de La Harpe. Ce sont précisément les pages de ce livre, consacrées à la défense des saines doctrines et des mœurs; ce sont ces pages que l'attrait du plaisir, et l'attrait non moins puissant de la raison opposent victorieusement à de dangereuses peintures, ou à d'éloquents sophismes, ou à des déclamations furibondes. La contagion du mal, je ne l'ignore pas, est plus rapide que celle du bien; mais aussi elle est passagère; et le bien reste parce qu'il prend racine dans les cœurs, et que la vérité est éternelle comme la source d'où elle émane. Tant que sur les rayons de la bibliothèque d'un jeune homme je verrai un *Helvétius* d'un côté, un *Cours de Littérature* de l'autre, je ne désespérerai point. La clarté élégante du style doit l'emporter tôt ou tard sur l'entortillage et l'obscurité, le raisonnable sur l'absurde, la vertu sur l'immoralité, et l'éloquence sur la bouffissure de la déclamation, ou sur la métaphysique du bel esprit.

Il semble que la *Correspondance littéraire* adressée à Paul Ier et au comte Schowalow soit un appendice obligé du *Cours de Littérature.* Les deux ouvrages paraissent, au premier coup-d'œil, avoir quelque analogie ; en y réfléchissant, on voit qu'il n'y a presque rien de commun entre des discours d'apparat prononcés devant une assemblée éclairée et choisie, et des confidences tracées au courant de la plume sur les ouvrages du moment, lesquelles sous aucun rapport ne méritaient d'être mises au jour. On sent bien que la solennité de la tribune oblige à des ménagements dont dispense le secret d'une lettre ; mais lorsque les contradictions deviennent publiques, elles sont toujours fâcheuses pour un critique auquel les mécontents ne demandent pas mieux que de trouver des torts ; et, d'ailleurs, le style épistolaire n'est pas le côté brillant du talent de La Harpe ; et il est maladroit d'apprendre à des tiers intéressés et malins que l'on a eu à se juger soi-même, et qu'on s'est acquitté de sa charge avec une indulgence qui n'a point été partagée.

Je résume en peu de mots mes observations sur les différents ouvrages de M. de La Harpe. *Warwick* et *Philoctète* resteront au théâtre ; *Tangu* et *Félime*, *l'Ombre de Duclos*, la *Réponse d'Horace à Voltaire* orneront un recueil bien choisi de poésies érotiques, satiriques et légères ; l'*Éloge de Racine, de Catinat, de La Fontaine, de Fénelon,* assurent à La Harpe, très près de Thomas, une place distinguée dans le second rang de nos orateurs ; *l'Apologie, le Triomphe de la Religion* sont deux ouvrages à part, qui attestent un talent élevé au-dessus de lui-même par l'inspiration religieuse, mais qu'il est impossible de classer, parce qu'ils ne sont achevés ni l'un ni l'autre; mais si jamais le buste de La Harpe était placé dans l'enceinte d'une société littéraire, on n'écrirait point sur le socle ces mots : *le Poète* ou *l'Orateur;* on y écrirait *le Quintilien Français*, et cette désignation, déjà sanctionnée depuis long-temps par le suffrage de tous les gens de lettres, indiquerait à la reconnaissance et à l'admiration l'auteur de l'ouvrage qui, depuis le siècle de Louis XIV, a servi le plus efficacement la cause de la religion, de la saine politique et de cette bonne, de cette excellente littérature, qui est inséparable de l'une et de l'autre[*].

Duviquet.

LALLY-TOLLENDAL (Trophime - Gérard , marquis de), est né à Paris, le 5 mars 1751. Ses *Mémoires* pour la réhabilitation de son père sont, dit La Harpe, les plus beaux monuments de notre éloquence judiciaire. (*Voyez* l'article barreau de notre *Répertoire*, tome II, page 481.

LAMARTINE (alphonse de) s'est placé au premier rang de nos poètes lyriques par ses *Méditations poétiques* qui parurent en 1820. Il a depuis

---

[*] M. J. Chénier a donné dans son *Tableau de la Littérature française*, une analyse sévère du *Lycée* de La Harpe.

publié des *Nouvelles Méditations poétiques*, *la Mort de Socrate*, *le dernier chant du Pélerinage de Childe-Harold*, *le chant du Sacre ou la veille des armes*, productions généralement reconnues comme inférieures de beaucoup à ses premières *Méditations*.

JUGEMENTS.

I.

La France voit aujourd'hui s'élever dans son sein un poète qui puise ses inspirations dans la religion, véritable source de lumière et de vie. Ce poète est M. de Lamartine, auteur des *Méditations poétiques*. L'épître à lord Byron, qui est le second morceau de ce recueil, exprime en vers admirables le système magnifique du christianisme, réponse éternelle au désespoir de l'athée. Pope avait développé en beaux vers les idées de Leibnitz : c'est le plan de l'évangile que M. de Lamartine développe dans une éclatante poésie. Cette poésie est à celle du lord Byron ce que l'enthousiasme est au délire. La vie, dans le poète anglais, ressemble à un instrument de supplice : l'homme est le criminel qui y est attaché, et il emploie son courage à braver la justice et la miséricorde divine. Elle est, dans le christianisme et dans la poésie de M. de Lamartine, une épreuve, et la couronne est le prix de la résignation ; qu'on lise les *Méditations sur Dieu, sur l'Immortalité de l'âme, sur la Prière*, c'est là le vrai sublime ; son impression est douce et on se plaît à la reproduire. Le calme qui accompagne toujours la religion, a passé dans l'âme du poète ; ses idées sont nobles et pures, son âme sensible et féconde, son expression toujours heureuse et naturelle; son élévation est sans emphase, son originalité sans bizarrerie. M. de Lamartine est une preuve de plus à quel point se lient les saines doctrines en religion, en politique et en littérature. Ses inspirations sont toutes dominées par le goût: ses *Méditations,* genre de poésie qui lui appartient, se prêtent à tous les sujets, sublimes ou tendres ; et il passe de l'un à l'autre avec une facilité prodigieuse. Ses stances sont pleines de mélancolie; ses épîtres, d'élévation et de véritable philosophie ; ses odes, de feu et de verve.

M. de Lamartine prouve ce que Racine a déjà prouvé, que notre langue, moins flexible que la langue des Grecs, moins harmonieuse que le latin, moins énergique que l'anglais, moins mélodieuse que l'italien, est, plus que toutes ces langues, la poésie du sentiment et de la pensée. Ses sons moins brillants lui donnent ce que j'appellerais une harmonie de sentiments qui a un charme inexprimable. Ses mots, moins variés, ont des nuances si bien définies par l'esprit, que cet avantage vaut seul tous les autres. Elle n'a pas de prosodie, il est vrai ; mais c'est l'âme qui y met l'accent. Je le répète, nous gagnerons en pensée et en sentiment tout ce qui nous manque du coté de l'oreille et de l'imagination. Le christianisme a fait pour notre langue et sa poésie ce qu'il a fait pour la peinture. Il a donné à l'âme ce qu'il a ôté à l'imagination, et à l'esprit ce qu'il a ôté aux sens. Il a remplacé par l'expression, dans la peinture, la beauté des formes, et dans la poésie, par le sentiment, l'harmonie des sons. M. de Lamartine, en véritable poète, a fait passer dans ses *Méditations* tout le génie de la langue française. Les rimes, dans ses vers, perdent de leur monotomie, il les dispose et les entremêle si habilement, pour parler comme Fénelon, que leur retour paraît une grace et non une nécessité.

Que sont quelques vers durs, quelques constructions vicieuses, quelques mots impropres, auprès de toutes les beautés qu'offre ce recueil? Il se compose de peu de pages, et nous en parlons comme d'un ouvrage d'une grave importance, parce que nous avons cru y reconnaître un véritable génie poétique.

E. Genoude.

II.

Les *Méditations poétiques* ont cet avantage, qu'elles expriment des sentiments que l'auteur a connus. Elles sont vraies, en ce sens qu'elles sont sincères : c'est à ce caractère, on peut se le rappeler, que nous avons reconnu l'inspiration. On prétend que M. de Lamartine les regarde comme des essais, comme des préludes, et qu'il réserve toutes ses espérances pour des compositions plus étudiées et plus ambitieuses ; cela même prouve que les *Méditations* lui ont échappé au lieu de lui coûter, et qu'elles décèlent plutôt un sentiment qu'une combinaison. C'est déjà un mérite qui nous suffirait pour les placer au premier rang des ouvrages qu'il nous promet. Puisse-t-il démentir notre conjecture, mais il nous semble appelé sur-tout, uniquement même, à ce genre de composition. L'attrait de la rêverie, les regrets de l'amour, le dégoût de la vie, la pensée confuse des choses invisibles et de l'avenir éternel, sont les sujets qui lui conviennent le mieux; et comme ils sont trop peu limités pour s'épuiser, nous lui conseillons d'y revenir sans cesse et sans scrupule, et nous ne l'accuserons pas de manquer de variété. A qui ne prétend point à l'invention, on ne peut reprocher de se répéter, et la poésie ne doit pas craindre d'être uniforme, lorsqu'elle se consacre à ce genre de sentiments qui, tels que le bruit du vent, doivent leur plus grand charme à leur monotonie.

Ce qui manque aux *Méditations* pour la pensée, c'est la force; et pour le cœur, c'est la passion : elles sont élevées et tristes, voilà tout. Aussi les meilleures expriment-elles les sentiments les moins prononcés; elles ont alors un charme d'une suavité que les mots ne peuvent rendre. (Voyez *le Soir*, *l'Isolement*, *les Préludes*, *les Adieux à la mer*, et sur-tout la pièce intitulée *Souvenir*.) Mais lorsque le poète s'attaque à des questions graves et profondes, ses vers, malgré de grandes beautés, ont quelque chose de confus et d'indécis qui satisfait mal les esprits sérieux; et quand il veut redescendre à la vie réelle et aux sentiments positifs, il perd le naturel et l'effet; témoin ses fragments épiques et dramatiques, témoin sur-tout *la Mort de Socrate*. Le *Phédon* est resté un beau monument philosophique, ou une grande scène d'histoire : c'est une malheureuse conception que d'en avoir fait une élégie.

Toutefois M. de Lamartine est placé dans un ordre d'idées au-dessus du commun des poètes ; et son talent, qui n'a point de modèle dans notre langue, lui promet plus d'imitateurs que de rivaux. Sans doute cette forme lyrique donnée à la méditation était connue des lecteurs de Klopstock ou de Schiller ; mais en France c'est une nouveauté, et M. de Lamartine en paraît redevable à une inspiration personnelle plutôt qu'à une imitation étrangère.

Il est une critique sur laquelle l'intérêt de l'art nous obligerait à insister, si, pour devenir utile, elle n'avait besoin d'être détaillée : c'est celle du style. L'incorrection négligée ne donne plus de naturel, depuis qu'une certaine école poétique l'a érigée en système, et que le mauvais langage est devenu de l'affectation. L'auteur des *Méditations* n'est pas de cette école ; c'est tout simplement faute de soin et de travail qu'il viole et la grammaire, et la rime, et le goût ; mais il ne devrait pas oublier que les fautes de diction ont le grand inconvénient de distraire l'attention et de nuire à l'effet de l'ensemble : il faut constamment bien écrire pour toucher toujours.

C. R.

MORCEAUX CHOISIS.

I. Dieu.

Cet astre universel, sans déclin, sans aurore,
C'est Dieu, c'est ce grand tout, qui soi-même s'adore !
Il est ; tout est en lui : l'immensité, les temps,

De son être infini sont les purs éléments;
L'espace est son séjour, l'éternité son âge;
Le jour est son regard, le monde est son image;
Tout l'univers subsiste à l'ombre de sa main;
L'être à flots éternels découlant de son sein,
Comme un fleuve nourri par cette source immense,
S'en échappe et revient finir où tout commence.
Sans bornes comme lui ses ouvrages parfaits
Bénissent en naissant la main qui les a faits?
Il peuple l'infini chaque fois qu'il respire;
Pour lui, vouloir c'est faire, exister c'est produire!
Tirant tout de soi seul, rapportant tout à soi,
Sa volonté suprême est sa suprême loi!
Mais cette volonté, sans ombre et sans faiblesse,
Est à la fois puissance, ordre, équité, sagesse.
Sur tout ce qui peut être il l'exerce à son gré;
Le néant jusqu'à lui s'élève par degré:
Intelligence, amour, force, beauté, jeunesse,
Sans s'épuiser jamais, il peut donner sans cesse,
Et comblant le néant de ses dons précieux,
Des derniers rangs de l'être il peut tirer des dieux!
Mais ces dieux de sa main, ces fils de sa puissance,
Mesurent d'eux à lui l'éternelle distance,
Tendant par leur nature à l'être qui les fit;
Il est leur fin à tous, et lui seul se suffit.
Voilà, voilà le Dieu que tout esprit adore,
Qu'Abraham a servi, que rêvait Pythagore,
Que Socrate annonçait, qu'entrevoyait Platon;
Ce Dieu que l'univers révèle à la raison,
Que la justice attend, que l'infortune espère,
Et que le Christ enfin vint montrer à la terre!
Ce n'est plus là ce Dieu par l'homme fabriqué,
Ce Dieu, par l'imposture à l'erreur expliqué,

Ce Dieu, défiguré par la main des faux prêtres,
Qu'adoraient en tremblant nos crédules ancêtres.
Il est seul, il est un, il est juste, il est bon;
La terre voit son œuvre, et le ciel sait son nom!

Heureux qui le connaît, plus heureux qui l'adore!
Qui, tandis que le monde ou l'outrage ou l'ignore,
Seul, aux rayons pieux des lampes de la nuit,
S'élève au sanctuaire où la foi l'introduit,
Et, consumé d'amour et de reconnaissance,
Brûle comme l'encens son âme en sa présence!
Mais pour monter à lui, notre esprit abattu
Doit emprunter d'en-haut sa force et sa vertu.
Il faut voler au ciel sur des ailes de flamme;
Le désir et l'amour sont les ailes de l'âme.

Ah! que ne suis-je né dans l'âge où les humains,
Jeunes, à peine encore échappés de ses mains,
Près de Dieu par le temps, plus près par l'innocence,
Conversaient avec lui, marchaient en sa présence!
Que n'ai-je vu le monde à son premier soleil!
Que n'ai-je entendu l'homme à son premier réveil!
Tout lui parlait de toi, tu lui parlais toi-même;
L'univers respirait ta majesté suprême;
La nature, sortant des mains du Créateur,
Étalait en tous sens le nom de son auteur;
Ce nom, caché depuis sous la rouille des âges,
En traits plus éclatants brillait sur tes ouvrages;
L'homme dans le passé ne remontait qu'à toi;
Il invoquait son père, et tu disais : C'est moi.

Long-temps comme un enfant ta voix daigna l'instruire,
Et par la main long-temps tu voulus le conduire.
Que de fois dans ta gloire à lui tu t'es montré,
Aux vallons de Sennar, aux chênes de Membré.

Dans le buisson d'Oreb, ou sur l'auguste cime
Où Moyse aux Hébreux dictait sa loi sublime !
Ces enfants de Jacob, premiers nés des humains,
Reçurent quarante ans la manne de tes mains :
Tu frappais leur esprit par tes vivants oracles !
Tu parlais à leurs yeux par la voix des miracles !
Et lorsqu'ils t'oubliaient, tes anges descendus
Rappelaient ta mémoire à leurs cœurs éperdus !
Mais enfin, comme un fleuve éloigné de sa source,
Ce souvenir si pur s'altéra dans sa course !
De cet astre vieilli la sombre nuit des temps
Éclipsa par degrés les rayons éclatants ;
Tu cessas de parler; l'oubli, la main des âges,
Usèrent ce grand nom empreint dans tes ouvrages ;
Les siècles en passant firent pâlir la foi ;
L'homme plaça le doute entre le monde et toi.

Oui, ce monde, Seigneur, est vieilli pour ta gloire ;
Il a perdu ton nom, ta trace et ta mémoire ;
Et, pour les retrouver, il nous faut, dans son cours,
Remonter flots à flots le long fleuve des jours !
Nature ! firmament ! l'œil en vain vous contemple ;
Hélas ! sans voir le Dieu, l'homme admire le temple ;
Il voit, il suit en vain, dans les déserts des cieux,
De leurs mille soleils le cours mystérieux !
Il ne reconnaît plus la main qui les dirige !
Un prodige éternel cesse d'être un prodige !
Comme ils brillaient hier, ils brilleront demain !
Qui sait où commença leur glorieux chemin ?
Qui sait si ce flambeau, qui luit et qui féconde,
Une première fois s'est levé sur le monde ?
Nos pères n'ont point vu briller son premier tour,
Et les jours éternels n'ont point de premier jour !
Sur le monde moral, en vain ta providence

Dans ces grands changements révèle ta présence!
C'est en vain qu'en tes jeux l'empire des humains
Passe d'un sceptre à l'autre, errant de mains en mains,
Nos yeux accoutumés à sa vicissitude
Se sont fait de la gloire une froide habitude;
Les siècles ont tant vu de ces grands coups du sort:
Le spectacle est usé, l'homme engourdi s'endort.

Réveille-nous, grand Dieu! parle, et change le monde;
Fais entendre au néant ta parole féconde.
Il est temps! lève-toi! sors de ce long repos;
Tire un autre univers de cet autre chaos:
A nos yeux assoupis il faut d'autres spectacles!
A nos esprits flottants il faut d'autres miracles!
Change l'ordre des cieux qui ne nous parle plus!
Lance un nouveau soleil à nos yeux éperdus!
Détruis ce vieux palais, indigne de ta gloire;
Viens! montre-toi toi-même et force-nous de croire!
Mais peut-être, avant l'heure où dans les cieux déserts
Le soleil cessera d'éclairer l'univers,
De ce soleil moral la lumière éclipsée,
Cessera par degrés d'éclairer la pensée;
Et le jour qui verra ce grand flambeau détruit
Plongera l'univers dans l'éternelle nuit.
Alors tu briseras ton inutile ouvrage!
Ses débris foudroyés rediront d'âge en âge:
Seul je suis; hors de moi rien ne peut subsister!
L'homme cessa de croire, il cessa d'exister!

Méditations poétiques, XXVIII.

II. L'immortalité.

Je te salue, ô mort! libérateur céleste,
Tu ne m'apparais point sous cet aspect funeste,

Que t'a prêté long-temps l'épouvante ou l'erreur ;
Ton bras n'est point armé d'un glaive destructeur,
Ton front n'est point cruel, ton œil n'est point perfide,
Au secours des douleurs un Dieu clément te guide ;
Tu n'anéantis pas, tu délivres ! ta main,
Céleste messager, porte un flambeau divin :
Quand mon œil fatigué se ferme à la lumière,
Tu viens d'un jour plus pur inonder ma paupière ;
Et l'espoir près de toi rêvant sur un tombeau,
Appuyé sur la foi, m'ouvre un monde plus beau !

Viens donc, viens détacher mes chaînes corporelles.
Viens, ouvre ma prison ; viens, prête-moi tes ailes ;
Que tardes-tu ? parais ; que je m'élance enfin
Vers cet être inconnu, mon principe et ma fin.

Qui m'en a détaché ? qui suis-je et que dois-je être ?
Je meurs et ne sais pas ce que c'est que de naître.
Toi, qu'en vain j'interroge, esprit, hôte inconnu,
Avant de m'animer, quel ciel habitais-tu ?
Quel pouvoir t'a jeté sur ce globe fragile ?
Quelle main t'enferma dans ta prison d'argile ?
Par quels nœuds étonnants, par quels secrets rapports,
Le corps tient-il à toi comme tu tiens au corps ?
Quel jour séparera l'âme de la matière ?
Pour quel nouveau palais quitteras-tu la terre ?
As-tu tout oublié ? par-delà le tombeau,
Vas-tu renaître encore dans un oubli nouveau !
Vas-tu recommencer une semblable vie ?
Ou dans le sein de Dieu, ta source et ta patrie,
Affranchi pour jamais de tes liens mortels,
Vas-tu jouir enfin de tes droits éternels ?
Oui, tel est mon espoir, ô moitié de ma vie !
C'est par lui que déjà mon âme raffermie

A pu voir sans effroi sur tes traits enchanteurs
Se faner du printemps les brillantes couleurs;
C'est par lui que, percé du trait qui me déchire,
Jeune encore, en mourant vous me verrez sourire,
Et que des pleurs de joie à nos derniers adieux,
A ton dernier regard, brilleront dans mes yeux.

Vain espoir! s'écrira le troupeau d'Épicure,
Et celui dont la main disséquant la nature,
Dans un coin du cerveau nouvellement décrit,
Voit penser la matière et végéter l'esprit;
Insensé! diront-ils, que trop d'orgueil abuse,
Regarde autour de toi : tout commence et tout s'use,
Tout marche vers un terme et tout naît pour mourir;
Dans ces prés jaunissants tu vois la fleur languir;
Tu vois dans ces forêts le cèdre au front superbe
Sous le poids de ses ans tomber, ramper sous l'herbe;
Dans leurs lits desséchés tu vois les mers tarir;
Les cieux mêmes, les cieux commencent à pâlir;
Cet astre dont le temps a caché la naissance,
Le soleil, comme nous, marche à sa décadence,
Et dans les cieux déserts les mortels éperdus
Le chercheront un jour et ne le verront plus!
Tu vois autour de toi dans la nature entière
Les siècles entasser poussière sur poussière,
Et le temps, d'un seul pas confondant ton orgueil,
De tout ce qu'il produit devenir le cercueil.
Et l'homme, et l'homme seul, ô sublime folie!
Au fond de son tombeau croit retrouver la vie,
Et, dans le tourbillon au néant emporté,
Abattu par le temps, rêve l'éternité.

Qu'un autre vous réponde, ô sages de la terre!
Laissez-moi mon erreur : j'aime, il faut que j'espère;

Notre faible raison se trouble et se confond.
Oui, la raison se tait; mais l'instinct vous répond.
Pour moi, quand je verrais, dans les célestes plaines,
Les astres s'écartant de leurs routes certaines,
Dans les champs de l'éther l'un par l'autre heurtés,
Parcourir au hasard les cieux épouvantés ;
Quand j'entendrais gémir et se briser la terre ;
Quand je verrais son globe errant et solitaire,
Flottant loin des soleils, pleurant l'homme détruit,
Se perdre dans les champs de l'éternelle nuit;
Et quand, dernier témoin de ces scènes funèbres,
Entouré du chaos, de la mort, des ténèbres,
Seul je serais debout : seul, malgré mon effroi,
Être infaillible et bon, j'espèrerais en toi,
Et, certain du retour de l'éternelle aurore,
Sur les mondes détruits je t'attendrais encore !

Ibid, V.

III. La Prière.

Le roi brillant du jour, se couchant dans sa gloire,
Descend avec lenteur de son char de victoire.
Le nuage éclatant qui le cache à nos yeux
Conserve en sillons d'or sa trace dans les cieux,
Et d'un reflet de pourpre inonde l'étendue.
Comme une lampe d'or, dans l'azur suspendue,
La lune se balance aux bords de l'horizon ;
Ses rayons affaiblis dorment sur le gazon,
Et le voile des nuits sur les monts se déplie :
C'est l'heure où la nature, un moment recueillie,
Entre la nuit qui tombe et le jour qui s'enfuit,
S'élève au Créateur du jour et de la nuit,
Et semble offrir à Dieu, dans son brillant langage,
De la création le magnifique hommage.

Voilà le sacrifice immense, universel !
L'univers est le temple, et la terre est l'autel ;
Les cieux en sont le dôme ; et ces astres sans nombre,
Ces feux demi-voilés, pâle ornement de l'ombre,
Dans la voûte d'azur avec ordre semés,
Sont les sacrés flambeaux pour ce temple allumés,
Et ces nuages purs qu'un jour mourant colore,
Et qu'un souffle léger, du couchant à l'aurore,
Dans les plaines de l'air, repliant mollement,
Roule en flocons de pourpre aux bords du firmament,
Sont les flots de l'encens qui monte et s'évapore
Jusqu'au trône du Dieu que la nature adore.

Mais ce temple est sans voix ; où sont les saints concerts ?
D'où s'élèvera l'hymne au roi de l'univers ?
Tout se tait : mon cœur seul parle dans ce silence.
La voix de l'univers, c'est mon intelligence.
Sur les rayons du soir, sur les ailes du vent,
Elle s'élève à Dieu comme un parfum vivant ;
Et, donnant un langage à toute créature,
Prête pour l'adorer mon âme à la nature.
Seul, invoquant ici son regard paternel,
Je remplis le désert du nom de l'Éternel ;
Et celui qui, du sein de sa gloire infinie,
Des sphères qu'il ordonne écoute l'harmonie,
Écoute aussi la voix de mon humble raison,
Qui contemple sa gloire et murmure son nom.

 Salut, principe et fin de toi-même et du monde,
Toi qui rends d'un regard l'immensité féconde ;
Ame de l'univers, Dieu, Père, Créateur,
Sous tous ces noms divers je crois en toi, Seigneur ;
Et, sans avoir besoin d'entendre ta parole,
Je lis au front des cieux mon glorieux symbole.

L'étendue à mes yeux révèle ta grandeur,
La terre ta bonté, les astres ta splendeur.
Tu t'es produit toi-même en ton brillant ouvrage;
L'univers tout entier réfléchit ton image,
Et mon âme à son tour réfléchit l'univers.
Ma pensée, embrassant tes attributs divers,
Partout autour de toi te découvre et t'adore,
Se contemple soi-même et t'y découvre encore :
Ainsi l'astre du jour éclate dans les cieux,
Se réfléchit dans l'onde et se peint à mes yeux.

C'est peu de croire en toi, bonté, beauté suprême;
Je te cherche partout, j'aspire à toi, je t'aime;
Mon âme est un rayon de lumière et d'amour
Qui, du foyer divin, détaché pour un jour,
De désirs dévorants loin de toi consumée,
Brûle de remonter à sa source enflammée ;
Je respire, je sens, je pense, j'aime en toi.

Ce monde qui te cache est transparent pour moi;
C'est toi que je découvre au fond de la nature,
C'est toi que je bénis dans toute créature.
Pour m'approcher de toi, j'ai fui dans ces déserts;
Là, quand l'aube, agitant son voile dans les airs,
Entr'ouvre l'horizon qu'un jour naissant colore,
Et sème sur les monts les perles de l'aurore,
Pour moi c'est ton regard, qui, du divin séjour,
S'entr'ouvre sur le monde et lui répand le jour :
Quand l'astre, à son midi, suspendant sa carrière,
M'inonde de chaleur, de vie et de lumière,
Dans ses puissants rayons, qui raniment mes sens,
Seigneur, c'est ta vertu, ton souffle que je sens;
Et quand la nuit, guidant son cortège d'étoiles,
Sur le monde endormi jette ses sombres voiles,

Seul, au sein du désert et de l'obscurité,
Méditant de la nuit la douce majesté,
Enveloppé de calme, et d'ombre, et de silence,
Mon âme, de plus près, adore ta présence;
D'un jour intérieur je me sens éclairer,
Et j'entends une voix qui me dit d'espérer.
Ibid, XVI.

IV. Bonaparte.

Sur un écueil battu par la vague plaintive,
Le nautonnier de loin voit blanchir sur la rive,
Un tombeau près du bord, par les flots déposé;
Le temps n'a pas encore bruni l'étroite pierre,
Et sous le vert tissu de la ronce et du lierre
  On distingue... un sceptre brisé!

Ici gît... point de nom!... demandez à la terre!
Ce nom? Il est inscrit en sanglant caractère,
Des bords du Tanaïs au sommet du Cédar,
Sur le bronze et le marbre, et sur le sein des braves,
Et jusque dans le cœur de ces troupeaux d'esclaves
  Qu'il foulait tremblants sous son char.

Ta tombe et ton berceau sont couverts d'un nuage,
Mais pareil à l'éclair tu sortis d'un orage!
Tu foudroyas le monde avant d'avoir un nom!
Tel ce Nil dont Memphis boit les vagues fécondes,
Avant d'être nommé, fait bouillonner ses ondes,
  Aux solitudes de Memnon.

Les dieux étaient tombés, les trônes étaient vides;
La victoire te prit sur ses ailes rapides.
D'un peuple de Brutus la gloire te fit roi!
Ce siècle, dont l'écume entraînait dans sa course
Les mœurs, les rois, les dieux... refoulé vers sa source,
  Recula d'un pas devant toi!

Ah! si rendant le sceptre à ses mains légitimes,
Plaçant sur ton pavois de royales victimes,
Tes mains des saints bandeaux avaient lavé l'affront?
Soldat vengeur des rois, plus grand que ces rois même,
De quel divin parfum, de quel pur diadème,
  L'histoire aurait sacré ton front!

Gloire! honneur! liberté! ces mots que l'homme adore
Retentissaient pour toi comme l'airain sonore
Dont un stupide écho répète au loin le son!
De cette langue, en vain ton oreille frappée,
Ne comprit ici-bas que le cri de l'épée,
  Et le mâle accord du clairon!

Superbe, et dédaignant ce que la terre admire,
Tu ne demandais rien au monde, que l'empire!
Tu marchais!... Tout obstacle était ton ennemi!
Ta volonté volait comme ce trait rapide
Qui va frapper le but où le regard le guide,
  Même à travers un cœur ami.

Jamais, pour éclaircir ta royale tristesse,
La coupe des festins ne te versa l'ivresse;
Tes yeux d'une autre pourpre aimaient à s'enivrer!
Comme un soldat debout, qui veille sous les armes,
Tu vis de la beauté le sourire ou les larmes,
  Sans sourire et sans soupirer.

Tu grandis sans plaisir, tu tombas sans murmure!
Rien d'humain ne battait sous ton épaisse armure;
Sans haine et sans amour, tu vivais pour penser!
Comme l'aigle régnant dans un ciel solitaire,
Tu n'avais qu'un regard pour mesurer la terre,
  Et des serres pour l'embrasser.

Tu tombas cependant de ce sublime faîte!

LAMARTINE.

Sur ce rocher désert jeté par la tempête,
Tu vis tes ennemis déchirer ton manteau!
Et le sort, ce seul dieu qu'adora ton audace,
Pour dernière faveur t'accorda cet espace
    Entre le trône et le tombeau.

Oh! qui m'aurait donné d'y sonder ta pensée,
Lorsque le souvenir de ta grandeur passée
Venait, comme un remords, t'assaillir loin du bruit!
Et que, les bras croisés sur ta large poitrine,
Sur ton front chauve et nu que la pensée incline,
    L'horreur passait comme la nuit!

Tel qu'un pasteur debout sur la rive profonde
Voit son ombre de loin se prolonger sur l'onde,
Et du fleuve orageux suivre en flottant le cours;
Tel du sommet désert de ta grandeur suprême,
Dans l'ombre du passé te recherchant toi-même,
    Tu rappelais tes anciens jours.

Ils passaient devant toi comme des flots sublimes
Dont l'œil voit sur les mers étinceler les cimes,
Ton oreille écoutait leur bruit harmonieux!
Et, d'un reflet de gloire éclairant ton visage,
Chaque flot t'apportait une brillante image,
    Que tu suivais long-temps des yeux!

Là, sur un pont tremblant tu défiais la foudre!
Là, du désert sacré tu réveillais la poudre!
Ton coursier frissonnait dans les flots du Jourdain!
Là, tes pas abaissaient une cime escarpée!
Là, tu changeais en sceptre une invincible épée!
    Ici..... mais quel effroi soudain!

Pourquoi détournes-tu ta paupière éperdue?
D'où vient cette pâleur sur ton front répandue?

Qu'as-tu vu tout-à-coup dans l'horreur du passé?
Est-ce d'une cité la ruine fumante?
Ou du sang des humains quelque plaine écumante?
    Mais la gloire a tout effacé.

La gloire efface tout! tout excepté le crime!
Mais son doigt me montrait le corps d'une victime;
Un jeune homme! un héros d'un sang pur inondé!
Le flot qui l'apportait, passait, passait sans cesse;
Et toujours en passant la vague vengeresse,
    Lui jetait le nom de Condé!

Comme pour effacer une tache livide,
On voyait sur son front passer sa main rapide.
Mais la trace du sang sous son doigt renaissait!
Et, comme un sceau frappé par une main suprême,
La goutte ineffaçable, ainsi qu'un diadème,
    Le couronnait de son forfait.

C'est pour cela, tyran! que ta gloire ternie
Fera par ton forfait douter de ton génie!
Qu'une trace de sang suivra partout ton char!
Et que ton nom, jouet d'un éternel orage,
Sera par l'avenir, ballotté d'âge en âge
    Entre Marius et César!

On dit qu'aux derniers jours de sa longue agonie,
Devant l'éternité seul avec son génie,
Son regard vers le ciel parut se soulever!
Le signe rédempteur toucha son front farouche!...
Et même on entendit commencer sur sa bouche
    Un nom!... qu'il n'osait achever!

Achève!... c'est le Dieu qui règne et qui couronne?
C'est le Dieu qui punit! c'est le Dieu qui pardonne!
Pour les héros et nous, il a des poids divers!

Parle-lui sans effroi! lui seul peut te comprendre!
L'esclave et le tyran ont tous un compte à rendre,
   L'un du sceptre, l'autre des fers!

Son cercueil est fermé! Dieu l'a jugé; silence!
Son crime et ses exploits pèsent dans la balance:
Que des faibles mortels, la main n'y touche plus!
Qui peut sonder, Seigneur, ta clémence infinie?
Et vous, fléaux de Dieu! qui sait si le génie
   N'est pas une de vos vertus?...
         Nouvelles Méditations, III.

V. Dernières paroles de Socrate à ses disciples.

« Quoi! vous pleurez, amis! vous pleurez quand mon âme,
« Semblable au pur encens que la prêtresse enflamme,
« Affranchie à jamais du vil poids de son corps,
« Va s'envoler aux dieux, et, dans de saints transports
« Saluant ce jour pur, qu'elle entrevit peut-être,
« Chercher la vérité, la voir et la connaître!
« Pourquoi donc vivons-nous, si ce n'est pour mourir?
« Pourquoi pour la justice ai-je aimé de souffrir?
« Pourquoi dans cette mort qu'on appelle la vie,
« Contre ses vils penchants luttant, quoique asservie,
« Mon âme avec mes sens a-t-elle combattu?
« Sans la mort, mes amis, que serait la vertu....
« C'est le prix du combat, la céleste couronne
« Qu'aux bornes de la course un saint juge nous donne;
« La voix du Jupiter qui nous rappelle à lui!
« Amis, bénissons-la! je l'entends aujourd'hui.
« Je pouvais de mes jours, disputant quelque reste,
« Me faire répéter deux fois l'ordre céleste
« Me préservent les dieux d'en prolonger le cours!
« En esclave attentif, ils m'appellent, j'y cours!
« Et vous, si vous m'aimez, comme aux plus belles fêtes,

« Suspendez une offrande aux murs de la prison !
« Et, le front couronné d'un verdoyant feston,
« Ainsi qu'un jeune époux qu'une foule empressée,
« Semant de chastes fleurs le seuil du gynécée,
« Vers le lit nuptial conduit après le bain,
« Dans les bras de la mort menez-moi par la main.

« Qu'est-ce donc que mourir ? briser ce nœud infâme,
« Cet adultère hymen de la terre avec l'âme,
« D'un vil poids, à la tombe, enfin se décharger !
« Mourir n'est pas mourir, mes amis, c'est changer !
« Tant qu'il vit, accablé sous le corps qui l'enchaîne,
« L'homme vers le vrai bien languissamment se traîne,
« Et, par ses vils besoins dans sa course arrêté,
« Suit d'un pas chancelant, ou perd la vérité.
« Mais celui qui, touchant au terme qu'il implore,
« Voit du jour éternel étinceler l'aurore ;
« Comme un rayon du soir remontant dans les cieux,
« Exilé de leur sein, remonte au sein des dieux ;
« Et buvant à longs traits le nectar qui l'enivre,
« Du jour de son trépas il commence de vivre !

« Mais mourir c'est souffrir ; et souffrir est un mal.
« —Amis ! qu'en savons-nous ? et quand l'instant fatal,
« Consacré par le sang comme un grand sacrifice,
« Pour ce corps immolé serait un court supplice,
« N'est-ce pas par un mal que tout bien est produit ?
« L'été sort de l'hiver, le jour sort de la nuit ?
« Dieu lui-même a noué cette éternelle haine ;
« Nous fûmes à la vie enfantés avec peine ;
« Et cet heureux trépas, des faibles redouté,
« N'est qu'un enfantement à l'immortalité !
« . . . .
« —Mais quoi ! suffit-il donc de mourir pour revivre ?
« Amis ! faites couler des parfums sur vos têtes !

« —Non : il faut que des sens notre âme se délivre,
« De ses penchants mortels triomphe avec effort !
« Que notre vie enfin soit une longue mort !
« La vie est le combat, la mort est la victoire,
« Et la terre est pour nous l'autel expiatoire
« Où l'homme, de ses sens sur le seuil dépouillé,
« Doit jeter dans les feux son vêtement souillé,
« Avant d'aller offrir sur un autel propice
« De sa vie, au dieu pur, l'aussi pur sacrifice ! »
. . . .

Cependant dans son sein son haleine oppressée
Trop faible pour prêter des sons à sa pensée,
Sur sa lèvre entr'ouverte, hélas, venait mourir,
Puis semblait tout-à-coup palpiter et courir :
Comme prêt à s'abattre aux rives paternelles
D'un cygne qui se pose on voit battre les ailes ;
Entre les bras d'un songe il semblait endormi.
L'intrépide Cébès penché sur notre ami,
Rappelant dans ses yeux l'âme qui s'évapore,
Jusqu'au bord du trépas l'interrogeait encore :
Dors-tu ? lui disait-il, la mort est-ce un sommeil ?
Il recueillit sa force, et dit : c'est un réveil !
—Ton œil est-il voilé par des ombres funèbres ?
—Non : je vois un jour pur poindre dans les ténèbres !
—N'entends-tu pas des cris, des gémissements ? — Non ;
J'entends des cistres d'or qui murmurent un nom !
—Que sens-tu ? — Ce que sent la jeune chrysalide
Quand livrant à la terre une dépouille aride,
Aux rayons de l'aurore ouvrant ses faibles yeux,
Le souffle du matin la roule dans les cieux !
—Ne nous trompais-tu pas ? réponds : l'âme était elle ?.....
—Croyez-en ce sourire, elle était immortelle !
—De ce monde imparfait qu'attends-tu pour sortir ?

—J'attends comme la nef un souffle pour partir!
—D'où viendra-t-il? — Du Ciel! — Encore une parole!
—Non; laisse en paix mon âme, afin qu'elle s'envole!
. . . .
On n'entendait autour ni plaintes, ni soupir!
C'est ainsi qu'il mourut!... si c'était là mourir!...

La Mort de Socrate.

LA MENNAIS (félicité, l'abbé de), éloquent auteur de l'*Essai sur l'indifférence en matière de religion*, est né à Saint-Malo en 1782.

Le mérite du style, dans cet ouvrage, est trop remarquable pour qu'aucune raison puisse nous dispenser d'en parler. Jamais, depuis Pascal, on ne réunit à une telle profondeur de pensée une telle vigueur de coloris. Il y a ici quelque chose qui ressemble à Tacite et à Bossuet. Ce style pittoresque, cette diction si énergique, ces expressions si vives, ces traits d'un pathétique sombre, cette éloquence si pressante, cette manière si forte d'embrasser un ensemble, et d'en disposer les détails, voilà bien qui décèle l'écrivain supérieur. L'érudition la plus vaste est tellement mêlée aux pensées de l'auteur, qu'elle y forme un tout indestructible. Nous serions embarrassés de citer, tant il y a de morceaux saillants, d'aperçus heureux, d'observations étonnantes en politique, en morale, en histoire. Il n'y a qu'une chose que nous serions tentés de reprendre dans cet ouvrage : c'est quelquefois une trop grande accumulation d'images; mais un goût plus sûr l'absoudrait de ce reproche. On voit que c'était ainsi qu'il fallait parler à un siècle indifférent. Tacite n'a pas écrit l'histoire comme Tite-Live, qui écrivait dans des temps plus calmes. Il y a un ton général commandé par le siècle où l'on vit. Clair, précis, profond, les beautés du style de l'*Essai* sont de l'ordre le plus élevé, et tout-à-fait originales. On sent que l'auteur a vu très jeune l'affreux spectacle que nous avons donné au monde. Son âme a frémi; il en a cherché la cause, et il frémit encore, en écrivant, que les mêmes causes ne ramènent les mêmes effets. Il se hâte, parce qu'il faut se presser parmi les choses soudaines et passagères. Son style a pris la teinte de sa position. On voit, à ce qu'il y a de sombre et de singulièrement énergique, qu'il craint toujours de ne pas dire assez tôt toutes les vérités qu'il annonce, de peur qu'elles ne soient trop tard entendues. L'*Introduction*, où l'on remarque sur-tout cette inquiétude, est un morceau à part : ce sont trente pages dignes de tout ce que l'éloquence a de plus brillant. Les suites de la réforme, le désordre des philosophies humaines, n'ont jamais été présentés avec plus de force, même par Bossuet, parce que M. de La Mennais a vu ce que ce puissant génie n'avait fait que prévoir. L'ouvrage manque peut-être de morceaux qui reposent l'âme. L'auteur vous traîne haletant après lui, de la réforme à l'indifférence : là, il vous fait sonder l'abyme, et bientôt il vous en arrache pour vous faire contempler la hauteur de la religion du ciel. Son génie plane comme l'aigle. Malebranche n'a pas de plus beau chapitre que celui de l'Importance de la Religion, par rapport à Dieu. Les *Élévations sur les Mystères* n'ont rien de plus imposant. M. de La Mennais répand des flots de lumière sur les questions les plus incompréhensibles pour l'esprit humain. Son livre restera comme un monument de cet âge.

E. Genoude.

MORCEAUX CHOISIS.

I. État de la société moderne.

Le siècle le plus malade n'est pas celui qui se passionne pour l'erreur; mais le siècle qui néglige, qui dédaigne la vérité. Il y a encore de la force, et par conséquent de l'espoir, là où l'on aperçoit de violents transports; mais lorsque tout mouvement est éteint, lorsque le pouls a cessé de battre, que le froid a gagné le cœur, qu'attendre alors qu'une prochaine et inévitable dissolution.

En vain l'on essaierait de se le dissimuler : la société en Europe s'avance rapidement vers ce terme fatal. Les bruits qui grondent dans son sein, les secousses qui l'ébranlent, ne sont pas le plus effrayant symptôme qu'elle offre à l'observateur : mais cette indifférence léthargique où nous la voyons tomber, ce profond assoupissement, qui l'en tirera? qui soufflera sur ces ossements arides pour les ranimer? Le bien, le mal, l'arbre qui donne la vie, et celui qui produit la mort, nourris par le même sol, croissent au milieu des peuples qui, sans lever la tête, passent, étendent la main, et saisissent leurs fruits au hasard. Religion, morale, honneur, devoirs, les

les principes les plus sacrés comme les plus nobles sentiments, ne sont plus qu'une espèce de rêve, de brillants et légers fantômes qui se jouent un moment dans le lointain de la pensée, pour disparaître bientôt sans retour. Non, jamais rien de semblable ne s'était vu, n'aurait pu même s'imaginer. Il a fallu de longs et persévérants efforts, une lutte infatigable de l'homme contre sa conscience et sa raison, pour parvenir enfin à cette brutale insouciance. Arrêtez un moment vos regards sur ce roi de la création : quel avilissement incompréhensible? son esprit affaissé n'est à l'aise que dans les ténèbres. Ignorer est sa joie, sa paix, sa félicité ; il a perdu jusqu'au désir de connaître ce qui l'intéresse le plus. Contemplant, avec un égal dégoût, la vérité et l'erreur, il affecte de croire qu'on ne les saurait discerner, afin de les confondre dans un commun mépris; dernier excès de dépravation intellectuelle où il lui soit donné d'arriver : *Cùm in profundum venerit contemnit.*

Or, quand on vient à considérer ce prodigieux égarement, on éprouve je ne sais quelle indicible pitié pour la nature humaine : car se peut-il concevoir de condition plus misérable que celle d'un être également ignorant de ses devoirs et de ses destinées ; et un plus étrange renversement de la raison, que de mettre son bonheur et son orgueil dans cette ignorance même, qui devrait être bien plutôt le sujet d'un inconsolable gémissement ?

La cause première d'une si honteuse dégradation est moins la **faiblesse** de notre esprit que son asservissement au corps. Subjugué par les sens, l'homme s'habitue à ne juger que par eux, ou sur leur rapport. Il ne voit de réalité que dans ce qui les frappe; tout le reste lui paraît de vagues abstractions, des chimères. Il n'existe que dans le monde physique: le monde intellectuel est nul pour lui. Il nierait sa pensée même, si elle lui était moins présente et moins intime; mais ne pouvant, si j'ose le dire ainsi, se séparer d'elle, et refusant néanmoins de la reconnaître pour ce qu'elle est, il en fait le résultat de l'organisation, il la matérialise, afin de n'être pas obligé d'admettre des substances inaccessibles aux sens.

Et, chose remarquable! la culture des sciences physiques, qui avertissent l'homme à chaque instant de sa supériorité sur la brute, n'a servi qu'à fortifier en lui cet abject penchant à se rabaisser au niveau des êtres les plus vils, en l'occupant sans cesse d'objets matériels. Alors son âme s'est dégoûtée d'elle-même, elle a rougi de sa céleste origine, et s'est efforcée d'en éteindre jusqu'au dernier souvenir. Cet amour immense qui fait le fond de son être, elle l'a détourné de son cours, pour l'appliquer uniquement au corps; elle les a aimés comme sa fin; elle a voulu s'identifier à eux, être périssable comme eux; elle s'est dit: Tu mourras! et a tressailli d'espérance.

Essai sur l'Indifférence en matière de religion. Introduction.

II. Établissement du christianisme.

On peut juger de la bonne foi des écrivains qui ont prétendu que le christianisme s'était établi naturellement. En effet, il n'eut à surmonter que les intérêts, les passions et les opinions. Armé d'une croix de bois, on le vit tout-à-coup s'avancer au milieu des joies enivrantes et des religions dissolues d'un monde vieilli dans la corruption. Aux fêtes brillantes du paganisme, aux gracieuses images d'une mythologie enchanteresse, à la commode licence de la morale philosophique, à toutes les séductions des arts et des plaisirs, il oppose les pompes de la douleur, de graves et lugubres cérémonies, les pleurs de la pénitence, des menaces terribles, de redoutables mystères, le faste effrayant de la pauvreté, le sac, la cendre et tous les symboles d'un dépouillement absolu et d'une consternation profonde; car c'est là tout ce que l'univers païen aperçut d'abord dans le christianisme. Aussitôt les passions s'élancent avec fureur contre l'ennemi qui se présente pour leur disputer l'empire. Les peuples, à grands flots, se précipitent sous leurs bannières; l'avarice y conduit les prêtres des idoles; l'orgueil y amène les sages, et la politique les empereurs. Alors commence une guerre effroyable: ni l'âge ni le sexe ne sont épargnés; les places publiques, les routes, les champs mêmes, et jusqu'aux lieux les plus déserts se couvrent d'instruments de torture, de chevalets, de bûchers, d'échafauds; les jeux se mêlent au carnage; de toutes parts on s'empresse pour jouir de l'agonie et de la mort des innocents qu'on égorge; et ce cri barbare : *les chrétiens aux lions*, fait tressaillir de joie une multitude ivre de sang. Mais dans ces épouvantables holocaustes, que l'on se hâte d'offrir à des divinités expirantes, il faut que chacune ait ses victimes choisies; et une cruauté ingénieuse invente de nouveaux supplices pour la pudeur. Enfin, les bourreaux fatigués s'arrêtent, la hache échappe de leurs mains. Je ne sais quelle vertu céleste, émanée de la croix, commence à les toucher eux-mêmes. A l'exemple de nations entières subjuguées avant eux, ils tombent aux pieds du christianisme, qui en échange du repentir leur promet l'immortalité, et déjà leur prodigue l'espérance. Signe sacré de paix et de salut, son radieux étendard flotte au loin sur les débris du paganisme écroulé. Les Césars jaloux avaient conjuré sa ruine, et le voilà assis sur le trône des Césars. Comment a-t-il vaincu tant de puissance? en présentant son sein au glaive, et aux chaînes ses mains désarmées. Comment a-t-il triomphé de tant de rage? en se livrant sans résistance à ses persécuteurs.

Ibid.

III. L'athée et le chrétien au lit de la mort.

On annonce à l'athée qu'il faut mourir. Que se passe-t-il en lui à ce dernier moment? Je veux, chose presque impossible, qu'il ait étouffé le remords, qu'aucun doute n'alarme son incrédulité : est-il exempt, pour cela de terreurs et d'angoisses? Interrogez quiconque a vu sur son lit de mort l'athée, non pas atteint d'une de ces maladies violentes dont l'effet est de suspendre les fonctions de l'âme, mais jouissant encore pleinement de ses facultés morales et sachant qu'il va bientôt expirer. La vive image de ce qu'il perd occupe tout l'esprit du moribond. Il avait des attachements, des habitudes, il tenait à la vie par mille liens qui se rompent à la fois : rupture effroyable qui, séparant soudainement l'âme de tout ce qui lui fut cher, la laisse seule et blessée dans un vide infini. Cet abyme sans fond, où elle va descendre, cette solitude morne, ce silence éternel, ce sommeil glacé, cette nuit qui n'aura jamais d'aurore, cette privation de tout bien, avec un désir invincible du bien être ; toutes ces idées, et une foule d'autres non moins désolantes, pèsent sur cette âme misérable, la bouleversent, la déchirent et commencent son affreux supplice. Mais que dire de son état, pour peu qu'il lui reste quelques doutes sur les principes qu'il s'était faits ? Comment peindre ces anxiétés, ces regrets à demi étouffés par le désespoir, et ce regard consterné qui ne rencontre de toutes parts qu'un passé sans consolation, et un avenir sans espérance ? Ce n'est plus alors le néant qu'elle redoute ; elle l'appelle au contraire de tous ses vœux, et l'appelle en vain : l'éternité seule lui répond. Tirons le rideau sur le reste de cette scène épouvantable, et laissons à l'enfer ses secrets.

La mort, si terrible pour l'incrédule, met le comble aux vœux du chrétien. Il la désire comme saint Paul, *afin d'être avec Jésus-Christ* ; il la désire pour commencer de vivre, *pour être délivré du poids des organes*, des liens matériels qui le retiennent sur cette terre, où les pures jouissances qu'il goûte ne sont qu'une ombre légère de la félicité qu'il pressent. Vit-on jamais alors un chrétien donner le même exemple que tant d'incrédules, abjurer sa doctrine, et regretter d'avoir cru! Ah! c'est à ce moment surtout qu'il en connaît le prix, que la vérité consolante brille à ses yeux de tout son éclat. La mort est le dernier trait de lumière qui le vient frapper : lumière si vive qu'elle rend presque imperceptible le passage de la foi à la claire vision de son objet. L'espérance, agitant son flambeau près de la couche du mourant, lui montre le ciel ouvert où l'amour l'appelle. La croix qu'il tient entre ses mains débiles, qu'il presse sur ses lèvres et sur son cœur, réveille en foule dans son esprit des souvenirs de miséricorde, le fortifie, l'attendrit, l'anime; encore un instant, et tout sera consommé; le trépas sera vaincu, et le profond mystère de la délivrance accompli. Une dernière défaillance de la nature annonce que cet instant est venu. La religion alors élève la voix, comme par un dernier effort de tendresse : « Pars, dit-elle, âme chrétienne; sors de ce monde, au nom du Dieu tout-puissant qui t'a créée! au nom de Jésus-Christ, fils du Dieu vivant, qui a souffert pour toi; au nom de l'Esprit saint dont tu as reçu l'effusion. Qu'en te séparant du corps, un libre accès te soit ouvert à la montagne de Sion, à la cité du Dieu vivant, à la Jérusalem céleste, à l'innombrable société des anges et des premiers nés de l'Église, dont les noms sont écrits au ciel! Que Dieu se lève et dissipe les puissances des ténèbres; que tous les esprits de malice fuient et n'osent toucher une brebis rachetée du sang de Jésus-Christ; que le Christ mort pour toi, crucifié pour toi, te délivre des supplices et de la mort éternelle ; que ce bon pasteur reconnaisse sa brebis, et la place dans le troupeau de ses élus! Puisses-tu voir éternellement ton rédempteur face à face; puisses-tu, à jamais présente devant la vérité dégagée de tout voile, la contempler sans fin dans l'éternelle extase du bonheur ! »

Au milieu de ces bénédictions, l'âme ravie brise ses entraves, et va recevoir le prix de sa fidélité et de son amour. Ici l'homme doit se taire : sa parole expire avec sa pensée. Non, l'œil n'a point vu, l'oreille n'a point entendu, l'esprit ne saurait comprendre ce que Dieu réserve à ceux qui l'aiment. Ce n'est point comme une mer qui ait son flux et reflux, c'est l'Océan immense qui déborde à la fois sur tous ses rivages. « Source intarissable de vie et de lumière, ô mon Dieu! s'écriait un prophète, je serai rassasié quand votre gloire m'apparaîtra. »
Ibid.

IV. Immatérialité de l'âme.

On a, depuis soixante ans, assez plaidé la cause du désespoir et de la mort : j'entreprends de défendre celle de l'espérance. Quelque chose me presse d'élever la voix, et d'appeler mon siècle en jugement. Je suis las d'entendre répéter à l'homme : Tu n'as rien à craindre, rien à attendre, et tu ne dois rien qu'à toi. Il le croirait peut-être enfin; peut-être qu'oubliant sa noble origine, il en viendrait jusqu'à

se regarder en effet comme « une masse organisée
« qui reçoit l'esprit de tout ce qui l'environne et
« de ses besoins ; jusqu'à dire à la pourriture, vous
« êtes ma mère, et aux vers, vous êtes mes frères
« et mes sœurs ; » peut-être qu'il se persuaderait
réellement être affranchi de tous devoirs envers son
auteur ; peut-être que ses désirs mêmes s'arrête-
raient aux portes du tombeau, et que satisfait d'une
frêle supériorité sur les brutes, passant comme elles
sans retour, il s'honorerait de tenir le sceptre du
néant. Je veux le briser dans sa main. Qu'il apprenne
ce qu'il est, qu'il s'instruise de sa grandeur aussi
bien que de sa dépendance. On s'est efforcé d'en
détruire les titres ; vaine tentative, ils subsistent :
on les lui montrera. Ils sont écrits dans sa nature
même ; tous les siècles les y ont lus. Je les citerai
à comparaître, et on les entendra proclamer l'existence d'une vraie religion. Qui osera les démentir,
et opposer à leur témoignage ses pensées d'un jour !
Nous verrons qui l'osera, quand tout à l'heure, ré-
veillant les générations éteintes, et convoquant les
peuples qui ne sont plus, ils se lèveront de leur
poussière pour venir déposer en faveur des droits
de Dieu et des immortels destins de l'homme.

Et pourquoi périrait-il ? Qui l'a condamné ? Sur
quoi juge-t-on qu'il finisse d'être ? Ce corps qui se
décompose, ces ossements, cette cendre, est-ce donc
l'homme ? Non, non, et la philosophie se hâte trop
de sceller la tombe. Qu'elle nous montre des parties
distinctes dans la pensée, alors nous comprendrons
qu'elle puisse se dissoudre. Elle ne l'a pas fait, elle

ne le fera jamais; jamais elle ne divisera l'idée de justice, ni ne la concevra divisée en différentes portions ayant entre elles des rapports de grandeur, de forme et de distance; elle est une, ou elle n'est point. Et le désir, l'amour, la volonté, voit-on clairement que ce soit des propriétés de la matière, des modifications de l'étendue? Voit-on clairement qu'une certaine disposition d'éléments composés, produise le sentiment essentiellement simple, et qu'en mélangeant des substances inertes, il en résulte une substance active, capable de connaître, de vouloir et d'aimer? Merveilleux effet de l'organisation! Cette boue que je foule aux pieds n'attend qu'un peu de chaleur, un nouvel arrangement de ses parties, pour devenir de l'intelligence, pour embrasser les cieux, en calculer les lois; pour franchir l'espace immense, et chercher par-delà tous les mondes, non seulement visibles, mais imaginables, un infini qui la satisfasse : atôme à l'étroit dans l'univers! Certes, je plains les esprits assez faibles pour croupir dans ces basses illusions; que si encore ils s'y complaisent, s'ils redoutent d'être détrompés, je n'ai point de termes pour exprimer l'horreur et le mépris qu'inspire une pareille dégradation.

Et que disent-ils cependant? Ils appellent les sens en témoignage; ils veulent que la vie s'arrête là où s'arrêtent les yeux; semblables à des enfants qui, voyant le soleil descendre au-dessous de l'horizon, le croiraient à jamais éteint. Mais quoi! sont-ils donc les seuls qu'ait frappés le triste spectacle d'organes en dissolution? sont-ils les premiers qui aient entendu le silence du sépulcre? Il y a six mille ans que les hommes passent comme des ombres devant l'homme ; et néanmoins le genre humain, défendu contre le prestige des sens par une foi puissante et par un sentiment invincible, ne vit jamais dans la mort qu'un changement d'existence, et malgré les contradictions de quelques esprits dépravés, il conserva toujours, comme un dogme de la raison générale, une haute tradition de l'immortalité. Que ceux-là donc qui la repoussent se séparent du genre humain, et s'en aillent à l'écart porter aux vers leur pâture, un cœur palpitant d'amour pour la vérité, la justice, et une intelligence qui connaît Dieu.

Ibid.

LA MOTTE (HOUDAR ANTOINE DE), fut un de ces hommes destinés, pour ainsi dire, à servir de transition entre le XVIIe et le XVIIIe siècles. Placé entre Racine et Bossuet, Voltaire et Montesquieu, il ne laisse pas cependant de tenir un rang, et d'avoir conservé un nom distingué dans notre littérature. Il naquit à Paris, le 17 janvier 1672. Son père qui était chapelier, le destina d'abord au barreau et il étudia en droit. Mais bientôt il renonça à cette carrière, vers laquelle il ne se sentait pas appelé, et se livra à son goût pour le théâtre. Un premier essai n'eut point tout le succès qu'il en avait attendu; rebuté de cet échec, La Motte, qui n'avait alors que vingt-un ans, résolut d'abord de ne plus travailler pour la scène et de se retirer à la Trappe. Heureusement pour lui, l'abbé de Rancé, appréciant justement cette résolution subite d'un jeune homme, ne l'admit point à embrasser un état qui, si sa vocation ne se fût pas affermie, aurait pu le rendre malheureux pour le reste de ses jours.

De retour à Paris, après deux ou trois mois de noviciat, La Motte travailla de nouveau pour le théâtre, et composa des opéra, des comédies, des tragédies. Il serait trop long et inutile d'en faire ici la nomenclature ; nous remarquerons seulement parmi ses opéra, *Issé*, pastorale lyrique qui mérite de justes éloges.

Le *Triomphe des Arts*, et *Sémélé* annoncent aussi un homme de talent. Le *Magnifique*, *l'Amant difficile* sont ses meilleures pièces dans le genre comique. Ses tragédies sont au nombre de quatre: *les Machabées*, *Romulus*, *Œdipe*, et *Inès de Castro*.

La dernière eut d'abord une vogue prodigieuse qu'elle justifie bien, et elle jouit encore maintenant de la faveur publique.

La Motte ne s'exerça pas seulement dans l'art dramatique ; nous avons de lui des odes qui lui attirèrent des louanges et qui depuis n'ont pas été épargnées par la critique. Quelques autres parurent sous le nom d'*Odes Anacréontiques* auxquelles on peut joindre un petit nombre de chansons. On trouve aussi dans ses pièces lyriques quelques paraphrases de psaumes, des cantates sur des sujets sacrés, des hymnes, des proses en vers français.

On connaît les fameuses querelles qui divisèrent alors les gens de lettres et les savants. Des hommes de beaucoup de talent s'élevèrent contre la poésie qu'ils regardaient comme une invention inutile et même nuisible. Buffon, comme on le sait, lorsqu'il voulait exprimer sa satisfaction en entendant de beaux vers disait que *c'était beau comme de la prose*. La Motte soutint la même opinion et prétendit que tout ce qui était bien en vers serait mieux en prose. Il voulut le prouver en faisant une ode, en mettant une de ses tragédies en prose, en traduisant ainsi une scène de Racine; mais ces essais sont oubliés. La querelle dite *des anciens* fit naître à cet écrivain l'idée de traduire *l'Iliade*, et si l'on s'en rapportait réellement à sa traduction on n'aurait pas une haute opinion d'Homère. Nous ne nous arrêterons plus long-temps sur ce sujet que pour faire remarquer la douceur de caractère qui distinguait La Motte. Il se vit attaqué par des épigrammes, par les insultes mêmes d'une femme qui le traita avec la rigueur et l'âpreté d'un sévère critique et il ne se permit jamais que de soutenir comme il put ses opinions sans attaquer personne et toujours avec beaucoup de politesse, au point que La Motte montra plutôt que madame Dacier, la douceur, la modération, desquelles il semble qu'une femme n'eût jamais dû s'écarter.

Des *Fables*, des *Églogues* sont les seules poésies qu'il nous reste à citer. Il semble que cet écrivain ait voulu s'exercer dans tous les genres. Il n'a su primer dans aucun, mais il n'en est guère où il n'ait mérité et obtenu quelque succès. On reproche à ses vers de la dureté, de l'incorrection, et on ajoute qu'il avait de bonnes raisons pour préférer la prose à la poésie. Fontenelle prit son parti en disant qu'ils étaient *forts de choses*, ce qui donna lieu à Voltaire de placer dans *Le Temple du Goût* l'épigramme suivante :

> Parmi les flots de la foule empressée,
> De ce parvis obstinément chassée,
> Tout doucement venait La Motte Houdard,
> Lequel disait d'un ton de papelard :
> « Ouvrez, Messieurs, c'est mon *Œdipe* en prose.
> « Mes vers sont durs, d'accord ; mais *forts de choses*.
> « De grâce, ouvrez : je veux à Despréaux,
> « Contre les vers dire avec goût deux mots. »

Au reste que l'on considère combien le travail devait être difficile à un homme, qui, dès l'âge de quarante ans, était devenu aveugle et perclus de ses membres, et l'on sera porté à l'indulgence. On doit même s'étonner que réduit à un tel état, n'ayant pour lui que le son de la voix, il ait pu réciter ses ouvrages avec assez d'art pour déguiser dans les séances publiques les fautes de son style et les faire passer inaperçues.

Parmi ses ouvrages en prose on remarque un *Éloge de Louis-le-Grand*, des *Essais sur la critique*, pour répondre à madame Dacier ; des *Dissertations sur la tragédie, la comédie, l'ode, la fable*, etc. ; une petite nouvelle orientale intitulé *Salned et Garaldi*, enfin un *Plan des preuves de la Religion*, bien conçu, et que La Motte était bien en état de remplir. Tels furent les travaux auxquels il consacra sa vie toute littéraire. Il avait été reçu à l'Académie française en 1710, et il mourut le 26 décembre 1731, âgé de cinquante-neuf ans. Il existe une édition de ses œuvres, de 1754, 10 volumes in-12.

JUGEMENTS.

I.

Avec beaucoup d'esprit, il a contrefait Homère, Anacréon, Virgile, La Fontaine et Quinault, comme le singe contrefait l'homme. Il a substitué au naturel, au sentiment, aux graces, l'art, le bel-esprit et le jargon.

La plupart de ses vers ne sont pas moins froids, moins secs, moins durs que ceux de Chapelain. Sa prose, au contraire, est correcte, harmonieuse, séduisante; mais on doit avertir les jeunes gens de ne la lire qu'avec une extrême défiance; car dans tous ses discours, il ne cesse de tendre des pièges au goût de ses lecteurs, en mettant avec une adresse infinie leur amour-propre dans les intérêts de sa pensée. C'est ce qu'on remarque sur-tout dans ses *Réflexions sur la Critique*. Les paradoxes les plus singuliers y sont exposés de manière à s'en laisser surprendre, si l'on perd un instant de vue que l'auteur ne cherche à les établir qu'en faveur de ses ouvrages.

Personne n'eut peut-être plus d'esprit que lui. Aussi M. de Fontenelle disait-il que le plus beau trait de sa vie était de n'avoir jamais été jaloux de

M. de La Motte. Mais personne n'est en même temps plus propre à marquer l'intervalle immense qui sépare le bel esprit du génie.

M. de Fontenelle disait encore, avec l'intention de le louer, qu'il voulut être poète, et qu'il le fut. En effet M. de La Motte s'essaya dans tous les genres de poésie; mais le coloris, cette partie essentielle de l'art, lui manqua toujours; et c'est sans doute parce qu'il le sentit lui-même, qu'il prit enfin tant d'humeur contre la poésie. Il est le premier qui ait entrepris de mettre en vogue le ridicule projet de faire des tragédies et des odes en prose. Ses *Fables*, quoique ingénieuses, sont aussi inférieures à celles de La Fontaine, que son informe abrégé de l'*Iliade* est au-dessous du poème d'Homère.

Une des plus grandes erreurs de M. de La Motte, fut de croire que l'esprit seul tenait lieu de tout. Cette opinion l'égara dans le parti de Perrault et des autres détracteurs des anciens, dont il ne pouvait juger les ouvrages que sur le rapport infidèle des traductions.

On a répété souvent que les vers de La Motte étaient extrêmement pensés, et que même, en qualité de penseur, il devait avoir le pas sur Rousseau[*]. Ceux qui ont voulu établir ce paradoxe, ont affecté de confondre le masque et le visage. La Motte emploie, il est vrai, avec recherche, le jargon et l'ap-

---

[*] La critique décida que Rousseau passerait devant La Motte en qualité de versificateur, mais que La Motte aurait le pas toutes les fois qu'il s'agitait d'esprit et de raison. VOLTAIRE, *Temple du Goût*.

pareil de la philosophie; il en devient pour ainsi dire, technique; en un mot, il ne quitte jamais la fourrure doctorale et le ton dogmatique; mais aux yeux des connaisseurs délicats, il paraîtra toujours vide et sec à côté de Rousseau. Ce dernier a réellement dans ses ouvrages toute la saine philosophie, dont La Motte n'a que l'extérieur.

L'auteur des *Questions sur l'Encyclopédie* (article *Critique*) a cru prouver la supériorité de La Motte, en opposant quelques-uns de ses vers les mieux faits, aux vers de Rousseau les plus négligés. Ce petit artifice n'en imposerait tout au plus qu'à des enfants. Avec une pareille méthode, il n'est pas de Zoïle qui ne vînt à bout de mettre le dernier de nos poètes au-dessus de Voltaire.

On doit placer La Motte au nombre de ces auteurs qui ont eu, de leur vivant, une réputation exagérée, et dont la postérité se venge ensuite en les rabaissant au-dessous de leur valeur.

La tragédie d'*Inès de Castro*, pièce dénuée de poésie, mais d'un effet prodigieux au théâtre, conservera cependant à cet écrivain une longue célébrité. Quelques-unes de ses comédies, et principalement celle du *Magnifique*, prouvent encore avec quelle souplesse, sans avoir le génie d'aucun genre, son bel esprit savait se plier à tout. Elles plaisent aux représentations et à la lecture.

PALISSOT, *Mémoires sur la Littérature*.

II.

SECTION PREMIÈRE. — Du Théâtre de La Motte.

Un auteur qui eut long-temps plus de réputation

qu'il n'en méritait, et qui depuis n'a guère conservé qu'auprès des gens instruits ce qu'il en mérite réellement, La Motte, qui s'essaya dans tous les genres de poésie avec une confiance qui le trompait, et avec des succès passagers qui devaient le tromper encore davantage, nous a laissé quatre tragédies, les *Machabées*, *Romulus*, *OEdipe* et *Inès*. Les deux premières n'eurent qu'une fortune éphémère; la troisième tomba : la dernière est du petit nombre de celles qu'on revoit le plus souvent; elle mérite qu'on s'y arrête avec attention, après avoir dit un mot des trois autres.

Le sujet des *Machabées* était peu fait pour le théâtre; il y règne un sublime de dévouement religieux trop au-dessus des sentiments naturels pour être soutenu pendant cinq actes. On souffre trop à voir si long-temps une mère qui ne fait autre chose que demander la mort, et une mort cruelle pour ses enfants, comme la faveur la plus signalée et le plus rare bonheur; qui, après avoir perdu six enfants, ne souffre pas même que le dernier qui lui reste attende le martyre qu'on lui destine, mais lui fait un devoir de le provoquer, et d'aller au-devant du plus affreux supplice. C'est ainsi, je l'avoue, qu'elle est représentée dans l'*Histoire sainte*; mais ces actions extraordinaires, que la religion elle-même ne présente point comme des modèles, mais comme des exceptions très rares, au-dessus des forces humaines, et comme des prodiges de la grace, ne sont point dans l'ordre des objets qui peuvent nous occuper long-temps sur la scène. Le poète s'est conformé aussi à la *Bible* dans la peinture du caractère d'Antiochus; mais ce n'est pas non plus une raison pour qu'on voie sans répugnance un roi assez insensé pour mettre ici toute sa grandeur à forcer un jeune Israélite de renoncer au culte de ses pères. Le rôle d'Antigone ne blesse pas moins les vraisemblances et les convenances. Elle est fille d'un des généraux d'Antiochus. Après la mort de son père, elle est demeurée depuis un an auprès de ce roi, dont elle est aimée; ce qui est d'autant moins d'accord avec les bienséances de son âge et de son sexe, que dans la liste des personnages l'auteur la qualifie de *favorite d'Antiochus*, et qu'effectivement le spectateur ne peut guère en avoir une autre idée. Ce n'est qu'au troisième acte qu'il lui offre sa main, en ajoutant que depuis un an ses *tendresses* ont dû la disposer à cette offre : ce mot de *tendresses* est d'autant plus équivoque, que jusque-là ce prince lui en a dit à peine un mot, et que, s'il l'aime, il a tout le calme de l'amour satisfait et de la possession tranquille. Mais ce qui est beaucoup plus singulier, c'est qu'Antigone aime depuis quelque temps, et préfère au roi de Syrie un jeune Hébreu qui sort à peine de l'enfance, et que rien n'a pu rendre recommandable à ses yeux. Cet amour ne peut pas être l'effet de sa conversion au judaïsme : car au deuxième acte elle est encore décidément païenne, quoiqu'elle parle de la religion des Juifs précisément comme le Sévère de *Polyeucte* parle de celle des chrétiens, c'est-à-dire en les admirant, mais sans qu'on puisse en conclure un changement de croyance.

Cependant, à peine Antiochus lui a-t-il parlé d'hymen (à la vérité comme un homme si sûr de son fait, qu'il n'attend pas même de réponse), qu'Antigone prend sur-le-champ le parti de fuir avec le jeune Machabée et d'embrasser la religion de son amant. Il est même évident qu'elle a pris dès longtemps ses mesures ; elle dispose souverainement du capitaine des gardes d'Antiochus, qui, au premier mot qu'elle lui dit, est à ses ordres et se charge d'assurer sa fuite. Tout ce plan est absolument improbable ; rien n'est préparé, rien n'est justifié, et le dénouement encore moins que tout le reste. Antiochus, qui se donne lui-même pour le plus orgueilleux de tous les mortels, Antiochus, qui se voit préférer un jeune Israélite, est si peu occupé d'un affront si étrange, qu'il consent à leur pardonner à tous les deux, si Machabée sacrifie aux dieux de Syrie. Le martyre des deux époux finit la pièce ; ils périssent dans les flammes, et Antiochus s'écrie : *Je suis vaincu.*

Cette pièce fut pourtant accueillie. D'abord elle fut jouée anonyme. Les sujets tirés de la *Bible* étaient en vogue ; on en avait une opinion avantageuse depuis le grand succès d'*Athalie*, jouée quelques années auparavant. Les *Machabées*, dont l'auteur était inconnu, passaient même pour un ouvrage posthume de Racine ; et ce qui prouve combien le style a peu de vrais juges, on crut d'abord y reconnaître le sien. Il ne manque ni de noblesse ni d'élévation dans les idées et dans les sentiments : il y a même quelques vers heureux ; mais en général la diction est pénible, sèche, prosaïque; elle manque de propriété et de choix dans les termes, et d'harmonie dans les constructions : ce sont les caractères marqués de la versification de La Motte dans ses tragédies, dans son *Iliade*, et dans ses odes.

Les Machabées, remis en 1745, tombèrent absolument; et *Romulus*, qui vaut un peu mieux, n'avait pas été plus heureux à la reprise. La marche en est assez bien entendue jusqu'à la fin du quatrième acte; mais c'est là que la pièce est décidément finie; ce qui est son plus grand défaut. Elle pèche d'ailleurs dans les caractères et dans plusieurs des ressorts principaux; mais il y a dans ce même quatrième acte une belle situation et du spectacle. Hersilie, fille de Tatius, roi des Sabins, et captive de Romulus depuis un an, a résisté à l'amour qu'il a pour elle, et lui a caché le sien. Les Sabines ont désarmé les deux nations, et l'on est convenu que les deux rois combattraient seuls pour décider de l'empire; ils jurent les conditions du combat, sur l'autel de Mars en présence des deux peuples. Hersilie arrive dans ce moment, déclare à son père qu'elle aime Romulus, qu'elle est décidée à mourir si elle ne peut empêcher ce combat cruel de son amant et de son père, et qu'ainsi, quoi qu'il arrive, l'un perdra sa fille ou l'autre son amante. Elle leur rappelle les oracles qui, en promettant aux deux peuples les mêmes destinées, semblent ordonner et présager leur union. Romulus consent à partager sa royauté avec Tatius; celui-ci, jusqu'alors inflexible, cède à une offre si généreuse et lui accorde sa fille;

et comme la querelle des deux rois, occasionée par l'enlèvement des Sabines, est le sujet de la pièce, il est clair qu'elle est terminée par leur réunion. Mais tout-à-coup un grand-prêtre, qui n'a paru qu'un moment auparavant et pour la première fois, s'oppose de la part des dieux au mariage de Romulus et d'Hersilie; il prétend que les augures leur sont contraires, et menace Romulus de la mort, s'il achève cet hyménée. Le roi de Rome est assez raisonnable pour braver des augures imposteurs; mais Hersilie l'arrête au premier mot, déclare qu'elle n'exposera point les jours de Romulus, et tout reste suspendu. Il est très vraisemblable que, si la situation que je viens d'exposer, et qui est théâtrale, fit réussir l'ouvrage dans sa nouveauté, l'incident qui la termine si mal en décida la chute à sa reprise. On dut s'apercevoir qu'un tel ressort n'était ni assez préparé, ni assez lié à l'action, ni assez important, et qu'il ne sert qu'au besoin que l'auteur avait d'un cinquième acte. Voici à quoi tient ce ressort. Il y a une conspiration contre le roi de Rome, tramée par un sénateur nommé Proculus, secrètement amoureux d'Hersilie, et qui a mis le grand-prêtre et plusieurs membres du sénat dans sa confidence et dans ses intérêts. Romulus doit être assassiné au milieu d'un sacrifice, comme Auguste dans *Cinna*. Ce sacrifice vient d'être ordonné pour remercier les dieux d'avoir désarmé les deux nations. C'est donc uniquement pour servir les amours et la jalousie de Proculus que le pontife fait parler les dieux; car d'ailleurs le complot des conjurés subsiste toujours, et rien n'y est dérangé. Mais si l'on voulait que cette opposition du grand-prêtre eût assez de force et d'importance pour resserrer de nouveau le nœud de l'intrigue, qui vient d'être entièrement délié, il eût fallu que l'intervention de ce prêtre et le pouvoir des augures tinssent une grande place dans la pièce, qu'on attendît depuis long-temps la réponse des dieux, que tout en dépendît; et alors cette nouvelle machine acquérait de la consistance : au contraire, agissant au quatrième acte, elle n'est annoncée que par trois vers du premier :

Muréna, disposant des auspices sacrés,
Si Romulus s'obstine à cet hymen funeste,
Fera gronder sur lui la colère céleste.

Depuis ce moment il n'en est plus question; Muréna même ne paraît qu'au quatrième acte : et le spectateur, long-temps occupé de tout autre chose, ne peut voir dans cette déclaration, dont le pontife s'avise tout-à-coup, qu'un ressort postiche et ridicule qui ne saurait balancer les grands intérêts qu'il contrarie. J'ai insisté sur ce vice capital d'une pièce qu'on ne joue plus, parce que l'observation n'en est pas inutile à la théorie de l'art, et parce qu'il peut étonner dans La Motte, qui avait beaucoup raisonné sur le théâtre, qui en a même assez bien expliqué quelques principes, et qui manquait bien moins de connaissances que de génie.

Il n'a pas mieux manié le ressort de sa conspiration; et ce Proculus, qui en est le chef, est un personnage trop subalterne. Il aspire à remplacer Romulus; mais il ne suffit pas de le dire; il faudrait quelque titre qui justifiât cette ambition, et il n'en a aucun ; il n'est dans la pièce que le confident de Romulus.

Le caractère de ce prince n'est pas celui qu'on attend du fondateur de Rome : comme fils de Mars, il a de la valeur, mais ce n'est pas assez ; comme fondateur, il devrait avoir de la politique, et il n'en a point. Il n'est occupé que de l'amour dont il entretient inutilement Hersilie depuis un an ; amour assez froid et peu vraisemblable dans le chef d'une peuplade guerrière, dans celui qui a ordonné l'enlèvement des Sabines.

Rien n'est plus propre à donner une idée de la tournure d'esprit particulière à cet écrivain, que la confiance qu'il eut de faire jouer un *OEdipe*, huit ans après celui de Voltaire, et les motifs qu'il allègue pour justifier cette entreprise véritablement fort étrange. D'abord il ne *désavoue pas qu'elle n'ait un air de présomption*, mais c'est uniquement parce que Corneille avait fait un *OEdipe*. Quant à celui de Voltaire, il n'en parle pas plus que s'il n'eût jamais existé; réticence d'autant plus extraordinaire, qu'il avait fait de cette pièce un éloge aussi honorable pour lui-même que pour l'auteur. Ensuite il a remarqué plusieurs défauts inhérents au sujet, dans Sophocle comme dans les imitateurs modernes, et que tout le monde avait reconnus : le silence si long-temps gardé entre Jocaste et son époux sur la mort de Laïus, le besoin d'un épisode pour suppléer à la simplicité du sujet, et l'inconvénient de punir OEdipe pour des crimes involontaires. Il a donc trouvé le moyen de rendre OEdipe coupable d'une désobéissance aux dieux, de lui laisser ignorer, ainsi qu'à Jocaste, le meurtre de Laïus, et de joindre à la pièce deux nouveaux personnages, les fils d'OEdipe et de Jocaste, qui lui paraissent plus liés au sujet que les épisodes des autres poëtes qui l'avaient traité. C'est d'après cette découverte qu'il ne vit pas le moindre danger à refaire un ouvrage honoré du plus grand succès et de son propre suffrage : c'est bien la preuve que cet homme, qui faisait tout avec de l'esprit, ne voyait rien que sous cet unique rapport, et qu'en même temps cet esprit, quel qu'il soit, ne peut pas tenir lieu du vrai sentiment des arts, puisqu'il n'avertissait pas La Motte que les défauts qui le frappaient n'étaient nullement décisifs pour le succès d'une tragédie; qu'ils n'avaient pas empêché que les trois derniers actes de celle de Voltaire ne fussent un modèle de conduite comme de style, et qu'enfin l'essentiel n'était pas d'éviter ces défauts, mais de trouver des beautés égales à celles qui les avaient fait oublier. En conséquence, La Motte, qui ne doutait de rien, mais qui ne voyait pas tout, fit de son *OEdipe* la pièce la plus régulièrement glaciale qu'il fût possible. Le sujet demandait une force poétique dont il était absolument dépourvu.

Celui d'*Inès*, trait d'histoire qui a fourni un très bel épisode au Camoëns*, offrait un si grand fond d'intérêt, qu'il n'était pas nécessaire d'être poète pour y réussir, et qu'il eût fait plaisir même dans

---

* Voyez l'article CAMOËNS, t. VI, p. 263.

une prose commune, qui, après tout, aurait valu à peu près les vers de La Motte.

Un jeune prince aimable, sensible, vaillant, n'a écouté que le choix de son cœur, et s'est marié en secret. La loi du pays condamne à la mort celle qu'il a épousée, si le mariage est découvert : et un père connu par sa sévérité, et une belle-mère d'un caractère violent et vindicatif, le menacent de tout leur ressentiment, s'il refuse de contracter un autre hymen commandé par la politique et convenu par un traité solennel. Le secret fatal est dévoilé ; et pour dérober une femme qu'il adore aux lois qui la proscrivent et à la vengeance qui la poursuit, il s'emporte jusqu'à la révolte. Cet attentat le livre à la justice d'un père inflexible qui porte l'arrêt de son supplice ; mais la jeune épouse parvient à fléchir le monarque en mettant à ses pieds les gages innocents de son union secrète. Le père ne peut résister aux larmes des enfants de son fils ; la voix de la nature et du sang prononce la grace du coupable ; l'autorité paternelle confirme les nœuds que l'amour avait formés. C'est au milieu de la joie et de l'ivresse de ce bonheur inespéré que la vengeance atroce et perfide d'une marâtre implacable éclate par les cris et les douleurs de la victime ; et le poison ravit pour jamais au jeune prince cette femme adorée qu'un père venait de lui rendre.

Ce seul exposé, et c'est exactement celui d'*Inès*, présente tout ce qu'il y a de plus touchant. L'effet de ce spectacle serait sûr chez toutes les nations : on ne peut comparer à ce sujet que celui de *Zaïre* et de

Tancrède; et que peut-il manquer à un ouvrage de cette nature, que d'avoir été traité par un Racine ou un Voltaire?

Mais avant d'en venir à ce qui laisse des regrets, commençons par ce qui mérite des louanges. On ne trouve nulle part une tragédie toute faite; et malgré tous les secours qu'avait eus La Motte, le plan d'*Inès*, dans bien des parties, lui fait un grand honneur[*]. Le cinquième acte, qui est si pathétique, prouve de l'invention et de la hardiesse. Dans le poëme du Camoëns, comme dans l'histoire, Ines amène ses enfants au roi, et ses barbares ennemis la percent de coups sous les yeux du souverain dont ils redoutent la pitié. Je ne le féliciterai pas d'avoir écarté cette révoltante barbarie; mais rien n'est plus heureux que l'incident du poison, qui, suffisamment préparé, sans être prévu, fait sortir tout-à-coup la catastrophe la plus affreuse du sein de la plus douce et de la plus pure allégresse. Cette péripétie est du nombre de celles qu'on peut mettre au premier rang. Ce n'est pas tout: il y avait une audace heureuse à faire paraître les petits enfants qui ne pouvaient s'exprimer que par leur innocence et par leurs larmes; et il faut avouer que, sur-tout au théâtre français, rien n'était plus près du ridi-

---

[*] J'ai entendu la première représentation d'*Inès de Castro*, de M. de La Motte. J'ai bien vu qu'elle n'a réussi qu'à force d'être belle, et qu'elle a plu aux spectateurs malgré eux. On peut dire que la grandeur de la tragédie, le sublime et le beau y règnent par-tout. Il y a un second acte qui, à mon goût, est plus beau que tous les autres. J'y ai trouvé un art souvent caché qui ne se dévoile pas à la première représentation, et je me suis senti plus touché la dernière fois que la première. MONTESQUIEU, *Pensées diverses*

cule. On sait qu'un prince de beaucoup d'esprit, le régent, avait à la lecture témoigné, ainsi que beaucoup d'autres, ses inquiétudes sur cette scène; et quand il vit, par l'impression générale, et par la sienne propre, que l'auteur en avait bien jugé, il cria, du fond de sa loge, à La Motte qui était dans la coulisse : *La Motte, vous aviez raison.*

Ce dénouement admirable tient au personnage de la reine, qui est très bien imaginé, bien adapté au sujet, et pris dans la nature. Elle aime uniquement sa fille : c'est à la fois son amour et son orgueil; et les qualités de la princesse, tout ce qu'elle dit, tout ce qu'elle fait, sa conduite généreuse envers sa rivale, justifient l'extrême tendresse que sa mère a pour elle. On la suppose d'une singulière beauté; ce qui sert encore à donner une plus grande idée de l'amour de don Pèdre pour Inès, qui lui ferme les yeux sur les attraits de Constance. La reine est indignée, et doit l'être de l'affront que l'on fait à sa fille; et si l'excès d'un ressentiment naturel la porte jusqu'au crime, cet excès est fondé, dès les premiers actes, par le caractère qu'elle y montre. Dès long-temps les dédains de don Pèdre l'ont rendu l'objet de sa haine, dès long-temps Inès est en butte à ses soupçons; aussi est-ce elle qui parvient à découvrir leur intelligence, qui excite sans cesse la vengeance d'Alphonse, et annonce ouvertement que la sienne est capable de tout. Les menaces qu'elle fait à la tremblante Inès commencent la terreur avec la pièce, et montrent l'orage près de fondre sur les deux époux qui ne peuvent guère échapper aux yeux ennemis qui les observent; et leur caractère intéresse autant que leur situation. La tendre Inès, quand elle a consenti à ce mariage illégal et clandestin, n'a cédé qu'au danger de voir périr le prince consumé d'une langueur mortelle; elle est la première à condamner ses emportements et sa révolte. Don Pèdre, qui n'a pris les armes que par un transport excusable dans un jeune amant qui veut sauver ce qu'il aime, les jette aux pieds de son père, et rend à la nature tout ce qu'il lui doit. La sévérité d'Alphonse est celle d'un roi ferme et ami des lois; il est représenté de manière à faire tout craindre pour celui qui osera les violer. Tout cela est bien conçu; et les critiques nombreux qui s'élevèrent fort mal à propos contre le succès d'*Inès*, auraient dû commencer par reconnaître qu'elle avait dû l'obtenir au théâtre, et par rendre justice à tous ces différents mérites, qui l'ont assuré pour toujours. Ils appartenaient aux études réfléchies d'un esprit éclairé qui avait observé le théâtre; c'est jusque-là qu'on peut aller dans un sujet heureux, même sans un grand talent poétique, et ce n'en est pas le seul exemple; mais aussi, sans ce talent, tous ces effets sont presque entièrement perdus hors de l'illusion de la scène; et c'est ce qui fait que cet ouvrage, qu'on aime à voir au théâtre, n'est plus le même à la lecture. Quand les situations sont touchantes, la voix et les larmes d'une actrice, le prestige du spectacle et de la déclamation tiennent lieu de tout le reste, et ce que les spectateurs ressentent supplée à ce que l'auteur ne sait pas exprimer. Mais une nation qui sait par cœur les vers de Corneille, de Racine et de Voltaire, veut retrouver, en lisant une tragédie, le plaisir que lui a fait la représentation, et rien ne nous rend plus sévères que l'attente du plaisir quand elle est trompée. Là est venue échouer *Inès* : sa destinée a été celle de toutes les pièces dont le style ne soutient pas l'intérêt : du succès avec peu de réputation, et de la vogue avec peu de gloire.

Ce qui en rend la lecture difficile, ce n'est pas seulement le vice de la versification qui est faible et dure, incorrecte et languissante : les défauts du style nuisent encore moins à cet ouvrage que les beautés qui n'y sont pas. On sent que les situations ne sont point remplies, que l'auteur n'en tire pas ce qu'elles devraient donner, que les sentiments ne sont qu'effleurés, que la passion s'exprime sans chaleur et sans force ; point de développements, point d'éloquence tragique : tout est indiqué, rien n'est approfondi. Le lecteur sent que les personnages l'entraîneraient où ils voudraient, s'ils parlaient comme ils doivent parler, et souvent ils le laissent froid et tranquille : à tout moment il est tenté de s'écrier : Quoi! dans une pareille situation c'est là tout ce que vous savez dire! Il en est de cette manière d'écrire comme du récit d'un grand malheur que ferait froidement celui qui l'aurait éprouvé. Son défaut de sensibilité frustrerait celle de ses auditeurs ; ils s'impatienteraient de ne pas le voir plus ému, et diraient volontiers : Ce n'est pas la peine d'être si malheureux quand on ne sait pas mieux se plaindre.

Prenons pour exemple la scène entre les deux époux qui suit celle où la reine vient d'épouvanter Inès par les plus terribles menaces, où elle lui a dit:

Il me faut découvrir l'objet de ma vengeance.
Je brûle de savoir à qui *j'en dois les coups:*
Livrez-moi ce qu'il aime, ou je m'en prends à vous.

La situation est douloureuse : Inès expose ses frayeurs à don Pèdre, et lui rappelle ce qu'elle a fait pour lui; ses discours sont assez raisonnables, quoique trop peu animés. Mais que répond ce prince dans un danger si éminent?

Ne doutez point, Inès, qu'une *si belle flamme*
De feux aussi parfaits n'ait embrasé mon âme.

Quelle froideur! Il est bien question de *belle flamme* et de *feux aussi parfaits!* Il sait bien qu'Inès n'en doute pas; en est-elle encore là?

Mon amour s'est accru *du bonheur de l'époux.*

Il fallait au moins, si l'on voulait employer là cette antithèse si petite et si déplacée, dire que *les feux de l'amant se sont accrus du bonheur de l'époux.* La pensée aurait été rendue; ici elle ne l'est même pas, et, par la construction, le bonheur de l'époux n'est relatif à rien : c'est entasser fautes sur fautes.

Vous fîtes tout pour moi, je ferai tout pour vous.
Ardent à prévenir, à *venger vos alarmes,*
Que de *sang payerait** la moindre de vos larmes!

C'est passer bien subitement d'un excès à un autre; il ne s'agit point encore de répandre tant *de sang. Venger vos alarmes* est une expression impropre

---

* *Payerait* est de deux syllabes et non pas de trois

Tout autre nom s'efface auprès des noms sacrés
Qui nous ont pour jamais l'un à l'autre *livrés*.

Livrés est encore un terme impropre, amené par la rime.

Je puis contre la reine *écouter ma colère*.

Quelle tournure réservée, quand il devrait frémir d'indignation au seul nom d'une marâtre qui veut lui arracher son bonheur ! Inès le fait souvenir qu'il lui a promis autrefois de respecter toujours l'autorité d'un père et d'un roi :

Je ne vous promis rien....

Voilà les seuls mots qui aient de la vérité. On croirait qu'il va s'échauffer : point du tout.

Et *je sens plus* encore
Qu'il *n'est point de devoir* contre ce que j'adore.

Je sens plus ne se rapporte à rien ; il veut dire *je sens mieux que jamais*. *Il n'est point de devoir* contre quelqu'un ou quelque chose, n'est pas français. Il veut dire : Il n'est point de devoirs qui puissent balancer ceux de mon amour.

Si je crains pour vos jours, je vais tout hasarder,
Et vous m'êtes d'un prix à qui tout doit céder.

Il dit vrai, il pense juste, mais il ne sent pas : ce ne sont pas là les mouvements de la passion, exaltée encore par un grand péril. Il y a une sorte de crainte qui doit être mêlée de fureur, et c'est la crainte d'un amant pour les jours de sa maîtresse ; et la fureur dit-elle *si je crains, je vais tout hasarder*?

Mais, *s'il le faut, fuyez :* que le plus sûr asyle
Sur vos jours menacés me laisse *un cœur tranquille*.

Emmenez avec vous, loin de ces tristes lieux.
De notre saint hymen les gages précieux.

Juste ciel! on n'entend pas un pareil langage sans impatience. Quoi! il prend si aisément et si tranquillement son parti sur une séparation qui doit déchirer son âme! Quoi! cette fuite est la première idée qui lui vient et qui lui coûte si peu! *Fuyez, s'il le faut!* Et qui lui a dit qu'il *le faut?* Inès elle-même, toute timide qu'elle est et qu'elle doit être, ne le lui a pas dit encore. Quoi! il aura *un cœur tranquille* quand il sera loin d'Inès, de cette Inès qu'il idolâtre, de ces chers enfants qui doivent la lui rendre encore plus chère; et dans tous les vers qui suivent il n'y a pas un mot sur le regret amer et désolant qu'il doit avoir, s'il faut se résoudre à ce sacrifice, qu'il ne doit faire qu'à la dernière extrémité! et c'est ainsi qu'Inès doit se croire aimée! Un amant qui a tout sacrifié pour le bonheur d'être époux peut-il dire à sa femme, à la mère de ses enfants, à ses enfants eux-mêmes, *Il faut que vous me quittiez*, avant d'avoir épuisé du moins tous les moyens possibles que la passion peut suggérer? Ce qu'il faut? « Il faut que vous viviez pour moi, que
« je vive pour vous. Le jour du péril est arrivé,
« c'est celui de l'amour : Inès verra de quoi le
« mien est capable. Elle n'était que l'épouse de don
« Pèdre; il est temps et puisqu'on m'y force, qu'elle
« soit, à la face de l'univers, l'épouse du prince de
« Portugal, la femme de l'héritier du trône. Osez
« avouer ce titre dont je suis fier, ce titre à qui je
« dois la vie et pour qui je la perdrai. Mon père

« la cour, l'empire, sauront ce qu'Inès est pour
« moi. Une odieuse marâtre qui ose outrager la ti-
« mide Inès, tremblera peut-être quand j'aurai
« nommé mon épouse; ou si mon père est assez
« faible pour se rendre l'esclave de son ambition,
« s'il est assez cruel, assez injuste pour ordonner
« un crime à son fils, jamais, non, jamais il n'aura
« le pouvoir de briser des nœuds consacrés dans le
« ciel et dans mon cœur. L'équité, la nature, l'a-
« mour, la gloire que m'ont acquis les services que
« je viens de rendre à mon pays, la pitié peut-être
« (et qui n'en aurait pas pour don Pèdre, à qui l'on
« veut ravir Inès!) me donneront des défenseurs;
« et s'il faut en venir aux armes, s'il faut que le
« sang coule, jamais du moins il n'aura coulé pour
« une cause plus juste, pour un objet plus aimable
« ni pour des droits plus sacrés. » C'est alors qu'Inès,
effrayée de ces transports et des malheurs qu'ils
peuvent produire, eût proposé de conjurer l'orage,
de s'éloigner pour quelque temps, de mettre en
sûreté les gages de leur amour, et cette seule idée
pouvait adoucir celle de se séparer d'un époux si
cher; elle s'y serait résignée en s'arrachant le cœur;
mais une femme sûre d'être aimée, une mère qui
craint pour ses enfants, est capable de tous les sacrifices; et si les moyens violents conviennent au
sexe qui a la force en partage, qui l'a reçue pour
protéger ce qu'il aime, ils épouvantent celui qui
n'a pour défense que sa faiblesse et ses pleurs.
Quelle scène, si elle eût été entre les mains d'un
poète, si La Motte, avec l'esprit qui peut conce-

voir un plan, avait eu le talent qui peut le remplir ! Et c'est pourtant une scène du premier acte : qu'on juge quel sujet il a eu le bonheur de rencontrer.

Ce plan même n'est pourtant pas exempt de défauts ; c'en est un, assez léger, il est vrai, que l'inutilité du rôle de l'ambassadeur de Castille, qui ne paraît que dans la première scène, pour faire un compliment, et qu'il eût fallu supprimer ou lier à l'action en le liant d'intérêt avec la reine ; c'en est un assez grave, et même le seul important, que ce conseil qui remplit la plus grande partie du quatrième acte. Il vient après une scène très froide, et qui devait être très vive, entre le roi et son fils, et elle achève de refroidir l'acte entier. Alphonse a mandé les grands du royaume pour délibérer avec eux sur la punition due à la révolte de son fils. Ici l'esprit de La Motte l'a entièrement égaré ; il ne s'est pas aperçu que ses combinaisons, qui n'étaient qu'ingénieusement épisodiques, étaient déplacées au milieu d'une action intéressante. Il a imaginé d'amener dans ce conseil un Rodrigue qui est le rival de don Pèdre et qui aime Inès, et un Henrique à qui ce prince a sauvé la vie dans un combat ; ces deux personnages ne sont acteurs que dans cette scène. Rodrigue opine à faire grace au prince, quoiqu'il soit son rival ; et Henrique, quoiqu'il lui doive la vie, opine pour la nécessité de faire un exemple. Ce contraste a paru à l'auteur la plus belle invention du monde ; mais il suffit de voir représenter la pièce pour s'apercevoir que cette espèce d'épisode jette un froid mortel sur le quatrième acte, qu'heureusement répare le grand effet du cinquième. Ces deux nouveaux acteurs, qu'on n'a point vus jusque-là, cette longue délibération, mêlée d'intérêts particuliers dont personne ne se soucie, détournent de l'action principale, dont rien ne doit jamais détourner. Ce conseil est une méprise du bel-esprit, un très mauvais remplissage qui montre une stérilité bien étonnante dans un sujet si riche : il fallait le retrancher entièrement. Si l'auteur l'a cru nécessaire pour condamner l'héritier du trône, deux vers pouvaient en apprendre le résultat; mais ce que l'esprit dramatique démontre, c'est que, dans les circonstances où est Alphonse, quand un père se trouve le juge de son fils, c'est seulement avec lui-même, avec son cœur, c'est entre la nature et les lois, entre les devoirs du trône et la tendresse paternelle qu'il doit délibérer sur la scène; c'est là ce qui est théâtral, et ce n'est ni Henrique ni Rodrigue; c'est le père de don Pèdre qui doit nous occuper.

Au reste, quoique le style soit si loin de répondre au sujet, il y a des endroits où la situation a dicté à l'auteur quelques vers naturels et touchants. Ils sont en bien petit nombre, mais aussi ce sont les seuls qu'on ait retenus : ceux-ci, que dit Inès à son époux, lorsqu'ils sont convenus, pour écarter les soupçons, de ne plus se revoir et de s'observer avec le plus grand soin :

Que me promettre, hélas! de ma faible raison,
Moi qui ne puis sans trouble entendre votre nom?

et ces deux autres, qui terminent la scène :

> J'ai peine à sortir de ce lieu.
> Nous nous disons peut-être un éternel adieu.

Don Pèdre a un beau mouvement lorsque Inès, accusée par la reine d'être l'objet de l'amour de ce prince, veut d'abord s'en défendre :

> Ne désavouez point, Inès, que je vous aime.

C'est là le cri de l'amour : faut-il qu'on l'entende si rarement dans un sujet où l'on devrait l'entendre sans cesse !

Mais la scène où le sentiment parle le plus, c'est celle où Inès amène ses enfants ; et il était impossible qu'avec l'esprit de La Motte, il n'y eût pas là quelques traits de cette vérité que tous les hommes doivent sentir :

> Embrassez, mes *enfants*, ces genoux paternels.
> . . . .
> D'un œil compatis*sant* regardez l'un et l'autre ;
> N'y voyez point mon *sang*, n'y voyez que le vôtre.
> Pourriez-vous refuser à leurs pleurs, à leurs cris,
> La grace d'un héros leur père et votre fils ?
> Puisque la loi trahie exige une victime,
> Mon sang est prêt, seigneur, pour expier mon crime,
> Épuisez sur moi seule un sévère courroux,
> Mais cachez quelque temps mon sort à mon époux ;
> Il mourrait de douleur, etc.

Ce dernier sentiment est d'une délicatesse exquise. Cet autre vers que prononce Inès dans les douleurs du poison, et que tous les cœurs ont répété,

> Éloignez mes enfants, ils irritent mes peines....

est d'une vérité déchirante : il est difficile que le cœur d'une mère ait un sentiment plus douloureux. C'est à peu près tout ce qu'il y a de remarquable dans les détails. Pour le reste de l'ouvrage, on dit en le lisant : Pourquoi faut-il que ce soit La Motte qui l'ait traité !

La Motte, dans la carrière de l'opéra si peu avantageuse à J.-B. Rousseau, débutait, précisément à la même époque, par les succès les plus brillants, et ce fut une des premières causes de l'inimitié qui régna toujours entre eux, et dont le principe était uniquement dans la jalousie de Rousseau, comme la preuve est dans les faits; car si celui-ci se montra bientôt beaucoup plus grand poète dans ses odes, il échouait en même temps dans ses tentatives dramatiques, et La Motte obtenait des succès dans la tragédie, dans l'opéra, dans la comédie, et *Inès*, *Issé*, et *le Magnifique*, ouvrages restés au théâtre, quoique dans un rang secondaire, répandaient sur l'auteur cet éclat qui suit d'abord les succès de la scène. Nous avons vu qu'*Inès* ne soutenait pas le sien à la lecture; mais il n'en est pas de même d'*Issé*. La Motte, incapable d'atteindre à la poésie tragique, se trouva beaucoup plus au niveau de la pastorale dramatique, qui n'exige aucune espèce de force, mais seulement de l'esprit, et cette sorte d'élégance qui résulte d'une diction pure et claire, d'un tour facile et agréable, et ne va guère au delà. C'est le mérite d'*Issé*, qui est encore aujourd'hui la meilleure de nos pastorales lyriques. Le sujet était fort simple; l'idée en était déjà commune, et a été depuis vingt fois ressassée dans tous les genres. C'est le déguisement d'un dieu qui veut se faire aimer d'une nymphe sous le nom d'un berger; mais si le fond est mince, il est nuancé avec art. La pièce, qui n'a que trois actes, est bien tissue; et comme les amours d'Apollon ne sont guère que de la galanterie, l'auteur fut à portée de faire voir que son talent allait du moins jusque-là, s'il ne pouvait aller jusqu'à la passion. Son dialogue est ingénieux sans l'être trop. et sa versification n'a plus cette sécheresse et cette dureté qui caractérisent ses odes faites avec tant d'effort, et ses tragédies écrites avec tant de faiblesse. Il faisait mieux parce qu'il avait moins à tâcher; et c'est ce qui arrivera toujours, quand un écrivain restera dans la sphère de son talent. On cite beaucoup de ses strophes quand on veut se moquer de vers *durs et secs*; mais on cite aussi des morceaux de ses drames lyriques, et notamment d'*Issé*, quand il s'agit de vers qui ont de l'agrément, de la douceur; et toutes ces graces de l'esprit qui n'égalent pas, il est vrai, celles du sentiment, si fréquentes dans Quinault, mais qui conviennent et suffisent ici au genre et au sujet.

. . . . C'est Issé qui repose en ces lieux!
 J'y venais pour plaindre ma peine.
Non; mes cris troubleraient son repos précieux:
Renfermons dans mon cœur une tristesse vaine.
Vous, ruisseaux, amoureux de cette aimable plaine,
Coulez si lentement, et murmurez si bas,
 Qu'Issé ne vous entende pas.
Zéphirs, remplissez l'air d'un fraîcheur nouvelle.
 Et vous, échos, dormez comme elle.

Que d'éclat! que d'attraits! Contentez-vous, mes yeux;
    Parcourez tant de charmes;
    Payez-vous, s'il se peut, des larmes
Qu'on vous a vu verser pour eux.

Cette charmante cantatille est vraiment anacréontique : les vers sont bien coupés; et, même sans le secours du chant, le rhythme est assez d'accord avec les idées, les images et les mouvements, pour que l'effet en soit sensible; c'est là le mérite du poète, de pouvoir se passer du musicien.

On n'a pas oublié non plus ce joli couplet :

    Les prés, les bois et les fontaines
    Sont les favoris des amants.
    On passe ici d'heureux moments,
    Même en s'y plaignant de ses peines, etc.;

ni ce monologue, que l'on ne chante plus, parce que la musique de ce temps a fait place à une autre, mais qui n'en est pas moins bon :

Heureuse paix, tranquille indifférence,
Faut-il que pour jamais vous sortiez de mon cœur?
Je sens que ma fierté me laisse sans défense;
Rien ne peut me sauver d'un si charmant vainqueur.
    Je force encor mes regards au silence :
Je cache à tous les yeux ma nouvelle langueur.
    Mais que sert cette violence?
    L'amour en a plus de rigueur,
    Et n'en a pas moins de puissance.

On peut ici remarquer en passant le prix de l'expression juste. Parmi les mille et une apostrophes à l'*Indifférence*, que les recueils d'opéra mettent en ce moment sous mes yeux, j'en vois qui commencent par ces mots :

Charmante indifférence, etc.

Et la *charmante indifférence* est à faire rire, autant que si l'on disait *le paisible amour*. Mais dans ce vers fort bien fait :

Heureuse paix, tranquille indifférence,

le sentiment de la chose est dans le nombre du vers.

Il y a pourtant quelques endroits faibles dans *Issé*, et entre autres, deux couplets d'*amourettes*, de *fleurettes* et de *chansonnettes :* tous ces diminutifs, trop aisés à accoupler, touchent de trop près au pont-neuf; mais le bon prédomine partout; et l'auteur se soutient même sur un ton un peu plus élevé, dans le seul endroit qui le comportait, l'invocation à l'oracle de Dodone :

  Arbres sacrés, rameaux mystérieux,
Troncs célèbres, par qui l'avenir se révèle,
Temple que la nature élève jusqu'aux cieux, .
 A qui le printemps donne une beauté nouvelle,
   Chênes divins, parlez tous ;
   Dodone, répondez-nous.
Mais déjà chaque branche agite sa verdure;
   Les chênes semblent s'ébranler ;
    Chaque feuille murmure :
    L'oracle va parler.

L'auteur a joint aux amours d'Apollon ceux de Pan son confident pour une Doris, sœur d'Issé, et qui sont d'une tout autre espèce. Si la galanterie d'Apollon est tendre, celle de Pan est une sorte de badinage qui ne réussirait pas souvent auprès des femmes, et qu'on ne pardonne ici au dieu des bergers que parce qu'en sa qualité de confident il ne songe qu'à passer le temps. Il ne prêche que l'inconstance, et se donne franchement pour en être le patron et le modèle. Cet épisode, quoiqu'un peu froid, ne forme pourtant pas une disparate trop forte, et offrait sur-tout au musicien un moyen de variété. Le poète se tire même assez adroitement de cette intrigue de quelques heures, en faisant dire à Doris :

> Eh bien! à votre amour je ne suis plus rebelle,
> Et je consens enfin à m'engager.
> Voyons, dans notre ardeur nouvelle,
> Si vous m'apprendrez à changer,
> Ou si je vous rendrai fidèle.

Cet engagement se fait au second acte; et au troisième, Pan a déjà couru après une Thémire, et Doris a écouté le jeune Iphis. La partie se rompt comme elle s'était liée, sans peine et sans reproche de part et d'autre, et Pan s'écrie :

> Le plus charmant amour
> Est celui qui commence
> Et finit en un jour.

Et qu'on ne dise pas que c'est là une morale d'opéra : tout au contraire : cela dut paraître à peu près une nouveauté; car si l'on veut entendre parler éternellement de *constance éternelle*, il n'y a qu'à lire des opéra.

En rendant justice à la coupe heureuse de ceux

de La Motte, on lui a pourtant reproché avec quelque raison l'uniformité de ces épisodes d'amour qui d'ordinaire, chez lui, doublent l'intrigue principale, et forment ce qu'on appelle une partie carrée. C'est bien autre chose chez Métastase, où elle est toujours triple : il y était obligé, il est vrai, par une loi des théâtres italiens, qui ne voulait pas moins que trois amoureux et trois amoureuses. Ces règles-là sont un peu plus incommodes pour le génie que les trois unités d'Aristote, quoi qu'en dise M. Mercier; et pourtant Métastase, obligé de s'y soumettre, a trouvé moyen de racheter, autant qu'il était possible, la choquante multiplicité de ses intrigues par des ressources de situation et des beautés de dialogue et de poésie. C'est à la fois une preuve de la force du talent et de la bizarrerie de l'usage; mais après tout, l'intérêt du mélodrame est rarement assez vif pour exiger l'unité absolue, et s'il faut deux épisodes à l'opéra italien, on peut bien en passer un à l'opéra français.

L'Europe galante avait précédé *Issé* ; et si j'ai parlé d'abord de celle-ci, c'est qu'elle est infiniment supérieure à l'autre, et que la réputation de l'auteur, quoiqu'elle ait commencé à *l'Europe galante*, ne fut justifiée que dans *Issé*. La première ne put devoir sa réussite, qui fut très marquée, qu'aux accessoires de la scène, et peut-être aussi à la nouveauté du genre, qui, offrant autant de pièces que d'actes, devint bientôt un si grand attrait pour la vivacité française, et une ressource si habituelle pour le théâtre de l'Opéra, dont la magnificence ne pouvait pas toujours écarter l'ennui, et faisait naître l'extrême besoin de la diversité. Il y en avait beaucoup à montrer sur la scène, en quelques heures, des amours et des costumes français, italiens, espagnols et turcs; et c'est ce qui fit courir à l'*Europe galante*, comme on courut si souvent dans la suite à ces pièces appelées *Fragments*, où l'on avait encore l'avantage de pouvoir choisir l'acte que l'on voulait, et de s'en aller avant l'acte dont on ne voulait pas; ce qui s'accordait fort bien avec un spectacle devenu proprement un rendez-vous pour la jeunesse, la beauté, l'oisiveté et l'opulence; et ce qui s'accordait peut-être encore plus avec le caractère de la société française, qui aurait voulu rassembler en un jour les jouissances d'une année. C'est bien là, je l'avoue, un violent symptôme d'ennui; mais où donc l'ennui se logera-t-il, si ce n'est au milieu du désœuvrement et dans la satiété des plaisirs?

Les actes qui composent *l'Europe galante* ne sont que de très petites intrigues à peine ébauchées et assez mal dénouées. On y applaudit quelques traits de cette galanterie spirituelle que La Motte entendait assez bien, et qu'alors on goûtait beaucoup:

Lorsque Doris me parut belle,
Je ne connaissais pas encore vos attraits.
Il faudrait pour être fidèle,
Vous avoir toujours vue, ou ne vous voir jamais.

Cela n'est pas mal pour l'opéra, ou les madrigaux ne sont pas déplacés; mais je ne crois pas qu'à l'opéra même on ait dû passer les vers suivants, qui ne sont qu'un très frivole jeu de mots :

> Doris était ma dernière amourette :
> Vous êtes mon premier amour.

Bientôt La Motte essaya la tragédie lyrique, et d'abord dans *Amadis de Grèce*, où il ne fit guère que se traîner sur les traces de Quinault. Il n'y a nulle invention dans son plan, nulle beauté dans le style, et la pièce serait encore très peu de chose quand on ne se souviendrait pas de l'*Amadis* de Quinault, dont une seule scène vaut mieux que tout le drame de La Motte. Celui-ci n'est pas même exempt de cet abus d'esprit que la tragédie lyrique n'admet pas plus que la tragédie parlée, et dont aussi La Motte s'est depuis garanti en ce genre plus que dans tout autre. Ici Mélisse dit au prince de Thrace, en lui parlant de son rival :

> Faites vos plaisirs de sa peine ;
> Vous êtes trop heureux de ce qu'il ne l'est pas.

C'est presque s'exprimer en énigmes, et l'obscurité est encore plus vicieuse dans les paroles chantées, que partout ailleurs.

Marthésie, qui suivit *Amadis*, ne me paraît pas un sujet conforme aux vraisemblances dramatiques. La fable des *Amazones* est par elle-même trop contraire à la nature. On ne se fait point à voir des femmes en bataille rangée contre des hommes ; et un roi, un héros prisonnier d'une amazone, et qui vient nous dire qu'il s'est laissé prendre à la tête de son armée, parce qu'il a été *troublé par ses charmes*, est trop plat et trop nigaud. Il est clair que c'est lui qui devait désarmer et prendre l'amazone, ne fût-ce que pour avoir le temps de voir à loisir *ses beaux yeux*. Les Amazones et le Thermodon peuvent trouver place dans les détails de l'épopée ; sur le théâtre, tout cela ne peut figurer que dans une farce de Dancourt : ces imaginations bizarres ne peuvent se prêter en action qu'au ridicule. Ce n'est pas que des exceptions attestées par l'histoire ne puissent autoriser par un concours de circonstances le personnage d'une femme guerrière ; mais un personnage n'est pas un peuple, et de plus Tancrède amoureux de Clorinde ne la frappe pas, il est vrai, dans le combat, mais il ne se laisse pas prendre. Que Diomède soit assez brutal pour blesser Vénus, quoiqu'elle n'eût d'autre arme que sa ceinture, il a tort, sans doute ; et Jupiter n'a pas tort non plus de dire à sa fille : *Qu'alliez-vous faire là ? Les combats ne sont pas votre fait.* Tout ce morceau d'Homère est charmant ; mais La Motte, sans être Homère, aurait dû savoir du moins que ce n'est pas sur un champ de bataille qu'un héros doit se rendre à une femme.

La Motte revient à son genre et à son talent dans *le Triomphe des Arts*, ouvrage bien imaginé, bien exécuté, dont l'idée est ingénieuse, théâtrale et lyrique, qui offre partout de l'intérêt et un intérêt varié, qui est partout embelli des plus agréables détails. Rien n'était mieux vu et plus favorable sur un théâtre qui est proprement celui des arts, et où se réunissent la poésie, la musique, et la peinture, que de les y présenter en action et en spectacle, avec le charme que peut y joindre l'amour. Tous les sujets sont bien choisis; c'est Sapho pour la poésie, Apelle et Campaspe pour la peinture, Amphion pour la musique, Pygmalion pour la sculpture; et l'auteur a su tirer de la fable et de l'histoire ce qu'elles lui offraient de plus avantageux. Quand Voltaire, pour le faire entrer dans *le Temple du Goût*, ne lui demandait que quelques-unes de ses fables et quelques-uns de ses opéra, sans doute *le Triomphe des Arts* était du nombre; et La Motte, en ce genre n'a pas été surpassé. Le style en général est soutenu, et l'on y distingue des morceaux dignes d'éloge : tel est celui de l'acte d'Amphion lorsqu'il veut élever les murs de Thèbes pour y faire régner sa maîtresse :

> Antres affreux, demeures sombres,
> Que ma voix dissipe vos ombres.
> Que de superbes murs, dans votre sein formés,
> Étonnent le soleil de leurs beautés naissantes.
> Tristes lieux, devenez des demeures brillantes,
> Dignes de plaire aux yeux dont les miens sont charmés.
> Vous, sauvages mortels, descendez des montagnes,
> Quittez les bois et les campagnes;
> Sous un empire heureux il faut vous réunir.
> Faites régner l'objet pour qui mon cœur soupire;
> Venez : si ma voix vous attire,
> Ses yeux sauront vous retenir.

Ce style est suffisamment poétique, et cette élégance est musicale. Niobé, que l'on élève sur un trône, chante ces vers :

> Amour, c'est à toi seul que je dois mes plaisirs.

La gloire de régner flatte peu mes désirs;
Tes chaînes sont pour moi mille fois plus aimables.
Je crains que de mon sort les dieux ne soient jaloux :
Ils goûtent dans les cieux les biens les plus durables,
Mais mon cœur enchanté possède les plus doux.

N'y a-t-il pas dans ces vers quelque chose du goût de Quinault? Et qu'on ne s'y trompe pas : la distance des genres, et par conséquent celle des hommes mis à part, Quinault est classique dans son genre comme Racine dans le sien. Je m'en suis convaincu plus que jamais en relisant ses opéra, que rien n'a encore égalés.

On sent, toutes les fois que La Motte a bien fait, qu'il a regardé son modèle. Voyez ce dialogue de Campaspe parlant de la préférence qu'elle donne à Apelle sur Alexandre : la scène représente l'atelier du peintre.

Apelle en ce lieu va se rendre :
C'est ici que sa main doit achever mes traits;
Mais je crains que son art n'ajoute à mes attraits,
Et ne redouble encore la flamme d'Alexandre.

ASTÉRIE, *confidente.*

Quoi! son amour peut-il vous alarmer?
Craignez-vous de le rendre extrême?

CAMPASPE.

Puis-je me plaire à l'enflammer?
Hélas! ce n'est pas lui que j'aime.

Il y a souvent de la délicatesse dans les pensées de La Motte : il y a plus ici; ce trait est de sentiment, on n'a rien dit de mieux contre la coquetterie. Astérie lui montre toutes les peintures qui l'environnent, et qui représentent les victoires d'Alexandre.

>Du maître de ces lieux c'est l'histoire immortelle :
>J'y vois sa gloire et ses combats.

La réponse de Campaspe est très spirituelle, et cet esprit est celui que donne le sentiment :

>Et moi, j'y vois encor les triomphes d'Apelle.
>L'art plus que la valeur est aimable à mes yeux.
>Par lui, tout agit, tout respire;
>Il sait animer tout, à l'exemple des dieux :
>La valeur ne sait que détruire.
>. . . . .

Astérie continue l'éloge d'Alexandre :

>Le ciel même à son gré fait tomber le tonnerre.

>CAMPASPE.
>Je sais qu'il fait trembler la terre,
>Mais Apelle sait la charmer.

Apelle lui-même n'ose se flatter d'une pareille concurrence, il croit que le trouble et les soupirs de Campaspe ne sont que pour le héros qui l'aime.

>. . . Que ce soupir trouble mon cœur jaloux!
>Il s'échappe pour Alexandre.

>CAMPASPE.
>Que vous êtes cruel de ne pas le comprendre!

>APELLE.
>Que croire, et que me dites-vous ?
>Aurais-je quelque part à ce soupir si tendre?

>CAMPASPE.
>Mes yeux osent le dire, et vous n'osez l'entendre!

Parmi tant de déclarations (car on sait que l'opéra est le pays des déclarations, et du moins elles sont mieux là que dans la tragédie), celle de Campaspe n'est sûrement pas la plus mauvaise.

Aucun ouvrage peut-être n'a reparu plus souvent sur le théâtre de l'Opéra que l'acte de *Pygmalion* : c'est le dernier de tous ces tableaux dont La Motte a composé sa galerie dramatique ; et quoique ce soit celui qu'on a paru revoir avec le plus de plaisir, j'avoue que je préférerais *Apelle et Campaspe*, peut-être parce qu'il n'y a pas de merveilleux. Mais ce merveilleux n'en est pas moins ici à sa place et fort bien traité. Je ne trouve rien à redire aux paroles de la statue, qui n'étaient pas aisées à faire, sur-tout à celles qu'elle adresse à Pygmalion dès qu'elle a jeté les yeux sur lui :

. . . . . Quel objet ! mon âme en est ravie :
Je goûte, en le voyant, le plaisir le plus doux.
Ah ! je sens que les dieux qui me donnent la vie
    Ne me la donnent que pour vous.
. . . .
Quel heureux sort pour moi ! vous partagez ma flamme,
Ce n'est pas votre voix qui m'en instruit le mieux :
    Mais je reconnais dans vos yeux,
    Tout ce que je sens dans mon âme.

Voltaire a trouvé quelque défaut de justesse dans ce vers de Pygmalion, qui fut très applaudi :

Vos premiers mouvements ont été de m'aimer.

Le mot de *mouvement* lui paraît jouer sur l'équivoque du physique et du moral ; mais dans la statue récemment animée, l'un et l'autre se meuvent ensemble, et il n'est point du tout malheureux que le poète ait saisi une expression qui les confond sans embarras et sans nuage. Cette remarque de Voltaire me semble beaucoup trop sévère, comme ailleurs vous le trouverez, je crois, beaucoup trop indulgent pour de fort mauvaises strophes de La Motte, qu'il voudrait nous faire trouver bonnes. Les odes de La Motte sont tombées, et ses bons opéra sont restés; c'est l'explication des jugements un peu étranges de Voltaire, en y joignant sa haine pour Rousseau, qui s'est fait tant de réputation par ses odes.

Mais dans les sujets tragiques, dès que La Motte y retourne, on s'aperçoit tout de suite combien il a de peine à se tirer de la poésie noble, même de celle du grand opéra, qui est encore si loin de la tragédie. Il retombe sans cesse dans le prosaïsme, qui est le défaut général de sa versification dans les grands sujets, dans l'épique, dans le tragique, dans l'ode. Il cherche en vain à se relever par des tournures symétriques de madrigal ou d'épigramme : tous ces ornements, qui sont là aussi froids que petits, ne servent qu'à faire voir qu'il n'était nullement fait pour la haute poésie, et qu'il ne la sentait même pas. Après ce *Triomphe des Arts*, qui fut vraiment le sien, vient une *Canente*, qui n'est encore qu'une contre-épreuve de l'*Amadis* de Quinault, mais la plus exactement calquée qu'il soit possible. Picus est Amadis, Circé est Arcabonne, le Tibre est Arcalaüs : même intrigue, mêmes caractères, mêmes situations. Mais les effets que Quinault a su tirer du spectacle et de la féerie, et sur-tout de l'expression des sentiments qui animent ces scènes, mettent entre ces deux ouvrages toute la distance qui peut se trouver entre un imitateur et un modèle.

Il y a un peu plus d'intérêt dans *Omphale* et dans *Alcyone*, et le fond appartient davantage à l'auteur.

La rivalité d'Hercule et du jeune Iphis son ami, et la victoire que le héros remporte à la fin sur luimême en cédant Omphale à Iphis, qui en est aimé, forment un dénouement du genre héroïque, satisfaisant pour le spectateur. Mais il y a une certaine magicienne nommée Argine, depuis long-temps folle d'Hercule, qui ne peut pas la souffrir, et dont il pourrait dire comme Ménechme le campagnard :

Cette femme est sur moi rudement endiablée.

Il a quitté la Phrygie pour se sauver de ses poursuites ; mais il n'en est pas quitte, et il la voit tout-à-coup arriver en Lydie pour troubler ses nouvelles amours avec Omphale, quoiqu'elles ne soient pas déjà fort heureuses. Cette terrible femme, qui a, comme de coutume, tout l'enfer à ses ordres, fait tout le vacarme de la pièce, et cette machine d'opéra est une des moins heureuses de cette espèce. Argine est plutôt une vraie sorcière qu'une magicienne, et son rôle est aussi désagréable que sa situation. Il ne faut jamais, même dans ce qui est fait pour être haïssable, rien offrir de trop repoussant. On sait assez quelle monotonie de ressorts résulte depuis cent ans de cette nécessité d'habitude, d'avoir un enfer dans un grand opéra, n'importe comment, parce que les effets d'exécution et d'optique en sont beaux; c'est une des richesses de ce théâtre, mais le plus souvent un des vices du drame et un des écueils de l'art : il faut bien de l'adresse pour s'en sauver, ou bien des ressources pour s'en passer. Les décorateurs, les machinistes, les danseurs, tous veulent un enfer à tout prix; et le poëte, obligé de leur complaire, fait comme il peut pour en avoir un. Au reste, cet enfer passe toujours, quel qu'il soit; mais Argine déplut tellement à la représentation même, qu'il fallut supprimer une partie de son rôle: elle revenait encore, après le mariage d'Omphale et d'Iphis, s'acharner de plus belle sur Hercule, depuis qu'elle n'avait plus de rivale; et comme il n'en voulait pas plus alors qu'auparavant, elle mettait le feu au palais pour se venger de ses refus. La pluie de feu était, depuis *Armide*, une des merveilles familières de l'opéra, comme elle l'est encore; mais on était si las d'Argine, qu'on prit le parti de retrancher toute cette moitié du dernier acte, d'où il arrive que la pièce finit sans qu'on sache ce que la sorcière est devenue, et sans qu'on en dise un mot. Mais qu'importe? on n'y regarde pas de si près à l'Opéra, et je n'ai fait mention de cet incident qu'à cause du sacrifice de la pluie de feu, qui m'a paru un évènement remarquable, et d'autant plus, que la pièce eut d'ailleurs du succès, comme en ont eu plus ou moins tous les opéra du même auteur; ce qui prouve en lui l'entente générale de ce théâtre. Je les ai vus tous repris et suivis dans ma jeunesse, et je ne doute pas qu'une musique nouvelle ne fît revivre des ouvrages qui ne sont morts qu'avec l'ancienne, et qui valent mieux généralement que ceux de nos jours : avec quelques airs nouveaux et quelques ballets, cette résurrection serait très facile. On sent bien que je ne parle ici que de la représentation : quant à la poésie des scènes, si l'on veut voir comment La Motte exprimait à peu près les mêmes idées que Racine, il suffit de se souvenir des fureurs d'Achille :

> Le bûcher, par mes mains détruit et renversé,
> Dans le sang des bourreaux nagera dispersé, etc.

et d'entendre celles d'Hercule :

> Ah ! périsse avec moi l'ingrate et ce qu'elle aime !
> Allons à leur hymen *opposer mon transport*;
> Que l'autel renversé, le dieu brisé lui-même,
> Que le temple détruit dans ma fureur extrême,
> *Nous unissent tous par la mort.*

Par la mort! quel vers!

Alcyone a aussi ses furies, ses démons, et son magicien Phorbas, qui ne vaut guère mieux qu'Argine, et qui bouleverse tout pendant cinq actes, uniquement parce que *ses aïeux ont régné* autrefois dans la Thessalie, où règnent à présent Ceyx et Alcyone. Celui-là du moins n'est pas amoureux et jaloux, comme le sont presque tous les magiciens, et bien plus encore les magiciennes d'opéra. Il faut que la magie porte malheur de temps immémorial : car Circé, et Calypso, et Médée, belles comme des déesses, sont toujours abandonnées ou rebutées chez les anciens, comme les Alcine, les Armide, et les Arcabonne chez les modernes. Le Phorbas d'*Alcyone* est de plus escorté d'une Ismène, son écolière en fait de magie, et qui ne sert à rien qu'à faire des enchantements de compagnie avec son maître. Un Pélée, qui n'est pas le Pélée de Thétis, fait ici le rôle d'un amant plus langoureux qu'on ne l'est même à l'Opéra, ce qui ne l'empêche pas d'être fort méchant; car en qualité de rival secret de Ceyx dont il est l'ami, ainsi que d'Alcyone, il est de moitié, pendant toute la pièce, dans tout le mal que leur fait Phorbas avec son Ismène. Ce n'est qu'à la fin du cinquième acte qu'il fait à la reine l'aveu de cet amour dont elle ne se doutait pas, et lui demande pardon de tous les maux qu'il lui a causés : il sort ensuite en disant qu'il va se tuer. Toute cette partie du drame est très mauvaise; mais la tendresse réciproque de Ceyx et d'Alcyone, et leur union traversée depuis le premier acte, le naufrage de Ceyx au dernier, et son corps jeté par les flots sur le rivage, jusque sous les yeux de la malheureuse Alcyone, tout cela, soutenu du tableau d'une belle tempête qui était fameuse dans son temps (car là-dessus je ne sais plus où nous en sommes dans le nôtre) suffisait pour amener des effets de perspective et de musique, et des momens d'émotion, et il n'en faut pas tant pour qu'un opéra tienne sa place comme un autre.

Ce n'est pas la peine de parler de deux opéra-ballets, *la Vénitienne* et *le Carnaval de la Folie*, quoique La Motte, dans un divertissement, dise du dernier, je ne sais pourquoi, que *c'est ce qu'il a fait de plus raisonnable.* Je ne comprends rien à cette prétention, si ce n'est l'envie d'en mettre à tout, et c'était un peu le défaut de La Motte : la prétention est ici fort mal placée : ces deux pièces ne sont que des canevas de fort mauvais goût. Vous voyez que, même dans le grand opéra, l'auteur, malgré ses succès, n'a pu jusqu'ici être quelque chose qu'à l'aide de la représentation et de la musique, et ne conserve presque rien à la lecture. Mais il n'en est pas de même de *Sémélé*; et en joignant ce dernier ouvrage avec *Issé* et *le Triomphe des Arts*, on trouvera que La Motte a du moins un titre durable dans chacun des trois genres d'opéra, dans la pastorale, dans les fragments, et dans la tragédie.

Le sujet par lui-même était bien choisi; et cette fable ingénieuse et morale, emblème de l'amour propre et de l'ambition qui se mêlent si souvent à l'amour, peut-être encore plus dans les femmes que dans les hommes, avait de l'analogie avec le tour d'esprit particulier à l'auteur. C'est de plus le meilleur de ses plans : ici rien de postiche, rien de forcé, rien de vulgaire, si ce n'est le petit épisode des amours de Mercure, déguisé sous le nom d'Arbate, auprès de Corinne, confidente de Sémélé, comme Jupiter auprès de Sémélé sous celui d'Idas. C'est à peu près la copie de Pan et de Doris dans *Issé*, mais du reste l'intrigue de la pièce est plus originale que celle d'aucune autre de l'auteur; le spectacle même est amené avec beaucoup plus d'art, et fait naturellement partie de l'action. La Motte a emprunté de la fable le conseil perfide que donne Junon à Sémélé, et qui est la cause de sa perte; mais cette scène est très adroitement tissue, et l'auteur a su y mettre du sien. Junon, sous la figure de la vieille Béroé, nourrice de la fille de Cadmus, flatte la vanité de la princesse, et éveille ses défiances avec une égale adresse.

> Un dieu puissant vous rend les armes;
> Méprisez désormais les soupirs des mortels.
> L'encens est le tribut que l'on doit à vos charmes.
> C'était trop peu d'un trône, il vous faut des autels.

SÉMÉLÉ.

> Ma chère Béroé, que j'aime à voir ton zèle!

JUNON.

> Autant que vous, je ressens vos plaisirs.

SÉMÉLÉ.

> Ciel! une conquête si belle
> A passé mon espoir, et même mes désirs.

JUNON.

> Je ne le cèle point : cette gloire est extrême;
> Mais j'ose à peine m'en flatter.

SÉMÉLÉ.

> N'en doute point, c'est Jupiter qui m'aime.

JUNON.

> Je le souhaite assez pour en douter.

Cette réponse est très finement tournée; mais la finesse ne saurait être mieux placée qu'avec l'artifice.

SÉMÉLÉ.

> Je suis témoin de sa puissance;

D'un mot il embellit les plus sauvages lieux :
Il soumet la nature, et j'ai vu tous les dieux
Lui marquer leur obéissance.

C'est en effet ce qu'on a vu quand Jupiter, aimé déjà sous le nom d'Idas, mais pas assez pour résoudre Sémélé à désobéir à son père, et à refuser la main d'Adraste, prince de Thèbes, s'est enfin donné pour ce qu'il était, et a fait aussitôt paraître devant la princesse les dieux des eaux et des forêts pour lui donner une fête. Celle-là, comme on voit, ne pouvait être mieux motivée ; mais après l'agréable, il fallait le contraste du terrible, et l'auteur ne l'a pas moins habilement préparé.

JUNON.

Par une trompeuse apparence
Peut-être un enchanteur a-t-il séduit vos yeux.
Mais que fais-je ? Pourquoi douter de votre gloire ?
Votre beauté me fait tout croire.

SÉMÉLÉ.

Tu crois tout ?... Cependant on a pu me tromper...
Ciel ! de quel coup viens-tu de me frapper ?
Quelle honte pour moi ! que faut-il que je pense ?
Mes yeux n'auraient-il vu que des fantômes vains ?
Croirais-je que les dieux permettent aux humains
D'imiter si bien leur puissance ?

JUNON.

N'en doutez point, il est un art mystérieux
Qui sait donner des lois aux dieux.
Autrefois, dans la Thessalie,
Moi-même j'en appris les mystères puissants.

SÉMÉLÉ.

S'il est vrai, fais-moi voir tout ce qu'on en publie.

JUNON.

Vos yeux soutiendront-ils les enfers menaçants ?

SÉMÉLÉ.

Mon doute est plus cruel !...

Ce mot est admirable, et la précision est égale à la vérité. Je ne connais d'ailleurs rien de plus heureux que tout cet ensemble : rien n'est plus théâtral que Junon, qui semble opérer par la magie ce qui appartient à sa propre puissance, et que Sémélé, qui, après ce qu'on lui fait voir, doit être agitée des plus violents soupçons. C'est pour cette fois que l'enfer est bien réellement lié à l'action ; et il était impossible d'ailleurs de mieux justifier la demande que Sémélé va faire à Jupiter, et l'obstination qu'elle y met, d'autant plus qu'il fait et doit faire plus d'efforts pour l'en détourner. Toute cette machine est un modèle de l'art ; et le dialogue, le style même n'en est pas indigne. C'est alors que Junon, témoin des cruelles incertitudes de Sémélé, lui suggère le seul moyen qu'elle ait de s'en tirer, et qui est adopté avec transport.

> Exigez qu'aux Thébains lui-même il vienne apprendre
> Un choix pour vous si glorieux ;
> Qu'armé de son tonnerre il se montre à vos yeux ;
> Que par le Styx il jure de descendre,
> Avec tout l'appareil du souverain des dieux,
> Tel qu'aux yeux de Junon il paraît dans les cieux.

Jupiter, après avoir juré par le Styx, frémit d'effroi quand Sémélé lui dit :

> Qu'à moi tel qu'à Junon Jupiter se présente,
> Qu'aux honneurs de l'épouse il élève l'amante.

Sa frayeur ne peut que le rendre suspect, et Sémélé plus défiante.

> Ce que j'ai demandé passe votre puissance :
> Ce trouble me le fait trop voir.

JUPITER.

> Ah! je tremblerais moins avec moins de pouvoir.

La réponse est parfaite. On connaît le dénouement; le poète se soutient dans l'exécution, et sur-tout dans le caractère de Sémélé. Tandis que Jupiter est caché dans les nuages enflammés, Adraste, qui a bravé le dieu avec tout l'emportement d'un rival, Adraste, déjà dévoré des feux qui se répandent sur le théâtre, presse en vain Sémélé de fuir; elle répond :

> En vain la flamme dévorante
> Exerce sur moi son pouvoir.
> Aux yeux de Jupiter je périrai contente.
> Et je ne crains encore que de ne le pas voir.

Le sentiment qui est dans ce beau vers n'est pas au-dessus de l'amour d'une femme. Jupiter paraît :

> Vivez, princesse trop charmante :
> Ma puissance pour vous a modéré ces feux.

SÉMÉLÉ.

> Il n'est plus temps : vous me voyez mourante ;
> Je descends pour jamais sur les bords ténébreux.
> Je vois les Parques inflexibles

Qui tranchent le fil de mes jours.
Qu'à mes yeux, cher amant, les enfers sont terribles !
Ils nous séparent pour toujours.

JUPITER.

Non, les enfers n'ont point de droits sur ce que j'aime.
Volez, Zéphyrs, volez, portez-la dans les cieux :
Qu'elle y partage aux yeux de Junon même,
L'éternelle gloire des dieux.

Ainsi, grace aux puissances de la fable, tout se termine aussi bien qu'il est possible. De tous les grands opéra faits depuis Quinault, *Sémélé* est, à mon avis, le meilleur. Il y a des beautés de toutes les sortes, et toutes ont leur effet, parce que le fond est intéressant. Ce n'est pas qu'il n'y ait encore de temps en temps quelque dureté dans les phrases et quelques mauvais vers :

Je me ferai connaître *au coup barbare*
Dont ton cœur doit être immolé, etc.

mais ici ces taches sont rares ; et si Quinault n'a presque point de vers durs, il en a de faibles. La Motte, quoiqu'il ait eu dans quelques-uns de ses opéra plus d'oreille que dans ses autres poésies, en a toujours eu peu, et Quinault en avait beaucoup. La Motte, dans sa versification, est presque toujours fort loin de la facilité gracieuse et de la mélodie enchanteresse de Quinault. C'est ce qu'on n'a pas assez senti dans un jugement* sur les opéra de La Motte, qu'on n'aurait pas dû insérer dans le *Dictionnaire historique* sans ajouter qu'il était beau-

* Tiré de l'*Année littéraire*.

coup trop flatteur. « Depuis Quinault, personne
« n'a porté plus loin l'intelligence de ce spectacle. »
Cela est vrai, et l'on en convient; mais s'il a bien
connu tous les moyens du genre, il n'a rien ajouté
à ceux que Quinault avait créés, et c'est ce qu'il est
juste de ne pas oublier. Il n'en est pas ici comme
de Racine, qui a été, dans ses conceptions, aussi
créateur que Corneille dans les siennes. La seule
qui soit de La Motte, c'est l'idée des petits actes dé-
tachés, dont il a donné le meilleur modèle, en les
faisant rentrer dans un même objet qui leur sert
comme de cadre. C'est un service rendu à ce théâtre, mais ce n'était pas non plus une invention fort
difficile; elle ne l'était guère plus que celle des comédies en un acte, dont on ne fut peut-être avisé
que par la difficulté d'en faire en cinq actes et en
trois. « Il a dans ses vers cette *noble élégance*, cette
« douceur d'expression si essentielle à ce genre. »
Il n'a guère eu cette dernière qualité que dans *Issé* :
vous la chercheriez en vain dans ses grands opéra,
excepté quelques endroits de *Sémélé*. La *noble élégance* est précisément ce qui en général lui manque
le plus : rien ne lui coûtait plus à soutenir que cette
diction naturellement noble, qui ne peut se séparer
de l'harmonie des vers et de l'aisance des tournures.
Un des défauts habituels de cet écrivain, même
dans ses opéra, quoi qu'en dise le critique cité,
c'est la gêne des constructions; et le prosaïsme et
la dureté s'y joignent encore trop souvent. Il s'en
faut bien que sa pensée paraisse, comme dans Quinault, comme dans tout auteur né poète, s'arranger

d'elle-même dans la phrase métrique. Le plus souvent il a l'air d'avoir pensé en prose et traduit sa pensée en vers. Le poète, au contraire, n'en doutez pas, pense toujours en vers; ceux qui savent en faire m'entendront bien. Ce serait un trop long travail de multiplier ici les preuves; mais comme j'ai pour principe de ne rien affirmer, sur-tout en improbation, sans chercher à mettre au moins le lecteur intelligent à portée de juger par lui-même, je vais donner, dans une douzaine de vers de La Motte, un exemple de cette composition prosaïque, que tout bon juge en poésie retrouvera chez lui très fréquemment. Je le prends dans la première scène qui se présente à moi; c'est le commencement d'*Amadis* :

Répondez en ces lieux à de tendres désirs.
Mélisse sent pour vous la flamme *la plus belle*.
Mille appas sont ici le fruit de ses soupirs.
Quand son art à vos yeux rassemble les plaisirs,
 C'est son amour qui les appelle.

AMADIS.

Ah! *c'est de cet* amour que *je fais mon tourment.*
 Quand ce palais s'offrit à mon passage,
  J'allais *finir l'enchantement*
  De la princesse *qui m'engage.*
Mélisse par ses soins me retint dans sa cour.
Je crus que son accueil *naissait de son estime :*
Mais puisqu'il est l'effet de son fatal amour,
  Prince, je me ferais un crime
 De le nourrir par un plus long séjour.

Il n'y a là presque rien qu'un poète ne dît et ne

dût dire autrement, même dans un opéra; et il est clair que la contrainte du vers empêche à tout moment l'auteur de rendre sa pensée. *La flamme la plus belle* est ici une faute légère, à la vérité, car la phrase est reçue; mais elle est mal placée avec le mot *sentir* dans la bouche d'un tiers indifférent, ce qui rend alors l'expression froide et banale. *Mille appas* qui *sont le fruit des soupirs* sont un vrai galimatias que les deux vers suivants peuvent rendre intelligible, mais qui par lui-même ne l'est pas. Qui est-ce qui se douterait que ces *appas* sont des jeux, des fêtes, des spectacles ? Et des *appas le fruit des soupirs!* Il n'y a rien dans ces mots là qui puisse aller ensemble. *C'est de cet amour que je fais mon tourment* ne dit pas non plus ce que l'auteur veut et doit dire. *C'est de cet* blesse l'oreille, dans un genre de vers qui doit plus que tout autre la ménager; mais sur-tout il fallait dire : « C'est ce même « amour qui fait mon tourment, » ce qui n'est nullement la même chose que *faire son tourment d'un amour;* et le vers seul a confondu ici ces deux choses très différentes. Les trois suivants sont de la prose plate; et la première fois que le héros amant parle de tout ce qu'il aime, de sa maîtresse captive et de la gloire de la délivrer, *la princesse qui m'engage*, et *finir l'enchantement* sont à la glace : les vers ont manqué à l'auteur, car je suis sûr qu'en prose il aurait mieux dit. *Je crus que son accueil naissait de son estime* ne vaut pas mieux; c'est s'exprimer d'une manière impropre et forcée. La *noble élégance*, qui consiste à relever la pensée par l'expression, sans lui rien ôter de sa justesse, exigeait que l'on dît, ou à peu près :

Et dans ses soins pour moi prodigués chaque jour
Je me plaisais à voir les tributs de l'estime.
   Hélas! c'étaient ceux de l'amour.

La phrase ne finit pas mieux : *Je me ferais un crime de le nourrir par un plus long séjour* est encore de la prose commune et languissante. Il était indispensable de ne pas laisser tomber ainsi la phrase : jamais le sentiment de la poésie ne permet ces chutes misérables : c'est l'opposé de l'élégance et de l'harmonie. Un homme accoutumé à parler en vers aurait dit :

Par un plus long séjour je nourrirais ses feux,
  Et les nourrir serait un crime ;

ou bien :
   Et c'est toujours un crime
De nourrir un amour qu'on ne peut partager.

Il y avait trois ou quatre manières de rendre cette idée en vers, et la phrase de La Motte ne ressemble pas à des vers.

Je ne crois pas qu'on puisse me trouver ici trop exigeant : non ; tout ce que je viens de dire est de l'essence de l'art. On peut être sûr qu'un poète (il est vrai qu'il y en a peu) apercevra du premier coup-d'œil toutes ces fautes, comme un peintre marquerait de son crayon toutes celles d'une étude de dessin. Il s'ensuit que La Motte n'a jamais eu qu'une très médiocre connaissance et un très faible sentiment de l'art des vers ; et ce qui le caractérise, dans ce qu'il a de mieux écrit, n'est pas la *douceur* ni l'*élégance*, c'est l'esprit et la délicatesse, soit dans les pensées, soit dans les tours.

On ajoute : « Ces petites pensées fines, ces pe-
« tits riens tournés en madrigaux, *que nous aimons*
« *tant* à l'opéra, et qui nous déplairaient ailleurs,
« sont répandus dans toutes ses scènes sans trop
« de profusion. » Ce ne sont pas là des éloges bien réfléchis, c'est de la littérature de journal. D'abord de *petits riens* sont (comme dit Sosie) *rien ou peu de chose* ; et si on les *aime*, c'est quand les *madrigaux* sont à leur place, dans une pastorale ou dans des fragments lyriques ; ils n'y sont plus dans la tragédie chantée, et certes ce n'est pas là ce qui nous fait tant aimer Quinault. Si ces beautés sont fort au-dessous de celles de Racine, elles sont fort au-dessus des madrigaux de La Motte. De plus, il n'est pas vrai qu'on *aime tant ces madrigaux*, même à l'Opéra : quelle exagération ! On les entend avec plaisir quand ils sont agréablement tournés, comme la plupart de ceux de La Motte, et c'est bien assez.

Section II. — *Des Odes de La Motte.*

Commençons par celle que ses amis nous donnent pour une des plus belles : elle a pour titre : *De l'Émulation*, et son premier défaut est de ne remplir nullement son titre. On s'imaginerait que l'auteur va nous développer la force et les effets de ce mobile moral, social, politique, si puissant et si nécessaire : il n'y pense seulement pas, et jamais affiche ne fut plus trompeuse. Il n'a d'autre objet que de nous prouver que les modernes peuvent surpasser les anciens, et il l'annonce dès les premiers vers ;

>Dépouillons ces respects serviles
>Que nous portons aux temps passés.
>Les Homères et les Virgiles
>Peuvent *encore être effacés.*

Voilà tout son dessein : sur quoi plus d'une réflexion arrête d'abord tout naturellement un lecteur de bonne foi et instruit des faits. Jamais personne (au moins qu'on puisse citer) n'a prétendu qu'il fût impossible, ni d'égaler, ni même de surpasser les anciens. Ce fut Perrault qui commença la querelle, en soutenant une thèse toute contraire, et prétendant que dans les lettres et les arts son siècle était supérieur à toute l'antiquité. S'il avait eu plus de connaissances littéraires et moins de passion, il pouvait soutenir très raisonnablement une partie de sa proposition, et par des faits qui ne souffrent point de réplique. Il pouvait opposer avec avantage, à Euripide et Sophocle, Corneille et Racine, qui certainement ont porté plus loin l'art de la tragédie ; et à tous les comiques du monde, Molière, qui les a effacés tous, comme La Fontaine a laissé loin de lui tous les fabulistes. Mais il eût fallu convenir que dans l'épopée la comparaison ne pouvait pas même encore avoir lieu pour la France, qui n'avait rien, absolument rien en ce genre ; que dans l'Europe entière le Tasse seul était au moins égal pour l'invention, mais fort inférieur dans la poésie de style. Le poème de Milton commençait à peine à être connu, même en Angleterre; et depuis qu'il l'est partout, je ne pense pas qu'aucun homme de goût puisse, malgré quelques morceaux sublimes et quelques belles conceptions, comparer à l'*Iliade* et à l'*Énéide* une production informe qui fourmille de défauts les plus rebutants, un poème qui n'a ni marche ni plan, et qui joint à tant d'autres fautes la faute capitale de finir au cinquième chant, en sorte qu'il n'est plus possible de lire le reste sans ennui. En voilà bien assez pour qu'Homère et Virgile gardent leur place et leur couronne; et *la Henriade*, qui est venue depuis, n'a rien changé à cet ordre de choses, qui est toujours le même. Dans l'ode, nous n'avions au temps de Perrault, que Malherbe, Sarrasin et Racan; et en y joignant Rousseau lui-même, qui est venu depuis, il n'y a pas encore de quoi balancer Pindare et Horace : l'un, par rapport à sa verve originale et sublime, l'autre par rapport à la foule et à la variété de ses beautés lyriques. Si Perrault eût eu assez de sens et d'équité pour attacher à sa cause les talents de Boileau, au lieu de provoquer en lui un adversaire, il aurait pu avancer que son *Art poétique* était plus complet et plus fini que celui d'Horace, qui à la vérité n'est qu'une esquisse; et en convenant que dans ses satires et ses épîtres, il était resté un peu au-dessous d'Horace, il aurait pu avancer, sans crainte d'être contredit, que la France devait s'honorer d'avoir en Boileau un digne rival d'Horace, et le seul à qui l'Europe moderne pût donner ce glorieux titre. Dans l'éloquence enfin, si le barreau n'avait rien qu'on pût même nommer à côté d'un Cicéron et d'un Démosthène, un genre tout nouveau, supérieur à tous les autres par la hauteur des objets, offrait aux panégyristes des modernes un génie qu'on peut opposer à tout, le grand Bossuet. Il eût pu même se servir de lui pour citer du moins un monument unique dans le genre où nous avons toujours été les plus pauvres, l'histoire; mais comme ce fameux *Discours* sort de la sphère ordinaire des historiens, et doit toute sa grandeur à la religion, que les anciens ne connaissaient pas, nous sommes encore obligés aujourd'hui, plus de cent ans après Perrault, d'avouer que nous sommes en ce genre comme accablés par la supériorité et la multitude des chefs-d'œuvre de l'antiquité.

Ce même Boileau nous fournirait seul la preuve la plus claire de ce que je viens d'avancer, que jamais les admirateurs des anciens n'ont poussé la prévention jusqu'à vouloir nous interdire l'espérance de les égaler, ni même de les surpasser. Qui les admirait plus que Despréaux, si capable de les sentir? Et c'est pourtant lui qui a dit que Racine avait su,

Surpasser Euripide et balancer Corneille.

Il est trop facile de réfuter l'absurde, et pourtant on y est quelquefois obligé; mais alors il faut que le rire du mépris nous sauve du reproche d'un combat sérieux. Mais supposer l'absurde, pour le combattre sérieusement, est une vraie puérilité.

Aussi l'ode de La Motte, à l'exception de deux ou trois strophes qui regardent le progrès des sciences, étranger à la question, n'est qu'une déclamation oiseuse; et il est à remarquer que ces strophes sur les sciences sont aussi les mieux écrites comme les mieux pensées. Mais, d'ailleurs, le début que vous venez d'entendre ressemble à une déclaration de guerre, et ce n'est pas là le ton de la raison. Les expressions ne sont point du tout mesurées :

>Les Homères et les Virgiles
>Peuvent *encore être effacés.*

Effacés est trop fort; car on n'*efface* pas des hommes de cette force-là : il fallait donc dire peuvent être égalés ou surpassés, et sur-tout se garder de cette phrase, *peuvent encore*, qui forme un contre-sens ; car cela signifie qu'ils ont déjà été *effacés*, et ce n'est sûrement pas ce que l'auteur voulait dire. Il ne parle jamais que de ce qu'on peut faire, et nulle part de ce qui a été fait.

>Dût l'audace sembler plus vaine
>Que celle du fils de Climène,
>Ou de l'amoureux Ixion,
>Il faut, au mépris du vulgaire,
>Secouer, sage téméraire,
>Le joug de l'admiration.

Je ne sais pas trop ce que fait là l'amoureux Ixion; mais je sais que ce n'était point *le vulgaire* qui avait fait la renommée des anciens; que l'*admiration* pour le génie est un plaisir, et un besoin pour les bons esprits et les belles âmes; et quant à cette qualité de *sage téméraire*, nous allons voir si, dans le plaidoyer rimé de La Motte, il y a autant de *sagesse* que de *témérité* :

> Jadis l'Italie et la Grèce
> Ont produit de rares esprits.
> De ses premiers traits la sagesse
> Nous éclaire dans leurs écrits.
> Mais le jour doit suivre l'aurore ;
> De l'honneur de le *vaincre encore*
> Conservons l'espoir généreux.
> Malgré l'intervalle des âges,
> Osons, en lisant leurs ouvrages,
> Nous croire au moins *hommes comme eux*.

Se croire hommes comme eux est fort permis à tout le monde : *se croire des hommes* comme eux n'est pas tout-à-fait la même chose, et La Motte ne paraît pas avoir senti cette petite différence. Rien ne me surprend moins dans un homme qui appelle les siècles de Périclès et d'Auguste une *aurore* ; c'est au moins une assez belle *aurore* ; et comme il ne peut entendre par *le jour* qui a suivi l'*aurore* que le siècle dont il venait de voir la fin, ou celui qu'il voyait commencer, il aurait dû s'apercevoir que, quelque éclat que ce jour eût pu jeter, il n'avait nullement effacé cette ancienne *aurore*, qui gardait alors comme aujourd'hui toute sa splendeur. *Vaincre encore* est passablement dur ; mais ce n'est rien au prix de ce que nous verrons.

La strophe suivante tend à prouver que les modernes sont *hommes comme* les anciens, ce qui est très croyable; mais les six derniers vers sont très bien tournés :

> Eh ! pourquoi veut-on que j'encense
> Ces prétendus dieux *dont je sors ?*

Personne ne vous a dit que vous *sortiez de ces dieux*-là; tout au contraire.

> En moi la même intelligence
> Fait mouvoir les mêmes ressorts.

C'est ce que personne ne vous contestera.

> Croit-on la nature bizarre
> Pour nous aujourd'hui plus avare
> Que pour les Grecs et les Romains ?
> De nos aînés mère idolâtre,
> N'est-elle plus que la marâtre
> Du reste grossier des humains ?

La Motte, qui se piquait tant d'être *fort de choses*, n'est *fort* ici que par la tournure des vers : il faut le lui passer ; il n'y est pas trop sujet. Mais s'il s'agit de *choses*, on lui dira qu'aucun des grands écrivains du siècle de Louis XIV, en trouvant la nature une mère fort libérale pour leurs *aînés* de la Grèce et de Rome, ne s'était plaint d'elle comme d'une marâtre pour les derniers venus : c'est qu'ils n'avaient pas été partagés en cadets.

> Non, n'outrageons point la nature
> Par des reproches indiscrets,
> Elle qui pour nous moins obscure,
> Nous a confié ses secrets.
> L'âme, en proie à l'incertitude,
> Autrefois, malgré son étude,

Vivait dans un corps ignoré;
Mais le sang qu'enferment nos veines
N'a plus de routes incertaines,
Et cet énigme est pénétré.

Ce vers termine beaucoup trop séchement une strophe qui devait être brillante d'images : on se souvient de ce que la circulation du sang a fourni de beaux vers à Voltaire, et même à Racine le fils. Ici l'affectation d'être concis, qui est un des défauts habituels de La Motte, a rendu sa diction non-seulement pauvre, mais un peu obscure. *L'âme qui malgré son étude vit dans un corps ignoré*, n'est pas une phrase assez claire : l'expression est insuffisante. *Un corps d'elle-même ignoré* : c'est ainsi que le vers devait être fait; car c'est là qu'est la pensée. La strophe suivante sur la navigation est en général mieux écrite, et les derniers vers sont élégants; il faut en pardonner un étrangement dur :

Combien, en cherchant la fortune,
Et jaloux d'étendre nos droits,
Avons-nous au vaste Neptune
Imposé de nouvelles lois?
Jusqu'en quels climats la boussole,
Cette aiguille amante du pôle,
A-t-elle guidé nos vaisseaux?
Aux bornes de l'humide plaine,
N'ont-ils pas de l'audace humaine
Étonné des peuples nouveaux?

Jusqu'en quels climats est du même goût que *vaincre encore*. *L'aiguille amante du pôle* caractérise poétiquement la boussole, et c'était une raison pour ne pas la nommer : ce qui est exprimé figurément ne doit pas l'être au propre, sans quoi la figure perd beaucoup de son prix : c'est une règle générale de style, sur-tout en poésie.

> Jusqu'aux régions azurées
> Nous conduisent d'*heureux secours*,
> Et des étoiles *mesurées*
> Nous allons épier le cours.

D'heureux secours est vague et froid quand il s'agit de peindre des inventions qui sont des miracles de l'industrie humaine. On *mesure* la distance des étoiles, et non pas les étoiles elles-mêmes ; et au lieu de dire *nous allons,* comme si on faisait avec Cyrano le voyage de la lune, il convenait de peindre l'action des yeux pénétrants dans un éloignement immense. Le reste de la strophe vaut beaucoup mieux :

> A l'aide d'un verre fidèle,
> Tout le firmament se décèle
> A nos regards ambitieux ;
> Et, mieux que l'art des Zoroastres,
> Nous savons contraindre les astres
> A venir jusque sous nos yeux.

La Motte rentre enfin dans son sujet ; car personne n'avait méconnu les pas que la science avait faits et dû faire avec le temps. Loin qu'il y ait ici connexion entre elle et les arts de l'imagination, il y a des motifs de disparité qui ont été prouvés plus d'une fois et particulièrement dans ce *Cours;* ce qui n'empêche pas que ces arts aussi ne puissent faire quelques acquisitions avec les siècles, comme on l'a vu et comme on peut le voir encore, mais infiniment moins que dans les sciences naturelles.

> N'est-ce donc que dans l'art d'écrire
> Que nous avoûrons des vainqueurs?
> N'osons-nous disputer l'empire
> Que cet art donne sur les cœurs.

Et ! qu'est-ce donc qu'on faisait depuis cent ans? A quoi donc tendaient les efforts de tant de beaux génies, si ce n'est à *disputer cet empire* ? Mais plus ils en étaient dignes, moins ils s'empressaient de prononcer en leur faveur contre des rivaux qui avaient pour eux l'autorité de tant de siècles. Cela est dans l'ordre; et vous devez remarquer que personne n'a plus respecté les anciens que ceux des modernes qui étaient faits pour lutter contre eux, et que leurs détracteurs ne les défiaient si légèrement que parce qu'ils n'étaient pas plus capables de les sentir que de les égaler.

> Souffrirons-nous que nos ancêtres,
> A notre honte, en soient les maîtres?
> Vain respect qu'il faut étouffer !

Pourquoi donc ? de braves ennemis se *respectent*, et n'en combattent pas moins bien les uns contre les autres; mais les mauvais soldats sont toujours forts en bravades, et toujours sûrs de tout vaincre, excepté quand il faut se battre.

> Il est encore de nouveaux charmes :
> C'est même par leurs propres armes
> Que nous pouvons en triompher.

Ces deux derniers vers sont ce qu'il a de plus raisonnable dans cette ode, en n'y considérant que le sujet; et c'était principalement sous ce point de vue qu'un bon poète aurait pu le traiter avec succès. Il se serait supposé au milieu des grandes scènes de l'*Iliade* et de l'*Énéide*, frappé, transporté des tableaux qu'elles lui offrent; et dans cet enthousiasme très bien placé, il aurait pu, comme le Corrège, dire à Homère, à Virgile : En voyant ce que vous me montrez, je me sens peintre comme vous; ce qu'il aurait prouvé, en passant par des mouvements rapides, d'un de ces tableaux à un autre, et les retraçant avec des couleurs de style qui auraient fait rivaliser la langue française avec celle des poètes de la Grèce et de Rome. Mais ce plan exigeait beaucoup de verve poétique et un grand talent de versification; et La Motte n'était pas en état de le concevoir encore moins de l'exécuter. Il continue ses raisonnements aussi froids qu'insignifiants :

> Leurs travaux ont tiré des mines
> L'or que nos mains doivent polir.

Ah! ils ne savaient pas les polir eux-mêmes, et ils sont pour nous ce qu'Ennius était pour Virgile! Qui s'en serait douté? Ah! monsieur de La Motte, Homère se serait bien passé que vous vous fissiez son metteur en œuvre.

> Ils ont arraché les épines
> Des fleurs qui restent à cueillir.

Ah! les voilà au rang des commentateurs du

XVIe et XVIIe siècle! Ils n'ont fait qu'*arracher des épines*, et n'ont pas su *cueillir les fleurs!* Ils n'ont pas tout cueilli sans doute; mais il fallait une main plus sûre et plus savante que celle de La Motte pour leur succéder dans la récolte, et ce champ était plus difficile à moissonner que celui de Quinault.

> Disciple assidu sur leurs traces,
> De leurs défauts et de leurs graces
> Je tire les mêmes secours :
> Leur chute me rend plus sévère,
> Et l'*assoupissement* d'Homère
> M'avertit de veiller toujours.

Veillez comme lui, et l'on vous permettra de vous endormir quelquefois. Mais étiez-vous bien éveillé quand vous avez mis dans un vers de quatre pieds un mot de cinq syllabes, aussi désagréable qu'*assoupissement?*

> Vous qu'une aveugle estime abuse,
> Et qu'elle engage trop avant,
> N'espérez pas contre ma muse
> Soulever le peuple savant.
> Je ne viens point, nouveau Zoïle,
> Proscrire un poème fertile,
> Par les Muses mêmes dicté :
> Je viens seulement, comme Horace,
> Ranimer l'espoir et l'audace
> De surpasser l'antiquité.

Je ne me souviens point d'avoir vu cela dans Horace; mais je me rappelle parfaitement une ode consacrée à la gloire de Pindare, et dont l'objet est de déclarer aussi téméraire qu'Icare quiconque osera essayer de suivre le vol de l'aigle thébain.

> Si ce noble espoir ne nous *tente*,
> L'art disparaît de l'univers.
> L'émulation seule enfante
> Les grands exploits et les beaux vers.

Voilà enfin qu'on nous parle une fois d'*émulation* à la fin d'une ode sur l'*émulation* : c'est quelque chose; mais il ne fallait pas nous dire que le noble espoir qu'elle doit inspirer n'est qu'une *tentation* : ce terme est très impropre. Ce doit être un vif aiguillon, un puissant ressort; mais je crois bien que La Motte n'était que *tenté*, et très faiblement tenté.

> Moi-même qui, loin du Permesse,
> Avoûrai cent fois ma foiblesse,
> L'orgueil m'enivre en ce moment;

Il n'y a pas de quoi.

> Et je cède à l'instinct superbe
> Qui me flatte qu'avec Malherbe
> Je dois vivre eternellement.

Il était infiniment plus difficile d'être Malherbe du temps de Henri IV, que La Motte deux cents ans après; et pourtant les beautés lyriques de Malherbe sont bien au-dessus de celles de La Motte : d'où il suit que la vie de l'un dans la postérité n'est point du tout la vie de l'autre.

Voilà cette ode que l'on nous donne pour la plus belle que La Motte ait faite : vous voyez ce qu'elle est. Le sujet est mal conçu en lui-même, et, tel que l'auteur l'a vu, il n'est nullement rempli; l'exé-

cution en est extrêmement médiocre : on n'y trouv[e]
que six vers qui aient un mouvement poétique; e[t]
les deux meilleures strophes, mêlées de bon et d[e]
mauvais, n'ont d'autre mérite que quelques ver[s]
élégants. Il est vrai que l'on n'y rencontre que troi[s]
vers d'une dureté remarquable, et que ce défau[t]
est beaucoup plus fréquent dans presque toutes le[s]
autres : vous en avez vu un exemple dans une strophe tout entière que j'ai citée, et il y en a bie[n]
d'autres de la même espèce. Cette dureté n'est pa[s]
seulement dans le concours vicieux des sons, e[t]
dans le malheureux arrangement des mots, qui s[e]
montre presque partout; elle est aussi dans la nature des constructions, qui sont presque toujour[s]
celles d'une prose raisonnée, et en voici la raison.
Il est évident que La Motte n'a point l'habitude d[e]
penser en vers; habitude tellement naturelle au vrai
poète, qu'il a même quelquefois besoin de s'en garantir quand il écrit en prose. Il y a dans le poète
une disposition involontaire à tourner en vers toute
pensée qui s'offre à lui avec l'air d'en valoir la peine;
et observez que cette tournure, qui, devant être
nombreuse, se forme d'un arrangement particulier
dont La Motte ne se doutait pas du tout, n'est
presque jamais celle de la prose, hors dans quelques occasions où l'exige la vérité du dialogue dramatique. Dans l'ode sur-tout, qui n'est qu'une courte
inspiration, mais la plus vive de toutes, ce qui ressemble aux formes de la prose est insupportable.
C'est là un des vices essentiels des odes de La Motte.
Comme il a de l'esprit et du sens, il parvient d'or-

dinaire à dire à peu près ce qu'il veut dire, et à se faire entendre au moins sans trop de peine ; et si je remarque en lui cette sorte de mérite, qui n'en devrait pas être un, puisqu'il est le premier et le plus indispensable de tous les devoirs d'écrivain, c'est que depuis assez long-temps rien n'est plus rare que de lire des vers où l'on puisse apercevoir ce que l'auteur a voulu dire. On me dira que le plus souvent la perte n'est pas grande; mais d'un autre côté, rien n'est plus rebutant pour le lecteur qu'un écrivain qui n'a pas l'air de s'être entendu lui-même. La prose même, où il est infiniment plus aisé d'être clair, puisque rien ne s'y oppose, la prose aujourd'hui est souvent si obscure et si embrouillée, qu'il est difficile de lire vingt lignes sans être arrêté. Ici pourtant je sais qu'il y a d'autres causes d'obscurité que l'incapacité d'écrire et l'ignorance de la langue. Bien des gens sont si honteux de ce qu'ils pensent ou voudraient faire penser, si embarrassés à la fois de ce qu'ils croient devoir taire et de ce qu'ils croient pouvoir dire, que je ne suis pas surpris de les voir rester habituellement dans les nuages dont ils ont besoin de s'entourer; mais nos rimeurs ne songent tout simplement qu'à être poètes; et pour y parvenir ils se font presque tous un jargon si extraordinaire, qu'en prenant au hasard trente ou quarante vers des mille et une pièces de tout genre exaltées depuis dix ans par mille et un journalistes, qui apparemment les comprenaient, il n'y aurait qu'à les mettre en prose tout unie, c'est-à-dire ôter la rime et la mesure, qui ne laissent pas, jusqu'à un certain point, de déguiser la sottise, au moins pour les sots, et il en resterait un amas de mots discordants, tellement dénués de tout sens possible, que l'auteur lui-même ne pourrait pas leur en donner un. Cela se conçoit : ils n'ont de leur vie rien pensé, et ils voient qu'il suffit, pour s'appeler poète, de faire des vers avec les bons vers qu'on a lus, pourvu qu'on les retourne de manière à les travestir un peu, par égard pour les lecteurs qui ont aussi de la mémoire; et certes, il n'y a pas de meilleur moyen pour rendre de bons vers méconnaissables que de se les approprier en les rendant mauvais. Les exemples arriveront, et sans nombre, mais à leur place. Je reviens à La Motte.

En général, il rend sa pensée, et même avec précision; mais il semble n'avoir pas l'idée d'aucun autre des devoirs du poète. Il a peu de chevilles; mais aussi la plupart de ses constructions sont si péniblement forcées, que, quand on est au bout de la strophe, on respire volontiers avec lui de tout le travail qu'il lui a fallu pour la réduire à la mesure du cadre métrique; et de là vient une insupportable sécheresse, même dans les endroits où il n'y a pas de fautes proprement dites. Cette sécheresse, qui est anti-poétique, vient non-seulement du défaut d'imagination dans le style, mais aussi de la fausse idée qu'il s'était faite de l'ode. Il nous l'a d'autant moins cachée, qu'il paraît s'en faire un devoir; qu'il l'a rédigée en précepte, et que lui et ses amis ne voyaient dans ceux qui suivaient une autre méthode, que l'impuissance de penser. Il traçait toutes ses odes sur un plan didactique, destiné principalement à *instruire*: c'est ce qu'il répète à tout moment. Elles roulent pour la plupart sur des sujets de morale, et sont intitulées comme des Traités dogmatiques, *l'Homme, le Devoir, la Fuite de soi-même, le Désir d'immortaliser son nom, la Bienfaisance, le Souverain, la Colère, la Nouveauté, l'Amour-propre, l'Amour, la Louange, les Vœux, la Variété, le Goût, la Réputation*, etc. Je ne connais aucun lyrique, ancien ni moderne, qui ait suivi cette marche; et si vous vous rappelez ce qui a été dit de l'ode dans les parties précédentes de ce *Cours*, vous sentez qu'elle répugne à un semblable procédé. C'est, avons-nous dit, une inspiration subite et instantanée qui fait courir un poète à sa lyre pour chanter un sujet qui frappe vivement sa pensée. Dès lors ce ne saurait être le développement réfléchi d'une vérité morale. Ce doit être un objet susceptible d'enflammer tout-à-coup l'imagination, un grand évènement, une victoire, une prise de ville, une calamité, une mort célèbre ou qui est une perte pour le poète, un hommage à un grand homme, etc., etc.; en un mot, tout ce qui est de ce genre, et ne rentre point nécessairement dans les spéculations générales de la raison tranquille, est du domaine de l'ode; et il est assez étendu : de là vient que la plupart des odes connues ne sont inscrites que du nom de la personne à qui elles s'adressent, à moins qu'on ne célèbre, comme je viens de le dire, un évènement public, comme *la bataille de Péterwaradin, la paix de Passarowitz*, etc. Quelquefois aussi l'ode peut annoncer en titre certains sujets qui tiennent aux grands phénomènes de la nature ou des arts, comme *l'Harmonie*, *les Volcans*, *la Navigation*, etc., parce qu'ils présentent tout de suite l'idée d'une foule de tableaux qui appartiennent à la poésie. Le poëte lyrique peut toujours dire qu'il va chanter, et non pas qu'il va raisonner. — Mais la morale ne peut-elle pas entrer dans la poésie lyrique?—Qui en doute? Pindare et Horace suffiraient pour le prouver : les traits en sont fréquents chez eux ; mais elle sort rapidement, comme tout le reste, de l'inspiration même qui meut le poëte, et du sujet qu'il traite, et jamais elle n'est le sujet même. Pindare en particulier a des passages majestueusement sentencieux qui ressemblent à des oracles, et d'autant plus que le poëte ne quitte pas le trépied. C'est ainsi qu'il est permis à la morale de trouver place dans la poésie : cette place doit toujours être subordonnée au genre de l'ouvrage et à son objet premier ; et celui de la poésie lyrique est de plaire à l'imagination et à l'oreille, et d'émouvoir le cœur. Qu'elle répande quelques rayons de vérité morale, tant mieux, mais comme sans y penser, et non pas avec la prétention d'*instruire*. Et que dire de celui qui, comme La Motte, semble se piquer de n'avoir pas d'autre dessein ; qui, après une affiche toute semblable à celle d'un sermon, traite sa matière en strophes méthodiques, comme un prédicateur la divise en trois points? Il est clair qu'il ne s'adresse qu'à la raison, et par conséquent il est hors du genre ; et fût-il un bon versificateur, il ne serait pas encore un poète lyrique. En effet, supposons que toutes ses moralités fussent écrites comme cette strophe, la meilleure qu'il ait faite, et qui est assez connue, parce que Voltaire l'a citée :

<blockquote>Les champs de Pharsale et d'Arbelles, etc.</blockquote>

Il y a là précision, élégance et noblesse, et rien n'est gêné dans les constructions. Eh bien ! si toutes ces pièces, qu'il appelle très gratuitement des odes, étaient versifiées comme cette strophe, il eût fallu les intituler *Stances morales*; et elles auraient eu des lecteurs et peu de censeurs. Mais dans des odes il faut bien autre chose que le mérite d'une vérité bien rendue en vers; et que sera-ce s'il n'y a que des vérités et presque jamais de vers ?

Un autre défaut qui chez lui est poussé jusqu'à un ridicule excédant, c'est que, d'après cette disposition si commune d'affecter sur-tout ce qu'on n'a pas, il remplit ses odes de ces formules usées d'un enthousiasme purement factice, qui rend encore plus sensible la froideur de sa composition. Il multiplie à tout moment les invocations, dont tous les grands lyriques ont été fort sobres; il ne parle que de *fureur*, de *délire*, *d'ivresse*. Il est toujours *transporté*, et il ne sort pas de sa place et nous laisse à la nôtre. Il s'écrie sans cesse : *Que vois-je?* et il ne voit rien et ne fait rien voir. Ce ridicule, je l'avoue, est depuis devenu banal chez presque tous nos faiseurs d'odes, assez semblables à ce poète allemand qui, dans une ode sur le tabac, commençait par traduire ce début de l'ode d'Horace à Bacchus : *Quò me*,

Bacche, rapis tui plenum? Où m'emportes-tu, dieu du tabac? où m'emportes-tu, plein de toi? Tout le monde connaît le dieu du vin, mais je crois qu'il n'y a jamais eu que ce bon Allemand qui ait connu *le dieu du tabac*.

Rousseau s'est moqué fort plaisamment de cette puérile affectation de La Motte, dans ce morceau, l'un des meilleurs de ses épîtres, et du petit nombre de ceux qu'on y distingue, et qu'on voudrait y trouver plus souvent :

> Nous avons vu presque durant deux lustres, etc.

Comment ne pas reconnaître à ces traits l'auteur d'une ode qui a pour titre l'*Enthousiasme?* et assurément il n'y en a que dans le titre. Voici les premières strophes, dont le rhythme est même peu favorable aux grands sujets :

> Entends mes vœux, ô Polymnie !
> C'est trop me cacher du génie
> Les audacieuses *erreurs*.

Il veut dire les heureux écarts, qui dans l'ode ne sont point du tout des erreurs.

Chez elle un beau désordre est un effet de l'art.
(Boileau, *Art poét.*)

> Viens me frapper d'un trait de flamme,
> Et remplis aujourd'hui mon âme
> De tes plus sublimes fureurs.

> Affranchi des timides règles,
> Fais-moi prendre l'essor des aigles ;
> Que tous les yeux en soient surpris.
> Muse, tu sais qu'à mes ouvrages

LA MOTTE. 453

> Il *manque encore* des suffrages
> Que je n'obtiendrai qu'à ce prix.
>
> L'exemple n'a pu me séduire ;
> J'ai craint de me laisser conduire
> Au gré d'un transport indiscret.
> La raison me servait de phare ;
> Mais puisqu'on veut que je m'égare,
> Viens m'en apprendre le secret.

Quand on demande de l'*enthousiasme* aux Muses en vers si plats et si flasques, on fait assez voir qu'on n'en a pas et qu'on n'en obtiendra pas. Mais ce qui est encore plus maladroit, c'est de vouloir *s'égarer* par complaisance, c'est de s'arranger pour *s'égarer*, et de *s'égarer* pour avoir des suffrages de plus. Et un homme d'esprit n'a pas senti ce ridicule ! O la pauvre figure que fait l'esprit tout seul quand il veut contrefaire le talent ! c'est une bien plate singerie.

> Je sens qu'une ivresse soudaine
> Me frappe, me saisit, m'entraîne.

Ah ! si tu la sens, fais-nous la donc sentir.

> Quelle foule d'objets divers !
> Déjà ma *raison* interdite
> Me livre au *trouble* qui m'agite.

Encore la *raison* ! Eh ! je la croyais déjà bien loin. Et de la *fureur*, et de l'*ivresse*, et des *flammes*, il ne reste déjà plus que du *trouble* ! quelle chute ! Celle de la strophe est encore plus singulière :

> Fortune, prends soin de mes vers.

C'est, je crois, la première fois qu'un poète a invoqué la *Fortune* en faisant des vers : la poésie n'est pas de son domaine. Mais que produit tout cet étalage postiche? L'auteur, porté par la *Fortune*, voit d'abord Charybde et Scylla sans qu'on puisse deviner à quel propos ni pourquoi, sans que cela mène à rien; et il n'y a ni dans Pindare ni dans Horace aucun exemple de ces excursions gratuites : toujours les leurs se rattachent au sujet. Ici ce n'était pas la peine de nous mener dans les mers de Sicile pour faire trois vers aussi mauvais que ceux-ci :

> Où fuir? et par quel *privilège?*
> Dieux! par quel art me sauverai-je,
> Et de Charybde et de Scylla?

Cette cheville étrange de *privilège*, et une rime familière telle que *sauverai-je*, absolument interdite au style lyrique, sont vraiment des fautes d'écolier. Il y a pourtant dans la strophe sur Charybde trois bons vers, et ce sont les seuls de la pièce, qui est fort longue :

> L'autre dans sa soif renaissante
> Engloutit la mer mugissante
> Qu'elle revomit à l'instant.

L'auteur part de là pour aller s'entretenir avec les syrènes, et jamais ces divinités n'ont été plus flatteuses; elles lui font des compliments sans fin et sans mesure : que la plus grande *gloire* de leurs chants *est d'imiter les siens*; qu'il est un *nouvel Amphion;* que leurs chants *ne cèdent qu'aux siens.* Il s'applaudit, et défie *la jalousie injuste et basse, dont le vain dépit croasse.* Mais Polymnie survient tout-à-coup pour le tancer très vertement, et lui dire, avec beaucoup plus de raison qu'on ne l'aurait attendu, quoique toujours en prose rimée :

> Insensé, qu'oses-tu prétendre ?
> Cesse, me dit-elle, de prendre
> Tes propres erreurs pour mes dons.
> Est-ce trop peu que tu t'oublies ?
> Mortel superbe, à tes folies
> Tu cherches encor de beaux noms.

Cela est fort sensé, mais ne remplit point du tout le dessein de l'auteur, qui se manifeste en cet endroit et se développe dans la suite de la pièce par les préceptes qu'il met dans la bouche de Polymnie. Elle n'a pas tort de traiter de folie ce qu'il vient d'appeler *enthousiasme sublime*; mais celui-là n'est nullement celui des poètes lyriques, et La Motte n'a raison que contre lui seul. Polymnie parle comme lui et pour lui, mais non pas comme une muse quand elle lui dit :

> Et tes chants ne pourront me plaire
> Qu'autant que la raison sévère
> *En concertera* les accords.

Une pareille leçon ne vient pas du Parnasse. *La raison*, et surtout *la raison sévère*, ne doit sûrement pas *concerter les accords* de la lyre : il suffit qu'elle ne les désavoue pas, ce qui est excessivement différent.

> Ne songe qu'à charmer les *sages*.

Fort bien; mais les vers doivent charmer tous ceux qui ont de l'oreille.

> De tes plus riantes images
> Qu'un sens profond soit le soutien.

Un sens qui *est le soutien des images* est une suite de termes incohérents ; mais un *sens profond* est quelque chose de pis. Quoi! voilà les poètes lyriques obligés d'être *profonds!* Je n'ai jamais entendu parler de rien de semblable. Ils peuvent, ils doivent être sublimes, même par la pensée ; et pour ne pas recourir aux Grecs et aux Latins, je vais tout de suite en citer un exemple tiré de notre poète Rousseau :

Des douceurs de la paix, des horreurs de la guerre,
Un ordre indépendant détermine le choix.
C'est le courroux des rois qui fait armer la terre,
C'est le courroux des dieux qui fait armer les rois.

La pensée est frappante de grandeur et de vérité, l'harmonie des vers est imposante; cela est sublime et point du tout *profond*. Je ne me rappelle que le *fat* du repas de Boileau à qui le poète ait fait dire avec un sérieux très plaisant :

Il est vrai que Quinault est un esprit *profond*.

Il est peut-être plus plaisant encore qu'un homme d'esprit dise sérieusement, et par la bouche de Polymnie, ce que Despréaux avait fait dire à un *fat* qu'il voulait ridiculiser. En total, je ne connais rien de plus risible que cette manie particulière à La Motte de faire entrer partout ses controverses paradoxales, même dans des sujets qui, par leur nature, s'y refusent absolument. Horace, Juvénal, Boileau, qui ont fait des satires, justifient ce genre d'écrire contre ses improbateurs : rien n'est plus simple ; et de plus, le simple discours en vers ne répugne pas à la discussion, pourvu qu'elle soit vive et animée : voyez la neuvième satire de Boileau, qui est son chef-d'œuvre. Phèdre et La Fontaine ont fait l'éloge de l'apologue, que ni l'un ni l'autre n'avait inventé ; et il n'y a encore rien à dire ; mais aucun d'eux n'a fait une nouvelle poétique, soit de la Satire soit de la Fable, et n'en a fait le sujet de ses ouvrages. Composer des odes pour défendre le système de ses odes, et mettre sur le compte des muses une doctrine hétéroclite et réprouvée, était un travers tout nouveau, qui ne pouvait guère venir que dans la tête d'un poète qui se piquait d'être philosophe.

Il s'avisa d'une autre fantaisie bien autrement extraordinaire : ce fut d'évoquer l'auteur de l'*Iliade*, dans une ode intitulée *l'Ombre d'Homère*, et de se faire prescrire par ce grand homme tout ce qu'a fait son misérable traducteur. Cette idée est vraiment curieuse, et la pièce ne l'est pas moins :

> Oui, ma muse aujourd'hui t'*évoque* ;
> Non pas que, nouvel Appion,
> *Je brûle* de savoir l'*époque*
> *Du débris* fameux d'Ilion ;
> Non pour savoir si ton génie
> Fut citoyen de Méonie,
> Ou de l'île heureuse d'*Io*.
> Tu peux d'un éternel silence
> Voiler ton obscure naissance
> Échappée aux yeux de *Clio*.

Toujours même style, même choix de rimes : *évoque*, *époque*, *Io*, *Clio*, et l'*époque* d'un *débris*, et le poète qui ne *brûle* point *de savoir l'époque*, comme si c'était là le cas de *brûler*. Il n'est pas probable, poétiquement parlant, qu'Homère, *évoqué* de cette façon, se soit pressé de quitter les Champs-Élysées : aussi n'est-ce pas lui qui va parler; c'est bien La Motte, et toujours La Motte :

> Loin cette aveugle obéissance,
> Dit-il : pour m'imiter, commence
> Par bannir ces respects outrés....

Mais il n'y avait rien d'*outré*, il s'en faut dans les respects de La Motte pour Homère :

> Sur mes pas qu'un beau feu te guide :
> Je réprouve l'*esprit timide*
> Dont mes vers sont *idolâtrés*.

Je consens que le poète grec soit devenu modeste chez les morts; mais il ne saurait aller jusqu'à *réprouver* ceux qui sont *idolâtres* de ses vers : cela est trop fort même pour l'ombre d'un poète; car cela n'est pas raisonnable, puisque ce ne sont point des *esprits timides* qui sont *idolâtres* des beaux vers ; ce sont sur-tout ceux qui savent en faire :

> Homme, j'eus l'humaine faiblesse.
> Un encens superstitieux,
> Au lieu de m'honorer, me blesse.
> Choisis : tout n'est pas précieux.
> Prends mes hardiesses *sensées*,
> Et *du fond vif* de mes pensées
> Songe toujours à t'*appuyer*.
> Du reste je te rends le maître :
> A quelque prix que ce puisse être,
> Sauve-moi l'affront d'ennuyer.

Oh! céci passe tout ce qu'on peut imaginer : il n'est pas décent de faire à ce point les honneurs d'autrui, comme La Motte, pour se complimenter soi-même. C'est une fiction, non pas poétique, mais impertinente, de supposer qu'Homère dise à un rimeur français du troisième ordre : Fais ce que tu voudras de mon ouvrage, pourvu que tu *me sauves l'affront d'ennuyer*. Aussi tout se passa dans l'ordre, et l'évènement répondit à cet excès de folle présomption. L'*Iliade*, qui depuis tant de siècles avait charmé toutes les nations éclairées, ennuya une fois, et ce fut quand La Motte la traduisit.

Je ne m'arrête pas trop aux vers où l'on s'*appuie du fond vif des pensées*. Mais peut-être avez-vous remarqué ces *hardiesses sensées*, au lieu de *sages hardiesses*. Celui-ci est du style noble : l'autre n'en est pas ; mais l'auteur l'affectionnait, et s'en est servi ailleurs encore plus mal à propos. Tout à l'heure il faisait dire à Polymnie :

> Il est des routes plus *sensées*.

Jamais on n'a dit ni pu dire une *route sensée* ; et c'est une occasion d'observer que La Motte, qui semble au moins, en qualité d'académicien, soigner dans ses vers l'exactitude du langage, pèche encore souvent par l'impropriété des termes, comme par tant d'autres endroits. Continuons d'écouter Homère :

> Mon siècle eut des dieux trop bizarres,
> Des héros d'orgueil infectés,
> Des rois indignement avares,
> Défauts autrefois respectés.

Sans trop risquer, il pouvait mettre *vices* au lieu de *défauts*.

> Adoucis tout avec prudence ;
> Que de l'exacte bienséance
> Ton ouvrage soit revêtu.

Mais les bienséances sont relatives et locales : il est donc très *imprudent* de dire *adoucis tout*, encore plus d'ajouter crument :

> Respecte le goût de ton âge.

Oui, mais non pas jusqu'à y subordonner dans une *Iliade* le *goût* de l'antique, qui doit y dominer.

> Ne borne pas la ressemblance
> A des traits stériles et *secs*.
> Rends ce nombre, cette cadence
> Dont jadis je charmai les *Grecs*.

Que n'aurait-on pas à dire sur ces vers-là ? Un Racine aurait eu peur si on lui eut prescrit de *rendre le nombre et la cadence* des vers grecs. La Motte n'en est pas embarrassé : aussi pour en donner un échantillon, il va choisir la rime de *secs* et de *Grecs*, en l'honneur du nombre et de la cadence.

> Sois fidèle au style héroïque,
> Au grand sens, au tour pathétique,
> Enfants d'un travail assidu.

Le *travail* ne suffit pas ; il faut du génie : il en faut pour le *style héroïque*, pour le *tour pathétique*, et même pour le *grand sens* en poésie, puisqu'il doit s'allier à l'imagination ; et se faire recommander tout ce qu'on est si loin d'avoir pu faire, a l'air d'une épigramme de l'auteur contre lui-même. Il ne paraît pas s'en douter ; car après qu'Homère a fini par ce vers, tout aussi *sec* que le reste :

> Tu m'entends : Pluton me rappelle,

l'auteur de l'ode reprend :

> L'ombre disparaît à ces mots.
> Enflammé d'une ardeur nouvelle,
> Peignons les dieux et les héros.

A l'ardeur qui *enflamme* ces vers-là, on peut juger d'avance comme il va les peindre. Il vous dit tout uniment : *Peignons les dieux et les héros*, comme il dirait : *Le voilà parti ; allons nous promener.*

> Je vois au sein de la nature
> L'idée invariable et sûre
> De l'*utile beau*, du *parfait*.

Cela se peut ; mais l'*utile beau*, le *parfait*, ce qui serait dur est forcé même en prose, et bien étrange en vers.

> Homère m'a laissé sa muse ;

Il y paraît déjà.

> Et si mon orgueil ne m'abuse,
> Je vais faire ce qu'il eût fait.

C'est ne douter de rien. Au reste, personne n'a plus maladroitement abusé de ces formules d'orgueil poétique, dont les anciens ont rarement usé, et toujours à propos, et qui chez les modernes, n'ont presque jamais manifesté d'autre inspiration que celle du plus sot amour propre. Mais je dois ajouter que La Motte, qui réellement n'était orgueilleux qu'en vers, a senti le premier toute l'indécence de ces explosions d'amour propre, et les a désavouées avec le mépris le plus sincère, non-seulement en prose, mais en vers.

Ce qui fait encore de la peine dans les odes de La Motte, c'est que, voulant toujours être, non-seulement moraliste, mais encore législateur en poésie, il lui arrive, ou de donner, d'après lui, de fort mauvais préceptes, comme vous l'avez vu, ou d'en donner, d'après autrui, de fort sensés, mais qui sont directement le contraire de ses exemples. Il commence ainsi une ode intitulée *les Poètes*:

> Auteurs qui voulez prendre place
> Près du chantre ami de Pison *,
> Songez qu'il n'admet au Parnasse
> Que la plus sublime raison.

Rien n'est plus vrai, du moins dans les grands sujets, tels que ceux de l'ode héroïque; mais n'est-ce pas avertir les lecteurs qu'Horace a condamné avant eux la *raison* froide en vers durs?

> Tout ce que l'esprit fait éclore
> Doit d'une élégance *sonore*
> Emprunter un éclat nouveau.

Quoiqu'on dise fort bien des vers *sonores*, parce que les vers rendent un son, je ne crois pas qu'on puisse donner l'épithète de *sonore* à l'élégance, qui ne présente aucun rapport avec le son: cette métonymie est forcée. S'il eût dit une élégance harmonieuse, il eût fait un vers très sonore avec une expression juste, parce que l'harmonie, dans ses

---

* Horace.

rapports généraux, s'unit fort bien avec l'élégance. Mais recommander l'harmonie ne dispense point d'en avoir, et fait trop souvenir qu'on n'en a pas.

> Mais il veut qu'une âme *héroïque*,
> A l'enthousiasme lyrique
> Serve de guide et de flambeau.

Dire trop, c'est ne rien dire. Sans doute, une belle âme, un caractère noble, enrichissent beaucoup le talent, mais l'*héroïsme* n'est pas nécessaire, et La Motte voulait-il que ses odes prouvassent *une âme héroïque?* Elles sont d'une excellente morale qu'il paraît avoir puisée dans son cœur; et l'on n'en est que plus fâché, quand l'oreille, trop cruellement blessée, rejette ce qu'il a le mieux conçu, comme dans cette même ode *des poètes :*

> Que j'aime à voir un auteur sage,
> Censeur de ses propres travaux,
> Lent à se donner son suffrage,
> Et prompt à louer ses rivaux.

Fort bien jusque-là ; il va décliner jusqu'à la fin, faute de nombre :

> Qui, généreusement sincère,
> Cherche jusqu'en son adversaire
> Le beau pour en être l'appui.

Cet enjambement lourd et cette construction ne sont déjà plus de la poésie ;

> Plus louable, il faut qu'on l'avoue,
> Pour les beautés mêmes qu'il loue,
> *Que pour celles qu'on loue en lui !*

Cette chute est affligeante; elle l'est au dernier excès; et je ne pense pas que même la charité chrétienne, qu'on s'avise aujourd'hui, dit-on, de réclamer très sérieusement en faveur des mauvais écrivains, défende de se moquer de pareils vers, fussent-ils même d'auteurs vivants. Si cela n'était pas permis sans compromettre son salut, certes les ennemis qui restent encore à la religion, seraient bien malavisés de la combattre, puisque, de la manière dont ils écrivent en prose et en vers, il n'y aurait qu'un excès de charité qui pût leur servir de sauvegarde. Mais heureusement elle n'a que faire ici; et comme on n'est point *damné* * pour avoir fait de mauvais ouvrages, quand ils ne sont que mauvais, on ne l'est pas davantage pour les avoir trouvés tels qu'ils étaient.

Je ne veux pas m'arrêter sur une foule de cacophonies pareilles dont ces odes sont pleines, et qui se mêlent souvent à la platitude, comme dans ces vers sur le tonneau des Danaïdes :

> Et par l'une et l'autre ouverture
> *L'onde entre et fuit à flots égaux.*

Comme dans ces deux-ci, adressés à Boileau :

> Peut-être que de cette *strophe*
> La respectueuse *apostrophe*
> Vient de te causer quelque effroi.

Il se peut qu'en effet ces vers aient fait peur à son oreille.

---

* Un pédant fort ridicule, nommé Geoffroi, venait d'imprimer que l'auteur de la *Correspondance* s'était damné pour *l'amuser*. Ce serait se damner à bon marché.

> Rarement la libre nature
> S'accorde aux contraintes de l'art.

Jamais du moins à la *contrainte* des vers mal tournés

> Et jamais elle n'est plus pure
> *Qu'où* le travail a moins de part.

Qu'où est affreux.

> Tout ce que je sens, je l'exprime:
> *Ne sens-je* plus rien, je finis.

Ne sens-je est de la même fabrique, ainsi que ceux-ci :

> Mais, dit-on, Melpomène, en son art plus *exacte*,
>   Aspire à notre instruction ;
> Projet qu'elle dément elle-même *à chaque acte*,
>   En faveur de la passion.

Et tout cela dans des pièces sérieuses intitulées *Odes*. Il n'en faut pas davantage pour justifier le décri général où sont tombés les vers de cet auteur, et vous croirez sans peine qu'il y a cent autres endroits semblables. Je n'insisterai pas non plus sur les expressions d'une recherche bizarre, quoique ce défaut chez lui soit moins fréquent que l'extrême dureté. On se divertit beaucoup, dans le temps, du dé à jouer qu'il appelle l'*oracle roulant du destin*. Il va rarement jusqu'à cet excès ; mais était-il moins ridicule de dire dans une ode pindarique :

> Instruis-moi, sage enthousiasme.
> Écartons l'oisif *pléonasme*, etc.

Il est certain que, si l'on faisait un recueil d'un

grand nombre de ses rimes et des mots qu'on a vus chez lui pour la première fois dans le style noble, on pourrait croire que c'est une gageure : mais il l'a soutenue jusqu'au bout.

J'aime mieux rassembler ici ce qui m'a paru louable dans ses deux volumes d'odes. Il faudra que vous pardonniez encore quelquefois de mauvaises consonnances ; mais d'ailleurs il y a de quoi approuver, et vous distinguerez même quelques traits heureux. Tel est celui qui termine cette strophe sur l'*Histoire*, et qui a été retenu à cause de sa précision :

>Les uns, *à qui Clio* * révèle
>Les faits obscurs et reculés,
>Nous tracent l'image fidèle
>De tous les siècles écoulés.
>Des États la *sombre*** origine,
>Les progrès, l'éclat, la ruine,
>Repassent encor sous nos yeux ;
>Et présents à tout, nous y sommes
>Contemporains de tous les hommes,
>Et citoyens de tous les lieux.

Corneille et Racine ont paru fort bien caractérisés en peu de mots dans la strophe suivante :

>Des deux souverains de la scène
>L'aspect a frappé mes esprits.
>C'est sur leurs pas que Melpomène
>Conduit ses plus cher favoris.
>L'un plus pur, l'autre plus sublime,
>Tous deux partagent notre estime

---

* Dureté de sons.

** Impropriété de terme, *Obscure* était le mot nécessaire

Par un mérite différent :
Tour à tour ils nous font entendre
Ce que le cœur a de plus tendre,
Ce que l'esprit a de plus grand.

Voici deux strophes où l'on remarque plus de poésie et de mouvement que l'auteur n'en a d'ordinaire, elles sont dans l'ode intitulée *Astrée*, où il peint le siècle de fer après l'âge d'or, lieux communs fort usés, et dont il n'a pas su faire un sujet et un tout, mais où il a semé quelques beautés :

Aux cris de l'Audace rebelle
Accourt la Guerre au front d'airain.
La rage en ses yeux étincelle.
Et le fer brille dans sa main.
Par le faux Honneur qui la guide,
Bientôt dans son art parricide
S'instruisent des peuples entiers ;
Dans le sang on cherche la gloire,
Et, sous le beau nom de victoire,
Le meurtre usurpe les lauriers.
. . . .
Fureur, trahison mercenaire,
L'or vous enfante ; j'en frémis.
Le frère meurt des coups du frère ;
Le père, de la main du fils ;
L'honneur fuit : l'intérêt l'immole ;
Des lois que partout on viole
Il vend le silence ou l'appui ;
Et le crime serait paisible,
Sans le remords incorruptible
Qui s'élève encor contre lui.

Le remords incorruptible est admirable. C'est la

seule épithète, la seule beauté de ce genre qui s'offre dans La Motte, mais elle est du premier ordre : un poëte donnerait une bonne strophe pour avoir trouvé cette sublime épithète. C'est un des exemples nombreux qui prouvent ce qu'on répète trop inutilement à la foule des rimeurs, qui court sans cesse après la rencontre d'un mot sans songer à rien autre chose, que les plus médiocres écrivains ont rencontré de ces mots-là et n'en ont pas fait plus de fortune, et n'en sont pas lus davantage.

L'impatience et l'impuissance de la curiosité humaine sont du petit nombre de ces vérités morales que La Motte a su rendre avec une élégante précision :

Impatient de tout connaître
Et se flattant d'y parvenir,
L'esprit veut pénétrer son être,
Son principe et son avenir.
Sans cesse il s'efforce, il s'anime ;
Pour sonder ce profond abîme
Il épuise tout son pouvoir :
C'est vainement qu'il s'inquiète :
Il sent qu'une force secrète
Lui défend de se concevoir.

Mais cet obstacle qui nous trouble,
Lui-même ne peut nous guérir.
Plus la nuit jalouse redouble,
Plus nos yeux tâchent de s'ouvrir.
D'une ignorance curieuse
Notre âme esclave ambitieuse
Cherche encore à se pénétrer ;
Vaincue, elle ne peut se rendre,

Et ne saurait ni se comprendre,
Ni consentir à s'ignorer.

On peut distinguer dans l'ode adressée à l'Académie des Inscriptions, sous le titre du *Temple de Mémoire*, cette strophe, dont le dernier vers est fort beau :

Le temps qu'en un long esclavage
Minerve retient en ce lieu,
Ce vieillard au double visage,
Du temple occupe le milieu.
Il voit sur la pierre immortelle
Mille exploits qu'un ciseau fidèle
A sauvés de ses attentats ;
Et là, sur le marbre et le cuivre,
Les arts à ses yeux font revivre
Des dieux dont il vit le trépas.

Ce mérite de la concision que La Motte paraît avoir recherché, et qui est très insuffisant en poésie, où il est même souvent déplacé, fit remarquer dans la nouveauté deux vers où la place des quatre éléments est marquée : ce sont les derniers de cette strophe d'une ode sur *la Peinture*, où il n'y a guère que cela de bon :

Avant les siècles, la matière,
Impuissante et sans mouvement,
N'était qu'une masse grossière
Où se perdait chaque élément.
Mais, malgré ce désordre extrême,
Tout s'arrange, et l'Être suprême
D'un mot *débrouille* le chaos :
Dans l'instant même qu'il l'ordonne,

Au-dessous du feu, l'air couronne
La terre, qu'embrassent les flots.

Une ode de *remerciment à l'Académie française*, qui passe en ce moment sous mes yeux, est une de celles qui prouvent le plus combien l'auteur distinguait peu, non-seulement les convenances de la poésie, mais même de celles du style noble. Cette ode roule en grande partie sur les louanges de Louis XIV, il lui dit :

J'aurais au nom de Grand, dont l'univers te nomme,
Joint un nom plus intéressant.
Europe, quel bonheur que *le plus honnête homme*
Se soit trouvé le plus puissant !

Le plus honnête homme dans des vers lyriques ! Il dit à l'Académie :

Vos suffrages unis ont redoublé mon zèle.
Sans l'espoir d'un prix *superflu*,
Je tire, pour vous plaire une force nouvelle
Du bonheur de vous avoir *plu*.

Plu! un vers d'ode peut-il tomber plus platement? *Plaire* et *plu* rappellent cet endroit d'une comédie : *Il me plut, je lui plus, et nous nous plûmes.* Il y a pourtant ici une bonne strophe que je cite d'autant plus volontiers, qu'elle peut avoir encore aujourd'hui son application. L'auteur dit du roi :

Il semble qu'en ses mains les villes, les provinces,
Soient les otages de la paix.
En désarmant son bras, il les rend à leurs princes,
Et ses traités sont des bienfaits.

Une ode au *duc d'Aumont*, qui fut un des protecteurs de Saurin dans la trop fameuse affaire des couplets, est peut-être la seule où l'auteur se soit un peu échauffé, graces à l'indignation très légitime que lui inspirait cet abominable libelle *. Il y même ici une fiction poétique fort ingénieuse, et la seule de ce genre qui se trouve dans ses odes. Après avoir apostrophé ces couplets eux-mêmes, souvent aussi mauvais que méchants :

>Ce n'est que gibet, roue et flamme,
>Objets qu'à votre père infâme
>Peint son remords impénitent...

il continue ainsi :

>Votre père ! Non, je m'abuse,
>Et vous n'êtes qu'un avorton
>Né de la lyre d'une Muse
>Surprise un jour par Alecton.
>La Muse s'était endormie :
>Alecton, des enfers vomie,
>Profite du moment fatal ;
>Elle ose manier la lyre ;
>C'est vous, sons menteurs, qu'elle en tire,
>Digne essai d'un monstre infernal.
>
>Soudain le serpent, la couleuvre,
>De sa tête affreux ornement,
>Applaudissent à ce chef-d'œuvre

---

* On venait de l'imprimer en Hollande, pays qui seul a long-temp compté parmi les privilèges de sa liberté la publication impunie de tout ce qu'il y a de plus criminel parmi les hommes. Mais depuis la révolution française, il ne peut plus se glorifier de ce droit exclusif, devenu général partout où elle a dominé.

> Par un horrible sifflement.
> Mais l'Écho n'osa rien redire ;
> Le Faune fuit, et le Satyre
> Saisi d'horreur, l'interrompit.
> A ce bruit la Muse éveillée
> Ne reprit sa lyre souillée
> Que pour la briser de dépit.

L'ode qui a pour titre *le Souverain* nous ramène encore à ce contraste si usé du conquérant et du roi pacifique, et rien n'a plus besoin d'être relevé par les couleurs de la poésie. La comparaison du torrent et du fleuve est encore un autre lieu commun cent fois employé ; mais dès qu'on trouve des vers passables dans un auteur qui n'en fait pas souvent de bons, on se croit plus obligé de lui en tenir compte. Voici le torrent et le fleuve, suivis de leur application ; il y a toujours des fautes, mais ces six strophes n'en sont pas moins des meilleures et des plus soutenues que l'auteur ait faites :

> Ce torrent tombe ; la montagne
> Gémit sous ses horribles bonds.
> Il menace au loin la campagne,
> Du *cours* * de ses flots vagabonds ;
> Il renverse l'orme et le chêne ;
> Tout ce qui l'arrête, il l'entraîne,
> Et noie à grand bruit les guérets :
> Avec lui marche le ravage,
> Et partout son affreux passage
> Est le désespoir de Cérès.

* *Cours*, est très faible ; il fallait là une expression qui fît image. Un poète a dit du Rhône débordé :

> De son vaste courroux il couvre les campagnes.

LA MOTTE.

Mais ce fleuve, grand dès sa source,
S'ouvre un lit parmi les roseaux,
Et s'agrandissant dans sa course
Roule paisiblement* ses eaux.
Égal, jamais il ne repose;
Dans les campagnes qu'il arrose
Il va multiplier les biens.
Heureux les pays qu'il traverse!
C'est là que fleurit la commerce,
Et ses flots en sont *les liens***.

Tel d'un conquérant tyrannique
S'assouvit l'orgueil indompté;
Telle d'un prince pacifique
S'exerce l'active bonté :
L'un, né pour désoler la terre,
De tous les maux que fait la guerre
Achète un inutile bruit;
L'autre, sans combats, sans victoire,
Goûte une plus solide gloire,
Dont le bien public est le fruit.

Il veille; de son héritage
Chacun paisible possesseur,
Ne craint point qu'il soit le partage
De l'insatiable oppresseur.
Notre bonheur seul l'intéresse;
L'ordre qu'établit sa sagesse,
Son pouvoir sait le maintenir;
Et, toujours exempt de tempête,

---

* La Motte emploie trop souvent les adverbes, dont la poésie doit être extrêmement sobre, et qui ne sont pas un moyen de peindre reçu chez elle, parce qu'il est trop aisé : c'est un des défauts de Roucher.

** Terme impropre : on ne peut ici se figurer *les flots* comme des liens Une autre figure était nécessaire.

Son règne est une longue fête
Qu'on ne craint que de voir finir.

De ses états, d'où fuit la guerre,
Si je parcours les vastes champs,
J'y vois de tous côtés la terre
S'ouvrir sous les coutres* tranchants :
Point de pleine inculte et déserte ;
Partout la campagne est couverte
D'un peuple au travail excité,
Et l'opiniâtre culture
Y sait hâter de la nature
La tardive fécondité **

De ses présents Bacchus couronne ***
Enrichit les riants coteaux ;
Sous le poids de ses dons, Pomone
Aime à voir plier les rameaux ;
La moisson tombe et va renaître :
Partout l'abondance champêtre
Enfante l'innocent plaisir ;
Et j'entends Phylire qui chante
Sur sa lyre reconnaissante
Le dieu qui lui fit son loisir.

Ces derniers vers ont du nombre, et le *Deus nobis*

---

* Ce vers est imitatif.

** Ces trois derniers vers sont d'une véritable élégance.

*** *Couronne* à la fin du vers, *enrichit* à l'autre, forment une construction désagréable, parce que le premier reste sans le régime qu'il attend, et qui est trop reculé. S'il eût dit dans un même vers, il couronne, enrichit, etc., il n'y avait rien à dire. Tels sont les secrets de la phrase poétique, en divers genres, que le goût seul peut démêler dans l'occasion, et qu'aucune loi générale ne peut renfermer. C'est ce qui rend la critique particulière si utile et si instructive quand elle est bonne ; et celle-là, les artistes seuls en sont capables.

hæc otia fecit est fort bien rendu et fort bien placé.

Dans l'ode *aux Poètes* je n'aperçois qu'une strophe, mais, à un mot près, elle est bonne; il s'agit de l'aveugle complaisance qu'ils ont d'ordinaire pour leurs productions.

>   Nous pardonnons à la jeunesse
>   Ces *superbes** égarements
>   Où la jette la folle ivresse
>   De ses premiers amusements;
>   Mais loin que l'âge nous mûrisse,
>   Et qu'en nous la raison fleurisse,
>   Tardive richesse des ans,
>   Sur l'aile du temps amenée,
>   La vieillesse arrive étonnée
>   De nous trouver encore enfants.

Ces six derniers vers peuvent s'appeler véritablement de bons vers. La Motte n'est pas aussi heureux quand il veut lutter de trop près contre Rousseau, comme dans cette strophe de l'ode *sur la Paix*, qui en rappelle une de l'ode *à la Fortune*, par l'identité des idées, mais non pas par la force de l'expression et des images :

>   Est-ce donc pour troubler la terre
>   Que sont formés les souverains?
>   Le Ciel leur met-il le tonnerre
>   Au lieu de sceptre dans les mains?
>   Au gré de leur orgueil avide,
>   Faut-il que leur fureur les guide** ?
>   Le meurtre est-il un de leurs droits?

---
* Cette épithète fastueuse est très déplacée pour un si petit objet.

** Deux vers oiseux, faibles, insignifiants, entre ce qui précède et ce qui suit.

Et grands *à mesure qu'ils osent* *,
Sera-ce par les maux qu'ils causent
Qu'il faudra compter leurs exploits?

Qui ne se souvient pas de la belle strophe de Rousseau, dont le fond est absolument le même?

> Juges insensés que nous sommes,
> Nous admirons de tels exploits!
> Est-ce donc le malheur des hommes
> Qui fait la vertu des grands rois?
> Leur gloire, féconde en ruines,
> Sans le meurtre et sans les rapines
> Ne saurait-elle subsister?
> Image des dieux de la terre,
> Est-ce par des coups de tonnerre
> Que leur grandeur doit éclater?

Quelle différence de mouvement et de verve! Il y a ici la progression indispensable dans le cours d'une strophe, qui doit toujours aller en croissant : dans La Motte, au contraire, les quatre premiers sont les meilleurs, et le reste va toujours en baissant. Dans Rousseau, rien de vide; dans La Motte, deux vers qui ne disent rien. Il paraît meilleur quand il évite un voisinage si dangereux, et vous préférerez sans doute ces deux strophes de la même ode, où il fait aux Muses adulatrices des héros guerriers un reproche trop bien fondé :

> Chastes Sœurs, reprenez la lyre :
> Qu'elle enfante de nouveaux chants;

---

* Si cette phrase était en prose comme elle devrait y être, il faudrait *à mesure qu'ils osent davantage*. De plus, *à mesure qu'ils osent* n'est pas agréable à l'oreille

Mais que la paix ne nous inspire
Que des accords vrais et touchants.
Souvent, coupables que vous êtes,
De la folle soif des conquêtes
Vous embrasez les *faibles* cœurs* ;
Et par une bassesse extrême
Apollon s'attache lui-même
Au char insolent des vainqueurs.

De leurs sanguinaires batailles
Vous osez les enorgueillir :
Eh quoi ! parmi les funérailles
Quels lauriers pouvez-vous cueillir ?
Parez-vous pour d'heureuses fêtes,
Et laissez tomber de vos têtes
Cet amas sanglant de lauriers.
La paix réclame vos offrandes,
Et ne veut plus voir de guirlandes
Que de myrtes et d'oliviers.

Un grand inconvénient attaché à ces sortes de moralités, depuis long-temps triviales, c'est qu'il est très rare d'y mettre la mesure nécessaire, et c'est encore une des raisons qui défendent de faire de ces sortes d'instructions le fond d'une ode, espèce d'ouvrage qui ne permet guère de les développer suffisamment, et qui n'en montre presque jamais qu'un côté. Ici, par exemple, le reproche de *bassesse* adressé aux Muses qui s'attachent au char d'un vainqueur n'est pas tolérable dès qu'il s'agira de celui qui n'a vaincu que dans une cause légitime, et il était indispensable de le dire.

* *Faibles* est ici une épithète vague. Il eût mieux valu dire *de jeunes cœurs* : cette soif en effet est sur-tout celle de la jeunesse.

Rousseau n'est pas le seul dont le parallèle nuise quelquefois aux trop faibles imitations de La Motte. Voilà Boileau qui se rencontre ici, à propos de ce besoin de s'éviter, l'un des caractères de notre nature imparfaite, et qui fait le sujet d'une des odes que nous examinons :

> Couvrant du beau nom de courage
> L'inquiétude de son cœur,
> Quelquefois parmi le carnage
> L'insensé cherche un faux honneur.
> Ce héros, tant *vanté du Pinde*,
> *Ce torrent, qui va troubler l'Inde*,
> Dans son cours ne peut s'arrêter.
> Qui lui fait au bout de la terre
> Porter les horreurs de la guerre?
> Le seul besoin de s'éviter.

L'idée est prise entièrement à Despréaux, et il ne fallait pas la prendre pour la gâter à ce point :

> Que crois-tu qu'Alexandre, en ravageant la terre,
> Cherche parmi l'horreur, le tumulte et la guerre?
> Possédé d'un ennui qu'il ne saurait dompter,
> Il craint d'être à soi-même, et songe à s'éviter.
> Voilà ce qui l'emporte aux lieux où naît l'Aurore,
> Où le Perse est brûlé de l'astre qu'il adore.
> Boileau, *Epît. à M. de Guilleragues.*

Il n'y a point là de vers ridicule, tel que *ce héros tant vanté du Pinde*, et sur-tout Boileau n'était pas capable d'une apposition métaphorique, telle que *ce torrent qui va troubler l'Inde*, autre vers ridicule en lui-même, mais, qui le devient bien davantage quand ce *torrent*, qui est le *héros*, nominatif de la phrase, se trouve à la fin avoir *besoin de s'éviter :* ces sortes de fautes sont sans excuse.

La Motte n'est pas heureux en larcins ou en concurrence; car il semble, dans la strophe que vous allez entendre, avoir voulu décidément joûter contre une strophe fameuse de Rousseau. Voyons d'abord l'imitateur dans son ode *sur la mort de Louis-le-Grand*, où d'ailleurs il y a du bon :

> C'est là souvent que des grands hommes
> La fierté trouve son écueil :
> Là, se sentant ce que nous sommes,
> Leur terreur dément leur orgueil.
> L'univers qui les envisage,
> Rétracte bientôt son hommage
> Par de fausses vertus surpris;
> Du héros l'homme désabuse,
> Et l'admiration confuse
> S'enfuit et fait place au mépris.

N'est-ce pas refaire beaucoup trop manifestement et trop faiblement ces vers, qui étaient dès lors dans la mémoire de tout le monde?

> Mais au moindre revers funeste
> Le masque tombe, l'homme reste,
> Et le héros s'évanouit.

L'*admiration confuse* est une expression louche, qui ne peut guère s'entendre que d'une admiration dont on ne pourrait pas trop rendre raison, par opposition avec une admiration motivée. On voit bien que l'auteur a voulu la personnifier en disant qu'elle *s'enfuit ;* mais quand on emploie cette figure, ce doit d'abord être avec un choix, et l'*admiration* n'est pas huereuse à personnifier ; ensuite il faut que cette figure soit tellement saillante, qu'elle ne laisse pas lieu à la moindre équivoque. En total, il valait cent fois mieux laisser les vers de Rousseau tels qu'ils étaient. Ce qu'il y a de mieux dans cette ode, dont le sujet était si beau, c'est la strophe suivante :

>Voyez ce front toujours paisible,
>Cette héroique majesté,
>Cette âme au trouble inaccessible !
>Cependant l'arrêt est porté,
>La douleur croît, et lui découvre
>Le tombeau menaçant qui s'ouvre,
>De sa dépouille impatient.
>Cet aspect n'a rien qui le touche ;
>Et c'est un soleil qui se couche
>Plus serein qu'à son orient.

Cette ode finit par des louanges adressées au Régent, dont on exalte sur-tout les vertus. Il eut des talents et des qualités, mais des *vertus !* Louis XIV, qui se connaissait en hommes, l'avait peint d'un seul mot, en l'appelant un *fanfaron de crime*. Cela est loin de la *vertu ;* et cela était vrai. La Motte se croyait-il exempt de tout reproche de flatterie, quand il a mis dans le Tartare les poètes adulateurs ?

>J'entends les chaînes vengeresses
>De ces fourbes ingénieux
>Qui de couleurs enchanteresses
>Ont fardé le vice à nos yeux.
>Je vois ces corrupteurs insignes,

> Qui des princes les plus indignes
> Furent les flatteurs assidus ;
> De Mégère justes victimes,
> Sur eux elle punit les crimes
> Dont ils leur firent des vertus.
>
> Ode intitulée *Descente aux enfers*.

La strophe n'est pas mauvaise ; mais n'accuse-t-elle pas un peu l'auteur ? Le caractère de Philippe était connu avant qu'il eût la régence. On lui imputa des crimes dont il était innocent, mais l'histoire en atteste de véritables, et l'on sait pourquoi Louis XIV, qui en fut très bien instruit, avait cru devoir les pardonner. Il n'y a nulle raison pour ménager la mémoire de ce prince, livré depuis long-temps à la sévère postérité, et dont le funeste gouvernement prépara de loin des maux inouïs, qu'un de ses descendants, au moins de nom, a depuis portés à leur comble.

Personne au reste ne s'étonnera que l'on mette dans les enfers les flatteurs de la puissance ; mais je ne sais où La Motte avait pu prendre le fond d'humeur qui lui fait prononcer le même arrêt contre les auteurs plagiaires :

> Voici la foule téméraire
> De ces imitateurs grossiers
> Dont jadis le front plagiaire
> Se parait d'injustes lauriers.
> Digne prix de leur imposture !
> Ils ont à jamais pour torture
> L'art même qu'ils ont avili,
> Livrés à la fureur d'écrire

Des vers que le mépris déchire,
Ou qu'efface aussitôt l'oubli.

Les derniers vers sont bien; mais en vérité la sentence qui envoie les plagiaires au Tartare est trop dure : c'est bien le plus pardonnable de tous les vols, comme celui qui fait le moins de mal aux volés et le moins de bien aux voleurs. Ils sont tôt ou tard pris sur le fait, et le ridicule est une punition suffisante. C'est bien assez qu'en ce monde leurs vers soient *oubliés ou déchirés*, sans les attacher dans l'autre au même métier; et aujourd'hui surtout les mauvais auteurs ont tant de moyens nouveaux de se damner, qu'il ne faut pas enchérir sur la quantité.

Je préférerais peut-être à toutes les autres cette strophe sur l'invention moderne des *glaces*, dont La Motte parle dans l'ode adressée *au Roi, protecteur des arts* :

Ces glaces qui de la lumière
Augmentent encor les clartés,
Où, sans espace et sans matière,
De nouveaux corps sont enfantés,
Source inépuisable de l'être,
Dans leur sein fécond font renaître
Les lieux, les mouvements divers :
Mobile et vivante peinture,
Où l'art, jaloux de la nature,
De rien fait un autre univers.

Ces deux vers :

Où, sans espace et sans matière,
De nouveaux corps sont enfantés,

sont d'une beauté frappante et originale; la strophe se soutient dans tout le reste, et je n'y vois pas une tache.

J'ai mis sous vos yeux à peu près tout ce qu'il y avait de louable dans cet auteur, qu'un parti assez nombreux opposa pendant quelques années à Rousseau. Vous voyez que sur une soixantaine d'odes on peut tirer une douzaine de strophes, dont la plupart ne sont pas même exemptes de fautes, et dont trois ou quatre peuvent passer pour belles. Il en résulte, eu égard au temps où écrivait La Motte, un talent décidément fort médiocre : car, après que les modèles ont paru, que la langue est faite et l'art bien connu, quiconque ne peut pas être lu de suite reste dans la foule ; et si cela était vrai il y a quatre vingts-ans, combien plus aujourd'hui !

Vous avez pu sentir aussi pourquoi ces odes sont depuis si long-temps sans lecteurs : ce n'est pas qu'elles manquent d'esprit et de pensées : La Motte était riche en ce genre, mais il est pauvre et très pauvre de la sorte d'esprit qu'exigent des odes, l'esprit poétique ; et ce fut un double tort dans l'auteur d'abord de n'avoir point cet esprit, ensuite de soutenir qu'on pouvait s'en passer : l'un n'était qu'un défaut de la nature ; mais l'autre était un abus de la philosophie, c'est-à-dire un travers d'amour-propre qui lui a nui plus que tout le reste. Son ton éternellement dissertateur, sa manie de controverser avec lui-même et avec les autres, a glacé sans remède toute sa composition dans un genre où elle doit être la plus vive de toutes. Il a la prétention de dicter sans cesse des lois sur ce genre de poésie, et personne ne l'a plus entièrement méconnu que lui. Il en ignore les convenances les plus communes, jusqu'à faire une ode tout entière (celle où il fait parler Thalie) qui n'est qu'une suite de contrevérités ironiques; ce qui ne pourrait passer que dans une pièce badine. C'est ainsi que, dans une autre ode dont le sujet et le commencement promettaient de l'intérêt, puisqu'elle roule d'abord sur la cécité dont il fut affligé dès trente ans; il tourne tout de suite vers un malheur qui fait rire, celui de ne pouvoir soigner la correction typographique de ses poésies; et là-dessus il s'épuise en plaisanteries qu'il a l'air de croire fort gaies, et qui sont aussi froides que déplacées. Tout sert à démontrer combien cet homme avait naturellement le goût faux, quoique avec beaucoup d'esprit : d'où il suit encore que l'esprit et le goût ne sont point du tout la même chose. Il n'est pas même tout-à-fait exempt de pensées fausses, même en morale; par exemple, lorsqu'il dit :

> Otez au mérite sublime
> L'applaudissement et l'estime,
> La vertu n'aura plus d'amis.

C'est une injure à la vertu et à la nature humaine Ce sont les talents en tout genre qui ont besoin de *l'applaudissement* et de *l'estime*; heureusement la vertu peut s'en passer parce qu'elle ne dépend du témoignage de personne. Sans doute il est de l'intérêt public qu'elle soit honorée, et généralement elle l'a toujours été d'une manière ou d'une autre plus tôt où plus tard, et cela est utile pour l'exemple et l'émulation; mais un exemple plus grand, c'est celui qui a été pour le monde entier une preuve mémorable que la vertu est parfaitement indépendante de tout suffrage public et de tout soutien étranger. Il est arrivé une fois que toute espèce de vertu, sans exception, a été pendant des années, non pas seulement sans honneur, mais traitée comme le crime, sans qu'il lui restât ni asyle, ni défense, ni même une seule voix qui pût se faire entendre pour elle dans toute l'étendue d'un vaste empire; et la vertu alors a eu non-seulement *des amis*, mais des martyrs, et les a comptés par milliers. Certes, si cette époque a été exécrable en un sens, elle a été bien belle dans l'autre, et j'aime à le rappeler : mais ceux qui ne pardonnent pas qu'on s'en souvienne, ne comprendront pas plus ici l'admiration que l'horreur, et je leur pardonne; ils sont assez à plaindre.

Cette méprise de La Motte n'empêche pas qu'il n'ait été dans ses odes, un poète très moral, au point que, dans celle qui a pour titre l'*Amour*, et où l'on s'attendrait qu'il va le célébrer après tant d'autres, on est tout étonné de ne trouver que la peinture la plus sévère des égarements de cette passion, et des fautes et des malheurs qu'elle entraîne. Il ne manque ici comme ailleurs que de meilleurs vers : en voici du moins quatre qui ne sont pas mauvais (il s'agit de nos spectacles, où l'amour joue trop souvent un rôle séduisant) :

Jusques à quand veut-on sous d'imprudentes fables

Nous cacher un nouvel écueil,
Et, donnant de beaux noms à des penchants coupables,
Changer le remords en orgueil?

Ce même homme avait pourtant composé des opéra et fait des odes anacréontiques où il ne chante guère que l'amour et le vin. Mais il condamnait lui-même ses opéra; et il est très avéré que son anacréontisme n'était, comme il l'avoue lui-même, qu'un pur jeu d'esprit. Il n'y en a guère de plus aisé; et quoique le peu de beautés que nous avons pu observer dans ses odes soit fort au-dessus de ses stances anacréontiques, celles-ci ont obtenu beaucoup plus d'indulgence du lecteur, parce qu'on y attend beaucoup moins du poète : ces petits sujets de galanterie ne demandent qu'un peu d'agrément dans l'esprit, et plus de facilité que de poésie. La Motte, cependant, même en ce genre, en a trop peu : la plupart de ses pièces sont trop faibles de versification : la dureté s'y trouve encore quelquefois, et souvent le prosaisme, quoique moins sensible qu'ailleurs. Cinq ou six seulement de ces pièces, toutes fort courtes, plutôt galantes qu'amoureuses, ne participent point de ces défauts, et sont d'une invention ingénieuse et d'un tour agréable, qui les ont fait distinguer par les amateurs. Ce sont celles qui ont pour titre *la Solitude, la Raison et l'Amour, la Revue des Amours, l'Amour réveillé, les Souhaits;* ces deux-ci sont les plus jolies; et c'est de la dernière qu'on a emprunté cette chanson, *Que ne suis-je la fougère,* qui ne vaut pas les stances de La Motte.

Au reste, il ne faudrait pas s'imaginer qu'on dût retrouver Anacréon dans ces poésies, et dans beaucoup d'autres, nommées de même anacréontiques. C'est un modèle qui a eu peut-être plus d'imitateurs que tout autre, en raison de la facilité et de l'attrait plus que du talent. La Motte, en particulier, ne le traduit point, il n'en a imité qu'un petit nombre de pièces, et l'imitation est très libre et très éloignée de l'original. Celui-ci n'est pas seulement amant et buveur; il est poète comme il convient de l'être en ce genre-là, par une élégance exquise et l'art de peindre d'un trait : nous en avons sept ou huit traductions en vers, toutes plus ou moins oubliées; mais il en faut excepter la dernière, qui parut il y a environ six ans, et dont à peine on parla, vu le temps où l'on était qui n'avait rien d'anacréontique. Cette traduction peut seule donner une idée d'Anacréon à ceux qui ne peuvent le lire en grec : elle est en général fidèle, élégante et poétique, et sera placée par les connaisseurs dans le très petit nombre des bonnes traductions en vers qui peuvent faire honneur à notre langue.

La Motte a traduit quelques odes d'Horace, et même des odes héroïques : je n'ai pas besoin de dire combien il était au-dessous d'une pareille entreprise. La richesse d'Horace fait ressortir davantage l'indigence du traducteur; et plus le premier paraît hardi en figures de style, plus le second paraît timide dans ses formes prosaïques. Il va jusqu'à choisir notre quatrain, propre aux stances familières, pour nous rendre cette belle ode *Pastor cùm traheret,* pour laquelle Horace avait choisi l'imposant alcaïque; tant La Motte se doutait peu des effets du rhythme. On n'a retenu de ces différents essais de traductions que quatre vers, souvent répétés, lorsqu'on veut dire que le monde va toujours en empirant; ce qui n'est pas d'une observation fort exacte, puisque l'histoire prouverait moins souvent le progrès continu du mal que l'alternative du mal et du bien. Quoi qu'il en soit, La Motte a rendu très fidèlement la strophe latine, *Damnosa quid non imminuit dies,* etc.

> Mais que n'altèrent point les temps impitoyables ?
> Nos pères, plus méchants que n'étaient nos aïeux,
> Ont eu pour successeurs des enfants plus coupables,
> Qui seront remplacés par de pires neveux.

Une preuve que le monde ne laisse pas que d'être avancé, c'est que désormais cette prédiction, si elle n'est pas tout-à-fait hors du possible, est du moins hors de vraisemblance.

LA HARPE, *Cours de Littérature.*

FIN DU SEIZIÈME VOLUME.

Contraste insuffisant

NF Z 43-120-14

www.ingramcontent.com/pod-product-compliance
Lightning Source LLC
Chambersburg PA
CBHW060232230426
43664CB00011B/1618